Constituição, Sistemas Sociais e Hermenêutica

ANUÁRIO
do Programa de Pós-Graduação
em Direito da UNISINOS

MESTRADO E DOUTORADO
n. 7

03ᴧ6

Anuário do Programa de Pós-Graduação em Direito

UNIVERSIDADE DO VALE DO RIO DOS SINOS

Reitor: Pe. Marcelo Fernandes de Aquino, S.J.
Vice-Reitor: Pe. José Ivo Follmann, S.J.

Diretor da Unidade Acadêmica de Pesquisa e Pós-Graduação
Alsones Balestrin

Coordenador do Programa de Pós-Graduação em Direito
André Luís Callegari

Corpo Docente PPGDIREITO
Alfredo Santiago Culleton, André Luís Callegari,
Angela Araujo da Silveira Espindola, Darci Guimarães Ribeiro,
Délton Winter de Carvalho, Jânia Maria Lopes Saldanha,
Jose Luis Bolzan de Morais, Lenio Luiz Streck,
Leonel Severo Rocha, Sandra Regina Martini Vial,
Têmis Limberger, Vicente de Paulo Barretto e Wilson Engelmann.

C758   Constituição, sistemas sociais e hermenêutica: anuário do programa de
Pós-Graduação em Direito da UNISINOS: mestrado e doutorado /
orgs. André Luís Callegari, Lenio Luiz Streck, Leonel Severo Rocha. Porto Alegre: Livraria do Advogado Editora; São Leopoldo:
UNISINOS, 2010.
308 p.; 23 cm.

ISBN 978-85-7348-732-9

1. Direito. 2. Teoria do Direito. I. Streck, Lenio Luiz, org II. Rocha,
Leonel Severo, org.

CDU 34

Índices para o catálogo sistemático
Direito
Teoria do Direito

Constituição, Sistemas Sociais e Hermenêutica

ANUÁRIO
do Programa de Pós-Graduação
em Direito da UNISINOS

MESTRADO E DOUTORADO
n. 7

André Luís Callegari
Lenio Luiz Streck
Leonel Severo Rocha

Organizadores

Porto Alegre, 2010

© dos autores, 2010

Capa, projeto gráfico e diagramação
Livraria do Advogado Editora

Revisão
Rosane Marques Borba

Direitos desta edição reservados por
Livraria do Advogado Editora Ltda.
Rua Riachuelo, 1338
90010-273 Porto Alegre RS
Fone/fax: 0800-51-7522
editora@livrariadoadvogado.com.br
www.doadvogado.com.br

Programa de Pós-Graduação em Direito
Universidade do Vale do Rio dos Sinos
Av. Unisinos, 950
93022-000 São Leopoldo RS
Fone/fax (51) 3590-8148
ppgdireito@unisinos.br
(www.unisinos.br/ppg/direito)

Impresso no Brasil / Printed in Brazil

Sumário

Apresentação
André Luís Callegari, Lenio Luiz Streck e Leonel Severo Rocha (orgs.) 7

I – Elementos para uma fundamentação dos direitos humanos:
a contribuição de Francisco Suarez, o conceito de *ius gentium*
Alfredo Culleton 9

II – Sociedade do risco e Direito Penal
André Luís Callegari 25

III – A refundação da ciência processual e a defesa das garantias constitucionais: o
neoconstitucionalismo e o direito processual como um tempo e um lugar
possíveis para a concretização dos direitos fundamentais
Angela Araujo da Silveira Espindola 47

IV – Teoria crítica da sentença constitutiva e sua efetividade
Darci Guimarães Ribeiro 65

V – Aspectos epistemológicos da ecologização do direito: reflexões sobre a
formação de critérios para análise da prova científica
Délton Winter de Carvalho 87

VI – Para além do individualismo: crítica à irrestrita vinculação dos direitos humanos
aos pressupostos da modernidade ocidental
Fernanda Frizzo Bragato 105

VII – Bloco de constitucionalidade em matéria de garantias processuais na América
Latina: ultrapassando o perfil funcional e estrutural "hipermoderno" de processo
rumo à construção de um direito processual internacional dos direitos humanos
Jânia Maria Lopes Saldanha 123

VIII – O estado constitucional: diálogos (ou a falta deles) entre justiça e política
Jose Luis Bolzan de Morais 145

IX – Hermenêutica e (pos)positivismo: por que o ensino jurídico continua
de(sin)formando os alunos?
Lenio Luiz Streck 163

X – Semiótica e diálogo em Tércio Sampaio Ferraz Jr.
Leonel Severo Rocha 187

XI – A matriz da análise econômica do direito para além do "eficientismo"
Luciano Benetti Timm 203

XII – O (o)caso concreto: a problemática decidenda pode ser
subsumida em teses jurídicas abstratas?
Mauricio Martins Reis 221

XIII – A possibilidade da democracia e os seus limites na sociedade atual
Sandra Regina Martini Vial 239

XIV – O solipsismo jurídico e o (des)controle das políticas públicas
Têmis Limberger 263

XV – Ética hermenêutica e impasses da hermenêutica jurídica
Vicente de Paulo Barretto 279

XVI – A (re)leitura da teoria do fato jurídico à luz do "diálogo entre as fontes do direito":
abrindo espaços no direito privado constitucionalizado para o ingresso de novos
direitos provenientes das nanotecnologias
Wilson Engelmann 289

Apresentação

A publicação do Anuário do Programa de pós-graduação em Direito da Universidade do Vale do Rio dos Sinos "Constituição, Sistemas Sociais e Hermenêutica", do ano de 2010, marca a celebração do reconhecimento, pela comunidade acadêmica brasileira, da excelência da pesquisa realizada no PPGD/Unisinos. No ano de 2010, ao final de mais uma avaliação trienal, a CAPES concedeu ao PPGD o conceito 6, máximo para cursos de pós-graduação em direito no país.

Trata-se do reconhecimento de um trabalho que se iniciou a partir do esforço de um grupo de professores organizados em torno do Professor Mauricio Berni que, em 1997, criou um programa de pós-graduação com a pretensão de se tornar um pólo irradiador de práticas e pensamentos inovadores na área do Direito, abrigados em uma Universidade de forte viés humanista. Passados mais de dez anos, esse programa se consolidou com a contribuição de inúmeros outros pesquisadores que se somaram a essa iniciativa e que, juntos, vêm produzindo trabalhos de altíssima sofisticação teórica e de repercussão nacional e internacional. Nenhum tema é tratado no PPGD/Unisinos sem uma matriz teórica subjacente, de modo que as grandes temáticas do Direito são analisadas seja pela perspectiva hermenêutica, seja pela teoria dos sistemas, teoria crítica do processo, sistemas penais ou ética e direitos humanos fundamentais.

É assim que os sucessivos anuários publicados pelo corpo docente do PPG/Unisinos vêm se constituindo em espaço de aprimoramento de debates e de discussões e proporcionando a interlocução com o público acadêmico e em geral em torno da sua mais recente produção científica, elaborada graças à capacidade de inovação e de crítica na construção de conhecimentos. Com isso, o público acadêmico tem a oportunidade de verificar o espírito inovador que sempre pautou a produção científica do PPGD/Unisinos na profusão de ideias e de análises que reagem aos impactos e aos impulsos do seu tempo e de seu espaço social, refletindo-se em pesquisas pioneiras para a área jurídica.

O conjunto de textos aqui apresentados segue exatamente na trilha desta tradição inaugurada em 1997, segundo a qual o corpo docente não só publiciza, anualmente, a sua produção científica e a apresenta à comunidade acadêmica, como também reafirma seu compromisso com o fomento de práticas jurídicas inovadoras, que apontam para a construção do Estado Democrático de Direito insculpido na Constituição de 1988.

Cada texto é o resultado de uma pesquisa alinhada a uma das duas linhas de pesquisa desenvolvidas no PPG/Unisinos.

A primeira linha – Hermenêutica, Constituição e Concretização de Direitos – discute o Estado e suas possibilidades de responder às demandas sociais, a partir da concretização dos direitos sociais-fundamentais. O objetivo é aprofundar as críticas elaboradas aos modelos hermenêuticos tradicionais, a partir dos aportes da Semiótica, da Hermenêutica Filosófica e da Teoria da Argumentação Jurídica. Com isso, investiga a efetividade do Direito e da aplicabilidade das normas pelos tribunais, por meio, de um lado, da revisão dos conceitos predominantes na doutrina, jurisprudência, Teoria Geral do Estado e Teoria do Direito, e, de outro, do estudo da Constituição e da Jurisdição e seus vínculos com as diversas áreas do Direito Material e Processual.

A segunda linha – Sociedade, Novos Direitos e Transnacionalização – investiga as transformações ocorridas no Direito, incrementadas pelas crises conceitual, estrutural, funcional e institucional que atravessam o Estado Contemporâneo, ocorridas a partir do surgimento de novos Direitos e do fenômeno da globalização. Essas transformações impõem aos juristas a necessidade de reflexões sobre as novas formas de institucionalização. A linha de pesquisa trata, também, dos direitos exsurgentes, como a Bioética, o Biodireito, a proteção da propriedade intelectual, os Direitos difusos e coletivos, o meio ambiente e os Direitos humanos-fundamentais. Os estudos são realizados sob uma perspectiva transdisciplinar ligada a noção de complexidade.

Cada pesquisa constitui, portanto, uma contribuição para a consolidação de suas respectivas linhas de pesquisa como importantes referenciais de pesquisa e compreensão do fenômeno jurídico, abrindo novas perspectivas de discussão ao público acadêmico.

Os Organizadores

— I —

Elementos para uma fundamentação dos direitos humanos: a contribuição de Francisco Suarez, o conceito de *ius gentium*

ALFREDO CULLETON

Sumário: O contexto; A teoria política da limitação do poder; O *Direito de gentes;* Distinção do direito natural; Distinção do direito civil; Características próprias do *Ius gentium;* Conclusão; Referencias bibliográficas.

O contexto

Se o contexto geopolítico mais remoto de Francisco Suarez é a sua origem granadina, os conflitos com os mouros e a expulsão dos últimos árabes da península ibérica, o contexto mais imediato é a institucionalização do Novo Mundo e a relação com o resto da Europa reformada. No meio intelectual e teológico se destacam, por um lado, Francisco de Vitoria (1485-1546), um Dominicano com uma clara identidade tomista. Quando este foi completar os seus estudos em Paris, o seu mestre em teologia, Pedro Crockaert (1463-1514), já não desenvolve o seu curso comentando as *Sentenças de Pedro Lombardo* como era costume nos cursos de teologia de todas as altas casas de estudos desde o século XII, mas leciona sobre a *Summa Theologiae,* de Tomás de Aquino. Já catedrático de Teologia na Universidade de Salamanca, Vitoria segue os passos do seu mestre. A sua originalidade estava em abordar nas *Questio disputata* problemáticas do seu tempo, especialmente tema relativos à lei e à política, autoridade e jurisdição entre reinos, poder civil e poder eclesial e territorialidade. Estes assuntos tinham relevância não só para a sua respectiva teoria política, mas sobretudo representava um suporte para aqueles que tinham poder político para decidir.

As premissas de Vitoria são deduzidas da obra de Tomás de Aquino, e seguem fielmente nas distinções as formulações do Aquinate sobre a lei eterna, natural, civil e divina.[1] Para Vitoria, a sociedade política existe com a finalidade

---

[1] Devemos destacar que o seu mestre em Paris, Pedro Crockaert, tinha sido discípulo de João Mair (1467-1550) e seguidor do Ockhamismo ainda que posteriormente um tomista ortodoxo o que significa que conhece bem os argumentos dos seus adversários teóricos.

de buscar aquele ordenamento na vida social indispensável para o pleno desenvolvimento humano. Tal vida ordenada só é possível quando há uma lei civil organizada de acordo com a lei natural. Ninguém tem legítima autoridade sobre as pessoas, a não ser um legislador autorizado para tanto, e o seu poder é limitado pela lei natural. Isto no foro político interno a uma sociedade, mas entre comunidades políticas diversas, o que prevalece é o *ius gentium*, conceito desenvolvido por Vitoria ainda que originalmente proveniente do direito romano.

Podemos começar definindo o *ius gentium* como um conjunto de ordenamentos prescritos, assim como a lei natural, por uma razão natural, ordenamento que proíbe o uso da violência contra outras sociedades, a não ser que a própria tenha sido injustamente atacada, ou cristãos estejam sendo perseguidos, ou inocentes estejam sendo oprimidos por um tirano e este será tal, nos moldes Aristotélicos, se no lugar de governar para o bem comum, é regrado pelo próprio interesse e desejo. O seu entendimento sobre o *ius gentium* o fizeram sustentar que as regras impostas pela Espanha às populações indígenas na América eram ilegítimas, e o fato de elas não serem cristãs era irrelevante diante da autoridade da lei natural, dado o caso de que os nativos eram seres racionais e por isso capazes de se regrar a si mesmos, e a existência de instituições sociais e políticas evidenciavam isto.[2]

Vitoria dá o suporte teórico necessário para sustentar a campanha contra os escandalosos atos de injustiça cometidos contra as comunidades indígenas que foram registradas pelo seu colega Dominicano Bartolomé de Las Casas (1474--1566), bispo de Chiapas no México e autor do já clássico *Historia de las Índias*.[3] Este não só condena a legislação espanhola sobre o trabalho forçado nas Índias como questiona a legitimidade da autoridade política da Espanha naqueles territórios. Nos debates desenvolvidos a respeito em Valladolid em 1550-1551 se enfrenta com o seu principal oponente Juan Ginés de Sepúlveda (1489-1573). Este por sua vez defende, valendo-se de significativas passagens do livro da *Política*, de Aristóteles, de quem foi o tradutor, a ideia da existência duma certa classe de seres humanos que seriam *naturalmente escravos*.[4] As suas capacidades naturais seriam de tal escassez que só seriam capazes de se ordenar aos verdadeiros fins por agentes racionais que impusessem a sua autoridade sobre eles. Las Casas não

---

Cf. Haldane, John. *Thomism and the Future of Catholic Philosophy*. 1998 Aquinas Lecture, Blackfrias Oxford. http://www1.assumption.edu/users/gcolvert/jjhbf1998.htm. Acc. em 06/05/2010. Cf. John Haldane, "Thomism" in E. Craig (ed.), *Routledge Encyclopedia of Philosophy* (London: Routledge, 1998). P. 382.

[2] É perfeita a síntese do pensamento de Vitoria a respeito na carta dirigida por ele ao seu superior o padre Miguel de Arcos OP. Salamanca, 8 nov. 1534. Cf. Lawrence, Jeremy, trans. *Political Writings: Francisco de Vitoria*. Ed Anthony Pagden and Jeremy Lawrance. New York: Cambridge University Press, 1991. p. 331.

[3] Casas, Bartolomé de las. *Historia de las Índias*. Caracas: Bibliotec Ayacucho, 1986. 3 vol. Edición, prólogo, notas y cronograma de André Saint-Lu. Tb. Madrid: Impr. De M. Ginesta, 1875-1876. 5 Vol.

[4] BITTENCOURT, Paulo José Sá. Bartolomé de Las Casas e a crítica ao mito da modernidade: as controvérsias de Valladolid (1547-1550). Estudos Leopoldenses: Série História, São Leopoldo , v. 3, n. 1, p. 43-65, 1999.

negava que pudesse existir tal classe de gente, mas sim que os chamados Índios se enquadrassem nessa categoria.[5]

Não só os Dominicanos sustentavam as suas posições na tradição escolástica. Também os Franciscanos assumem como referência o seu mais distinto intelectual, Duns Scotus, e no capitulo geral da ordem realizado em Toledo em 1633 ordena o ensino do escotismo tanto na filosofia como na teologia nas suas casas de formação.[6] Os comentários às *Sentenças* de Pedro Lombardo que o Scotus sistematiza no seu *Opus Oxoniense* serão a referência nas cátedras de teologia que os franciscanos têm nas universidades com o agravante de ser apresentado como oposto e mais qualificado que o Tomismo. Mas, dirá MacIntyre, nem o Tomismo dos Dominicanos, nem o Scotismo dos Franciscanos foram tão influentes nos séculos XVI e XVII como o foi o seu contemporâneo Jesuíta, Francisco Suarez (1548-1617). Ele vai inaugurar uma nova etapa onde é possível estar de acordo em alguns pontos com Tomás e em desacordo em outros. Como os franciscanos, ele afirma que apenas existem indivíduos; ele concorda com Tomás e discorda de Scotus a respeito de que o ser possa ser predicado de indivíduos analogamente; discorda do Aquinate ao sustentar que somos capazes de um conhecimento pré-reflexivo dos indivíduos, e que não é mediado por universais; discorda de Vitoria ao defender que o *ius gentium* é parte de ou derivado da lei natural. Este refinamento no seu pensar filosófico o tornou o pensador mais influente dos seguintes séculos de filosofia católica e de alguns importantes filósofos do século XX.[7]

A teoria política da limitação do poder

Em este sentido podemos dizer que o pensamento de Suarez não pode ser enquadrado nas clássicas correntes do seu tempo. Também não contava com constituições escritas e por isso, diante dos conflitos concretos, ele vai se valer de princípios constitucionais de origem político-filosóficas, recolhidas tanto dos clássicos filósofos e juristas gregos e romanos como dos teólogos medievais, dando-lhes uma configuração própria. Desses princípios, podemos exemplificar algumas ideias como a de que o governo é derivado do consentimento das pessoas que por primeiro atribuem autoridade ao soberano,[8] que esta original concessão de autoridade deve ser mais ou menos limitada ante na sua origem como na

---

[5] Não desenvolveremos esta disputa filosófica, nem nos deteremos nas mais precisas referências bibliográficas que a sustentam porque não é este o ponto nesta apresentação, mas a contextualização filosófico-política de Suarez.

[6] MacIntyre, Alasdier. *God, Philosophy, University. A Selective History of the Catholic Philosophical Tradition*. Plymouth: Rowman& Littlefield Publishers, 2009. p. 108.

[7] Para conhecer a maneira meticulosa de trabalhar e a ordem da produção filosófica do Granadino recomendamos o artigo de Santiago Orrego, "Nuevos datos y rectificaciones sobre fuentes manuscritas de la Escuela de Salamanca". *Bulletin de Philosophie Médiévale*. Vol 48, p. 229-259.

[8] DL III, cap. 2 e 3. Especialmente cap. 3, n 6.

sua continuidade, que o governo deve ser da lei, e não dos homens,[9] que os juízes devem ser estimulados a seguir a lei,[10] que deve-se pressupor alguma igualdade sob a lei,[11] que aqueles sujeitos a uma autoridade tem direitos,[12] que em juízos civis e criminais deve-se presumir inocência,[13] que o acusado e mesmo o condenado têm direitos,[14] incluindo direitos contra a autoincriminação, o direito natural de defesa processual, e direito à apelação.[15] Trata também de outras limitações ao exercício do poder entre estruturas concorrentes na sociedade como a Igreja, a nobreza feudal, cidades e vilas, agremiações, em especial ordens religiosas e universidades com as suas cátedras, regras e cortes.[16]

Para com o papel da Igreja ela será considerada um contrapeso ao poder real. As sanções eclesiásticas existiam e podiam ser severas. Aqui Suarez está na línea dos grandes teólogos do seu tempo que opunham o poder absoluto do rei e que defendiam o poder indireto do papado sobre as regras temporais[17] (ver João de Paris, Marsílio), indo ao ponto de dizer que o papa poderia depor um monarca tirânico ou herético, inclusive o tiranicídio; dessa maneira, o poder do monarca estava limitado em duas direções: por um lado, o povo ou a república e por outro, pelo papado. Ao mesmo tempo propõe uma serie de limitações para o papado. Se bem o papado foi instaurado por Cristo, o papa era eleito pela Igreja.[18] Ele discute, no seu *Tractactus de fide*,[19] temas como a remoção do papa, depois de justo julgamento, em caso de ser considerado herege,[20] caso de demência, senilidade, ou perpetuo cativeiro.[21] Em ambos casos, seja o monarca temporal o eclesiástico, se estabelece a necessidade de um suporte popular.[22]

O direito de gentes

Se contemporaneamente nos urge a necessidade de entender os Direitos Humanos para além de uma pura declaração positiva de direitos, ou um acordo internacional proposto por um organismo internacional sem condições de garantir o seu cumprimento; a urgência de Suarez é a de desvinculá-la de uma pretensa

---

[9] DL I, c. 8, n 8. II, c.20, n 2.

[10] DL III, c. 10, n. 6.

[11] DL I, c. 6, n 12. Tb c. 11, n 7. Cf. Tomás de Aquino, *Summa II-II* q. 63. art. 1.

[12] DL III, c. 4, n 7.

[13] Cf. *Tractatus de Charitate,* disp. 13, s. 7, n. 16.

[14] DL III, c. 10, n 9.

[15] *Tractatus de fide*, Disp. 20, s. 4 nn. 18-19 e 23 Proemium. Tb. DL IV, c. 16, n. 5-8.

[16] DL I, c. 6, n. 17-18.

[17] Este tema se enquadra na tradição dos tratados *De regia potestate et papali* de João Quidort e o *Defensor pacis* de Marsílio de Pádua.

[18] DL I, c. 6, n. 22.

[19] Opera Omnia, 1856-66. Paris: Louis Vives Ed., 26 volumes. Dois volumes suplementares de índices. vol 12

[20] DL IV, c. 7, n. 10.

[21] *Tractatus de fide* X, s. 6, n. 17. Opera Omnia. Ed Vives. Vol 12 p. 321.

[22] DL IV, c. 16, n. 3.

lei natural, escrita nos corações e nas mentes de cada ser humano, como pensava São Paulo, e cuja violação implicava um atentado contra o próprio criador, para torná-la algo mais palpável e objetivo.

Suarez vai fazer uma minuciosa análise dos conceitos que redundará numa crítica aos seus antecessores juristas e teólogos e a possibilidade de formular uma nova e original teoria sobre o *ius gentium* que por vezes chamará Direitos Humanos. A distinção mais elementar da qual parte é aquela entre o direito natural e o direito civil, e o *ius gentium* estará entre estes dois direitos e nisto todos concordavam. Para isto eram frequentes as referências ao *Digesto*[23] e as *Instituições*,[24] assim como a passagens do *Decreto de Graciano*.[25] Uma outra fonte importante para a época, e do próprio Suarez, são as *Etimologias,* de Isidoro de Sevilha,[26]

---

[23] O Digesto, conhecido igualmente pelo nomegrego *Pandectas*, é uma compilação de fragmentos de jurisconsultos clássicos. Digesto vem do latim *digerere* – pôr em ordem. Nos fins de 530, Justiniano encarrega Triboniano de organizar comissão de 16 membros destinada a compilar os *iura*. A massa da jurisprudência era enorme, frequentemente difícil de ser encontrada. Havia muitos autores, com pontos de vista diversos, por vezes antagônicos. Era o Código de doutrinas seletas, *Codex enucleati iuris*, oficialmente denominado *Digesto* (*Digesta*) ou *Pandectas* (*Pandectae*), o qual foi promulgado em 15 de dezembro de 533, A obra é composta de 50 livros, subdivididos em aproximadamente 1.500 títulos, segundo ao assunto. Sob cada um dos títulos figuram fragmentos de obras de mais de quarenta jurisconsultos romanos do período clássico. As Pandectas constituíam uma suma do direito romano, em que inovações úteis se misturavam a decisões clássicas. JUSTINIANO, El Digesto del Emperador Justiniano : traducido y publicado en el siglo anterior por el licenciado Don Bartolomè Agustín, Rodriguez de Fonseca / Justiniano ; D. Manoel Gomez Marin y D. Pascual Gil y Gomez (publ.) Titulo original: Digestorum seu Pandectarum. Outro título : Cuerpo del derecho civil ó sea digesto, código, novelas e instituta de Justiniano. Madrid: Ramon Vicente, 1872-1874. 3 vol. DIG. 1,1.

[24] Terminada a elaboração do Digesto, mas antes de sua promulgação, Justiniano escolheu três dos compiladores – Triboniano, Doroteu e Teófilo para a organização de um manual escolar que servisse aos estudantes como introdução ao direito compendiado no Digesto. Os redatores foram fiéis ao plano das *Institutas* de Gaio (do século II a.C.), tendo-se servido de muitas passagens desse antigo jurista. A essa comissão elaborou as *Institutiones* (*institutas*), que foi publicada em 21 de novembro de 533, um mês antes do Digesto. Por ser mais simples que o Digesto, alcançou enorme difusão. Como uma obra de professores, destinada ao ensino, as Institutas são mais simples e mais teóricas que o Digesto. São expostas noções gerais, definições e classificações. Há controvérsias por serem excelente campo de estudo. Esse trabalho teve a mesma divisão das Institutas, de Gaio: pessoas, coisas e ações. JUSTINIANO. Institutas do Imperador Justiniano. São Paulo: Ed. Brasil, 1952. 179 p. Inst. 1,2.

[25] O *Decretum* de Gratiani ou *Concordia discordantium canonum* (Concordância das Discordâncias dos Cânones) é uma obra pertencente ao direito canônico que, como indica seu título, trata de conciliar a grande quantidade de cânones existentes desde séculos anteriores, muitos dos quais opostos entre si. Forma a primeira parte da coleção de seis textos jurídicos, conhecida como a recompilação *Codex Juris Canonici*. Decretum D. 1 c. 6,9. GRATIANI, *Decretum Gratiani emendatum et notationibus illustratum / vnà cum glossis*, Gregorii XIII. Pont. Max. iussu editum, nec non cum vtilissimo tripartito indice Marcelli Francolini *in calce operis adiecto ac nunc recens perutilibus additionibus ... D. Andreae Alciati illustratum.* Venetiis : [s. n.], 1591. [88], 1904 p., [26] em 2 v. : il. Cf. Gratiani decretum: *la traduction en ancien français du décret de gratien* / Edition Critique Par Leena Löfstedt. Helsinki : Societas Scientiarum Fennica, 1992-2001. 5 v. Cf. Gratian, *The treatise on laws* (Decretum DD.1-20) / translated by Augustine Thompson ; with the Ordinary gloss translated by James Gordley ; and and introduction by Katherine Christensen. Washington, D.C. : The Catholic University of America Pr., c1993.

[26] A *Etymologiae* apresenta de forma abreviada uma grande parte do conhecimento da antiguidade que os cristãos acharam válido de preservar-se. Etimologias, frequentemente bastante eruditas e compreensivas, são objeto de apenas um dos vinte livros da enciclopédia. Esta vasta enciclopédia de Isidoro sistematizando o conhecimento antigo inclui assuntos que vão de teologia a móveis e fornecia uma fonte rica de histórias e conhecimentos clássicos para escritores medievais. Ao todo, Isidoro cita 154 autores, tando cristãos quanto pagães. Muitos dos autores cristãos ele leu no original; dos pagães, muitos ele consultou em coletâneas já existentes.

muito usado por Tomás de Aquino[27] e os teólogos comentadores deste. Todos coincidiam, em maior ou menor grau, na divisão tripartite do direito em *de iure naturale, gentium et civile*.

Desde o ponto de vista histórico, são três os fatores que condicionam a sua reflexão sobre o *direito de gentes*, são novas exigências as que condicionam Suarez a pensar com extraordinário rigor este conceito já tradicional no seu tempo. São eles: a) a convicção de que existem direitos dos Estados soberanos não cristãos; b) A tolerância como principio de coexistência internacional e c) a rejeição a qualquer autarquia absoluta de qualquer Estado e a consequente institucionalização de uma soberania relativa.

A formulação deste conceito tem o seu amadurecimento gradual que começa no seu magistério no colégio romano (1580-1585) registrado nos seus comentários às questões *De legibus* (1582),[28] *De bello* (1584) e *De iustitia et iure* (1585), e há um árduo caminho que ele percorre até desenvolver a sua própria teoria.[29] Seu grande critério de análise será poder precisar a justa distância e lugar do *ius gentium* entre o *ius naturale* e o *ius civile*.

Comecemos por estudar a crítica que Suarez faz tanto aos juristas como aos teólogos.

a) A crítica aos Juristas:

Para os juristas em geral, a diferença entre direito natural e direito de gentes consistia em que o direito natural é comum também aos animais, enquanto que o de *ius gentium* correspondia apenas aos homens. Podemos ver o texto das *Instituições* que diz: *É direito natural aquele que a natureza ensinou a todos os animais, pois este direito não é só próprio do gênero humano, mas comum a todos os animais,*[30] e se tomam como exemplos a união de macho e fêmea, a procriação dos filhos e a sua educação. Mas com relação ao direito de gentes o *Digesto* vai dizer que *é direito de gentes aquele que usam todos os povos e que a razão natural estabeleceu entre todos os homens e é observado igualmente por todos os povos.*[31] Esta passagem, ao mesmo tempo que distingue o direito de gentes do direito natural por corresponder apenas aos homens, carrega um sentido de natural, ainda que de modo peculiar, desde que não parece depender da vontade humana. Usam como exemplo *a religião para com Deus, a obediência aos pais e à pátria, a rejeição da violência e a injustiça.*[32]

---

[27] Aquino, *Summa Theologicae* II II q. 57, artigos 1 e 3.

[28] Publicado em anexo no volume XIV do Corpus Hispanorum de Pace. P. 173-233.

[29] Cf. Luciano Pereña, *La Genesis suareciana del Ius Gentium*. In: Estúdio preliminar ao Volume IV do De Legibus (CHP, 1973).

[30] Inst. 1,2 pr. Cf. Dig. 1,1,1,2.

[31] Dig 1,1,1,4.

[32] Também se encontram entre os exemplos frequentes o respeito aos tratados de paz, a imunidade dos embaixadores, e o respeito às tréguas.

Suarez criticará a suposta divisão tripartite dos juristas, dizendo que de acordo com eles só haveria dois direitos: um natural e outro positivo, sendo o natural dividido em comum com os animais e exclusivos dos homens que chamariam de *ius gentium*.[33] Neste sentido, critica Tomás de Aquino, que também entende a existência de uma lei natural comum com os animais.[34] Esta inclinação natural comum a homens e animais é inadequadamente chamada de *direito* porque o direito não tem por base ou fundamento a natureza sensível, mas a racional.

b) a crítica aos teólogos

Neste caso, aponta Domingo Soto[35] e a interpretação que alguns tomistas *modernos* fazem do Aquinate.[36] Para eles, o direito de gentes supõe necessidade intrínseca em seus próprios preceitos e o fato de que se diferenciaria do direito natural pelo fato de que este se chega a conhecer sem a necessidade de nenhum raciocínio com um elementar processo discursivo, ao passo que o de gentes se deduz de uma complexa arquitetura argumentativa.

Suarez discorda deste ponto de vista em primeiro lugar porque se qualificam como *ius gentium* instituições que não implicam essa intrínseca necessidade como é o caso da propriedade privada ou a escravidão. Em segundo lugar, porque o *ius gentium* não pode se referir aos princípios morais fundamentais nem às conclusões que possam ser derivados deles. Estes preceitos correspondem ao próprio direito natural. Por sua vez, os preceitos do *ius gentium* têm sido introduzidos pelos homens na sua livre vontade e consentimento se não em toda, no mínimo em grande parte da comunidade humana,[37] e não foram inscritos nos corações dos homens como pretendiam Soto e aqueles tomistas como Manuel Soares, Bartolomé de Medina ou Fernando de Mendoza, que são alguns dos exemplos que o próprio Suarez destaca.

Ergo sunt iuris humani et non naturalis, logo são direitos humanos, e não naturais, ressaltará o autor, e não deve ser confundido o direito natural com o de gentes pelo seu grau de complexidade na maneira da sua demonstração. O fato de ser possível tirar conclusões necessários de princípios naturais e considerá--las como direito natural sem considerar a existência de instituições sociais ou a comunidade humana e como se não dependessem da vontade humana é um erro. Aqueles direitos que se derivam de princípios naturais, não de maneira absoluta, mas supõem a sociedade humana e considera certas circunstâncias essenciais para a conservação da sociedade, estes preceitos constituem o que Suarez entende por *ius gentium* e parece se desprender das referências de Tomás de Aquino.[38] Este pode ser o caso do matrimônio que se desprende de um princípio natural de

---

[33] De Legibus, II, XVII, 3. p. 103.

[34] Summa I II q. 95, art 4 ad 1. Cf. Summa II II q. 57, art 4.

[35] *De iustitia et iure libri X* . Lib, I, quaest 5, art. 4. « *Dicitur enim ius gentium quidquid mortales ex principiis naturalibus per modum conclusionis rationati sunt* »

[36] Ele destaca Manoel Soares, Bartolomé de Medina e Fernando de Mendoza.

[37] Cf. DL II XVII 8. p. 108.

[38] Summa Thoelogiae II II q. 57 art 3 ad 3.

acasalamento e procriação, mas exige a mediação da comunidade humana, da vontade das partes e da própria sociedade para existir como tal.

Distinção do direito natural

Dirá Suarez que o direito de gentes não manda nada que não seja por si mesmo necessário para a retidão da conduta, nem proíbe nada que seja essencial e intrinsecamente mau, nem de modo absoluto nem supondo determinadas situações e circunstâncias objetivas; isto pertence ao direito natural.[39] Neste sentido, o direito de gentes não faz parte do direito natural nem se distingue dele por ser um direito especifico dos homens porque, estritamente, todo o direito natural refere ao homem.

Também criticará uma simplista distinção onde o direito de gentes trataria de permissão ou concessão, e o direito natural seria prescritivo ou preceptivo. Dirá ele que tanto o direito de gentes como o natural serão concessivos e prescritivos de tal maneira que quando um preceito é natural a concessão correlata deriva também do próprio direito natural.[40]

Ambos os direitos, o natural e o de gentes, se aproximam no sentido de que são de algum modo comum a todos os homens, e assim aparece genericamente no *Digesto* 1,1,9, mas no caso das *Instituições* o termo *ius gentium* é utilizado com maior propriedade ao direito que tem sido estabelecido através do costume das nações,[41] isto é, o que eles mesmos constituíram. Neste sentido, parece-se com o direito positivo. Mas a diferença entre o direito natural e o de gentes reside em primeiro lugar em que a obrigação de cumprir os seus mandatos tem uma origem diversa. Se enquanto no direito natural a obrigação reside em que seus preceitos têm a sua origem deduzida evidentemente de princípios naturais, o que faz com que eles sejam bons ou maus em si mesmos, o direito de gentes, desde o ponto de vista da razão humana, não só é indicativo do que é mau, mas constitutivo do mal.

A segunda diferença está no grau de imutabilidade, dado que este depende da sua necessidade, e o direito de gentes, por ser menos necessário que o natural, e por depender do consentimento dos homens, é mutável. Pelo fato de depender também de um costume geral a mudança do conteúdo desta lei dependeria de um acordo geral gradualmente incorporado nos costumes dos povos, o que na prática resulta difícil.[42] Mais fácil é que um povo incorpore e deixe de cumprir, através de alguma norma positiva, algum ordenamento do direito de gentes.[43]

---

[39] Cf um dos mais sofisticados textos sobre o tema o artigo de David Williams, "The immutability of natural Law according to Suarez". *The Tomist* 62 (1998): 97-115. Também William May "The Natural Law Doctrine of Francis Suarez" *New Scholasticism* 58 (1984): 409-28.

[40] DL II cap. XVIII, 9. p. 123.

[41] Inst. 1,2,2: *Ius autem gentium omni humano generi comune est. Nam usu exigente et humanis necessitatibus gentes humanae quaedam sibi constituerunt.*

[42] Cf. DL II XX, 8 p. 147.

[43] Cf. Daniel Schwartz "Francisco Suarez on Consent and Political Obligation. *Vivarium* 46 (2008) 59-81.

A terceira diferença é a relação com a sua universalidade. Enquanto o direito natural é comum a todos e tem uma universal e geral aceitação por todos os povos e só por erro pode deixar de ser observado em algum lugar, o direito de gentes, pelo contrário, não é observado sempre e por todos os povos, mas de ordinário e por quase todos.[44] Por isso o que alguns povos consideram direito de gentes pode não ser observado em outras partes sem isto significar erro algum. O direito de gentes se distingue do direito natural por ter surgido não em virtude de uma evidência natural, mas de conclusões prováveis e comum estima dos homens.[45]

Distinção do direito civil

O desafio agora é distinguir o direito de gentes do direito civil. Tomás de Aquino[46] divide o direito positivo em direito de gentes e civil dizendo que ambos são direito humano derivado do direito natural,[47] enquanto o natural não é positivos mas depende da reta razão. Uma resposta simples e incompleta na época era dizer que um direito civil corresponde a um Estado ou reino enquanto o de gentes é comum a todos os povos. Esta diferença é puramente quantitativa, acidental e inverídica no sentido de que o *ius gentium* não é comum a *todos* os povos.

Para Suarez, a diferença radica em que o *ius gentium,* diferentemente do *civil,* não esta constituído por leis escritas, mas por costumes, não deste ou daquele Estado, mas por quase todas as nações. Agora se um costume obriga a um só povo, segue sendo direito civil, mas se obriga a muitos povos é direito de gente propriamente dita.[48] Em resumo, se diferencia do natural pela origem (princípios da natureza por um lado e costume pelo outro) e do civil pelo fundamento e universalidade (positivada num caso e quase todos os povos no outro).

A fim de delimitar ainda mais o conceito, Suarez diz que o direito de gentes pode ser usado em dois sentidos:

Em primeiro lugar, no sentido de ser um direito que todos os povos devem respeitar em suas relações mútuas. Segundo, no sentido de que seja um direito próprio de uma nação, porém chamado de *gentes* por ser comparável e coincidir em seu reconhecimento.

O segundo sentido é chamado de direito de gentes em sentido equívoco, já que de fato é positivado e de restrição local, portanto direito civil. É o caso de várias nações que têm legislações similares, em alguns casos quase idênticas, mas estabelecidos por cada Estado nos seus próprios processos legislativos e constitucionais como pode ser o caso da liberdade religiosa ou do descanso semanal. Por

---

[44] Gratiani, *Decretum* D.1 c.9 (Isidori Hispalensis episcopi *Etymologiarum sive originum libri XX* lib. 5, cap. 6. Ed W. M. Lindsay (Oxford 1911).

[45] Cf. DL II XIX, 4. p. 130.

[46] Summa, I-II q. 95, art 2.

[47] Aristóteles, *Ética a Nicômaco.* cap 7.

[48] Cf. DL II XIX, 6. p. 131

ser comum a vários Estados podia ser confundido com um *ius gentium* quando na verdade é um *ius civilis*.

O primeiro sentido seria o mais adequado estritamente falando por ser transnacional, ser mais universal e como tal diferente do direito civil. O granadino vai destacar características deste primeiro sentido que são dignos de uma atenção especial.

Características próprias do *ius gentium*

a) A busca do melhor dos sistemas de sanções.

Na base dos direitos de gentes, e os exemplos que ele usa são o da guerra e o da escravidão, está um sistema de sanções para impor castigos ou exigir reparações diante de injúrias inferidas por outro Estado, que bem poderia ser outro sistema de sanções ou a possibilidade de confiar esse poder a um terceiro soberano na qualidade de árbitro com poder de coação,[49] mas que no momento é considerado mais justo e ao qual não cabe opor-se sem a devida justificação.[50] Este sistema não é necessário do ponto de vista da razão natural e tem como uma das suas funções impor limites aos abusos de poder e evitar castigos mais severos aos inimigos depois de vencidos no caso da escravidão.

b) A obrigatoriedade do respeito dos tratados.

Com relação aos tratados, de paz e de guerra no exemplo usado por Suarez, a obrigação para o seu cumprimento, uma vez estipulados, corresponde ao direito natural no princípio de correspondência e reciprocidade. Ao âmbito do direito de gentes corresponde a obrigação de assiná-los e ratificá-los quando solicitados na devida forma e por motivos razoáveis, destacando dois valores que atravessam toda a obra de Suarez, quais sejam a boa vontade, a razoabilidade e a obrigação moral.

c) A Política como razão de ser do direito de gentes

Para Suarez, mesmo divididos em povos e nações, a unidade do gênero humano não reside na identificação com a espécie humana, mas na identidade *quasi* política e moral que é naturalmente constitutivo dos seres humanos mesmo com estrangeiros e com qualquer nação. Para ele, antecipando-se a Kant na sua *Paz perpetua,* mesmo que um Estado, seja ele uma monarquia ou república, e seja naturalmente uma comunidade autárquica e seja portadora do elementos culturais característicos e peculiares, é também, *em algum sentido e em relação com o gênero humano, um membro da comunidade universal.*[51]

---

[49] Conselho de Segurança da ONU por exemplo. Note-se também a flexibilidade do *ius gentium*.

[50] DL II cap. XIX, 8, p. 134.

[51] *Quapropter, licet unaquaeque civitas perfecta, respublica aut regnum, sit in se communitas perfecta et suis membris constans, nihilominus quaelibet illarum est etiam membrum aliquo modo huius universi, prout ad genus humanum spectat.* DL II, cap. XIX, 9. p. 135.

Destacará também entre os fundamentos para um direito de gentes às necessidades a que estes Estados estão submetidos no seu isolamento e estimula a associação e comum cooperação em vistas de satisfazer necessidades comerciais, de desenvolvimento e mesmo morais. Isto torna necessária a criação de leis e acordos que organizem devidamente este tipo de intercâmbio. Mesmo que esta normas estejam muito próximas à lei natural no sentido de que são de fácil evidência racional resulta importante que estes estejam arraigados nos costumes nessa comunidade internacional do gênero humano sem necessidade de renunciar às próprias peculiaridades locais, mas ao mesmo tempo sejam de fácil aceitação e conveniência.

d) Mutabilidade do direito de gentes

O fato de ter como um dos fundamentos o consentimento dos homens torna o *ius gentium* modificável, e nisto é diferente do *ius naturalis*. Todas as proibições e preceitos do direito de gentes podem ser modificados e a razão última desta mutabilidade reside em que este direito se limita a proibir atos que não são essencial e intrinsecamente maus, primeiro porque estas normas não se deduzem de princípios naturais por vias de necessidade ou evidência; segundo, porque a obrigatoriedade do direito de gentes não tem a sua origem na pura razão, mas em alguma forma de obrigatoriedade humana que tem a sua fonte em algum costume geral. Por isso, desde o ponto de vista do objeto do direito não há nada que impeça que esteja sujeito a mudanças desde que provocadas por uma autoridade competente, neste caso a vontade e a razoabilidade de um novo costume. Isto resulta um pouco difícil por se referir a um direito comum a muitas nações, mas, diz ele, *não existe inconveniente em que se altere o conteúdo objetivo desta lei se todas as nações chagarem a um acordo ou gradualmente va-se introduzindo e se consolida o costume contrario.*[52]

É perfeitamente possível que algumas normas do direito de gentes possam ser derrubadas pelo costume, e a razão para isto é que o que vai contra o verdadeiro direito de gentes não é intrinsecamente mau, a isto se dedica o direito natural. Suarez se vale de dois exemplos que não são aleatórios no momento histórico que está vivendo: um é o da propriedade e o outro o da escravidão. No caso da propriedade, o costume pode fixar um modo diferente nas condições de propriedade, podendo estabelecer o princípio de que a propriedade cumprisse uma condição que poderia ser de subordinação em respeito ao bem público. No exemplo da escravidão dos prisioneiros de guerras, que é a única condição em que Suarez justifica a escravidão no direito de gente, dirá ele que foi uma prática introduzida pelo direito de gentes, e o costume bem pode ser derrubado de maneira que já não seja permitida em um determinado território e em outro sim. A mesma coisa pensa sobre a propriedade privada.[53]

---

[52] *Nihilonimus tamen non repugnat mutatio exvi materiae, si nationes omnes consentirent vel si paulatim in troduceretur consuetudo contraria et praevaleret.* DL II, cap. XX, 8, p. 147.

[53] DL, *Additiones suarecii ad ius gentium.* 10. p. 163.

Para isto não é suficiente que um soberano determine esta mudança para obrigar um povo a aceitar uma norma contrária ao direito de gentes, mas sim pode estabelecer uma norma nova através de costume e consentimento comum. Também pode o soberano dar uma lei contrária ao direito de gentes, revogando algum aspecto que convenha no observar dentro do seu reino e por seus próprios súditos. Como exemplo, dirá ele, *pode dar uma lei que no seu território não existam escravos, mas que todos os homens sejam livres e outras leis do gênero.* Esse tipo de exercício do poder não é considerado por Suarez como contrário à razão natural nem às atribuições do governo. E assim como um rei pode legislar sobre qualquer outro costume também o pode fazer em respeito a um costume de direito de gentes no que pode afetar ao seu próprio reino. Esta é uma ressalva importante em respeito à universalidade e imutabilidade do direito de gentes. A universalidade do costume do direito de gentes não é no próprio reino mais firme nem mais imutável respeito dos seus súditos, mas somente o é em relação com as demais nações, isto é, não pode impor a outras nações as mudanças que considerou conveniente efetivar, e que relação com os outros povos continua vigente. E este ponto será da maior relevância na hora de pensar o Novo Mundo.

Conclusão

Como direito específico, ao *ius gentium* deve-se atribuir unicamente aquelas normas que não estão contidas no *ius naturae* ou no *ius civile*. Uma das características distintivas é a sua apresentação como direito *universal* (*commune omnibus gentibus*).[54] Universal no sentido de *amplo* e capaz de ser incorporado por todos. Tem caráter geral na sua aplicação e é um direito de todos os povos, e não de um Estado particular ou nação. Neste caso, por seu caráter de universalidade se distingue do direito civil mas coincide com o direito natural, mas esta coincidência é meramente acidental.

Desde o ponto de vista do objeto e os sujeitos que lhe estão submetidos, o *ius gentium* é um direito *humano* enquanto se orienta ao governo do gênero humano e rege os atos humanos. Logo o sujeito do *ius gentium* é a humanidade enquanto unidade composta por todos os homens que em virtude de uma natureza racional são cada um por si sujeitos do direito natural. Enquanto lei da humanidade é direito de gentes natural. Propriamente significa a *communitas hominum*. Compreende o conjunto de normas universais e evidentes que regulam as relações de convivência entre todos os homens e servem de base fundamental a todo ordenamento jurídico positivo.

Por sua forma, o *ius gentium,* propriamente e no seu sentido mais estrito como lei dos povos, se manifesta como direito positivo. Pela sua origem, o direito de gentes é positivo por ter sido estabelecido pelos homens (*ad hominibus positum*). Essencialmente diz de um legislador que constitui direito através de

---

[54] II, c. 19, 1. p. 125.

um ato legislativo ou declarativo da sua vontade. Identifica-se logo o direito de gentes com um conjunto de regras positivas. Materialmente são direito natural, dele recebe sua efetividade e é nele que reside o fundamento da sua obrigatoriedade. Uma norma ética através da vontade positivadora adquire validade jurídica. O direito de gentes se converte em norma jurídica por seu caráter de lei positiva e humana.

O *ius gentium*, desde o ponto de vista da sua autoridade, é direito positivo *voluntário* (*introductum voluntate et opinione humana*). Esta é a diferença específica em respeito ao direito natural. Se por sua vez o *ius naturae* manda e proíbe o que é justo e injusto por si mesmo, o *ius gentium* faz que uma coisa seja justa e injusta porque ele a manda ou proíbe. O direito de gentes é obra dos homens, depende da vontade positivadora que cria direito, é resultante de um pacto e, consequentemente, tem uma natureza convencional. A vontade dos povos é constitutiva e o fundamento imediato da sua obrigatoriedade que por sua vez condiciona a sua mutabilidade e evolução histórica.

O direito de gentes, no seu sentido natural é universal como a própria humanidade e tão imutável quanto à natureza humana. O direito de gentes no sentido voluntário é essencialmente mutável em virtude da sua natureza convencional. Neste sentido, não é universal a todos os povos de modo absoluto, mas, quase todos e por regra geral. Pode, em certa circunstância, e sem erro, se negar a obrigatoriedade a alguma das suas normas jurídicas.

Como lei dos povos, o *ius gentium* é um direito consuetudinário, obrigatório e coativo. Não é necessário que todos os homens do universo se reúnam em assembleia e simultaneamente aprovassem um acordo; é pelo costume e tradição que o direito de gentes é introduzido paulatinamente na comunidade humana. Pela sucessão de usos nacionais, sua expansão internacional e imitação mútua dos povos foram consolidando costumes quase universais que as próprias nações foram dando consentimento e convertendo em normas de direito de gentes, comuns e obrigatórios para todos. Sua obrigatoriedade se baseia nesse pacto implícito dos povos que tem um caráter consensual. A facilidade deste consenso reside em que maiormente são derivados do direito de gentes quem tem o seu aspecto de autoevidência.[55] Esta relação de conformidade do direito de gentes com o direito natural mostra o *consensus gentium* como o fundamento último do *ius gentium*.

Para Suarez, o processo para a formulação do direito de gentes é o seguinte: a) uma estrita ligação com a apreciação e vontade dos homens; b) o suporte de uma autoridade humana; c) que esteja baseado no costume; d) contingência e mutabilidade; e) uma vocação extensiva e com pretensões de universalidade ainda que não universal absolutamente; e f) submetido aos princípios de justiça facilmente conhecidos pela razão humana. Desta maneira, e por pretender uma quase universalidade humana, uma positividade constitutiva e "consuetudinariedade"

---

[55] II, c. 19, n. 3; 6; II, c. 20, 1.

formal, o *ius gentium* se encaixa numa categoria própria entre o *ius naturae* e o *ius civile*. E este foi o esforço intelectual de Suarez.

Desde o ponto de vista político, dentro do próprio *ius gentium*, assistimos à formulação do *ius intra gentes*. Suarez, no texto já citado do DL II c. 19, n. 9.[56] vai estabelecer três juízos de valor que irão estruturar a sua visão:

a) *A sociabilidade dos Estados*. Os Estados formam uma associação internacional com certa unidade moral e quase política. Mas esta associação na depende dos Estados-Membros mas existe com anterioridade ao *ius gentium*, é um postulado natural, e o preceito natural de solidariedade e ajuda mútua não são mais que signos deste *a priori*.

b) *A interdependência dos Estados*, onde a própria soberania e independência dos Estados depende da sua associação e colaboração internacional. A interdependência é uma exigência natural que realiza a mesma natureza do Estado.

c) *A relatividade da soberania dos Estados*. Decorrente dos postulados anteriores, a soberania é relativa à sociabilidade e interdependência dos mesmos Estados de tal maneira que não há possibilidade de soberania absoluta e anula a possível antinomia entre comunidade internacional e Estados soberanos.

O resultado destas três premissas é a necessidade que as nações têm de um sistema de leis pelo qual possam se reger e organizar neste tipo de intercâmbio e mutua associação. Mesmo que esteja prevista na razão natural é necessário que esteja explicitado num texto objetivo ajustado às matérias e circunstâncias próprias do tempo e lugar tendo como base o costume que rege essas relações de maneira que seja de fácil aceitação, divulgação e conveniência para todos.[57]

O sujeito do *ius gentium* são os Estados enquanto membros da comunidade do gênero humano e seu fim específico consiste na realização da paz e a justiça na vida internacional através da associação, colaboração e os intercâmbios internacionais como forma concreta de atuação histórica. Se bem é certo que a sua validade está condicionada pelo direito natural, o direito de gentes pode, em determinadas circunstâncias, permitir alguma coisa contra o direito natural quando, diz Suarez, *seja tão necessário pela fragilidade e a condição humana o caráter de seus negócios que quase todas as nações coincidem em respeitar esta tolerância*.[58] A paz e o entendimento internacionais estão num lugar de privilégio respeito do rigor dogmático e qualquer tipo de soberano absoluto.

---

[56] "El gênero humano, aunque de hecho está dividido em pueblos y reinos, mantiene, sin embargo, em todo momento uma cierta unidad, no ya solo la específica de la raza humana, sino cuasi politica y moral, como lo indica el precepto natural de la solidariedad y ayuda que se extiende a todos, encluso extrangeros y de cualquier nación. Por los cual, aunque el Estado – monarquia o republica – sea naturalmente comunidad autárquica y este dotado de sus próprios elementos constitutivos, sin embargo, cualquiera de los Estados es también, em algun sentido y em relación al gênero humano, um miembro de uma comunidad universal. Porque estos Estados, aisladamente considerados, nunca gozan de autonomia tan absoluta que no precisen de alguna ayuda, asociación y comum intercambio, unas veces para su mayor bienestar, progreso y desarrollo, y otras incluso por verdadera necesidad moral y falta de médios, como demuestra la experiência misma" p. 135-136.

[57] DL II, c. 19, n. 9. p. 136.

[58] DL II, c. 20, n. 3. p. 142.

Referências bibliográficas

ARISTÓTELES. *Ética a Nicómaco*. Ed Bilíngüe. Traducción de Araujo Maria e Julian Marias. 8 ed. Madrid: Centro de Estúdios Políticos y Constitucionales, 2002. 174p.

BITTENCOURT, Paulo José Sá. Bartolomé de Las Casas e a crítica ao mito da modernidade: as controvérsias de Valladolid (1547-1550). *Estudos Leopoldenses: Série História*, São Leopoldo , v. 3, n. 1, p. 43-65, 1999.

GRATIAN, *The treatise on laws* (Decretum DD.1-20) / translated by Augustine Thompson; with the Ordinary gloss translated by James Gordley ; and and introduction by Katherine Christensen. Washington, D.C.: The Catholic University of America Pr., c1993.

GRATIANI, *Decretum* D.1 c.9 (Isidori Hispalensis episcopi *Etymologiarum sive originum libri XX* lib. 5, cap. 6. Ed W. M. Lindsay (Oxford 1911).

HALDANE, John. "Thomism" in E. Craig (ed.), *Routledge Encyclopedia of Philosophy* (London: Routledge, 1998). P. 382.

——. *Thomism and the Future of Catholic Philosophy*. 1998 Aquinas Lecture, Blackfrias Oxford. http://www1.assumption. edu/users/gcolvert/jjhbf1998.htm . Acc. em 06/05/2010

JUSTINIANO, El Digesto del Emperador Justiniano: traducido y publicado en el siglo anterior por el licenciado Don Bartolomè Agustín, Rodriguez de Fonseca / Justiniano; D. Manoel Gomez Marin y D. Pascual Gil y Gomez (publ.) Titulo original: Digestorum seu Pandectarum. Outro título: *Cuerpo del derecho civil ó sea digesto, código, novelas e instituta de Justiniano*. Madrid: Ramon Vicente, 1872-1874. 3 vol. DIG. 1,1.

——. *Institutas do Imperador Justiniano*. São Paulo: Ed. Brasil, 1952. 179 p.

LAS CASAS, Bartolomé de. *Historia de las Índias*. Caracas: Bibliotec Ayacucho, 1986. 3 vol. Edición, prólogo, notas y cronograma de André Saint-Lu. Tb. Madrid: Impr. De M. Ginesta, 1875-1876. 5 Vol.

LAWRENCE, Jeremy, trans. *Political Writings: Francisco de Vitoria*. Ed Anthony Pagden and Jeremy Lawrance. New York: Cambridge University Press, 1991. p. 331.

MACINTYRE, Alasdier. *God, Philosophy, University*. A Selective History of the Catholic Philosophical Tradition. Plymouth: Rowman& Littlefield Publishers, 2009. p. 108.

MAY, William, "The Natural Law Doctrine of Francis Suarez" *New Scholasticism* 58 (1984): 409-28.

ORREGO, Santiago, "Nuevos datos y rectificaciones sobre fuentes manuscritas de la Escuela de Salamanca". *Bulletin de Philosophie Médiévale*. Vol 48, p. 229-259

PEREÑA, Luciano. *La Genesis suareciana del Ius Gentium*. In: Estúdio preliminar ao Volume IV do De Legibus (CHP, 1973). P. xix a lxxii.

SCHWARTZ, Daniel. Francisco Suarez on Consent and Political Obligation. *Vivarium* 46 (2008) 59-81.

SUAREZ, Francisco SJ. *Tractatus de Charitate* Opera Omnia. Paris: Ed Vives. 1856-1878 Vol 9.

——. *Tractatus de fide* Opera Omnia. Paris: Ed Vives. 1856-1878. Vol 12.

——. *Tractatus de legibus*. Edición crítica bilíngüe por Luciano Pereña, V. Abril y P. Suñer. Consejo Siperior de Investigaciones Cientificas. Instituto Francisco de Vitoria. Madrid, 1973. Corpus Hispanorum De Pace, volumenes 11-17, 21 e 22.

WILLIAMS, David. The immutability of natural Law according to Suarez. *The Tomist* 62 (1998): 97-115.

— I I —

Sociedade do risco e Direito Penal

ANDRÉ LUÍS CALLEGARI[1]

Sumário: 1. A sociedade do risco; 2. A influência da sociedade do risco no direito penal; Referências.

1. A sociedade do risco

O modelo social desenvolvido após a Revolução Industrial é comumente intitulado de Sociedade de Riscos ou Sociedade do Risco (expressão desenvolvida por Ulrich Beck).[2] Isso se dá pois vivemos em um momento de economia rapidamente variante e constantes avanços tecnológicos, o que nos proporciona um aumento do conforto e bem-estar, mas também nos traz um relevante aspecto negativo: o incremento dos riscos a que estamos submetidos. Nesses termos, para Silva Sánchez:

> A sociedade atual aparece caracterizada, basicamente, por um âmbito econômico rapidamente variante e pelo aparecimento de avanços tecnológicos sem paralelo em toda a história da humanidade. O extraordinário desenvolvimento da técnica teve, e continua tendo, obviamente, repercussões diretas em um incremento do bem-estar individual. Como também as têm a dinâmica dos fenômenos econômicos. Sem embargo, convém não ignorar suas conseqüências negativas.[3]

Antes de adentrarmos nas características da Sociedade do Risco, entretanto, cumpre-se referir, brevemente, que Beck distingue dois conceitos de moderniza-

---

[1] Advogado criminalista, Doutor em Direito Penal e Coordenador do Programa de Pós-Graduação em Direito da Universidade do Vale do Rio dos Sinos.

[2] A expressão *Sociedade do Risco* foi criada por Beck, termo que dá título à sua obra: *Risikogesellschaf*. Conforme alerta o próprio autor: "El término *sociedad* (industrial) *del riesgo* há obtenido también y esencialmente en este sentido (empleado desde hace más que un año contra mucha resistencia de voces interiores y exteriores) un resabido amargo de verdad. Mucho de lo que he obtenido argumentativamente al escribir (la imperceptibilidad de los peligros, su dependencia respecto del saber, su supranacionalidad, la «expropiación ecológica», el paso de la normalidad a la absurdidad, etc.) se lee después de Chernobil como una trivial descripción del presente. ¡Ojalá hubiera sido sólo la prognosis de un futuro que había que evitar"! BECK, Ulrich. *La sociedad del riesgo*. Hacia una nueva modernidad. Barcelona, Buenos Aires, México: Paidós, 1998, p 14. Cumpre-se, ainda, referir que, muito embora, nesse trabalho, vá-se seguir a linha desenvolvida por Beck, outro importante autor que também aborda a questão é Nicklas Luhmann. Seu pensamento pode ser encontrado em sua obra *Sociologia del Riesgo*. Rio de Janeiro: Tempo Brasileiro, 1983.

[3] SÁNCHEZ, Jesús-María Silva. *A expansão do Direito Penal*. Aspectos da política criminal na sociedade pós-industriais. Trad. Luiz Otavio de Oliveira Rocha. São Paulo: Editora Revista dos Tribunais, 2002, p. 28-29.

ção: a modernização denominada de simples, ocorrida durante o período industrial, e a modernização a que ele chama de reflexiva, ocorrida nos tempos atuais.

A modernidade reflexiva deve ser entendida como o período no qual a sociedade se encontra em risco devido à constante evolução técnica da fase anterior (modernidade simples). De acordo com Machado, como "o estágio em que as formas contínuas de progresso técnico-econômico podem se transformar em autodestruição".[4] Em outras palavras, a reflexividade está no fato de que a civilização colocou em perigo a si mesma, pois "sus mismos progresos desencadearan una producción de nuevos riesgos que se revisten de una importancia inédita y particular".[5]

Nesse sentido, esse processo de reflexo da atual modernidade é, realmente, um confronto das bases traçadas na modernidade industrial com as consequências da própria modernização. Tal confronto, no entanto, não decorreu de uma necessidade de oposição ao modelo industrial, mas do seu próprio desenvolvimento desmedido, que acarretou em "efeitos e ameaças que não puderam ser assimilados pela racionalidade da época industrial".[6] Assim, quanto mais se desenvolvia o processo de modernização, mais se consumiam as bases do modelo industrial, culminando tal processo na Sociedade do Risco. Conforme Machado, "o confronto, que é a base da reflexividade, significa a incompreensão e a impossibilidade de assimilação da realidade da sociedade do risco pelo sistema da sociedade industrial. De maneira cumulativa e latente, os fenômenos da sociedade do risco produzem ameaças que questionam e, finalmente, destroem as bases da sociedade industrial".[7]

Essa modernidade atual (reflexiva) pode, ainda, na linha de intelecção de Beck, ser dividida em dois estágios: o correspondente à reflexividade, que é justamente esse confronto das matrizes da modernidade industrial com as consequências de sua própria evolução; e o relacionado à reflexão, que se caracteriza pela conscientização da modernização.[8] Desse modo, num primeiro momento, há um desenvolvimento autônomo, despercebido e irracional, que leva à Sociedade

---

[4] MACHADO, Marta Rodriguez de Assis. *Sociedade do Risco e Direito Penal*. Uma avaliação de novas tendências político-criminais. São Paulo: IBCCRIM, 2005, p. 30.

[5] LAZO, Gemma Nicolas. La crisis del Welfare y sus repercusiones en la cultura política europea. In: *Política Criminal y Sistema Penal*. Viejas y nuevas racionalidades punitivas. Iñaki Rivera Beiras e Gemma Nicilás Lazo. Barcelona: Anthropos, 2005, p. 226-235.

[6] MACHADO, Marta Rodriguez de Assis, op. cit., p. 30.

[7] Ibid.

[8] Nas palavras do autor: "Si podemos denominar reflexividad a la transición autónoma, no intencional y no percibida, cuasi refleja, desde la sociedad industrial a la sociedad del riesgo – en distinción y oposición a la reflexión–, entonces 'modernización reflexiva' significa autoconfrontación con las consecuencias de la sociedad del riesgo que no pueden abordarse y resolverse (adecuadamente) en el sistema de la sociedad industrial (Beck, 1992), es decir, según los parámetros de los propios estándares institucionalizados de la sociedad industrial. En una segunda fase esta constelación puede, a su vez, convertirse en objeto de reflexión (pública, política y académica), pero esto no debe encubrir el 'mecanismo' de la transición, carente de reflexión, cuasi reflejo. Esto se produce y deviene real precisamente a través de la abstracción de la sociedad del riesgo". (BECK, Ulrich. *La sociedad del riesgo global*. Madrid: Siglo XXI de España Editores, 2002, p. 115).

do Risco (reflexividade), para, posteriormente, haver uma tomada de consciência, tornando-se o risco alvo de consideração pública, política e científica (reflexão).[9] Assim, o aparecimento dos riscos se deu diante de uma perspectiva de normalidade, para, posteriormente, virem a figurar como uma ameaça à humanidade.[10]

Reconhecidos os efeitos da modernização, e percebido que os riscos tecnológicos são derivados da ação humana, "os centros de tomada de decisões e as leis do progresso tecnológico e científico tornam-se questões políticas",[11] bem como se passa a atentar para os mecanismos de controle e distribuição dos riscos, principalmente no que tange à constatação da ineficiência dos mecanismos atuais e a consequente busca por novas alternativas.

Compreendidas, assim, as bases da teoria de Beck, torna-se fácil perceber a Sociedade do Risco como aquela em que os constantes avanços tecnológicos, científicos e econômicos propiciam um crescimento do conforto e do bem-estar individual da vida humana, porém, também trazem aspectos negativos, como o incremento dos riscos a que estamos submetidos, o que acarreta uma demanda por segurança. Conforme Zúñiga Rodríguez, na Sociedade do Risco há uma tomada de consciência de que a tecnologia traz benefícios à vida das pessoas, mas, no entanto, também apresenta um dinamismo que foge do controle humano, impondo uma "lógica do risco". Com isso, são produzidos irreversíveis perigos às plantas, pessoas e animais, trazendo consequências que afetam à coletividade, como, por exemplo, catástrofes naturais, contaminação ambiental e grandes fraudes aos consumidores.[12]

Nesse passo, o manuseamento das tecnologias atinentes à biologia, à informática, à indústria química e à energia nuclear, por exemplo, trazem riscos que ameaçam o meio ambiente e a vida humana. De acordo com Machado, "a própria modernização trouxe consequências que estão hoje arriscando as condições básicas de vida alcançadas por via desse mesmo processo".[13] Nesse sentido,

---

[9] Veja-se o que diz Campione sobre a distinção entre primeira (correspondente à Era Industrial) e segunda (correspondente à Sociedade do Risco) modernidades: "En esta obra, el sociólogo alemán proponía una distinción entre una primera y una segunda modernidad en la cual, con el primer término, pretendia describir una sociedad estatal y nacional, con estructuras colectivas, el pleno empleo, una industrialización rápida y una explotación de la naturaleza no «visible». En resumidas cuentas, el modelo desarrollado en Europa occidental desde el siglo XVIII, un modelo en el cual «las relaciones y redes sociales y las comunidades de entendien esencialmente en su sentido territorial» (Beck, 2002, 2). En la actualidad, según Beck, estaríamos ante una «segunda modernidad», una suerte de modernización de la modernidad que asume los rasgos de una modernidad reflexiva donde los fundamentos, las insuficiencias y las antinomias de la primera modernidad se ven cuestionadas y se vuelven objeto de «reflexión». Dentro de este marco se estarían afirmando nuevos estilos de vida y un nuevo modelo de sociedad capitalista, con nuevos procesos y nuevos retos como la globalización, la individualización, la crisis ecológica y las turbulencias de los mercados financeros". (CAMPIONE, Roger. El que algo quiere algo le cuesta: notas sobre la *Kollateralschadengesellschaft*. In: *La seguridad en la sociedad del riesgo*. Un debate abierto. Cândido da Agra, José Luis Dominguez, Juan Antonio Gracía Amado, Patrick Hebberecht e Amadeu Recasens (eds.). Barcelona: Atelier, 2003, p. 11-26.)

[10] MACHADO, Marta Rodriguez de Assis, op. cit., p. 31.

[11] Ibid., p. 32.

[12] RODRÍGUEZ, Laura Zúñiga. *Política Criminal*. Madrid: Editorial Colex, 2001, p. 259.

[13] MACHADO, Marta Rodriguez de Assis, op. cit., p. 36.

Sociedade do risco e Direito Penal

Buergo aborda o surgimento desses novos riscos advindos dos avanços tecnológicos, alertando:

> Pero además de esta disparidad cuantitativa, tampoco puede negarse que, a diferencia de la sociedad industrial del siglo XIX o de principios del siglo XX, en la sociedad actual se han desarrollado nuevos campos de actividad y avances tecnológicos que encierran un elevado peligro y un enorme potencial y capacidad lesiva – energía y armas nucleares, nuevas tecnologías en el terreno de la química, de la genética y de la biotecnología, aplicables a los más variados ámbitos, etc. – y cuyos eventuales efectos dañinos o incluso catastróficos pueden tener una amplísima difusión que alcanzaría a futuras generaciones, lo que – junto a las dificultades para su limitación espacial o temporal – constituyen auténticas notas peculiares de estos nuevos riesgos actuales.[14]

Diante disso, em relação à passagem de uma Sociedade Industrial clássica, na qual havia uma confiança no progresso e na evolução científica, à atual Sociedade do Risco, preocupada e consciente dos riscos que o próprio desenvolvimento tecnológico e científico, descontroladamente, criou, Lazo afirma parecer nos estar reservado um destino de perigo do qual não há como escapar. A sociedade industrial clássica, alicerçada em seus parâmetros de Estado nacional soberano, de confiança no progresso, do conhecimento científico e do bem-estar se transformou na Sociedade do Risco, organizada ao redor do conceito de risco e gestora de seus conflitos em "términos discursivos y tecnológicos igualmente de riesgo".[15]

Claro está, portanto, que o fato de vivermos em uma sociedade denominada do Risco significa que os descontrolados avanços econômicos e tecnológicos e da ciência no geral, apesar de proporcionarem maior facilidade para a vida humana, ameaçam a sua própria existência. Dito isso, com base na obra de Machado, cumpre proceder, atrelado ao que ela denomina da perspectiva principal, qual seja: o fato dos riscos, de uma consequência normal do progresso tecnológico (como eram vistos na modernidade industrial), passarem a ser percebidos como uma ameaça à existência da vida humana, produzindo uma "crise de legitimidade das instituições da modernidade e na emergência de um estado de indeterminação e insegurança",[16] na enumeração, resumidamente, das mais importantes características da dinâmica sociopolítica dos riscos.

Inicialmente, os novos riscos se diferenciam das catástrofes naturais na medida em que eles advêm de decisões humanas tomadas em um âmbito industrial ou técnico-econômico, enquanto as catástrofes eram atribuídas à natureza e ao destino. Nesse aspecto, para Machado:

> A característica definidora dos novos riscos – e o que os diferencia dos perigos desde os medievais até os da primeira modernidade – é a ideia de que esses riscos, necessariamente, derivam de decisões humanas. Acontecimentos como as pragas, a fome, os desastres naturais podem ser diferenciados dos riscos derivados das *megatecnologias*, substancialmente, por não se encontrarem lastreados

---

[14] BUERGO, Blanca Mendoza. *El Derecho Penal en la Sociedad del Riesgo*. Madrid: Civitas, 2001, p. 40.

[15] LAZO, Gemma Nicolas. La crisis del Welfare y sus repercusiones en la cultura política europea. In: *Política Criminal y Sistema Penal*. Viejas y nuevas racionalidades punitivas. Iñaki Rivera Beiras e Gemma Nicilás Lazo. Barcelona: Anthropos, 2005, p. 226-235.

[16] MACHADO, Marta Rodriguez de Assis, op. cit., p. 38.

em decisões. Os novos riscos presumem decisões industriais, especificadamente, decisões que tem seu foco em vantagens e oportunidades econômicas, baseadas em critérios de utilidade.[17]

A artificialidade dos riscos (termo utilizado por Ripollés para designar os riscos "en cuanto producto de nuevas actividades humanas")[18] também é frisada por Buergo, que destaca: "la sociedad actual se caracteriza por la existencia de riesgos que, a diferencia de los peligros que amenazan con desastres naturales o plagas de otras épocas, son <artificiales>, en el sentido de que son producidos por la actividad del hombre y vinculados a una decisión de este".[19] E, nas palavras de Beck sobre a relação entre os riscos e as decisões humanas:

> Los dramas humanos – las pragas, enfermedades y desastres naturales, el poder de loes dioses y demonisal al acecho – puede equivaler cuantificablemente, o no, al peligro del potencial destructivo de las modernas megatecnologías. Difiere esencialmente de los "riesgos" en el sentido que yo les doy en que no se basan en decisiones o más específicamente, en decisiones que se centran en las ventajas y oportunidades tecnoeconómicas y aceptan los peligros como el simple lado oscuro del progreso. Ése es el primer punto que resalto: los riesgos presumen decisiones y consideraciones de utilidad industrial es decir, tecnoeconómica.[20]

Nesse contexto, de acordo com Silva Sánchez, os avanços propiciam o que ele denomina de "risco de procedência humana como fenômeno social estrutural",[21] o que significa que o risco a que um cidadão está submetido depende de decisões que outro cidadão precisa tomar no manejo dos avanços tecnológicos industriais, biológicos, genéticos, de energia nuclear etc. Nas palavras do autor:

> (...) o que interessa aqui ressaltar é a configuração do risco de procedência humana como fenômeno social estrutural. Isso, pelo fato de que boa parte das ameaças a que os cidadãos estão expostos provém precisamente das decisões que outros concidadãos adotam no manejo dos avanços técnicos: riscos mais ou menos diretos para os cidadãos (como consumidores, usuários, beneficiários de serviços públicos etc.) que derivam das aplicações técnicas dos avanços na indústria, na biologia, na genética, na energia nuclear, na informática, nas comunicações etc.[22]

Outra característica dessa sociedade atual está no fato de que esses riscos se apresentam como "efeitos colaterais indesejados do processo de modernização", sendo consequências imprevisíveis e secundárias do progresso tecnológico. Nas palavras de Buergo, isso se explica, pois os riscos "contituyen siempre efectos indeseados, a menudo no previstos y a veces imprevisibles de un actuar humano, inicialmente dirigido a fines positivamente valorados".[23] Campione, nessa linha de intelecção, alerta para o fato de que, na sociedade industrial clássica, as pes-

---

[17] MACHADO, Marta Rodriguez de Assis, op. cit., p. 51-52.

[18] RIPOLLÉS, José Luis Díez. De la Sociedad del Riego a la Seguridad Ciudadana: Um Debate Desenfocado. In: *Política Criminal, Estado e Democracia*. Homenagem aos 40 anos do Curso de Direito e aos 10 anos do Curso de Pós-Graduação em Direito da Unisinos. André Luís Callegari (Org.) Rio de Janeiro: Lumen Juris, 2007, p. 81-128.

[19] BUERGO, Blanca Mendoza, op. cit., p. 26.

[20] BECK, Ulrich. *La sociedad del riesgo global...*, op. cit., p. 78.

[21] SÁNCHEZ, Jesús- María Silva, op. cit., p. 29.

[22] Ibid.

[23] BUERGO, Blanca Mendoza, op. cit., p. 27.

Sociedade do risco e Direito Penal

soas estariam expostas ao que se pode chamar de risco "externo", correspondente a riscos que, embora ocorressem de forma inesperada, poderiam, devido à seguida frequência com que se produziram, ser previstos e, dessa forma, asseguráveis. Por outro lado, em sendo o risco "fabricado" (fruto da ação humana), tem-se a situação de serem "en muchos casos imprevisibles".[24] Por essa razão, Callegari e Wermuth alertam ser "intrínseco a esses novos riscos um componente futuro, ou seja, relacionado com uma previsão de uma destruição/catástrofe que ainda não ocorreu, mas que se revela iminente".[25]

Além disso, as contaminações nucleares ou químicas, por meio de radioatividade ou substâncias nocivas e tóxicas presentes no ar, na água e nos alimentos, a degradação ambiental e o aquecimento global, por exemplo, podem causar danos irreversíveis à saúde humana, podendo, tais lesões, inclusive, permanecer invisíveis por extenso período de tempo. Pode-se dizer, nesse diapasão, que esses riscos de procedência humana são indeterminados espacial (globalização) e temporalmente, e, ademais, muitas vezes, podem possuir dimensões e potenciais destrutivos maiores do que aqueles provenientes da natureza. Para esse aspecto alerta Buergo:

> Tales riesgos, además, no sólo son de una magnitud cresciente frente a los peligros naturales, sino que son de *grandes dimensiones*, es decir, amenazan a un número indeterminado y potencialmente enorme de personas, e incluso amenazan la existencia de la humanidad como tal, ya que al tratarse de «grandes riesgos tecnológicos», ligados a la explotación y manejo de energía nuclear, de productos químicos, de recursos alimenticeos, de riesgos ecológicos, o de los que pueda llevar consigo la tecnología genética, suponen posibilidades de autodestrucción colectiva.[26]

Justamente em face dessa indeterminação, "os novos riscos fogem à aplicação das regras securitárias do cálculo,[27] da estatística e da monetarização",[28] o que significa que a eles não podem ser aplicadas as regras da causalidade e da culpa, bem como, dificilmente se poderá medir qualquer compensação ou indenização deles emanadas, "quer porque suas consequências não podem ser limitadas, quer

---

[24] CAMPIONE, Roger, op. cit., p. 14.

[25] CALLEGARI, André Luís, WERMUTH, Maiquel Ângelo Dezordi. *Sistema Penal e Política Criminal*. Porto Alegre: Livraria do Advogado, 2010 p. 14.

[26] BUERGO, Blanca Mendoza, op. cit.p. 26.

[27] Cunpre, aqui, transcrever a esclarecedora explicação de Lazo acerca desses cálculos: "El concepto de «riesgo» va aparejado en términos como probabilidad, futuro, incerteza. Su gestión, ya que los riesgos no son irradicables, ha de ir acompañada de algún tipo de garantía o aseguramiento que minimice sus efectos o, simplemente, los distribuya. La gestión del riesgo pasaría en primer lugar, por una fase de definición o concepción, que llevaría a la realización de un cálculo probabilístico. Bajo la base de este cálculo se podría elaborar algún plan de aseguramiento que permitiese su redistribuición. Se trata de una previsión basada, pues, en un cálculo actuarial". Em nota de rodapé, utilizando-se da definição do Diccionário de la Lengua Española, ainda esclarece o que deve ser entendido por actuarial: "«Actuarial» es un adjetivo que significa «relativo al actuário de seguros o a sus funciones», es decir relativo a cálculos matemáticos y a conocimientos estadísticos, jurídicos y financieros concernientes a los seguros y a su régimen, proprios de las entidades aseguradoras". (LAZO, Gemma Nicolas, op. cit., p. 230.) Sobre esse aspecto Campione alerta para: "la posibilidad de calcular la prima de un seguro de coche no se puede aplicar, por ejemplo, a los efectos a largo plazo causados por el accidente de Chernóbil, el mal de las vacas locas (BSE) o el agujero en la capa de ozono". (CAMPIONE, Roger, op. cit., p. 15).

[28] MACHADO, Marta Rodriguez de Assis, op. cit., p. 41.

porque o desastre atinge dimensões tão grandes que nenhuma companhia de seguros seria capaz de arcar com o custo indenizatório".[29]

De tudo isso, Beck resume os principais aspectos da Sociedade do Risco, exemplificando por meio do acidente de Chernobil:

> Como resultado también puede captarse con mayor claridad la diferencia que marca época y distingue los riesgos de la sociedad industrial y del orden social burgués de los peligros y exigencias de la sociedad del riesgo. E acceso de la sociedad del riesgo se produce en el momento en el que los peligros que la sociedad decide ahora y produce consecuentemente *socavan y/o anulan los sistemas de seguridad establecidos por el cálculo de riesgos existente en el estado de bienestar.* En contraste con los primeros riesgos industriales, los riesgos nuclear químico, ecológico y de la ingeniería genética: (a) no pueden ser limitados ni en cuanto al tiempo ni en cuanto al espacio, (b) no es posible exigir responsabilidades por ellos conforme a las normas establecidas de causalidad, culpa y responsabilidad legal, y (c) no pueden ser compensados ni es posibles asegurarse contra ellos (Beck, 1994, p. 2). O, para expresarlo por referencia a un único ejemplo: hoy todavia no han *nacido* todos los afectados por Chernobil, años después de la catástrofe.[30]

Por todo o exposto, pode-se perceber que vivemos no que se denomina Sociedade do Risco, na qual estamos submetidos a riscos inclusive até então desconhecidos e que fogem da capacidade humana de controle. Nesse contexto, todos os aspectos elencados acima acabarão por influenciar o Direito Penal, pressionando-o a uma situação expansionista a fim de que se alcance segurança, o que será abordado a seguir.

2. A influência da sociedade do risco no direito penal

Apontadas essas características elencadas por Beck[31] e ressaltadas por vários autores, importante proceder, a partir de então, na identificação da influência que os aspectos da Sociedade do Risco exercem sobre o Direito Penal. Destacando essa consequente e inevitável relação entre Sociedade do Risco e Direito Penal, Buergo afirma que "naturalmente, el terreno de la política criminal y de su plasmación en la legislación penal no sólo no permanece inmune a este desarrollo típico de la sociedad del riesgo, sino que es especialmente sensible al mismo".[32] Tanto isso é verdade que o Direito Penal característico da Sociedade do Risco é comumente denominado de Direito Penal do Risco.

De início, tem-se como tendência desse Direito Penal ligado aos riscos, a criação de novos bens jurídicos supraindividuais de conteúdo difuso. Isso porque a Sociedade do Risco traz novas realidades, novas necessidades, que, a partir do momento em que intituladas de bens jurídicos, ensejam (corretamente ou não) a proteção penal. Albrecht elenca, como exemplos das atuais demandas de crimina-

---

[29] MACHADO, Marta Rodriguez de Assis, op. cit., p. 41.

[30] BECK, Ulrich. *La sociedad del riesgo global*, op. cit., p. 120.

[31] BECK, Ulrich, op. cit. 42..

[32] BUERGO, Blanca Mendoza. Gestión del Riesgo y Política criminal de Seguridad en la Sociedad del Riesgo. In: *La seguridad en la sociedad del riesgo*. Un debate abierto. Cândido da Agra, José Luis Dominguez, Juan Antonio García Amado, Patrick Hebberecht e Amadeu Recasens (eds). Barcelona: Atelier, 2003, p. 67-89

Sociedade do risco e Direito Penal

lização, a proteção de dados, a ameaça à natureza através da exploração destruidora da terra, do ar e da água, os perigos da tecnologia genética, a proliferação de mulheres estrangeiras na prostituição etc.[33]

Nessa senda, verifica-se a ocorrência de uma ampliação do conceito de bem jurídico, que passa a abarcar não somente os delimitados bens jurídicos individuais, mas também os imprecisos bens jurídicos supraindividuais de caráter difuso.[34] De acordo com Ripollés, os "componentes materiais" desses bens jurídicos seriam diferentes dos bens jurídicos tradicionais, visto que "producto de su configuración a tenor de las funciones sociales que habrían de satisfacer y de la perdida de referentes individuales".[35] Silva Sánchez, do mesmo modo, alerta para a proteção desses bens jurídicos supraindividuais:

> Assim, a combinação da introdução de novos objetos de proteção com antecipação das fronteiras da proteção penal vem propiciando uma transição rápida do modelo "delito de lesão de bens individuais" ao modelo "delito de perigo (presumido) para bens supra-individuais, passando por todas as modalidades intermediárias. Os legisladores, por razões como as expostas, promulgaram e promulgam numerosas novas leis penais, e as respectivas *rationes legis*, que obviamente não deixam de guardar relação – ao menos indireta – com o *contexto* ou previas da fruição de bens jurídicos individuais mais clássicos, são elevadas .de modo imediato á condição de bens penalmente *protegíveis* (dado que estão *protegidos*). Assim, junto aos delitos clássicos, aparecem outros muitos, no âmbito socioeconômico de modo singular, que recordam muito pouco aqueles. Nesse ponto, a doutrina tradicional do bem jurídico revela – como mencionado anteriormente – que, diferentemente do que sucedeu nos processos de despenalização dos anos 60 e 70, sua capacidade crítica no campo dos processos de criminalização como os que caracterizam os dias atuais – e certamente o futuro – é sumamente débil.[36]

No mesmo sentido, para Machado, os riscos advindos da tecnologia voltaram a proteção penal a bens jurídicos não mais individuais, relacionados à pessoa e com uma vítima definida, mas sim a interesses supraindividuais e universais. Com isso, passou-se a admitir a intenção de proporcionar se encampar as ame-

---

[33] ALBRECHT, Peter-Alexis, op. cit., p. 471-487.

[34] Bens jurídicos não individuais, transindividuais ou supraindividuais podem ser definidos como aqueles cuja titularidade não pertence a uma pessoa determinada, como ocorre nos bens jurídicos individuais. Conforme a esclarecedora lição de Bianchini, García-Pablos de Molina e Gomes: "Os bens jurídicos, segundo o sujeito titular, são individuais (os que pertencem às pessoas singulares: vida, saúde pessoal, liberdade, propriedade, honra, etc.) ou *supra-individuais, que* se subdividem (a) em bens *coletivos ou gerais,* que pertencem a toda coletividade (segurança pública, incolumidade pública, etc) ou (b) *públicos ou institucionais* (os que pertencem ao Estado ou órgão ou entidades públicas: patrimônio do Estado, segurança do Estado etc.) ou (c) *difusos* (bens de um grupo amplo e determinado ou determinável de pessoas: delitos contra a saúde pública, o meio ambiente, segurança do tráfego, dos consumidores, etc.). Os bens públicos ou gerais e os difusos tem em comum seu caráter supra-individual, isto é, seu titular não é um indivíduo determinado, não obstante devem ser distinguidos: os primeiros relacionam-se com a sociedade em seu conjunto (segurança pública, incolumidade pública, etc.); os segundos, por sua vez, pertencem a uma pluralidade de sujeitos mais ou menos determinados ou determináveis (consumidores de um determinado produto, moradores de uma região etc.)". BIANCHINI, Alice, MOLINA, Antonio García-Pablos de, GOMES, Luiz Flávio. *Direito Penal.* Introdução e Princípios Fundamentais. Coleção Ciências Criminais. Vol. 1. São Paulo: Editora Revista dos Tribunais, 2009, p. 238-239.

[35] RIPOLLÉS, José Luis Díez. *La política criminal en la encrucijada.* Montevideo – Buenos Aires: Edtorial BdeF, 2007, p. 136.

[36] SÁNCHEZ, Jesús- María Silva, op. cit., p. 113.

aças criadas pelos novos riscos tecnológicos e seus efeitos macrossociais como matéria de Direito Penal.[37]

Dessa feita, esse processo de ampliação do tradicional âmbito dos bens jurídicos individuais ao abarcamento de bens jurídicos supraindividuais se tem denominado "desmaterialização, espiritualização ou dinamização" dos bens jurídicos. Assim, de uma concepção clássica, desenvolvida por Birnbaum, em que o critério do bem jurídico era uma limitação ao *jus puniendi*, e historicamente vinculada à ligação da pessoa com o bem ("relação do sujeito com o objeto de valoração"), de conteúdo material, passou-se à ideia de tutela de bens jurídicos supra-individuais, imateriais e imprecisos, gerando-se, por essa razão, uma crise de sua intrínseca função de legitimação da intervenção penal.[38] Portanto, nas palavras da autora acima mencionada:

> (...) na perspectiva da teoria do bem jurídico, as conseqüências disso referem-se a uma significativa mudança na compreensão do conceito de bem jurídico, consistente no seu distanciamento da objetividade natural, bem como do eixo individual para focar a intervenção penal na proteção de bens jurídicos universais ou coletivos, de perfis cada vez mais vagos e abstratos – o que visivelmente destoa das premissas clássicas que dão o caráter concreto e antropocêntrico do bem a ser protegido. Trata-se do denominado processo de desmaterialização do bem jurídico.[39]

Por esses motivos, para Buergo, essas modificações têm proporcionado muitas discussões doutrinárias em relação à dogmática e à política criminal que admitirão a inclusão dessas novas esferas de proteção. A autora, resumidamente, aponta os principais problemas em debate:

> La «desmaterialización» y difuminación del bien jurídico tiene, sin duda, consecuencias dogmáticas y político-criminales importantes, que pueden afectar a cuestiones verdaderamente centrales. Entre ellas se pueden destacar las siguientes: delimitar con claridad el bien jurídico tutelado en cada caso, para determinar si es lesionado o sólo puesto en peligro por la conducta típica; establecer la relación de causalidad entre la conducta y estos posibles efectos; concretar si el bien jurídico va referido, en última instancia, a intereses individuales o no; establecer la eventual compatibilidad o no de tal difuminación con los principios de necesaria lesividad del delito y de intervención mínima, así como, finalmente, aunque de no menor importancia, la cuestión de las posibles tensiones que pudieran surgir con principios básicos de atribución jurídico-penal de un comportamiento a su autor. Todas estas dificultades se agravan con la combinación de la tutela penal de estos «nuevos» bienes con la anticipación de la misma a través de la técnica de los delitos de peligro – especialmente abstracto –, ya que a la característica vaguedad del objeto de protección y lo difuso de «titular» de tales bienes jurídicos – en ocasiones su ataque no tiene «víctimas» definidas – se une la inherente falta de concreción lesiva del tipo de peligro abstracto. Ello resulta, por tanto, particularmente preocupante cuando no se trata de la tutela de bienes supraindividuales con un referente claro a los bienes individuales vida, salud, integridad de la persona, sino de bienes de «nuevo cuño» sin referentes tan claros, como los del Derecho penal socioeconómico o el ambiental, entre otros.[40]

Dessa forma, percebe-se que acaba por ser alterada a clássica função de limitação e justificação da punição penal pela proteção de bens jurídicos, fazen-

---

[37] MACHADO, Marta Rodriguez de Assis, op. cit., p. 102-103.

[38] Ibid., p. 103-106.

[39] Ibid., p. 107.

[40] BUERGO, Blanca Mendoza, op. cit., p. 69-70.

do-se com que essa proteção passasse a ser vista, do contrário, como um critério de ampliação da intervenção do poder punitivo estatal.[41]

Na mesma linha de raciocínio, Callegari e Reindolff da Motta alertam para o fato de a proteção a bens jurídicos ter ultrapassado sua função de limitação à incriminação de condutas que não os lesionassem para a assunção de um caráter de exigência de punição. Conforme os autores: "houve um aumento considerável de tipos penais protegendo bens jurídicos que não se encontravam sob o manto da tutela penal, transformando-se a proteção de bens jurídicos num mandato para penalizar em lugar de ser uma proibição condicionada de penalização".[42] No mesmo sentido, para Hassemer:

> La protección de bienes jurídicos se ha convertido en un criterio positivo para justificar decisiones criminalizadoras, perdiendo el carácter de criterio negativo que tuvo originalmente. Lo que clásicamente se formuló como un concepto crítico para que el legislador se limitara a la protección de bienes jurídicos, se ha convertido ahora en una exigencia para que penalice determinadas conductas, transformándose así completamente de forma suprepticia la función que originariamente se le asignó.[43]

Por essas razões, conforme Machado, para a proteção penal desses novos bens jurídicos, em razão da dificuldade encontrada para a adoção dos critérios de causalidade e dano devido ao seu caráter universal, foi necessária a "operacionalização da tutela de maneira distinta do paradigma tradicional", visto que cada vez mais distante a presença de efetivas lesões, chegando-se à criminalização de condutas apenas supostamente perigosas.

Diante disso, face ao aparecimento dos novos riscos, observa-se, também, que a punição de condutas que lesionem a bens jurídicos passou à punição de ações referentes à "transgressão a uma norma organizativa", sem a necessidade da ocorrência de um resultado efetivo.[44] Assim, para a autora: "nos casos das normas de organização e das normas penais que sancionam a sua inobservância, está ausente um propósito de efetiva tutela. Tais normas traduzem-se em proibições com finalidade autônoma, que vedam ações humanas não por serem lesivas a um bem, mas quando possam dificultar o atingimento de um determinado objetivo pelo Estado".[45]

---

[41] Da mesma forma, para Buergo: "En este sentido puede decirse que la progresiva *expansión* del significado del concepto de bien jurídico acompaña un paulatino *desvanecimiento* tanto de sus referentes empiricos, como de su función de *garantía* de los límites o de las condiciones de justificación de la prohibición penal. Ha pasado asi a un primer plano un aspecto no deseable del principio de protección de bienes jurídicos, su empleo como *criterio de ampliación y no de limitación de la intervención* del Derecho penal". (BUERGO, Blanca Mendoza, op. cit., p. 77.)

[42] CALLEGARI, André Luís, MOTTA, Cristina Reindolff da. Estado e Política Criminal: A Expansão do Direito Penal como Forma Simbólica de Controle Social. In: *Política Criminal Estado e Democracia*. Porto Alegre: Lumen Juris, 2007, p. 13.

[43] HASSEMER, Winfried. *Persona, mundo y responsabilidad*. Bases para una teoría de la imputación en Derecho Penal, Madrid: Tirant lo Blanch, 1999, p. 47.

[44] MACHADO, Marta Rodriguez de Assis, op. cit., p. 107.

[45] Ibid. p. 110.

Nesse contexto, a proteção dos bens de caráter supraindividual, além de contradizer a noção clássica individualista de bem jurídico, proporciona a substituição da tutela de bens concretos à tutela de "funções, instituições e modelos de organização", restando ao Direito Penal, desse modo, ser um reforço às normas e funções administrativas.[46] Nessas circunstâncias, em uma perspectiva funcionalista e de caráter administrativo, os tipos penais passaram a ser criados não com a descrição de um "fato bruto", mas a partir da "violação de regras técnicas e burocráticas da administração do bem, ou seja, incorporam comportamentos que se supõe nocivos e desviantes menos pelo impacto que causam no mundo e mais por significarem uma violação ao padrão de segurança estabelecido".[47] Com efeito, conforme alerta Moccia, o ordenamento jurídico penal assume uma função meramente dirigista, deixando de somente repreender condutas que imediatamente ataquem a um bem e castigando, por outro lado, a não observância de normas organizativas ao invés de fatos socialmente danosos.[48] Por essa razão, Gomes e Bianchini concluem que "já não se protegem bens dos seres humanos, senão exclusivamente 'funções', 'instituições', 'ideais': já não é necessário uma vítima (de carne e osso) ou ao menos um ato de violação ao bem jurídico".[49] Os autores alertam que a proteção aos bens jurídicos supra-individuais e essa inclinação à proteção de "funções ou instituições" não seriam, em realidade, autênticos bens jurídicos. Nas suas palavras:

> O risco mais concreto decorrente dessa universalização dos bens jurídicos consiste na utilização ("perversão") do Direito penal para a tutela de "funções" ou "instituições", que não representam "autênticos" bens jurídicos (ou bens "substanciais") da pessoa humana. Em nome ou "por causa" dos riscos permanentes que a globalização vem criando ou forjando (riscos reais, riscos imaginários), o Direito penal vai avançando velozmente a cada dia (ora para a tutela de bens jurídicos vagos – ordem financeira, ordem econômica, relações etc. –, ora a proteção de funções ou instituições etc.).[50]

Do mesmo modo, para Silva Sánchez há, então, o que pode ser chamado de "administrativização" do Direito Penal:

> De fato, essa orientação à proteção de *contextos* cada vez mais genéricos (no tempo e no espaço) da fruição dos bens jurídicos clássicos leva o Direito Penal a relacionar-se com fenômenos de dimensões estruturais, globais ou sistêmicas, no que as aportações individuais, autonomamente contempladas, são, ao contrário, de "intensidade baixa". Com isso, tem-se produzido certamente a culminação do processo: o direito penal, que reagia *a posteriori* contra um fato lesivo individualmente delimitado (quanto ao sujeito ativo e ao passivo), se converte em um direito de gestão (punitiva) de riscos gerais e, nessa medida, está "administrativizado".[51]

---

[46] MACHADO, Marta Rodriguez de Assis, op. cit., p. 111.

[47] Ibid., p. 113.

[48] MOCCIA, Sérgio. De la tutela de bienes a la tutela de funciones: entre ilusiones postmodernas y reflujos iliberales. In: *Política Criminal y Nuevo Derecho Penal*. Libro Homenaje a Claus Roxin. Jesús-María Silva Sánchez (ed.) Barcelona: José Maria Bosch Editor, 1997, p. 113-141.

[49] GOMES, Luiz Flávio. BIANCHINI, Alice. *O Direito Penal na Era da Globalização*. São Paulo: Editora Revista dos Tribunais, 2002, p. 102.

[50] Ibid., p. 82.

[51] SÁNCHEZ, Jesús- María Silva, op. cit., p. 114.

Sociedade do risco e Direito Penal

Em tese, as incriminações a essas normas de conduta se justificariam, pois produziriam lesão ou perigo de lesão ao bem jurídico tutelado. No entanto, o que na verdade ocorre é, quando muito, um remoto vínculo ao bem tutelado, podendo, em realidade, a norma ser vista como a simples violação de um dever de conduta positivado extrapenalmente, ou seja, como a mera não observância de determinada regra.[52] Diante disso, verifica-se a tipificação de condutas de "atuar sem licença do órgão administrativo competente", por exemplo. Nesse prisma, percebe-se que a criminalização de infrações normalmente administrativas só contemplam uma "perspectiva material" se praticadas por diversas pessoas. Do contrário, analisada a conduta típica de um modo isolado, sequer o perigo abstrato ao bem jurídico poderá ser constado. Como exemplo desse aspecto Silva Sánchez traz o delito ambiental de "despejar resíduos". A conduta de uma única empresa certamente não afetará ao bem jurídico meio ambiente, no entanto, se diversas empresas fizerem o mesmo, aí sim poderemos verificar um efeito lesivo.[53] Por esse motivo, o autor aduz que "é possível afirmar que é uma característica do Direito Penal das sociedades pós-industriais a assunção, em ampla medida, de tal forma de racionalizar, a da lesividade global derivada de acumulações ou repetições, tradicionalmente própria do administrativo".[54] Dessa forma, o injusto estará muito mais ligado no "desvalor da ação que viola o *standard* de segurança do que no desvalor do resultado – que se faz cada vez mais difícil de identificar e mensurar".[55] Por essas razões, pode-se dizer que a finalidade estará em proteger a vigência da norma.[56] Aproximam-se, assim, o Direito Penal e o Direito Administrativo, o que enseja a aparição, por exemplo, de normas penais em branco por meio de uma acessoriedade administrativa.[57] Conforme Gomes e Bianchini, verifica-se um "deslocamento dos limites do conteúdo do injusto a di-

---

[52] MACHADO, Marta Rodriguez de Assis, op. cit., p. 114.

[53] SÁNCHEZ, Jesús-María Silva, op. cit., p. 118-120.

[54] Ibid.,p. 120.

[55] MACHADO, Marta Rodriguez de Assis, op. cit., p. 114.

[56] Nesse contexto cumpre referir que Günter Jakobs defende que o Direito Penal deve proteger a vigência da norma, e não bens jurídicos. Seu posicionamento pode ser encontrado na obra: JAKOBS, Günter. *Fundamentos del Derecho Penal*. Buenos Aires: Ad Hoc, 1996.

[57] Normas penais em branco são normas que necessitam de uma complementação, usualmente de uma norma extrapenal, pois insuficiente a descrição típica feita na lei penal. Nesse aspecto, explica Greco: "normas penais em branco ou primariamente remetidas são aquelas em que há uma necessidade de complementação para que se possa compreender o âmbito de aplicação de seu preceito primário. Isso significa que, embora haja uma descrição da conduta proibida, essa descrição requer, obrigatoriamente, um complemento extraído de um outro diploma – leis, decretos, regulamentos, etc. – para que possam, efetivamente, ser entendidos os limites da proibição ou imposição feitos pela lei penal, uma vez que, sem esse complemento, torna-se impossível a sua aplicação". (GRECO, Rogério. *Curso de Direito Penal*. Parte Geral. Vol. 1. Rio de Janeiro: Editora Impetus, 2209, p. 22). Bittencourt, por sua vez, refere sucintamente que "leis penais em branco são as de conteúdo incompleto, vago, lacunoso, que necessitam ser complementadas por outras normas jurídicas, geralmente de natureza extrapenal". (BITTENCOURT, Cezar Roberto. *Tratado de Direito Penal*. Parte Geral. Vol. 1. São Paulo: Saraiva, 2008, p. 152). Por fim, na lição de Mir Puig: "Se habla de leyes penale em blanco para referirse a ciertos preceptos penales principales que, excepcionalmente, no expresan completamente los elementos específicos del supuesto de hecho de la norma secundaria, sino que remiten a otro u otros preceptos o autoridades para que completen la determnninación de aquellos elementos. Pero hay otros aspectos que hacen preferible un concepto algo más amplio de ley penal en blanco, que abarque todos los casos en que el complemento se halla fuera del Código o ley

fusos setores da administração pública – leis penais em branco".[58] Nesse mesmo sentido explica Hassemer, referindo-se ao Direito alemão:[59]

> Então, traduzindo, a autoridade administrativa precisa definir os limites do proibido e do permitido. Assim, o que vemos com a nossa experiência é que o Código ambiental não pode descrever o delito, como no caso do homicídio, da fraude, mas pode descrever apenas a sua moldura e o delito efetivo deve ser descrito pela Administração Pública. Nós chamamos a isso de "acessoriedade administrativa", ou seja, o delito se define por um ato do Poder Executivo.[60]

Todos esses aspectos ocorrem porque o Direito Penal da Sociedade do Risco se mostra voltado à ideia de segurança, possuindo a função de evitar a prática de condutas que possam gerar riscos.[61] Por esse motivo, Silva Sánchez afirma que a "'sociedade do risco' ou 'da insegurança' conduz, pois, inexoravelmente, ao 'Estado vigilante' ou 'Estado da prevenção'" e, ainda, que "nesse contexto policial-preventivo, a barreira de intervenção do Estado nas esferas jurídicas dos cidadãos se adianta de modo substancial".[62] Com isso se adentra no campo dos crimes de perigo,[63] mormente os de perigo abstrato.[64] Por esses motivos, para

---

de que se trate, con indepencia de si es del mismo o de inferior rando que ésta". (PUIG, Santiago Mir. *Derecho Penal*. Parte General. Montevideo: Editorial BdeF, 2008, p. 66–67)

[58] GOMES, Luiz Flávio. BIANCHINI, Alice, op. cit., p. 30.

[59] Veja-se, também, o que refere Machado: "o tipo penal não descreve a ação tida como delituosa, como no caso do homicídio ou da fraude, mas descreve apenas a sua moldura, que será preenchida pela administração pública. Apropriando-se do exemplo utilizado por Hassemer: o tipo penal diz, genericamente, que quem polui a água será sancionado, mas quem fixa os limites de poluição e o momento em que começa o ato criminoso é o direito administrativo, isto é, é uma norma de direito administrativo que estatui que quem joga um quilo de sal em um rio não comete delito, mas quem joga uma tonelada sim, pois ultrapassou o limite da segurança estabelecido". (MACHADO, Marta Rodriguez de Assis, op. cit., p. 113).

[60] HASSEMER, Winfried. Perspectivas de uma moderna política criminal. In: *Revista Brasileira de Ciências Criminais*. São Paulo: Revista dos Tribunais, 1994, nº 8, p. 41-51.

[61] Ibid. p. 116.

[62] SÁNCHEZ, Jesús-María Silva, op. cit., p. 127.

[63] Por crimes de perigo podemos entender aqueles em que o bem jurídico penalmente protegido não é lesionado, mas a sua existência é posta em perigo, ou seja, para a configuração do delito, basta que o bem jurídico seja ameaçado de sofrer uma lesão. Nesse aspecto, de acordo com Coelho: "crime de perigo é aquele que, sem destruir ou diminuir o bem-interesse penalmente protegido, representa, todavia, uma ponderável ameaça ou turbação à existência ou segurança de ditos bens ou interesses, com relevante probabilidade de dano". (COELHO, Walter. *Teoria Geral do Crime*. Volume 1. Porto Alegre: Sérgio Antônio Fabris Editor e Fundação Escola Superior do Ministério Público do Rio Grande do Sul, 1998, p. 105). E, conforme Callegari: "crimes de perigo, por sua vez, são aqueles que se consumam sem a necessidade de lesão, com o simples perigo – insegurança ou probabilidade de lesão – do bem jurídico, supondo, portanto, um adiantamento das barreiras de proteção a uma fase anterior à efetiva lesão ao bem jurídico". (CALLEGARI, André Luís. *Teoria Geral do Delito e da Imputação Objetiva*. Porto Alegre: Livraria do Advogado, 2009, p. 38). Ainda, de acordo com Bitencourt: "Crime de perigo é aquele que se consuma com a simples criação do perigo para o bem jurídico protegido, sem produzir um dano efetivo". (BITENCOURT, Cezar Roberto, op. cit., p. 213.)

[64] Cabe aqui referir que os crimes de perigo podem ser divididos em crime de perigo concreto e crimes de perigo abstrato. Em suma, pode-se dizer que os crimes de perigo concreto necessitam da prova da efetiva colocação em perigo do bem jurídico-penal, e os crimes de perigo abstrato, por sua vez, carregam uma presunção de que aquele bem, pela simples prática da conduta, já é ameaçado, prescindindo-se da prova da situação perigosa. Conforme Coelho: "O perigo 'in abstrato' é aquele em que a lei, tendo em vista os dados da experiência geral, considera, 'a priori', como inserido nessa ou naquela ação ou omissão delituosa, avaliando, antecipadamente, sua potencialidade lesiva. Já o perigo 'in concreto' carecceria de efetiva averiguação para a plena configuração do respectivo delito, importando, pois, em um juízo 'a posteriore' de sua real ocorrência, ou no mínimo, ensejando prova em contrário (presunção 'juris tantum'). Constata-se, em tais crimes, que o tipo penal refere,

Gomes e Bianchini, "o problema da tutela preferencial dos bens supraindividuais não reside tanto na eleição desses bens para a atual configuração do (hipertrofiado) Direito penal, senão sobretudo na forma (a técnica) da tutela, excessivamente adiantada (v.g.: perigo abstrato, infração de mera desobediência etc.)".[65]

Nesse contexto, acertadamente conclui Moccia que a incriminação de condutas distantes da ocorrência de uma efetiva agressão ao bem jurídico também põe em xeque a função de delimitação do bem jurídico, "desde el momento en que la incriminación de cualquier conducta, incluso la más inocua desde el punto de vista de la dañosidad social, puede siempre reconducirce a la tutela de fundamentales, aunque remotos, bienes jurídicos".[66]

Ante o exposto, Mulas chama a atenção para o fato de que, no que tange à proteção de bens jurídico-penais, na Sociedade do Risco, ela gira em torno dos perigos a que tais bens estão submetidos, propiciando-se, assim, o incremento da previsão legal dos delitos de perigo, principalmente os de perigo abstrato. O autor alerta que "más que resultados, ahora se habla de «riesgos», de «peligros», para bienes jurídicos con el consiguiente cambio en las reglas de la causalidad, culpabilidad e responsabilidad".[67] E acrescenta: "es en el domínio de peligro, en la capacidad del actuar humano de contener el riesgo de su conducta, donde viene a centrarse lo injusto. El adelamiento de la intervención penal parece, pues, justificado. Pero, ¿hasta que punto? ¿Cuál es el riesgo permitido en cada conducta? ¿Cuál es el nivel máximo de riesgo por encima del cual se establece el injusto penal?"[68]

Zúñiga Rodriguéz, no mesmo sentido, alerta para a situação de preocupação, em relação às condutas delituosas, não mais com lesões que possam causar, mas com perigo de lesões, o que explicaria, para a autora, o incremento dos cri-

---

expressa ou implicitamente, o evento 'perigo' em seu aspecto naturalístico. É o caso, por exemplo, de crime de 'perigo para a vida ou a saúde de outrem'". (COELHO, Walter, op. cit., p. 109). No que tange a essa distinção, para Bitencourt: "O perigo, nesses crimes, pode ser concreto ou abstrato. Concreto é aquele que precisa ser comprovado, isto é, deve ser demonstrada a situação de risco corrida pelo bem juridicamente protegido. O perigo só é reconhecível por uma valoração subjetiva da probabilidade de superveniência de um dano. O perigo abstrato é presumido *juris et de jure*. Não precisa ser provado, pois a lei contenta-se com a simples prática da ação que pressupõe perigosa". (BITENCOURT, Cezar Roberto, op. cit., p. 213). Sobre os crimes de perigo abstrato, aduz Callegari: "Nesses delitos, o perigo é presumido pelo legislador (presunção júris et de júri), não sendo necessária a prova da existência do perigo. É como se o legislador considerasse que a prática da conduta em si já é suficientemente prejudicial para ser punida". (CALLEGARI, André Luís, op. cit., p. 39). Nesse sentido, para Hassemer: "Para este tipo de delito não é necessário que se produza um dano, sequer é necessário que haja o perigo concreto, é suficiente que um ato proibido pelo legislador seja praticado para caracterizar o delito". (HASSEMER, Winfried. Perspectivas de uma moderna política criminal... op. cit., p. 46). De acordo com Machado, por sua vez: "os tipos de perigo diferem dos de dano pois retratam uma conduta típica que, para se consumar, prescinde da produção do resultado lesivo ao bem jurídico, implicando simplesmente uma possível ameaça de produção de tal efeito. Ocorre, assim, um claro adiantamento da proteção do bem a fases anteriores à efetiva lesão". MACHADO, Marta Rodriguez de Assis, op. cit., p. 129.

[65] GOMES, Luiz Flávio. BIANCHINI, Alice, op. cit., p. 83.

[66] MOCCIA, Sérgio, op. cit., p. 115.

[67] MULAS, Nieves Sanz. La validez del sistema penal actual frente a los resctos de la nueva sociedad. In: *El sistema penal frente a los retos de la nueva sociedad*. Madrid: Colex, 2003, p. 12.

[68] Ibid., p. 12-13.

mes de perigo, havendo, consequentemente, a antecipação da intervenção penal antes do acontecimento da lesão ao bem jurídico, para fins de contenção de risco. Em suas palavras:

> En primer lugar, la noción predominante de «riesgo» que se produce de la unión entre conductas humanas «riesgosas» y la propia energía «peligrosa» que despliega la técnica, hace que la preocupación por el dominio de las conductas no se centre en la lesión como era antes, sino en el «peligro» de las mismas. Ello explica que la actual configuración de los tipos penales sea predominantemente de «delitos de peligro», incluso de «delitos de peligro abstracto», pues es en el *dominio del peligro*, en la capacidad del actuar humano de contener el riesgo de su conducta, viene a centrarse lo injusto. Se entiende así, que dada la cantidad de conductas riesgosas para bienes jurídicos importantes en la Sociedad, que pueden desplegarse con un actuar humano que no contenga los riesgos de su conducta, e incluso, dado que la lesión depende de otros muchos factores imponderables («lo desconocido»), el Derecho Penal no debiera esperar a que se produzca la lesión de los bienes jurídicos, sino que es necesario centrar la prevención de las conductas *en la contención del riesgo*. Quedan así justificadas todas las incriminaciones modernas que suponen un adelantamiento de la intervención penal a la lesión de bienes jurídicos, incluso a partir de esta concepción se podrían legitimar también las posturas prevencionistas *ex-ante* que prescinden de la lesión de bienes jurídicos, centrando el injusto en el desvalor de acción.[69]

Por essas razões, a conclusão de Machado é de que os tipos penais de perigo abstrato se constituem em uma estratégia para coibir ataques a bens jurídicos supraindividuais, pois, com relação a eles, é difícil identificar qualquer lesão ou mesmo ameaça.[70] Sobre isso, para Hassemer, o moderno Direito Penal, para justificar sua antecipada intervenção, utiliza-se da técnica dos crimes de perigo abstrato. Para o autor, os delitos de lesão e os de perigo concreto restariam superados. E conclui:

> Es fácil entender por qué el legislador utiliza esta vía. Los delitos de peligro abstracto amplían enormemente el ámbito de aplicación del derecho penal, al prescindir del perjuicio, se prescinde también de demostrar la causalidad. Basta sólo con probar la realización de la acción incriminada, cuya peligrosidad no tiene que ser verificada por el juez, ya que sólo ha sido el motivo por el que el legislador la ha incriminado. La labor del juez queda así facilitada extraordinariamente.[71]

Nesse aspecto, pode-se dizer, na linha do jurista, que o Direito Penal correspondente à Sociedade do Risco vem carregado de uma preocupação com a prevenção, o que, anteriormente, não passava de uma meta secundária.[72] Sobre essa exacerbada ideia de prevenção, referem Gomes e Bianchini: "já não importa tanto retribuir proporcionalmente o mal causado, senão prevenir futuras perturbações, mediante a intimidação".[73]

Esclarecido esse ponto, cumpre abordar um fator denominado por Silva Sánchez de "correlação das esferas de organização individual". Com essa expressão, o jurista quer dizer que a interação entre os indivíduos, sua interdependência

---

[69] RODRIGUÉZ, Laura Zuñiga. *Política Criminal*. Madrid: Editorial Colex, 2001, p. 259.

[70] MACHADO, Marta Rodriguez de Assis, op. cit., p. 132.

[71] HASSEMER, Winfried, op. cit., p. 55.

[72] Ibid., p. 49.

[73] GOMES, Luiz Flávio. BIANCHINI, Alice, op. cit., p. 30.

na vida social e a existência de uma profunda complexidade das relações e da sociedade em si fazem com que aumente a possibilidade de que um dos tantos contatos que o ser humano possui resulte em alguma lesão. Nesse aspecto, mais uma vez, constata-se uma crescente incidência dos delitos de perigo, especialmente dos de perigo abstrato, que passam a ter maior importância do que os tradicionais delitos de resultado,[74] tendo em vista que esses últimos parecem não mais se mostrar suficientemente satisfatórios como "técnica de abordagem do problema".[75] Conforme o autor: "daí o recurso cada vez mais freqüente aos tipos de perigo, assim como a sua configuração cada vez mais abstrata ou formalista (em termos de perigo presumido)".[76]

Além disso, a grande interdependência das esferas individuais de cada cidadão faz com que (dentro daquela característica de que os riscos são gerados por condutas humanas) a preservação de bens jurídicos de uma pessoa dependa de atitudes positivas (de controle dos riscos) de outras. Como ressalta Silva Sánchez, "as esferas individuais de organização já não são autônomas; produzem-se, de modo continuado, fenômenos – recíprocos – de transferência e assunção de funções de proteção de esferas alheias".[77] Em termos de Direito Penal, isso proporciona um aumento da demanda de previsão dos crimes de comissão por omissão (ou comissivos impróprios).[78]

---

[74] Os delitos de resultado, pode-se dizer brevemente, ao contrário dos delitos de perigo, logicamente, são aqueles em que, para a configuração do ilícito penal é necessária a ocorrência de uma efetiva lesão a um bem jurídico-penal, ou seja, que aquele conduta delituosa provoque, de fato, um resultado danoso.

[75] Todas essas ideias são abordadas por Silva Sánchez, em SÁNCHEZ, Jesús-María Silva, op. cit., p. 28-32.

[76] SÁNCHEZ, Jesús-María Silva, op. cit., p. 31.

[77] Ibid..

[78] Cumpre trazer uma breve explicação do que sejam crimes omissivos impróprios ou comissivos por omissão. Nesse contexto, tais delitos são aqueles em que a conduta punível se dá por meio de um não fazer, sendo que essa abstenção parte daquele que possuía o dever de evitar o resultado perigoso ou danoso, ou seja, daquele que chamamos de garante (possuidor de uma função de garantia daquele bem jurídico). Como exemplo clássico, é possível citar a situação da mãe que deixa de alimentar seu filho. A título de esclarecimento, têm-se as definições de alguns autores. Para Régis Prado, "o crime omissivo impróprio consiste em dar lugar por omissão a um resultado típico, não evitado por quem podia e devia fazê-lo, ou seja, por aquele que, na situação concreta, tinha a capacidade de ação e o dever jurídico de agir para obstar a lesão ou o perigo de lesão ao bem jurídico tutelado (situação típica). Implícito na norma está uma ordem ou mandato de realizar a ação impeditiva do evento, imputando-se-o ao omitente que não o evitou, podendo evitá-lo. Trata-se de delito especial, pois tão somente aquele que estando anteriormente em uma posição de garante do bem jurídico, não evita o resultado típico, podendo fazê-lo, é o autor". (PRADO, Luiz Regis. *Curso de Direito Penal Brasileiro*. Volume 1 – Parte Geral. Arts. 1º a 120. São Paulo: Editora Revista dos Tribunais, 2004, p. 307). Para Cerezo: "Los delitos de comisión por omisión se caracterizan, como vimos, porque contienen un mandato de realizar una acción tendente a evitar la producción de un resultado delictivo, que si finalmente se produce, se le imputa al omitente que no lo impidió pudiendo hacerlo". (MIR, José Cerezo. *Derecho Penal*. Parte General. São Paulo: Editora Revista dos Tribunais, Lima: Ara Editores, 2007, p. 1139). Na definição de Coelho: "Em outras palavras, no crime no crime omissivo próprio integra-se a tipicidade como a não realização da atividade devida, descumprindo-se o preceito de agir dessa ou daquela maneira; no omissivo impróprio desatende-se, indiretamente, por omissão, a norma proibitiva de causar um resultado". (COELHO, Walter, op. cit., p. 86). Ainda, para Bitencourt, "nos crimes omissivos impróprios ou comissivos por omissão, o dever de agir é para evitar um resultado concreto, quando o agente não tem simplesmente a obrigação de agir, mas a obrigação de agir para evitar um resultado, isto é, deve agir com a finalidade de impedir a ocorrência de determinado evento". (BITTENCOURT, Cezar Roberto, op. cit., p. 236).

Ainda, na perspectiva de Silva Sánchez, outra característica desse modelo social do risco que afeta diretamente ao Direito Penal é o fato de o crescimento tecnológico proporcionar novos instrumentos para a produção de resultados lesivos dolosamente. É o que ocorre nos crimes de informática ("ciberdelinquência"), por exemplo. A criminalidade organizada também ganha força com os progressos técnicos, visto que facilitam a comunicação entre os membros da organização criminosa. Nas palavras do autor:

> O progresso técnico dá lugar, no âmbito da delinqüência clássica tradicional (a cometida com dolo direto e de primeiro grau), a adoção de novas técnicas como instrumento que lhe permite produzir resultados especialmente lesivos; assim mesmo, surgem modalidades delitivas dolosas de novo cunho que se projetam sobre os espaços abertos pela tecnologia. A criminalidade, associada aos meios informáticos e à Internet (a chamada *ciberdelinqüência*), é, seguramente, o maior exemplo de tal evolução. Nessa medida, acresce-se inegavelmente a vinculação do progresso técnico e o desenvolvimento das formas de *criminalidade organizada*, que operam internacionalmente e constituem claramente um dos novos riscos para os indivíduos e os Estados.[79]

Além desse fator, e com maior significado, aumenta o âmbito dos crimes praticados sem intenção. É o que se denomina de falha técnica. Nesse contexto, para Zúñiga Rodriguéz, o Direito Penal do Risco está preocupado com as condutas imprudentes, que infringem o dever de cuidado, manifestada, normalmente na falha técnica:

> El Derecho Penal del riesgo así concebido, centra su preocupación en las conductas imprudentes, es decir, en las conductas que infringen el deber de cuidado exigido. Si bien en la Sociedad del riesgo, todas las formas de criminalidad se nutren de esta perspectiva, como por ejemplo, la criminalidad organizada que indudablemente ha avanzado al hilo del desarrollo tecnológico, es sobre todo la criminalidad imprudente la que resulta relevante, porque es la que desencadena los riesgos sociales. Las consecuencias lesivas de los «fallos técnicos» se desencadenan normalmente por un actuar humano imprudente, pero muchas veces, por la confluencia de varios actuares humanos no necesariamente coordinados.[80]

Ademais desses importantes aspectos, verifica-se que a responsabilização de indivíduos ou grupos de indivíduos por tais riscos resta dificultosa. Além do problema de previsão da aparição dos riscos, as atividades que os geram se entrecruzam de maneira que seu controle escapa das mãos de uma pessoa, fora quando sequer se sabe nas mãos de quem ele está. Some-se, ainda, o fato de os critérios de distribuição dos riscos (já que não mais se admite a possibilidade de sua neutralização, cabendo somente uma preocupação com sua distribuição) não satisfazerem as exigências de imputação de responsabilidade. Nesse sentido aduz Ripollés:

> Se aprecian crecientes dificultades para atribuir la responsabilidad por tales riesgos a determinadas personas individuales o colectivas: A la ya citada problemática previsión de su aparición, se añade la realidad de unas actividades generadoras de riesgos que se entrecruzan unas con otras, de manera que el control del riesgo no solo escapa al domínio de uno mismo, sino que tampoco está claro en manos de quien está; se hacen ineludibles críterios de distribuición de riegos que no satisfacen plenamente las exigencias de imputación de responsabilidad.[81]

---

[79] SÁNCHEZ, Jesús-María Silva, op. cit., p. 29-30.

[80] RODRIGUÉZ, Laura Zúñiga, op. cit. p. 260.

[81] RIPOLLÉS, José Luis Díez. De la Sociedad del Riego a la Seguridad Ciudadana: Um Debate Desenfocado. In: *Política Criminal, Estado e Democracia*. Homenagem aos 40 anos do Curso de Direito e aos 10 anos do

Nesse mesmo prisma, Buergo alerta para o fato de que em uma sociedade como a nossa, crescem os contatos interpessoais anônimos, a complexidade das relações entre os indivíduos e, também, a utilização de instrumentos potencialmente lesivos e a pluralidade de sujeitos que participam de uma mesma cadeia complexa. Por esse motivo, é difícil prever o momento da aparição do dano (que poderá possuir uma dimensão enorme), não se podendo identificar sua atuação no tempo e no espaço. Tudo isso acaba por dificultar a aplicação das regras de causalidade, culpabilidade e outros princípios básicos de responsabilidade. Conforme a autora:

> Aunque sabemos que la responsabilidad presupone el conocimiento más o menos preciso de las consecuencias derivadas de una acción (previsibilidad) y un sujeto de la acción al que se puedan imputar causalmente las consecuencias de tal acción, ambas cosas son problemáticas en el caso del riesgo vinculado a las tecnologías modernas. En la medida en que en una sociedad postindustrial avanzada como la presente, crecen los contactos relativa o totalmente anónimos, la complejidad de las relaciones de interacción, en las que es también frecuente la realización de actividades o el empleo de instrumentos que pueden tener efectos potencialmente peligrosos o lesivos, sobre los cuales existe cierto grado de incertidumbre, cuando no desconocimiento – esto es, veces no se sabe de que tipo pueden ser, ni de qué momento pueden darse –, se resalta la enorme dificultad de imputar o atribuir responsabilidades por otra parte, los pilares básicos del cálculo de riesgos y de aseguramiento se muestran insuficientes ante estos nuevos riesgos tecnológicos puesto que no son fácilmente imputables según las reglas vigentes de la causalidad, la culpabilidad y otros principios básicos de la responsabilidad. Ello se debe a que se generan en sistemas complejos, en los que participan una pluralidad de sujetos y en los que frecuentemente no hay certidumbre acerca de la eventualidad, el grado de posibilidad y el momento de producción de efectos lesivos, que pueden llegar a ser catastróficos por su gran magnitud, por su gran difusión espacial y permanencia temporal, o bien por su efecto acumulativo a través de pequeñas dosis. En definitiva, se trata de la imposibilidad de dominar en toda su dimensión espacio-temporal, las consecuencias de la técnica: su auténtica potencialidad no es abarcable ni previsible por las normas jurídicas.
>
> Por tanto, la imposibilidad en muchas ocasiones de determinar un agente de la acción al que poder imputar causalmente responsabilidad viene propiciado no sólo por la opacidad causal sino también, de modo especial, por el hecho de que muchos de los riegos de la sociedad actual son consecuencia de acciones de distintos agentes, lo que supone una difuminación de la responsabilidad, que genera lo que hemos aludido como «irresponsabilidad organizada».[82]

Machado também manifesta preocupação com as dificuldades encontradas para a atribuição de responsabilidades. A jurista, partindo do enfoque de que há "uma complexidade organizativa das relações de causalidade e, por conseguinte, de responsabilidade, que cercam a sua gênese",[83] identifica que os avanços tecnológicos e econômicos aumentaram as interconexões causais e substituíram ações individuais por ações coletivas, o que ramificou as responsabilidades, distribuindo-as entre mais pessoas. Buergo também alerta para essa questão, referindo, pelos mesmos motivos aduzidos por Machado, que a responsabilidade acaba por se ramificar, quedando distribuída entre muitas pessoas, o que, devido à mag-

---

Curso de Pós-Graduação em Direito da Unisinos. André Luís Callegari (Org.) Rio de Janeiro: Lúmen Júris, 2007, p. 83-84.

[82] BUERGO, Blanca Mendoza. Gestión del Riesgo ..., op. cit., p. 78-79.

[83] MACHADO, Marta Rodriguez de Assis, op. cit., p. 61.

nitude da interação e complexidade da produção dos riscos, gera o que se tem chamado de "irresponsabilidade organizada". Isso porque, quanto mais complexa e aperfeiçoada é uma organização, menor é a sensação de responsabilidade de cada indivíduo, já que a participação de cada uma na cadeia organizacional resta demasiadamente reduzida.[84]

Diante de tudo isso, segundo Albrecht, com o reconhecimento de que as modernas sociedades industriais geram riscos que comprometem à continuidade da própria sociedade, aumenta a demanda por segurança. A proibição, limitação e distribuição desses riscos ganham importância e passam a ser matéria da política de segurança nacional e internacional. Aqui entra o Direito Penal, visto como meio de controle da política dos limites do risco. Para o autor:

> Con el reconocimiento de que las modernas sociedades industriales generan riegos que comprometen la continuidad de la propria sociedad, aumenta la demanda de «seguridad». El progreso económico y tecnológico origina riesgos, como por ejemplo, en el ámbito de la energia nuclear o de la gran industria química, que llegan incluso a amenazar las posibilidades de vida de las personas en la Tierra. La prohibición, la limitación o la redistribuición de semejantes riesgos, antes de que traspasen la frontera de lo económica, ecológica y politicamente razonable, pasa a ser materia de la política de seguridad nacional e internacional. A escala nacional el Derecho penal triunfa como un medio de control en la *política de los límites del riesgo*. Asimismo, el Derecho policial preventivo se rearma anticipando la defensa policial del peligro en el ámbito de los peligros potenciales y de los riesgos abstractos. A ello hay que añadir que «*la seguridad*» se ha independizado como necesidad, hasta el punto de que incluso se habla de ella en la opinión pública. La seguridad se convierte en un concepto simbólico.[85]

Pelo exposto, podemos concluir que o fato de vivermos na sociedade do risco influenciará, diretamente, o Direito Penal. Não se pode negar, efetivamente, que o progresso tecnológico e econômico, ocorrido de forma extremamente acelerada desde a Revolução Industrial até os dias atuais, trouxe um incremento dos riscos a que estamos submetidos, já que desconhecidas as reais consequências desse desenfreado avanço. Atrelada a isso está a complexidade social e a interdependência entre os indivíduos, bem como as dificuldades de se atribuir a responsabilidade pela prática de qualquer conduta perigosa. Diante disso, surge a preocupação de controle de tais riscos, recaindo nas mãos do Estado essa função.[86] Por conseguinte, chegamos ao Direito Penal que, pressionado por clamores de segurança[87] e pelo efetivo surgimento de novos bens jurídico-penais, transindividuais, acaba por expandir seu leque de atuação, passando a abarcar, em cada vez maior escala, delitos omissivos (principalmente impróprios) e delitos de perigo.

---

[84] BUERGO, Blanca Mendoza, op. cit., p. 28-29.

[85] ALBRECHT, Peter Aléxis, op. cit., p. 471-487.

[86] Nesse aspecto cumpre transcrever as palavras de Buergo: "lo característico del binomio riesgo-inseguridad típico de la sociedad del riesgo puede verse en que la aversión al riesgo implica a una seguridad casi total que sólo puede buscarse reclamando al Estado la prevención del riesgo y provisión de seguridad. Se exige un papel mas activo del Estado, tanto en la evaluación y gestión de los nuevos riesgos como en su faceta del Estado del bienestar, bajo el cual se há desarrollado una demanda material de seguridad casi absoluta". (BUERGO, Blanca Mendoza, op. cit., p. 73-74.)

[87] Observe-se que tais clamores por segurança são provenientes de uma sensação de insegurança (denominada de subjetiva) superior a insegurança de fato existente (denominada objetiva), advinda da Sociedade do Risco.

Sociedade do risco e Direito Penal

Nesse prisma, de acordo com Ripollés: "en suma, todo ese conjunto de factores activa demandas de intervenciones socioestatales que permitan controlar tales riesgos y aplicar tales temores, y a eso se aplica, entre otros mecanismos sociales, la política criminal".[88] Assim, tem-se que a Sociedade do Risco é a sociedade da insegurança, quedando, também ao Direito Penal, ao menos em tese, acertadamente ou não, a função de combatê-la.

Referências

ALBRECHT, Peter-Alexis. El derecho penal en la intervención de la política populista. In: *La insostenible situación del derecho penal.* Coord. Carlos Maria Romeo Casabona. Granada: Editorial Comares, 2000, p. 471-487.

BECK, Ulrich. *La sociedad del riesgo.* Hacia una nueva modernidad. Barcelona, Buenos Aires, México: Paidós, 1998.

———. *La sociedad del riesgo global.* Madrid: Siglo XXI de España Editores, 2002.

BIANCHINI, Alice, MOLINA, Antonio García-Pablos de, GOMES, Luiz Flávio. *Direito Penal.* Introdução e Princípios Fundamentais. Coleção Ciências Criminais. Vol. 1. São Paulo: Editora Revista dos Tribunais, 2009.

BITTENCOURT, Cezar Roberto. *Tratado de Direito Penal.* Parte Geral. Vol. 1. São Paulo: Saraiva, 2008.

BUERGO, Blanca Mendoza. *El Derecho Penal en la Sociedade del Riesgo.* Madrid: Civitas, 2001.

———. Gestión del Riesgo y Política criminal de Seguridad en la Sociedad del Riesgo. In: *La seguridad en la sociedad del riesgo.* Un debate abierto. Cândido da Agra, José Luis Dominguez, Juan Antonio García Amado, Patrick Hebberecht e Amadeu Recasens (eds). Barcelona: Atelier, 2003.

CALLEGARI, André Luís. *Teoria Geral do Delito e da Imputação Objetiva.* Porto Alegre: Livraria do Advogado, 2009.

———, MOTTA, Cristina Reindolff da. Estado e Política Criminal: A Expansão do Direito Penal como Forma Simbólica de Controle Social. In: *Política Criminal Estado e Democracia.* Porto Alegre: Lumen Juris, 2007.

———, WERMUTH, Maiquel Ângelo Dezordi. *Sistema Penal e Política Criminal.* Porto Alegre: Livraria do Advogado, 2010.

CAMPIONE, Roger. El que algo quiere algo le cuesta: notas sobre la *Kollateralschadengesellschaft.* In: *La seguridad en la sociedad del riesgo.* Un debate abierto. Cândido da Agra, José Luis Dominguez, Juan Antonio Gracía Amado, Patrick Hebberecht e Amadeu Recasens (eds.). Barcelona: Atelier, 2003.

CASTALDO, Andréas. La concreción del «Riesgo Juridicamente Relevante». In: *Política Criminal y nuevo Derecho Penal.* Libro Homenaje a Claus Roxin. Jesús-María Silva Sánchez (ed.). Barcelona: J. M. Bosch Editor, 1997.

COELHO, Walter. *Teoria Geral do Crime.* Volume 1. Porto Alegre: Sérgio Antônio Fabris Editor e Fundação Escola Superior do Ministério Público do rio Grande do Sul, 1998.

GOMES, Luiz Flávio, BIANCHINI, Alice. *O Direito Penal na Era da Globalização.* São Paulo: Editora Revista dos Tribunais, 2002.

GRECO, Rogério. *Curso de Direito Penal.* Parte Geral. Vol. 1. Rio de janeiro: Editora Impetus, 2009.

HASSEMER, Winfried. *Perspectivas de uma moderna política criminal.* In: Revista Brasileira de Ciências Criminais. São Paulo: Editora Revista dos Tribunais, 1994, nº 8, p. 12-25.

———. Persona, mundo y responsabilidad. Bases para una teoría de la imputación en Derecho Penal, Madrid: Tirant lo Blanch, 1999.

JAKOBS, Günter. *Fundamentos del Derecho Penal.* Buenos Aires: Ad Hoc, 1996.

LAZO, Gemma Nicolas. La crisis del Welfare y sus repercusiones en la cultura política europea. In: *Política Criminal y Sistema Penal.* Viejas y nuevas racionalidades punitivas. Iñaki Rivera Beiras e Gemma Nicilás Lazo. Barcelona: Anthropos, 2005.

MACHADO, Marta Rodriguez de Assis. *Sociedade do Risco e Direito Penal.* Uma avaliação de novas tendências político-criminais.São Paulo: IBCCRIM, 2005.

MIR, José Cerezo. *Derecho Penal.* Parte General. São Paulo: Editora Revista dos Tribunais, Lima: Ara Editores, 2007.

MOCCIA, Sérgio. De la tutela de bienes a la tutela de funciones: entre ilusiones postmodernas y reflujos iliberales. In: *Política Criminal y Nuevo Derecho Penal.* Libro Homenaje a Claus Roxin. Jesús-María Silva Sánchez (ed.) Barcelona: José Maria Bosch Editor, 1997.

MULAS, Nieves Sanz. La validez del sistema penal actual frente a los rectos de la nueva sociedad. In: *El sistema penal frente a los retos de la nueva sociedad.* Madrid: Colex, 2003.

---

[88] RIPOLLÉS, José Luis Díez. De la Sociedad del Riego a la Seguridad Ciudadana..., op. cit. p. 84.

PUIG, Santiago Mir. *Derecho Penal*. Parte General. Montevideo: Editorial BdeF, 2008.

PRADO, Luiz Régis. *Curso de Direito Penal Brasileiro*. Volume 1 – Parte Geral. Arts. 1º a 120. São Paulo: Editora Revista dos Tribunais, 2004.

QUIROGA, Jacobo López Barja de. El papel del Derecho penal en la segunda modernidad. In: *Derecho y justicia penal en el siglo XXI*. Madrid: Colex, 2006.

RIPOLLÉS, José Luis Díez. De la Sociedad del Riego a la Seguridad Ciudadana: Um Debate Desenfocado. In: *Política Criminal, Estado e Democracia*. Homenagem aos 40 anos do Curso de Direito e aos 10 anos do Curso de Pós-Graduação em Direito da Unisinos. André Luís Callegari (Org.) Rio de Janeiro: Lúmen Júris, 2007.

——. *La política criminal en la encrucijada*. Montevideo – Buenos Aires: Edtorial BdeF, 2007.

RODRÍGUEZ, Laura Zúñiga. *Política Criminal*. Madrid: Editorial Colex, 2001.

SÁNCHEZ, Jesús-María Silva. *Aproximación al Derecho Penal Contemporáneo*. Barcelona: José Maria Bosch Editor, 1992.

——. *A expansão do Direito Penal*. Aspectos da política criminal na sociedade pós-industriais. Trad. Luiz Otavio de Oliveira Rocha. São Paulo: Editora Revista dos Tribunais, 2002.

Sociedade do risco e Direito Penal

— III —

A refundação da ciência processual e a defesa das garantias constitucionais: o neoconstitucionalismo e o direito processual como um tempo e um lugar possíveis para a concretização dos direitos fundamentais[1]

ANGELA ARAUJO DA SILVEIRA ESPINDOLA[2]

Sumário: 1. Considerações iniciais: para arriscar um diagnóstico possível; 2. Estado, Jurisdição e Processo: a memória cheia de esquecimento; 3. O papel do juiz e das partes na refundação do processo e na construção de uma *parceria de singularidades*: a ruptura com o *monólogo articulado* na atuação da jurisdição; 4. Considerações finais: entre os vestígios do passado e as mentiras sobre o futuro.

> *Kantádu ma dimokrasiâ, / Ma stába sukundidu,*
> *Ma tudu dja sai na kláru / I nós tudu dja bira sabidu.*
> *Kada um ku si mania / Fla rodóndu bira kuadrádu,*
> *Kada um ku si tioriâ / Poi razom pendi di si ládu.*
> *Ti Manel bira Mambiâ, / Ti Lobu bira Xibinhu,*
> *Ti flánu ta faze majiâ / Ta poi grógu ta bira vinhu.*
> *Mintira pom di kada dia, / Verdádi ka s'ta kontádu,*
> *Nós tudu bira só finjidu / Ku kombérsu di dimagojiâ.*
> *Vida bira simplismenti, / Konsedju bira ka ta obidu :*
> *Tudu é agu na balai frádu / É rialidádi di oxindiâ.*
> *Maioriâ sta tudu kontenti / Ku avontádi na dimokrasiâ*
> *Fládu fla ka tem simenti, / Dipós di sábi móre é ka náda*
> Mayra Andrade – Dimokransa (2006)[3]

---

[1] Ensaio resultado das pesquisas realizadas pela autora no projeto de pesquisa "A refundação da ciência processual e as garantias constitucionais: o neoconstitucionalismo e o processo civil como um tempo e um lugar possíveis para a concretização (efetiva e democrática) dos direitos fundamentais-sociais" com Auxílio Recém Doutor (ARD) da Fundação de Amparo à Pesquisa do Estado do Rio Grande do Sul (FAPERGS) concedido à autora em 2010. Trata-se de pesquisa relacionada ao Grupo de Estudos do PPGD Unisinos "Jurisdição, Constituição e Processo" (2009-2010) e ao Grupo de Pesquisa do CNPq (2009-2010) e ao Projeto de Pesquisa da autora junto ao PPGD Unisinos (2009-2010).

[2] Doutora e Mestre em Direito pela Universidade do Vale do Rio dos Sinos (Unisinos). Professora do Programa de Pós-Graduação *Stricto Sensu* em Direito da Unisinos e da Graduação em Direito da Unisinos. Diretora de Relações Interinstitucionais da Associação Brasileira do Ensino do Direito (Abedi).

[3] Trecho da música de Mayra Andrade no CD Navega (2006). Tradução livre da autora do crioulo cabo-verdiano e inglês para o português: "Foi dito que a democracia era como um tesouro escondido, mas agora ele foi encontrado e o povo não será mais enganado. Cada um, confiante nas decisões, aceita que a roda seja um

1. Considerações iniciais: para arriscar um diagnóstico possível

Arnold J. Toynbee afirma que a sociedade se desenvolve em função das respostas que consegue dar aos desafios que lhe são impostos pelo seu próprio desenvolvimento.[4] Localizando o debate em torno do campo jurídico e jurisdicional, a afirmativa faz algum eco, pois os avanços e retrocessos da Jurisdição acontecem em função das respostas dadas à complexificação da sociedade e de seus conflitos. Antes, porém, de apontar as respostas (efetivamente) possíveis aos desafios (inevitavelmente) presentes em nosso tempo, para que então possamos construir uma Jurisdição sintonizada com a contemporaneidade, importa identificar o contexto em que se encontra a Jurisdição. Trata-se, portanto, de arriscar um diagnóstico e, claro, algum tipo de terapia, haja vista que nenhum diagnóstico estará completo se não trouxer alguma possível terapia, sinalizando alguns rumos.

A par disso, o presente artigo tem sua base metodológica e teórica alicerçada na linha de pesquisa *Hermenêutica, Constituição e Concretização de Direitos* e em vários autores e obras amparados nas seguintes hipóteses:

a) vivemos em uma época de transição paradigmática, onde os modelos jusnaturalistas e positivistas são insuficientes para dar conta dos desafios da emergência dos novos direitos e da complexidade da sociedade de massa;

b) o Estado Democrático de Direito não se consolidou como esperado, resultando em um Estado contemporâneo inesperado;

c) a superação do deficit de democracia exige o incremento dos mecanismos de acesso à justiça sem deslocar o problema da concretização dos direitos como responsabilidade exclusiva do Poder Judiciário;

d) as pressões e expectativas crescentes transferidas para o Poder Judiciário deixam a descoberto seus limites para a resolução de problemas que exigem respostas de ordem executiva e administrativa ou legislativa;

e) a crise paradigmática e o deficit democrático impõem uma renovada compreensão (uma refundação) do direito processual, seus princípios e sua dogmática, seja no contexto processual civil, penal ou trabalhista, seja no que tange ao direito processual constitucional;

f) os princípios constitucionais processuais são essenciais para a reconstrução e refundação democrática da Jurisdição, sem esvaziar ou superdimensionar o papel do Judiciário ou o papel das partes, valorizando a busca de uma efetividade jurídica e jurisdicional na democratização do direito processual.

---

quadrado, aceita todas as teorias. Manuel vira Maria. Lobos viram cordeiros. O rum é transformado em vinho. A mentira tornou-se a nossa realidade diária. A verdade deixou o centro do palco. O povo continua acostumado a esconder-se atrás do discurso. Agora, o raciocínio simplista impera e ninguém mais ouve os conselhos: não adianta oferecê-los, eles não querem ouvir! Este é o mundo que estamos construindo. A maioria está satisfeita, remando calmamente na democracia/mediocridade. Os rumores de hoje não têm amanhã. Quando você conhece o prazer, a morte já não é verdadeiramente tão assustadora".

[4] TOYNBEE, Arnold J. *O desafio do nosso tempo*. Rio de Janeiro: Zahar, 1968.

Estas hipóteses partem de uma perspectiva neoconstitucionalista e antineoliberal com vistas a superar a crise paradigmática atual e a defender, no âmbito do direito processual, uma "parceria de singularidades" como alternativa ao "monólogo articulado" que (pre)dominou até então.[5]

Entre as alternativas do ceticismo e do dogmatismo, o desajustamento sociopolítico da Jurisdição contemporânea (e as insuficiências e as ineficiências do direito processual) coloca(m) em xeque o direito processual, evidenciando uma dificuldade: conhecemos as causas da crise da jurisdição ou, apenas sofremos seus sintomas no direito processual, sem identificar as causas?

A resposta terá como balizador a democratização do processo, a defesa da concretização dos direitos fundamentais e a cidadania democrática e participativa.

Veja-se, por exemplo, a recente alteração no Código de Processo Civil vigente trazida pela Lei nº 12.322/10 – a nova lei do agravo. A alteração transforma o agravo de instrumento interposto contra decisão que não admite recurso extraordinário ou especial em agravo nos próprios autos, dispensando a formação do instrumento. Na eventualidade de provimento do agravo, o órgão julgador poderá apreciar imediatamente o mérito da questão, diluindo os conhecidos custos (econômicos e temporais) com a comunicação e a remessa dos autos. A força simbólica da recente alteração evidencia a "intenção reformista": prestigiar a quantidade, o custo e o tempo. Tão logo a referida lei foi publicada, o STF manifestou-se,[6] afirmando tratar-se de legislação com forte impacto e significativos ganhos para a celeridade e economia de recursos materiais e humanos ao Tribunal. Não se desconhece que o agravo de instrumento é a "classe processual mais numerosa, representando 50% de todos os processos em tramitação"[7] e que a sua redução irá impactar significativamente a distribuição dos recursos humanos e a distribuição do tempo no processo, afora o impacto ecológico, haja vista a redução do uso do papel.[8] Tudo isso é verdade e louvável.

No entanto, lamentavelmente, trata-se de curar apenas o sintoma, e não a doença. Acreditar e apostar que os problemas da morosidade do Judiciário e da prestação jurisdicional estarão solucionados é continuar acreditando que é possível avançar rumo à democratização do processo, sem tocar em suas estruturas, ou como dizia Baptista da Silva, "não se pode [...] pretender a superação do pa-

---

[5] As expressões "parceria de singularidades" e "monólogo articulado" são utilizadas pela autora para representar, respectivamente, uma perspectiva democrática e uma perspectiva individual-liberalista. Aquela opõe-se à postura ativa do judiciário (protagonismo/ativismo judicial) bem como à postura passiva do Judiciário que abdica de sua função de intérprete.

[6] Nesse sentido, consultar em Notícias do STF, em seu *site* oficial, a publicação em 20 de setembro, disponível em http://www.stf.jus.br/portal/cms/verNoticiaDetalhe.asp?idConteudo=161919&tip=UN.

[7] Dados extraídos do *site* do STF http://www.stf.jus.br/portal/cms/verNoticiaDetalhe.asp?idConteudo=161919&tip=UN.

[8] ESPINDOLA, Angela Araujo da Silveira; SALDANHA, Jania Maria Lopes; ISAIA, Cristiano Becker. Constituição, jurisdição e processo: interrogações sobre princípios processuais previstos no anteprojeto de CPC. [no prelo]

radigma racionalista sem que as atuais estruturas políticas e econômicas também minimamente se transformem".[9]

Não é suficiente reformar os Códigos ou substituir os atuais por novos para que essa democratização aconteça. Um novo movimento de codificação não basta, não resolve os problemas (de estrutura[10]) ligados ao acesso à justiça, à concretização dos princípios e garantias constitucionais, à exclusão social e concentração de riquezas, para citar alguns. A refundação do direito processual e sua democratização envolve a edificação de novas estruturas políticas, jurídicas e sociais mais adequadas aos desafios impostos pela sociedade deste Século XXI. As respostas não se apresentam para o curto ou médio prazo, haja vista tratar-se de um projeto (de refundação) a longo prazo, de uma "revolução silenciosa", como tantas vezes sugeriu Ovídio Baptista da Silva.

É a partir destas constatações e destas premissas que se organiza este ensaio em duas partes: Uma primeira parte "Estado, Jurisdição e Processo". E uma segunda parte "O papel do juiz e das partes na refundação do processo e na construção de uma parceria de singularidades".

O ponto de partida é, portanto, a discussão sobre a "crise" de um modelo de racionalidade para a jurisdição e suas consequências para o direito processual. Na análise da atual problemática jurídico-jurisdicional, optou-se por uma matriz hermenêutica, enquanto crítica ao pensamento objetificador no qual se vê mergulhada a dogmática jurídica moderna e também enquanto superação do esquema sujeito-objeto e do paradigma representacional.[11]

A abordagem visa a provocar uma reflexão que, por certo, não é inédita ou original, mas necessariamente assume um percurso próprio, servindo de pano de fundo para a recuperação do sentido do direito, da jurisdição, do papel do juiz (intérprete concreto-judicativo). Pretende-se, simultaneamente, provocar a crítica e a ruptura com o modelo de pensamento jurídico que, de algum modo, ainda vigora.

2. Estado, Jurisdição e Processo: a memória cheia de esquecimento

Tratar sobre Jurisdição, sua concepção e sua função, é antes de mais nada discutir sobre o perfil do Estado. Antes de se defender um sentido de Jurisdição,

---

[9] BAPTISTA DA SILVA, Ovídio Araújo. *Processo e ideologia*: o paradigma racionalista. Rio de Janeiro: Forense, 2004, p. 301.

[10] BAPTISTA DA SILVA, Ovídio Araújo. Da função à estrutura. Disponível em *http://www.baptistadasilva. com.br*. Acesso em 14/09/2010

[11] Quer-se, com isso, romper com os dualismos que caracterizam o pensamento metafísico – não há um sujeito separado de um objeto. Ser e ente não são idênticos, mas tampouco estão cindidos. Esse será o raciocínio utilizado adiante para criticar a teoria monista, que reduz o direito ao processo, ocultando as ações de direito material e a pretensão, criando obstáculos para a refundação do Direito Processual, em especial no que tange às tutelas preventivas e às tutelas coletivas. Como bem refere Streck, é a diferença que faz a diferença, condição de possibilidade para alcançar a resposta correta (STRECK, Lenio Luiz. *Verdade e consenso*: constituição, hermenêutica e teorias discursivas, 2. ed. 2. tir. Rio de Janeiro: Lumen Juris, 2008).

é preciso observar o modelo de Estado que se experimenta na modernidade. Não é por coincidência que as reflexões sobre o Estado e suas implicações na modernidade consistem em temática recorrente, em especial, no contexto de um mundo globalizado. As mudanças estruturais da política nacional e internacional provocaram e continuam provocando profundas transformações no Estado, seja no que diz respeito às funções estatais, aos arranjos institucionais, à base social, à legitimidade política, à autonomia, seja no que diz respeito à promoção e proteção de direitos, o que impacta o direito processual.

É preciso ter-se claro o sentido de jurisdição para a efetiva construção de um Estado Democrático de Direito.

A passagem do Estado absolutista para o Estado liberal, com a formação de um Estado de Direito, significou não só uma profunda alteração na roupagem do Estado, mas também implicou transformações nas concepções de direito e de jurisdição e, por consequência, na compreensão do sentido do princípio do "acesso à justiça".[12]

Considerando os degraus da história, vê-se que, na tradição romano-canônica, "a jurisdição é judicial, e não jurisdicional, no sentido autenticamente romano".[13] Quando se busca compreender o sentido moderno da jurisdição e se indica esta como herdeira do legado de direito romano, não se pode desconsiderar que a própria história do direito romano conheceu várias fases. Não há uma correspondência absoluta entre *jurisdictio* romana e a jurisdição moderna! No entanto, é irrefutável que as instituições processuais contemporâneas reproduzem princípios, categorias e institutos praticados no direito romano decadente.[14] Portanto, questiona-se o que há de efetivamente romano na jurisdição moderna de tradição romano-canônica.

Lançar esse olhar sobre o direito e a cultura jurídica de Roma Imperial, nos limites propostos, longe de significar um apego ao conceitualismo puro e à cronologia de fases históricas com ênfase à evolução linear do tempo, é, antes de mais nada, uma alternativa para fugir do anacronismo de compreensões que tomam instituições do mundo antigo como categorias modernas, desconsiderando por completo uma historicidade do próprio direito, ocultando os verdadeiros compromissos dessas categorias. Como bem referia Baptista da Silva, "o sinal mais aparente do dogmatismo – a razão da formação do dogma – é a perda da perspectiva histórica por parte daqueles que lidam com o sistema". E mais, "obscurecida a historicidade do direito, perde-se a capacidade de elucidar o 'porquê'".[15]

---

[12] Ver nesse sentido: FERRAJOLI, Luigi. "Pasado y futuro del Estado de derecho". In: CARBONELL, Miguel. *Neoconstitucionalismo(s)*. Madrid: Trotta, 2003; também publicado em *Revista Internacional de Filosofía Política*, n. 17, Madrid, 2001, p. 31-46.

[13] BAPTISTA DA SILVA, Ovídio Araújo. A *jurisdictio* romana e a jurisdição moderna. In: ——. *Jurisdição, direito material e processo*. Rio de Janeiro: Forense, 2008.

[14] Ver, nesse sentido, as obras: BAPTISTA DA SILVA, Ovídio Araújo. *Jurisdição e execução na tradição romano-canônica*. 3. ed. Rio de Janeiro: Forense, 2007 e ——. *Processo e ideologia*: o paradigma racionalista. Rio de Janeiro: Forense, 2004.

[15] BAPTISTA DA SILVA, Ovídio Araújo. Prefácio à obra MACHADO, Fabio Cardoso. *Jurisdição, condenação e tutela jurisdicional*. Rio de Janeiro: Lumen Juris, 2004, p. XV.

Quando se lança o desafio de investigar o grau de fidelidade entre a jurisdição moderna e a *jurisdictio* romana, assume-se o risco de abalar a estrutura da compreensão aceita contemporaneamente de que a superação da influência do direito germânico medieval fez com que a tradição jurídica retornasse às bases do direito romano.[16] Trata-se, portanto, da introdução de um problema essencialmente hermenêutico.

Assim, importante observar que durante a história do direito romano, que cobriu não só o mundo antigo como também o medievo, é possível notar uma mudança no caráter do direito de acordo com a evolução da civilização romana, com as alterações políticas, econômicas e sociais que a caracterizavam.[17]

A *"jurisdictio* do direito romano clássico diverge da jurisdição que nosso direito recebeu como herança". Era nesta trilha que seguia Baptista da Silva,[18] acrescentando, ainda, que o caráter privado – ou seja, não estatal – da jurisdição romana do período clássico também se distingue do perfil da jurisdição moderna. Falar em privado, em sede de direito romano, não é opor-se ao público, mas sim ao estatal.[19] Assim, se a jurisdição moderna é uma função do Estado, a *jurisdictio* romana (expressão do *imperium* romano) estava desligada das funções estatais e isso vai ser muito mais acentuado na tradição romano-canônica do que na tradição *common law*.[20]

É verdade que o direito moderno é o herdeiro, seja nos seus conceitos, seja nos seus institutos ou mesmo na sua linguagem, daquela longa tradição que os textos de direito romano tiveram lugar. No entanto, não se deve ignorar que, ao

---

[16] BAPTISTA DA SILVA, Ovídio Araújo. A *jurisdictio* romana e a jurisdição moderna. In: ——. *Jurisdição, direito material e processo*. Rio de Janeiro: Forense, 2008, p. 263.

[17] Sobre a história do direito romano, seus períodos e características, consultar: GILISSEN, John. *Introdução histórica ao direito*. 2. ed. Lisboa: Fundação Calouste Gulbenkian, 2003; D'ORS, Álvaro. *Derecho privado romano*. Pamplona: EUNSA, 1997; KASER, Max. *Direito romano privado*. Lisboa: Fundação Calouste Gulbenkian, 2000; MOREIRA ALVES, José Carlos. *Direito romano*. v. I. 13. ed. rev. Rio de Janeiro: Forense, 2002; HESPANHA, António Manuel. *História das instituições*: época medieval e moderna. Coimbra: Almedina, 1982 e MACEDO, Elaine Harzheim. *Jurisdição e processo*: crítica histórica e perspectivas para o terceiro milenio. Porto Alegre: Livraria do Advogado, 2005. O período monárquico (realeza) da história de Roma cobre desde as origens de Roma (753 a.C.) até 510 a.C. O período republicano estende-se desde a queda da realeza (510 a.C.) até 27 a.C, quando o Senado investe Otaviano (o futuro Augusto) no poder supremo com a denominação de *princeps*, inaugurando-se, assim, o período do principado (de 27 a.C. até 285 d.C.), considerada uma fase de transição entre a república e o dominato. O período do dominato (de 285 a 565) estende-se até a morte de Justiniano, a partir de então passa a falar-se em período do direito bizantino.

[18] BAPTISTA DA SILVA, Ovídio Araujo. A *jurisdictio* romana e a jurisdição moderna. In: ——. *Jurisdição, direito material e processo*, op. cit.

[19] Nesse sentido, registra Baptista da Silva que "poderíamos indicar o caráter privado da jurisdição romana daquele período, como um ponto em que ela se distingue da jurisdição que nos foi legada pelo direito de Justiniano. Quando, porém, antepomos a caráter privado do processo romano clássico ao caráter público da jurisdição moderna, é necessário advertir que a palavra privado, aqui, não se opõe a público, e sim a estatal. A iurisdictio do direito clássico era tão pública, como autêntica expressão do imperium, quanto poderá sê-lo a jurisdição moderna. Ela não era estatal, como hoje, enquanto expressão da soberania do Estado romano" (BAPTISTA DA SILVA, Ovídio Araujo. A *jurisdictio* romana e a jurisdição moderna. In: ——. *Jurisdição, direito material e processo*, op. cit.).

[20] BAPTISTA DA SILVA, Ovídio Araujo. A *jurisdictio* romana e a jurisdição moderna. In: ——. *Jurisdição, direito material e processo*, op. cit.

longo desta tradição, os textos romanos sofreram (re)interpretações contínuas e, simultaneamente, aqueles que protagonizavam o discurso jurídico iam sucessivamente mudando. Trata-se da contínua alteração silenciosa do direito romano invocado pela tradição romanística! É claro que, não fossem essas mutações, o direito romano talvez não sobrevivesse às transformações culturais e sociais da sociedade europeia durante mais de dois milênios. Exatamente por isso que é preciso ter-se claro que cada instituto jurídico ou cada conceito de direito faz parte de um contexto, do qual recebe o seu sentido. Mudado o contexto, os sentidos das peças isoladas recompõem-se, nada tendo a ver com o sentido que elas tinham no contexto anterior.[21]

A memória da jurisdição moderna está ocupada pelo esquecimento do sentido da *jurisdictio* romana. "O nosso conceito de jurisdição não coincide com o romano de *jurisdictio*".[22] O juiz moderno está submetido à ideia de uma jurisdição caracterizada, sobretudo, pela atividade declarativa e pela ausência de *imperium*.

A confusão que se faz entre *jurisdictio* romana e jurisdição moderna implica a perda da sensibilidade jurídica para distinguir a função do juiz privado (*iudex*) e a função do pretor (*praetor*).[23] Aquele julgava, aplicava o direito, mas não estava investido do poder jurisdicional. Esse, por sua vez, era quem exercia a autêntica jurisdição (*jurisdictio*). Assim, pode-se afirmar que a função do *iudex* identifica-se com a função dos magistrados do direito moderno: aplicar o direito. A função do pretor significava, no sentido moderno, uma atividade análoga a do legislador: legislar para o caso concreto, praticando a *jurisdictio* no caso concreto. Assim, a jurisdição moderna "é 'judicial', não jurisdicional, no sentido autenticamente romano". A função que os romanos atribuíam ao pretor, conferindo-lhe o exercício da *jurisdictio*, ou seja, o poder de dizer e fazer o direito (*dicere ius*), não se identifica com a compreensão moderna de jurisdição.[24]

Ora, assumir a defesa da jurisdição e do Estado democrático de direito, primando pelo acesso à justiça e por um processo jurisdicional democrático, impõe que se discuta o perfil de jurisdição e seus compromissos históricos e ideológicos. Desvelados seus compromissos com o perfil liberal, com os valores individualistas e racionalistas, bem como o esquecimento que a história da tradição romana canônica operou, retirando da construção moderna da jurisdição a forte influência do precedente, verifica-se que não houve uma jurisdição romana, mas diversas facetas da jurisdição romana. A lei só assume o lugar de destaque no direito

---

[21] HESPANHA, António Manuel. *História das instituições*: época medieval e moderna, op. cit., p. 98-99.

[22] BAPTISTA DA SILVA, Ovídio Araújo. *A jurisdictio romana e a jurisdição moderna*. In: ——. *Jurisdição, direito material e processo*, op. cit., p.15.

[23] Ibid., p.6.

[24] Não se deve esquecer de que as leis eram raras àquela época e inexistia um sistema jurídico organizado, sistematizado legislativamente. Isso faz crer que, de fato, o pretor atuava como o atual legislador, criando, porém, a norma para o caso concreto (BAPTISTA DA SILVA, Ovídio Araujo. *A jurisdictio romana e a jurisdição moderna*. In: BAPTISTA DA SILVA, Ovídio Araujo. *Jurisdição, direito material e processo*, op. cit., p. 6).

romano tardio. Antes disso, o direito era criação da *jurisdictio* pretoriana, não uma norma abstrata, tal qual as leis do direito moderno. Era um vínculo jurídico concreto entre as partes litigantes.

Outro aspecto importante é traçar uma análise entre Jurisdição e Estado. E, neste sentido, Mirjan Damaska[25] destaca o perfil reativo do Estado liberal e o perfil ativo desejado para o Estado democrático. Contrapondo modelos hierárquicos a modelos paritários (ou coordenados) de organização do poder do Estado, Damaska faz imaginar dois perfis de jurisdição: uma jurisdição cujo principal objetivo é a resolução de conflitos; e outra, cujo objetivo primeiro é a implementação de políticas do Estado, ou seja, a concretização dos princípios constitucionais.[26] O Estado liberal corresponderia a um Estado reativo, enquanto o Estado social e o Estado democrático,[27] a um Estado ativo, cada um deles delineando um perfil diferente para a jurisdição e, consequentemente, para a construção do seu edifício processual e de sua compreensão e amplitude do acesso à justiça.

Em um Estado cujo perfil seja ativo, a exemplo do Estado social e do Estado democrático de direito, a resolução de conflitos subjetivos é pretexto para que seja possível encontrar a melhor solução para um problema social. Desse modo, antes de investigar sobre que tipo de jurisdição se pretende para uma determinada sociedade, inevitável observar qual o perfil do Estado que se possui. Isso implica dizer que o direito, para além do simples texto de lei, tem sua substância moldada pela Constituição e que o juiz, para além de um funcionário público e do objetivo de resolução de um conflito intersubjetivo, é um agente de poder que, através da interpretação/hermenêutica da lei e do controle da constitucionalidade, faz valer os princípios constitucionais e o todo o conteúdo inerente ao Estado democrático de direito que estão sempre por trás de toda e qualquer lei.

Nesta perspectiva, toda e qualquer decisão deve partir dos princípios constitucionais e da implementação de direitos fundamentais, exercendo, o Judiciário, papel de extrema importância para a consolidação do Estado democrático de direito. Resta, portanto, a conclusão de que a função nitidamente jurisdicional não se contenta com o modelo de solução de controvérsias – de matriz eminentemente privada e individualista – tampouco com uma jurisdição judicial (não jurisdicional) mas ultrapassa esses modelos para atender o Estado democrático de direito, garantindo o acesso à justiça e a proteção e promoção dos direitos fundamentais.

---

[25] DAMASKA, Mirjan R. *The faces of justice and state authority*: a comparative approach to the legal process. Yale: University Press, 2005.

[26] A distinção entre modelos hierárquicos e modelos paritários refere-se à estrutura do poder; enquanto a distinção entre o objetivo de resolução de conflitos e o de implementação de políticas refere-se à função assumida pelo mesmo Estado. Por certo, trata-se de modelos teóricos puros, que não podem ser encontrados tal como se estivessem a trabalhar com experiências laboratoriais.

[27] Importante registrar que em cada um dos perfis do Estado moderno há compreensões distintas de "democracia", não existe uma ausência de democracia neles, sendo todos eles mutações do Estado liberal: Estado liberal clássico, o Estado social e o Estado democrático de Direito.

Não se pode negar, com isso, a (re)aproximação que se tem verificado entre as tradições jurídicas ocidentais da *common law* e a romano-canônica. A abordagem que Owen Fiss promove, embora feita no contexto da *common law*, é bastante compatível com os anseios (e problemas) da sociedade moderna, guardadas as diferenças entre as tradições jurídicas. O autor afirma, com propriedade, que *"the function of a judge is to give concrete meaning and aplication to our constitucional value"*,[28] ou seja, ao Judiciário incumbe a atribuição de sentido e significado aos princípios constitucionais (*"give meaning to our public value"*). Não se trata, por óbvio, de tornar o Judiciário parte ativa na política de grupos de interesse ou o advogado das minorias, mas também não há que se imaginar um Judiciário silente, "neutro" ante ameaças aos valores constitucionais.[29] A tarefa da jurisdição não é declarar o 'certo' ou o 'errado' ou simplesmente atribuir significado à lei, mas sim realizar, no caso, o que foi prometido pela Constituição.

Há que se registrar que assumir a jurisdição na perspectiva da implementação do sentido de um Estado democrático de direito para além de um modelo de solução de controvérsias (arraigado a uma visão liberal e individualista), é refutar o modelo do normativismo-legalista,[30] bem como o modelo do funcionalismo jurídico, em nome de uma perspectiva polarizada no homem-pessoa, sujeito da prática problemática-judicanda e assumido como a reafirmação/recuperação do sentido da prática jurídica como *iuris-prudentia*. Daí falar-se da importância do papel e da delicada atuação do juiz para a concretização da Constituição e dos Direitos Fundamentais.[31]

---

[28] FISS, Owen. *The forms of justice*. Harvard Law Review, v. 93, 1979, p. 4.

[29] Reproduzindo Owen Fiss, tem-se que "judges have no monopoly on the task of giving meaning to the public values of the Constitution, but neither is there reason for them to be silent. They too can make a contribution to the public debate and inquirity" (FISS, Owen. *The forms of justice*, op. cit., p. 2).

[30] Sobre a crítica ao modelo normativo-legalista, consultar a obra de Castanheira Neves, em especial, CASTANHEIRA NEVES, António. Entre o "legislador", a "sociedade" e o "juiz" ou entre "sistema", "função" e "problema": os modelos actualmente alternativos da realização jurisdicional do direito. In: *Boletim da Faculdade de direito da Universidade de Coimbra*, op. cit., p. 35; CASTANHEIRA NEVES, António. A revolução e o direito. In: *Digesta, v. 1*. Coimbra: Coimbra, 1995, p. 51-239 (em especial p. 208-222); CASTANHEIRA NEVES, António. Justiça e direito. In: *Digesta, v. 1*, op. cit., p. 241-286 (em especial p. 274-284).

[31] A discussão acerca do papel e atuação do magistrado é de extrema relevância, pois que não pode atuar como um arbitrário tampouco como um autômato, daí falar-se que o juiz está imerso em valores constitucionais e que estes não se reduzem o texto legal. A discussão, porém, é bastante delicada e está longe de navegar em águas tranquilas. Para uma reflexão sobre o tema, ver, em especial, as obras: STRECK, Lenio Luiz. *Verdade e consenso*: constituição, hermenêutica e teorias discursivas. 2. ed. rev e ampl. Rio de Janeiro: Lumen Juris, 2007; BAPTISTA DA SILVA, Ovídio Araujo. *Processo e ideologia*: o paradigma racionalista. 2. ed. Rio de Janeiro: Forense, 2006; ———. *Jurisdição, direito material e processo*. Rio de Janeiro: Forense, 2007; CASTANHEIRA NEVES, António. O problema da discricionariedade. In: *Digesta, v. 1*. Coimbra: Coimbra, 1995. GARAPON, Antoine. *O juiz e a democracia*: o guardião das promessas. Rio de Janeiro: Revan, 2001. DWORKIN, Ronald. *A justiça de toga*. São Paulo: Martins Fontes, 2010. OST, François. KERCHOVE, Michel Van de. *De la pyramide au réseau?* Pour une théorie dialectique du droit. Bruxelles: Publications Facultés Universitaires Saint-Louis, 2002, p. 99. DAMASKA, Mirjan. *Las caras de la justicia y el poder del estado*: análisis comparado del proceso legal. Santiago de Chile: Editorial Juridica del Chile, 2000.

3. O papel do juiz e das partes na refundação do processo e na construção de uma *parceria de singularidades*: a ruptura com o *monólogo articulado* na atuação da jurisdição

Destacado o vínculo da Jurisdição com os valores liberais e individualistas, bem como com o direito romano tardio, que ocultaram o poder das decisões judiciais enquanto construção da justiça para o caso, é preciso destacar também as escolhas que o direito processual civil fez ao longo da sua trajetória. Estas escolhas precisam ser delicadamente (re)examinadas e postas diante do Estado democrático de direito e tudo que ele implica.

O direito processual civil hoje busca uma nova racionalidade contra o racionalismo/irracionalidade, o que passa pela necessária revisão das fontes do direito e da separação dos poderes e, consequentemente, pela revisão dos institutos processuais, propriamente dito, que merecem ser iluminados pelo sentido de Constituição.

A ciência processual foi construída sobre sólidos pressupostos teóricos e metodológicos que lhe atribuíram um forte compromisso com os grandes sistemas filosóficos que alimentaram as ideias e sistemas políticos desenvolvidos na Europa a partir da Revolução Francesa.[32] Desse modo, qualquer desconstrução, crítica ou reflexão sobre a ciência processual acaba por invadir domínios que não são exclusivamente do direito, mas que pressupõem enveredar-se pelos caminhos da Filosofia. No entanto, é preciso alertar que essa investigação não se pretende filosófica, mas antes uma investigação jurídica que busca auxílio na perspectiva filosófica, sem a qual o direito não pode aceitar o convite para refletir sobre suas próprias escolhas ao longo da história.[33]

Dentre as diversas escolhas assumidas pelo direito processual civil e pela ciência processual, seis delas destacam-se para o enfoque que se pretende dar. A primeira escolha foi pela ocultação das ações e pretensões de direito material, com a consequente construção da teoria trinária das ações, abrigando as sentenças condenatórias e desconsiderando a existência de sentenças mandamentais e executivas *lato sensu*, resistindo, sobremodo, ao reconhecimento da pretensão à segurança e das tutelas preventivas. A segunda escolha, assumida ao longo da história, foi pela ordinarização do processo, privilegiando a cognição exauriente, fruto da idealização de um juiz passivo, mero "boca da lei", escolha essa que hoje se coloca como obstáculo à criação de uma genuína tutela preventiva, haja vista a imprescindibilidade da sumarização do processo e da sumarização da cognição. A terceira escolha assumida foi pelo princípio da separação dos poderes e concepção de uma magistratura imparcial e neutra. A quarta escolha

---

[32] BAPTISTA DA SILVA, Ovídio Araújo. Processo de conhecimento e procedimentos especiais. In: ——. *Da sentença liminar à nulidade da sentença*, op. cit.

[33] Assumir essa perspectiva implica aceitar o risco da pesquisa distanciar-se de seu objetivo, porém negá-la comprometeria por completo os resultados da investigação, inviabilizando o debate sobre a situação problemática da ciência processual, bem como a proposição de alternativas contra o dogmatismo sedimentado e superação da crise paradigmática.

foi pela plenitude de defesa e redução do princípio do contraditório, erigindo-os a garantias constitucionais e restringindo as situações de contraditório diferido ou de contraditório eventual. A quinta escolha foi pela cisão entre fato e direito (enquanto norma), exigindo que as atividades executivas fossem necessariamente precedidas por atividades cognitivas, evidenciando, desse modo, o valor atribuído à certeza e à segurança jurídica. A sexta escolha, praticamente imbricada nas escolhas anteriores, foi a opção feita pela busca de certeza jurídica, balizada pela necessidade (humana) de segurança e de segurança jurídica e pela sede (humana) por verdades absolutas.

Todas essas escolhas fizeram-se, não aleatoriamente, mas por tributo ao vínculo genético ainda existente entre a ciência processual e os sistemas políticos e filosóficos de um tempo que já não é mais o tempo do direito processual. Consequentemente, tais escolhas são o reflexo de uma perda de sentido do direito, são sintomas de uma falta de significado. A ciência processual, assim, transformou-se numa grande feira de repetição de receitas, sobretudo, no campo da construção das tutelas preventiva e coletiva. O direito processual civil reduziu-se a uma simples estrutura lógica vazia de sentido, meramente abstrata e conceitual. O direito processual, responsável pela concretização jurisdicional do sentido do direito e da dignidade humana, está prenhe do vazio.

O estado da arte atual da ciência processual é marcado pela conquista da autonomia científica do processo em relação ao direito material. Desde então a beleza da arquitetura conceitual que envolveu o direito processual capturou os processualistas para o interior de uma estrutura estética.[34] O desenvolvimento exagerado da concepção de autonomia do direito processual, como sustentado, desenhou os contornos da concepção procedimentalista na ciência processual, eliminando a ação de direito material e a pretensão.

A concepção ideológica por traz disso sugere que a natureza científica do direito deve corresponder a um método procedimental igualmente científico, independentemente do direito material. Seguindo essa trilha, o sistema processual dos países de tradição romano-canônica, sobretudo o Brasil, foi concebido eminentemente para a busca da verdade sobre o direito controvertido e, assim, para alcançar um sentido unívoco. Diante disso, é inegável o compromisso com os ideais racionalistas de unidade e plenitude do sistema jurídico.

No caso do direito brasileiro, a caricatura do racionalismo é o processo de conhecimento, através do qual se imagina ser possível alcançar a verdadeira vontade da lei, pois esta encerra um sentido unívoco a ser revelado pelo juiz através do método científico adequado. Nesses termos, para o paradigma dominante é o processo de conhecimento (ordinarizado) a condição de possibilidade para a revelação do sentido unívoco da lei, sendo o procedimento e o método científico as garantias de que o cientista atingirá essa verdade única e definitiva.

---

[34] CLAUS, Ben-Hur Silveira. A ordinarização do procedimento: uma herança do racionalismo sob interrogação. In: AUGUSTIN, Sérgio (Org.). *A teoria e a prática dos saberes do cotidiano*. Porto Alegre: Departamento de Artes Gráficas do Tribunal de Justiça do Rio Grande do Sul, 2005, p.27-39.

Esse palco ideológico, com base naquelas seis escolhas feitas pela ciência processual, sobretudo no contexto nacional, acaba denunciando a separação absoluta entre as funções declarativa e criativa do direito.[35] Esses compromissos da ciência processual resultam em uma tendência a reduzir a importância do direito material, bem como mitigar a própria função jurisdicional.

Cada uma dessas seis escolhas do sistema, que foram movidas por razões históricas e ideológicas, funcionam, de certo modo, como entraves do sistema, obstáculos à concretização da Constituição e ao desvelamento do sentido do direito hoje. Seis obstáculos que precisam ser, portanto, superados. Seis desafios para a construção de um novo processo civil atento ao princípio do acesso à justiça, ao Estado democrático de Direito. Seis compromissos que impedem o completo desvelamento das tutelas preventivas e das tutelas coletivas, pois ancorados no paradigma racional-liberal-individualista.

Esses obstáculos deverão ser superados, mas, para tanto, há que se ter em mente que tipo de jurisdição se pretende construir e, em última análise, que tipo de Estado se tem (ou se quer ter). Por certo, estamos a falar de uma jurisdição imersa no contexto do Estado Democrático de Direito e, portanto, a Constituição é o fluido nutriente no qual os juristas deverão banhar-se.[36] É ela o "caminho a ser caminhado".[37]

Desse modo, mais que reformar o direito processual, é preciso repensar. Quiçá, refundá-lo. E só é possível repensar algo, não partindo do acervo das certezas já dadas e das questões e princípios que as produziram, mas a partir do questionamento. Só assim o direito processual poderá despertar do sono dogmático e ver-se para além de mera técnica, simples procedimento, ver-se para além das suas escolhas e de seus compromissos.

4. Considerações finais: entre os vestígios do passado e as mentiras sobre o futuro

A construção de um processo civil atento ao paradigma do Estado Democrático de Direito e para a concretização dos direitos e o "acontecer" da

---

[35] Observe-se que não se está equiparando, nos limites deste trabalho, função criativa do direito com ativismo judicial ou arbitrariedade judicial. A função criativa do direito está alicerçada na Constituição e no Estado Democrático de Direito.

[36] Nestes termos, convém concordar com Konrad Hesse quando diz que a Constituição se transforma em força ativa se existir a disposição de orientar a própria conduta segundo a ordem nela estabelecida, se se fizerem presentes, na consciência geral (em especial daqueles que são os responsáveis pela ordem constitucional), não só a vontade de poder, mas também a vontade de Constituição. HESSE, Konrad. *A força normativa da constituição.* Porto Alegre: Safe, 1991, p. 05.

[37] STRECK, Lenio Luiz. *Jurisdição constitucional e hermenêutica*: uma nova crítica do direito, op. cit. (em especial, seus capítulos 4 e 5); ———. *Verdade e consenso*: constituição, hermenêutica e teorias discursivas, op. cit.; HOMMERDING, Adalberto Narciso. *Fundamentos para uma compreensão hermenêutica do processo civil*. Porto Alegre: Livraria do Advogado, 2007, p. 135.

Constituição[38] precisa, portanto, superar o peso cultural do paradigma racionalista, sem escorregar para as teses positivistas (hoje vitaminadas sob outras vestes) nem para as teses da funcionalização do direito. A tradição jurídica romano-canônica, à qual o direito processual civil brasileiro se vincula, eliminou os conceitos de pretensão e ação de direito material, dificultando o convívio com as formas de tutela preventiva e de tutela coletiva.[39] O direito processual civil é tomado como um instrumento jurídico puramente formal, abstrato, descomprometido com a história (consequentemente com o próprio homem), mantendo-se, nessa ótica, perene como uma figura geométrica. "Concebe-se o direito processual civil como algo dotado da mesma eternidade que se vangloriam as matemáticas".[40]

Essa concepção mostra-se absolutamente incompatível com a necessidade que se tem de o direito processual atender aos desígnios do direito material, mantendo-se sempre atento à realidade social, superando os "conceitos-em-si-mesmos" dos textos normativos.

Nessas bases, a jurisdição vem sendo orientada pelo normativismo e liberada de assumir responsavelmente suas decisões, reputando-as ao legislador. A jurisdição sofre o impacto das patologias da burocratização:[41] o excesso de rigidez normativa e o isolamento das experiências intelectuais críticas e a diluição da responsabilidade pelas decisões proferidas. E é essa burocratização que vai provocar o esquecimento da jurisdição romana no contexto da jurisdição moderna, transformando-a em espécie de jurisdição meramente declaratória.

O processo civil, portanto, funda-se sobre o paradigma de uma jurisdição meramente declarativa, que oculta as especificidades das relações entre direito material e direito processual. O direito, lamentavelmente, é visto como algo posto, algo pré-dado, absolutamente pressuposto que, em juízo, é meramente declarado ou, então, como resultado exclusivo de um procedimento, produto da decisão judicial.

Por tudo isso, é compreensível a dificuldade enfrentada para a construção de uma "tutela processual que tenha natureza puramente preventiva", como afir-

---

[38] Sobre o "acontecer" da Constituição, buscar subsídios na obra de: STRECK, Lenio Luiz. *Verdade e consenso*: constituição, hermenêutica e teorias discursivas, op. cit; ———. *Jurisdição constitucional e hermenêutica*: uma nova crítica do direito, op. cit.; ———. *Hermenêutica jurídica e(m) crise*: uma exploração hermenêutica da construção do Direito, op. cit.

[39] Nesse sentido, consultar: BAPTISTA DA SILVA, Ovídio Araújo. Racionalismo e tutela preventiva. In: ———. *Sentença e coisa julgada*. 4. ed. revista e ampliada. Rio de Janeiro: Forense, 2006, p. 263-284.

[40] BAPTISTA DA SILVA, Ovídio Araújo. Racionalismo e tutela preventiva. In: ———. *Sentença e coisa julgada*, op. cit., p. 263. Em sentido semelhante, Elaine Harzheim Macedo afirma que "sob uma ótica positivista [...] o processo civil surgiu como método ou sistema de atuação da jurisdição, visando exatamente a afastar qualquer orientação discricionária da parte dos órgãos ou agentes jurisdicionais, isso é, os tribunais e juízes, traduzindo-se essa forma de agir em juízo como procedimento judicial, representativo da movimentação do processo, mas que com ele não se confunde. [...] Arqueia-se o método para alcançar a verdade, que deve ser perquirida além do processo" (MACEDO, Elaine Harzheim. *Jurisdição e processo*: crítica história e perspectiva para o terceiro milênio, op. cit., p. 171).

[41] Sobre a burocratização weberiana e a burocratização arendtiana, ver Owen Fiss.

A refundação da ciência processual e a defesa das garantias constitucionais

ma Baptista da Silva.[42] O paradigma racionalista presente na formação da ciência jurídica moderna, somado ao princípio da separação dos poderes e à concepção da jurisdição como declaração bem como às teorizações acerca da autonomia do direito processual relativamente ao direito material, exigem que o juiz descubra a única "vontade da lei" para só então declará-la, somente podendo atuar mediante a violação do direito. A função do juiz, nessa concepção, seria apenas revelar o que está posto, o direito já pré-dado ou, de outro lado, o resultado da decisão do juiz é sempre o direito. Têm-se aí os dois extremos das arbitrariedades resultantes de uma perspectiva normativista ou de uma concepção meramente procedimentalista (funcionalista) do direito. Ambas merecem ser refutadas para que se possa ter uma "mentalidade alargada" acerca da função judicial.

Se a função do juiz é descobrir a vontade da lei para só então aplicá-la ao caso concreto, então não se imagina possível que o juiz trate sobre fatos ainda não ocorridos, sobre um direito ainda não violado. A compreensão da tutela preventiva no direito processual civil brasileiro parte necessariamente das mudanças iniciadas no século XX e presentes neste século que desgastaram conceitos e visões de mundo outrora utilizados como paradigmas. No entanto, o direito à segurança, à prevenção faz parte da história do direito e da história das instituições processuais.

As antigas imagens construídas ao longo da história no que diz respeito ao Estado, à jurisdição, ao direito material e ao direito processual transformaram-se, redefiniram-se e redimensionaram-se na modernidade. Vivencia-se, hoje, o declínio de velhos paradigmas estatais e a insuficiência/ineficiência da ciência jurídica ante a complexidade social.

Emerge, assim, a necessidade de encontrar um novo paradigma que não incorpore no seu discurso qualquer forma de dogmatismo e de autoridade. Faz-se imprescindível questionar a estrutura do sistema processual civil na tradição romano-canônica, sobretudo, no cenário nacional após a emergência da Constituição e do paradigma do Estado Democrático de Direito. A crise do sistema processual é, portanto, um problema estrutural e não funcional, fruto do racionalismo que tiraniza a experiência judiciária, conforme já anunciado por Baptista da Silva.

Esse problema estrutural do sistema processual brasileiro guarda raízes na concepção de jurisdição moderna que acabou por distanciar-se da compreensão que se tinha da *jurisdictio* romana, bem como na autonomização do direito processual responsável pela ocultação das pretensões e das ações de direito material. Assim, o processo civil, tal qual no século XIX, considerado como ciência, não sofreu o impacto de toda a filosofia da segunda metade do século XX e formou-se um hiato entre o direito e a práxis.

É exatamente esse o contexto da humanidade atual: um tempo de mudanças, marcado pela tentativa de superar o paradigma racionalista iluminista e de revisar a racionalidade jurídica.

---

[42] BAPTISTA DA SILVA, Ovídio Araújo. Racionalismo e tutela preventiva. In: ———. *Sentença e coisa julgada*, op. cit., p.265.

A importância desta discussão para a compreensão e construção das tutelas preventivas e coletivas no contexto da tradição romano-canônica, por exemplo, destaca-se à medida que se pretende a transposição da racionalidade jurídica do normativismo-liberal-individualista, opondo-se às diversas modalidades de funcionalismo jurídico, bem como às concepções puramente procedimentais do direito e aos ideais liberais-iluministas. A superação destes é condição de possibilidade para que se possa pensar as tutelas preventivas e coletivas e estas, condição de possibilidade para a concretização dos direitos e para a recuperação do sentido da jurisdição. Por esta via, é possível ultrapassar a concepção reducionista do direito à legislação, bem como superar os discursos fundacionais acerca da interpretação jurídica e conduzir a jurisdição para além da função repressiva e reparatória e da perspectiva individualista, abrindo espaço para as ações (de direito material). A resposta, portanto, virá através dos princípios pela via da compreensão hermenêutica, corroborando a afirmação de que se está diante de um problema hermenêutico (compreensão), e não de um problema analítico-procedimental. Há, portanto, que se transformar o direito em um saber prático, rompendo com a objetificação dos textos legais.

A convocação dos juristas para lidar com a realidade e a sua formação eminentemente dogmática dos juristas causa o acirramento desta situação problemática, revelando o hiato que existe entre o discurso e a prática do direito.[43] As respostas do direito não são obtidas mediante experiências laboratoriais ou mediante pronunciamentos universais.

O modelo objetificante do direito e da jurisdição de perfil eminentemente repressivo (e declaratório) e o núcleo de resistência oferecido pelo direito processual civil às mudanças estruturais guarda suas raízes naquele contexto histórico-ideológico já exposto (racionalismo, individualismo, filosofias liberais, direito romano tardio) e na compreensão que a modernidade fez da memória do direito, vivendo um eterno presente. Ocorre que a complexidade social, a emergência de novos direitos (especialmente a partir do período do segundo pós-guerra e da abertura democrática dos Estados), a (não) realização dos direitos e a intensificação do fenômeno da globalização, temperados pela crise paradigmática, provocam um verdadeiro abismo entre o pensamento jurídico (pretensamente) moderno e a realidade social. São os contornos da situação problemática do direito que emergem, cujas raízes estão na crise da razão moderna (na irracionalidade do racionalismo).

As soluções para a celeuma que encobre a realização do direito não se resume a um simples ajuste legislativo. Uma superação de paradigmas se faz imprescindível e, igualmente, a compreensão da dimensão histórica e cultural do direito.

Por certo, o Estado ocupa importante lugar em relação ao Direito, mas a coincidência tendencial entre a estadualidade e a juridicidade é historicamente

---

[43] Por certo uma análise aprofundada da situação problemática do direito, com a investigação de todos os fatores culturais, nos limites desta pesquisa, poderia levar ao distanciamento dos objetivos deste ensaio. No entanto, algumas perspectivas são assumidas como ponto de partida.

acidental e não essencial, como registra Pinto Bronze.[44] "A equiparação entre a ordem normativa do direito e a ordem política do Estado não é, portanto, exacta". Desse modo, parece correto afirmar (a) que direito e Estado não necessariamente se identificam, (b) que o direito não é exclusivamente criado pelo Estado e ainda (c) que o poder político do Estado não é o fundamento da ordem jurídica – é a juridicidade que fundamenta materialmente o Estado. Assim, direito e Estado distinguem-se culturalmente, possuindo histórias diferentes. O Estado é uma "invenção" recente, tendo nascido na modernidade![45]

Discutir a crise do direito e da jurisdição contribui para uma releitura do direito processual civil visando ao desvelamento da função jurisdicional preventiva, ou seja, para a construção das tutelas preventivas, não enquanto preocupação dogmática, mas enquanto superação de uma dogmática que preocupa e não atende a um futuro possível. Em tempos de "novos direitos", não se pode mais ocultar o tempo como fonte do direito e, nessa perspectiva, não se pode falar em promoção e proteção de direitos fundamentais e consolidação de um Estado Democrático de Direito, sem uma refundação do direito processual.

Desde o último século, em especial a partir do segundo pós-guerra, é flagrante um enorme e diversificado esforço intelectual de reflexão sobre as características e as implicações dos fenômenos e das transformações que se processam no âmbito das sociedades humanas e, especialmente, no âmbito do direito. A constatação de que as mudanças e os novos problemas vividos pela humanidade indicam uma situação histórica sem precedentes, desenhando a moldura de uma crise inédita, tornou-se praticamente um lugar-comum[46] tanto para o senso comum como para o senso crítico. Assim, uma compreensão desta memória cultivada e de um futuro projetado permite deslocar o olhar e pensar, quiçá, outra(s) via(s) de cura para a atual problemática jurídico-jurisdicional, em especial no que se refere ao direito processual.

---

[44] BRONZE, Fernando José Pinto. *Lições de introdução ao direito*. 2. ed. Coimbra: Coimbra, 2006, p. 158.

[45] Nesse sentido, ver: STRECK, Lenio Luiz; BOLZAN DE MORAIS, José Luis. *Ciência política e teoria do estado*, op. cit.; HELLER, Herman. *Teoria del estado*. Buenos Aires: Fondo de Cultura Económica, 1990; AYUSO TORRES, Miguel. *¿Después del Leviathan?* Sobre el estado y su signo. Madrid: Speiro, 1996; ―― *¿Ocaso o eclipse del Estado?* Las transformaciones del derecho público en la era de la globalización. Madrid: Marcial Pons, 2005.

[46] Sabe-se da ambiguidade do sentido da expressão "lugar-comum", eis que atualmente desvinculou-se de seu sentido original para indicar a trivialização do discurso ou uma fórmula banalizada e repetida gasta pelo uso. Seu sentido original, utilizado pela retórica clássica como fonte de argumento, é desconsiderado pelo uso moderno. Assim, pretende-se criticar o discurso que faz da "crise" do modelo de direito e de jurisdição um discurso banal, trivial e utilizar a construção desta mesma crise, como um discurso eficaz para a compreensão da problemática jurídica-jurisdicional contemporânea. A reflexão sobre a crise consiste não na retomada de um discurso já batido, desgastado, mas na retomada de elementos constitutivos da atual problemática jurídico--jurisdicional, carregada de sentido. Se, de fato, a crise do modelo de racionalidade do direito e a jurisdição fosse um discurso desgastado, perder-se-ia o interesse. No entanto, ela marca a individualidade de um discurso. Portanto, quando se diz que as mudanças e os novos problemas vividos pela humanidade indicam uma situação histórica sem precedentes tornou-se um lugar-comum, quer-se sinalizar um ponto de partida (lugar-comum) para a formulação de uma análise individual (lugar-especial), conforme distinção feita por Roland Barthes e Jean-Louis Bouttes: "originariamente, os lugares são formas privadas de sentido, mas que servem para se encontrar sentido", sem, contudo, escorregar-se para um lugar-nenhum ("Luogo comune", *Enciclopédia*, vol 8, Torino: Einaudi, 1979).

O pensamento filosófico ocidental delineou a Jurisdição e o Direito Processual modernos. A força do paradigma racionalista, com o respaldo da firme presença do princípio da separação dos poderes, do normativismo-legalista e dos ideais liberais-iluministas, revela o perfil da ciência jurídica e a sua resistência para conceber tutela que tenha natureza puramente preventiva, para além da função ressarcitória, reparadora e repressiva, voltada eminentemente à atuação de direitos privados violados. Não há dúvidas de que tal resistência denuncia a distância abissal entre dizer o direito e fazer o direito, ou seja, entre a dogmática jurídica e a práxis jurídica, tão insistentemente denunciada por Baptista da Silva.[47]

As reformas processuais não raro comprovam a força de uma ciência processual moderna e de seus compromissos. Há que se ir além para compreender o seu núcleo de resistência, bem como os alicerces sobre os quais estão construídos o poder judicial e o direito processual para, só então, refletir sobre as condições de possibilidades para a realização do direito e recuperação de seu sentido.

Só a partir da superação de um modelo de (re)produção do direito/lei será possível ultrapassar a concepção de uma jurisdição eminentemente repressiva e individualista, voltada para a reparabilidade (e patrimonialidade) dos direitos.

A crise de que se fala é uma crise que, na perspectiva de Antonio Castanheira Neves,[48] "não traduz apenas o aspecto negativo circunstancial, a quebra anômica que se sofre e lamenta, mas, sobretudo, a consumação histórico-cultural de um sistema, a perda contextual de sentido das referências até então regulativas – o paradigma que vigorava esgotou-se, um novo paradigma se exige". Exatamente por isso uma perspectiva do contexto filosófico e de alguns aspectos da história do pensamento jurídico são imprescindíveis para uma reflexão crítica (e autônoma) da crise do direito e da jurisdição, vez que não há como superar a crise sem crítica.[49] Abdicar deste olhar é esquecer que o caminho é tão importante quanto a chegada, é permitir que o sentido do direito se oculte diante da reprodução de sentido: um passado que se esvai, um presente que se transforma em repetição vazia e um futuro que se restringe (esta é a caricatura da dogmática do direito).

---

[47] BAPTISTA DA SILVA, Ovídio Araujo. *Processo e ideologia*: o paradigma racionalista, op. cit.

[48] CASTANHEIRA NEVES, António. Entre o "legislador", a "sociedade" e o "juiz" ou entre "sistema", "função" e "problema": os modelos actualmente alternativos da realização jurisdicional do direito. In: *Boletim da Faculdade de direito da Universidade de Coimbra*, op. cit., p. 2.

[49] Ver que não se trata de uma qualquer crítica, mas de uma crítica a partir do direito como ciência da compreensão e não como ciência da explicação. É preciso registrar que a própria crítica à dogmática jurídica está em crise (é a crítica em crise) na medida em que falar em crise do direito, em crises de paradigmas e, muitas vezes, um exemplo de retórica vazia. Não é difícil, hoje, testemunhar a "crítica pela crítica", flagrar uma crítica que prega a inovação, mas não consegue inovar-se. Na verdade, como já alerta Michael Moore, os modismos intelectuais são como metáforas, tem um ciclo vital simples, nascem de novos discernimentos a respeito de uma similaridade despercebida, definham com o uso excessivo e morrem quando se tornam tão familiares que passam a ser tratadas como sentidos estabelecidos das palavras. Assim, ainda que possam iniciar a vida frescos e cheios de promessas, acabam por tornar-se os gastos contrapontos de um jargão que impede o discernimento em vez de transmiti-lo (MOORE, Michael S. Interpretando e interpretação. In: MARMOR, Andrei. *Direito e interpretação*. São Paulo: Martins Fontes, 2004, p. 03-04).

— IV —

Teoria crítica da sentença constitutiva e sua efetividade[1]

DARCI GUIMARÃES RIBEIRO[2]

Sumário: 1. A eficácia preponderante como critério classificador; 2. Direitos potestativos; 3. Sentença constitutiva; 3.1. Conteúdo e direitos potestativos; 3.2. Sentença constitutiva e sentença declaratória; 3.3. Sentença constitutiva e sentença condenatória; 3.4. Execução e sentença constitutiva

> *Más allá del derecho procesal no hay derecho civil o*
> *derecho penal, sino pura y simple sociología.*
> (GUASP, La pretensión procesal. In: *Anuario de Derecho Civil*,
> 1952, t. V, fasc. 1º, p. 26).

1. A eficácia preponderante como critério classificador

Desde o direito romano, as pretensões (*rectius*, ações[3]) eram classificadas de acordo com a *"natureza do direito"*, ou seja, pessoais, reais, mista, pretoriais, etc.[4]

---

[1] O presente artigo visa a uma teoria crítica da sentença constitutiva voltada para sua efetividade/executividade. Para alcançar este desiderato, partimos da análise da eficácia preponderante como critério classificador mais seguro para identificar os diversos tipos de sentenças e, em especial, a constitutiva que encontra na categoria dos direitos potestativos/formativos o seu fundamento. Uma vez identificadas as características desta pretensão processual, passamos a diferenciá-las das declaratórias e condenatórias para, enfim, tratar o tormentoso problema de sua executividade/efetividade.

[2] Advogado. Doutor em Direito pela Universitat de Barcelona. Especialista e Mestre pela PUC/RS. Professor Titular de Direito Processo Civil da PUC/RS e do Programa de Pós-Graduação em Direito da Unisinos. Membro do Instituto Brasileiro de Direito Processual Civil. Membro do Instituto Iberoamericano de Direito Processual Civil. Membro representante do Brasil no Projeto Internacional de Pesquisa financiado pelo Ministério da Educação e Cultura – MEC – da Espanha.

[3] Por questões metodológicas e ontológicas, preferimos utilizar a expressão *pretensão* em vez de ação. A justificativa dessa opção é extremamente complexa e foge aos propósitos do presente artigo, mas pode ser encontrada em DARCI G. RIBEIRO, *La pretensión procesal y la tutela judicial efectiva*, Barcelona Bosch, 2004, nº 9.5, p. 158 a 161.

[4] Para aprofundar melhor o estudo da classificação das ações no direito romano, consultar IHERING, *El espíritu del derecho romano*. Trad. Enrique Príncipe y Satorres. Granada: Comares, 1998, t. III, § 56, p. 757 a 778 e t. IV, § 61, p. 810 a 825; SCIALOJA, *Procedimiento civil romano*. Trad. Santiago Santís Melendo e Marino Ayerra Redin. Buenos Aires: Ejea, 1954, §14 e ss, p. 131 e ss; VAN WETTER. *Cours élémentaire de droit romain*. Paris: Marescq, 1893, t. I, §§ 96 a 104, p. 201 a 215; MURGA, *Derecho romano clásico – II. El proceso*. Zaragoza: Universidad de Zaragoza, 1989, p. 211 a 246; BIONDO BIONDI, *Istituzioni di diritto romano*.

Depois da ideia fundamental dos direitos potestativos anunciada por Chiovenda em sua famosa conferência pronunciada na Universidade de Bolonha, em 3 de fevereiro de 1903, substituiu-se a antiga forma que tinha por base a natureza do direito,[5] pela modalidade que leva em consideração os *"efectos jurídicos existentes"*.[6]

Desde então, os autores começaram a classificar as sentenças a partir dos efeitos jurídicos produzidos por elas. Aqui é necessário, se quisermos evitar confusão, identificar claramente a noção de conteúdo da sentença, seus efeitos e ainda a eficácia da mesma.

Em primeiro lugar, devemos precisar que os efeitos de uma sentença se diferenciam de seu conteúdo e de sua eficácia, pois, enquanto o conteúdo e a eficácia são elementos internos da sentença,[7] sua essência, algo que a integra, os efeitos são algo externo, que se projetam fora da mesma.[8] Por isso a eficácia, que

---

Milano: Giuffrè, 1952, §§20 e 21, p. 79 a 84; SCHULZ, *Derecho romano clásico*. Trad. José *Santa Cruz Teigeiro*. Barcelona: Bosch, 1960, Cap. II, p. 27 a 47; e, especialmente, WENGER, *Actio iudicati*. Trad. Roberto Goldschmidt e Jose Julio Santa Pinter. Buenos Aires: Ejea, 1954.

[5] Diversamente do que ocorre nos demais países da Europa Continental, o direito francês classifica tradicionalmente as ações em "1. actions 'réelles, personnelles' et 'mixtes'; 2. actions 'mobilières' et 'immobilières'; 3. actions 'possessoires' et 'pétitoires'", como nos demonstra a classificação de VINCENT e GUINCHARD, *Procédure civile*. Paris: Daloz, 1999, n° 73, p. 124, com uma pequena crítica por parte de SOLUS-PERROT, que denunciam nesta classificação a exclusão dos *"'droits extra-patrimoniaux': droits de la personnalité, droits de famille, droits intellectuels, etc..."*, *Droit judiciaire prive*. Paris: Sirey, 1961, t. I, n° 121, p. 117.

[6] CHIOVENDA, *La acción en el sistema de los derechos*. Trad. Santiago Santís Melendo. Bogotá: Temis, 1986, n° 11, p. 29 e ss, e también o n° 13, p. 37 e ss. Este é o sentido de BARBOSA MOREIRA quando o mesmo afirma que efeito e eficácia são coisas distintas, pois, "todo ato jurídico é, em tese, suscetível de produzir efeitos no mundo do direito – característica pela qual, justamente, se distinguem os atos 'jurídicos' dos que não o são. Os efeitos podem ser considerados em potência (como passíveis de produzir-se) ou em ato (como realmente produzidos). (...) Eficácia, enfim, é palavra que se costuma usar, na linguagem jurídica, para designar a qualidade do ato, enquanto gerador de efeitos. Em correspondência com o duplo enfoque dos efeitos, acima exposto, pode-se falar de eficácia como simples aptidão para produzir efeitos (em potência) ou como conjunto de efeitos verdadeiramente produzidos (em ato). Menos frequente é o uso de 'eficácia' como sinônimo de efeito, isto é, para designar cada um dos efeitos (em potência ou em ato) particularmente considerados, o que leva a conferir-se ao mesmo ato jurídico numa pluralidade de 'eficácias'", *Conteúdo e efeitos da sentença: variações sobre o tema*. In: Ajuris, n° 35, 1985, p. 204 e 205.

[7] Sobre este particular, aderimos à doutrina de OVÍDIO B. DA SILVA, que amplia o conteúdo da sentença não o limitando exclusivamente a declaração ou constituição pronunciada pelo juiz, pois, segundo o autor, "as eficácias de uma dada sentença fazem parte de seu 'conteúdo'. Através delas é que uma sentença declaratória ou constitutiva, ou condenatória, ou executiva, ou mandamental, é diferente das demais", *Curso de processo civil*. Rio de Janeiro: Forense, 2006, v. I, p. 464. Daí concluir o autor que: "O conteúdo de cada sentença é formado pelos verbos que o compõem", *Curso de processo civil*. São Paulo: RT, 1998, v. II, p. 424. Com uma postura distinta PONTES DE MIRANDA, para quem a "'eficácia' é a energia automática da resolução judicial. (..) A 'eficácia' compreende, portanto, a 'fôrça' ('e. g.', a eficácia consistente na 'fôrça' da coisa julgada material da sentença declarativa) e o 'efeito' ('e. g.', a eficácia consistente no 'efeito' de execução da sentença condenatória, efeito que as sentenças declarativas de ordinário não têm", *Tratado das ações*. São Paulo: RT, 1972, t. I, § 32, p. 160 e 161.

[8] A este respeito, afirma acertadamente BARBOSA MOREIRA, que "o efeito é algo que está necessariamente, por definição, fora daquilo que o produz, quer se trate de fato natural, quer de ato jurídico", *Conteúdo e efeitos da sentença: variações sobre o tema*, ob. cit., p. 205. De igual modo, OVÍDIO B. DA SILVA, para quem: "Os efeitos hão de ser, por definição, exteriores ao ato que os produz, à medida que, até mesmo, o pressupõe existente e capaz de produzi-los, vale dizer, eficaz", *Curso de processo civil*, ob. cit., v. I, p. 461.

está no conteúdo da sentença, é a causa[9] dos possíveis efeitos que, originados de seu conteúdo, se projetam e se manifestam fora da mesma sentença, mas com ela não se confundem.[10] Em consequência, o conteúdo da sentença, por ser causa, é maior que os efeitos por ela produzidos,[11] isto é, uma sentença pode conter diversas eficácias e produzir, por via de consequência, efeitos também diversos, que podem ocorrer ou não, *e. g.*, de acordo com a doutrina majoritária, a sentença condenatória[12] se caracteriza pela declaração de existência de uma prestação e por consequente imposição de uma sanção estabelecida na lei, em virtude do ato ilícito cometido pela outra parte, pertencendo estas duas eficácias ao conteúdo da sentença. Este conteúdo, por sua vez, produz, entre outros possíveis efeitos, o executivo, que consiste na criação de um título, pois ainda predomina o princípio *nulla executio sine titulo*, porém, que pode não se produzir, uma vez que o vencedor não realize a pretensão executiva. Teremos, por tanto, dois momentos distintos na sentença condenatória: o primeiro constituído por seu conteúdo (*rectius*, declaração de culpa + imposição de uma sanção legal), e o segundo, constituído por seu efeito executivo que, apesar de haver nascido do conteúdo, se projeta fora da sentença condenatória.[13]

Em segundo lugar, também devemos precisar a essência da eficácia para diferenciá-la dos possíveis efeitos produzidos a partir do conteúdo da sentença. A eficácia é o elemento através do qual o conteúdo de uma sentença se diferencia de outros conteúdos, é o componente que qualifica seu conteúdo e permite, por exemplo, distinguir uma sentença constitutiva de uma condenatória, ou uma sentença declarativa de uma constitutiva, e assim sucessivamente. Por isso, a eficácia é o elemento central do conteúdo da sentença, sua *"energia"*, que está representada pelos diferentes *"verbos"* existentes nos conteúdos das sentenças,[14] e

---

[9] A palavra *causa*, dentro das diversas acepções descritas por ARISTÓTELES, é empregada no sentido de "entidad", de "esencia", *Metafísica*. Trad. Tomás Calvo Martínez. Madrid: Gredos, 2000, L. I, nº 983a-25, p. 67, e significa, nas palavras do autor, "aquello de-lo-cual se hace algo, siendo aquello inmanente <en esto>", *Metafísica*, ob. cit., L. V, nº 1013a-25, p. 195.

[10] Daí afirma BARBOSA MOREIRA, que: "Conteúdo e efeito são verdadeiramente entidades inconfundíveis. Aquilo que integra o ato não resulta dele; aquilo que dele resulta não o integra", *Conteúdo e efeitos da sentença: variações sobre o tema*, ob. cit., p. 206.

[11][10] Esta ideia tem sua origem a partir da afirmação de ARISTÓTELES, segundo a qual "<es mayor> lo que es principio que lo que no es principio y lo que es causa que lo que no es causa; porque sin causa ni principio es imposible existir o llegar a ser", *Retórica*, Trad. Quintín Racionero. Madrid: Gredos, 2000, L. I, nº 1364a-10, p. 92.

[12] Sobre este particular, consultar DARCI G. RIBEIRO, *La pretensión procesal y la tutela judicial efectiva*, ob. cit., nº 9.5.3.1.3, p. 182 a 186.

[13] No mesmo sentido, LORCA NAVARRETE, quando afirma: "Dos son los momentos que pueden distinguirse en este tipo de pretensión declarativa: 'la declaración de condena' por parte del órgano jurisdiccional civil en la sentencia y 'la ejecución de ésta' cuando el condenado no cumple", *Introducción al derecho procesal*. Madrid: Tecnos, 1991, tema IV, nº 2, p. 90. Igualmente LIEBMAN, *Manuale di diritto processuale civile*. Milano: Giuffrè, 1984, t. I, nº 84, p. 162 e 163; e BARBOSA MOREIRA, *Conteúdo e efeitos da sentença: variações sobre o tema*, ob. cit., p. 206.

[14] A ideia é de OVÍDIO B. DA SILVA, *Curso de processo civil*, ob. cit., v. I, p. 463 e ss. Sobre o tema o autor afirma, acertadamente, que: "Se quisermos saber se o verbo ordenar (ordeno) integra o conteúdo da sentença mandamental, é simples: basta retirá-lo e verificar se a sentença em si mesma permaneceu imodificada. É óbvio que ela só é mandamental por 'conter' a ordem em seu 'conteúdo'", *Curso de processo civil*, ob. cit., v. I, p. 464;

indica, de acordo com Ovídio B. da Silva, "mais do que a validade, ou a pura aptidão para ser eficaz, perante seus destinatários, indica a qualidade do 'ser eficaz', porque não se diz simplesmente que tal sentença tem eficácia, e sim que tem esta ou aquela eficácia, que ela é declaratória, constitutiva etc.".[15] Deste modo, podemos concluir dizendo que enquanto as eficácias estão caracterizadas pelos verbos específicos que traduzem as peculiaridades de cada um deles dentro do conteúdo das sentenças, os efeitos estão fora do conteúdo das sentenças, já que são *posterius* com relação às eficácias, algo externo que se projetam a partir delas. Daí que as eficácias sejam os *comandos*, por assim dizer, geradores dos possíveis efeitos, e por tanto, a existência de uma eficácia, por exemplo, mandamental (ordem) produz o efeito mandamental que está caracterizado pela expedição do mandado, porém, pode ocorrer que este efeito jamais se produza, basta pensar nas hipóteses de que este mandato não seja expedido. De forma idêntica ocorre com a eficácia executiva, anteriormente analisada, que está dentro do conteúdo de uma sentença condenatória e produz como consequência natural o efeito executivo caracterizado na *vis executiva* (hoje realizada através da fase do cumprimento de sentença, art. 475-I e ss. do CPC), que pode não se produzir, vez que o vencedor pode não se utilizar da fase do cumprimento de sentença, e assim sucessivamente com todos os demais efeitos nascidos das respectivas eficácias.

Parte da doutrina processual moderna ainda classifica as diversas pretensões processuais (*rectius*, ações processuais) como se o conteúdo de cada uma delas tivesse somente uma eficácia, *v. g.*, a pretensão é declarativa porque contém uma eficácia declarativa. Porém, o certo é que, na realidade, como indicamos, os conteúdos das pretensões e das sentenças sugerem conter em si mais de uma eficácia[16]. A partir daí, Pontes de Miranda afirmou categoricamente que: "Não há

---

ou então: "se a sentença fosse apenas declaratória em seu 'conteúdo', não poderia estar o verbo condenar (condeno). Se retirássemos dela o verbo 'condenar', a sentença continuaria condenatória ou, tendo ficado reduzida à declaração de que o réu era responsável por indenização, deixaria de ser condenatória para ser simplesmente declaratória (art. 4° do CPC)? Certamente a perda do verbo 'condenar', significaria redução de seu 'conteúdo' ou de sua eficácia", *Curso de processo civil*, ob. cit., v. I, p. 463 e 464.

[15] *Curso de processo civil*, ob. cit., v. I, p. 463.

[16] Neste sentido GUASP, quando afirma que: "La relatividad jurídica de los tipos de acción, complemento de la relatividad de la acción en general, como ha demostrado Calamandrei, se corrobora pensando en la posibilidad de que la función de cada uno de estos tipos se obtenga a través de la estructura, más o menos forzada, de los otros; así, por no citar sino el caso más significativo, la función de la acción declarativa, a través de la acción de jactancia: acción de condena, que tendía a obtener no una mera declaración, sino una verdadera imposición judicial", *La Pretensión procesal*. Madrid: Civitas, 1985, p. 79, nota 79, e também nos *Estudios Jurídicos*, Madrid: Civitas, 1996, n° 20, p. 606 e 607, nota 79; SENTÍS MELENDO, ao dizer: "No hay sentencias totalmente declarativas, como no las hay totalmente de condena; se trata, por regla general, de un pronunciamiento mixto o promiscuo", *Acción y pretensión*. In: Revista de Derecho Procesal Iberoamericana, 1967, n° 11, p. 39; PRIETO-CASTRO, quando afirma que na ação constitutiva "el 'efecto' de la sentencia es doble. De un lado, declara el derecho del actor al cambio jurídico, como en las otras sentencias; pero contemporáneamente provoca aquél, con la constitución, modificación o extinción", e também quando assevera que: "En sí, la sentencia constitutiva se basta y sobra para la finalidad a que tiende, no siendo precisa la 'ejecución'. Pero no excluye la necesidad de realizar actos consecuenciales que no tienen carácter ejecutivo, sino más bien de acreditamiento, de constancia y publicidad del cambio ocurrido (v. gr., inscripción de la separación de los cónyuges y de los bienes en el Registro, artículos 82 y 1437 Cód. Civ; del cambio de propietario en el de la Propiedad, por virtud del retracto, mandamientos y notificaciones a otros organismos, etc.)", *Acciones y sentencias constitutivas*. In: Trabajos y

nenhuma ação, nenhuma sentença, que seja pura".[17] Sem ser tão radical, podemos concluir que as pretensões e, em consequência, as sentenças são híbridas, ou seja, geralmente possuem mais de uma eficácia. E se as pretensões e as sentenças possuem mais de uma eficácia, qual é o critério mais adequado para classificá-las? Cremos que o critério mais adequado, por uma questão lógica e metodológica, é o que toma por base a *eficácia preponderante* entre todas as demais eficácias contidas dentro da declaração petitória do autor, é a *"eficácia maior"*[18] a que empresta seu nome à pretensão ou à sentença,[19] ou mais especificamente: a *eficácia preponderante* é uma consequência natural do que realmente o autor pede.

A classificação que toma por base só a "specie e alla natura del provvedimento che viene domandado", como se fosse "l'unica classificazione legittima",[20] tem sido bastante criticada,[21] pois "cuando los conceptos dogmáticos empiezam

---

Orientaciones de Derecho Procesal, Madrid: Revista de Derecho Privado, 1964, nº 7, p. 139; e W. GOLDSCHMIDT, *Guerra, duelo y proceso*. In: Revista de Estudios Políticos, ano X, v. XXXIV, nº 54, p. 80.

[17] *Tratado das ações*, ob. cit., t. I, §26, p. 124.

[18] PONTES DE MIRANDA, *Tratado das ações*, ob. cit., t. I, §26, p. 124. Para o autor: "'Não há outro meio científico, de classificar as sentenças, que por sua fôrça', pesando-se-lhes, por bem dizer, a eficácia (fôrça e efeitos)", ob. cit., t. I, § 32, p. 162.

[19] A classificação das sentenças a partir da eficácia preponderante é defendida por LANGHEINEKEN, apud CLÓVIS DO COUTO E SILVA, *A teoria das ações em Pontes de Miranda*. In: Ajuris, nº 43, p. 75; PONTES DE MIRANDA, *Tratado das ações*, ob. cit., t. I, § 25 e ss, p. 117 e ss, BARBOSA MOREIRA, *A sentença mandamental. Da Alemanha ao Brasil*. In: Repro, nº 97, p. 255, nota 20; OVÍDIO B. DA SILVA, *Curso de processo civil*, ob. cit., v. I, p. 152; ATHOS GUSMÃO CARNEIRO, *Da antecipação de tutela no processo civil*. Rio de Janeiro: Forense, 1999, nº 31, p. 39 e CARLOS A. A. OLIVEIRA, em que pese o autor não negar a eficácia preponderante, prefere o mesmo utilizar a classificação com base nas 'formas de tutela jurisdicional', *Teoria e prática da tutela jurisdicional*, Rio de Janeiro: Forense, 2008, nº 27, p. 137 a 140, entre outros autores.

[20] LIEBMAN, *Manuale di diritto processuale civile*, ob. cit., t. I, nº 76, p. 143. O autor considera que *"l'unica classificazione legittima"* é aquela que toma por base *"le azioni di cognizione; le azioni esecutive; le azione cautelari"*, ob. cit., t. I, nº 76, p. 143 e 144. Esta teoria, bastante difundida, que classifica a tutela cautelar como um *tertium genus*, encontra em CALAMANDREI, seu opositor mais conhecido, uma crítica bastante acertada, segundo a qual "las providencias cautelares no constituyen un 'tertium genus', que se pueda contraponer en el mismo plano lógico a las providencias de cognición y a las de ejecución, de modo que, al calificar una providencia como 'cautelar', se excluya con esto que la misma sea declarativa o ejecutiva; sino que constituyen una categoría formada a base de un carácter de diferenciación, que es diverso del carácter por el cual las providencias de cognición se distinguen de las de ejecución, por lo que la calificación de cautelar dada a las providencias de este grupo no excluye que cada una de ellas pueda, a base de un criterio diverso de clasificación, aparecer como perteneciente a las providencias de cognición o a las de ejecución. Quien, sin esta necesaria advertencia, quisiera hacer una división tripartita de las providencias jurisdiccionales en declarativas, ejecutivas, y cautelares, haría una clasificación ilusoria por heterogeneidad de los términos, como quien dijera, por ejemplo, que los seres humanos se dividen en hombres, mujeres y europeos", *La sentencia declarativa de quiebra como providencia cautelar*. In: Introducción al estudio sistemático de las providencias cautelares. Trad. Santiago Sentís Melendo. Buenos Aires: Editorial Bibliográfica Argentina, 1945, apéndice II, p. 191. Com uma crítica mais ampla e contundente COMOGLIO que censura não só a cautelar como um *tertium genus* senão principalmente a classificação das tutelas que tomam por base o "'tipo di giudizio instaurabile' (ad es., di cognizione, conservativo od esecutivo, come si esprime l'art. 2943 c.c.)", *Note riepilogative su azione e forme di tutela, nell'ottica della domanda giudiziale*. In: Riv. Dir. Proc., 1993, nº 2, p. 489.

[21] Entre as diversas críticas, convém mencionar, por sua profundidade, as realizadas por OVÍDIO B. DA SILVA, quando o mesmo afirma que: "O equívoco que tem levado os juristas a afirmar que a única classificação legítima, do ponto de vista da ciência processual, seria aquela que distingue as ações e sentenças por suas respectivas cargas de eficácia, decorre da suposição de que a separação entre o chamado 'processo de conhecimento' e o processo de execução seja um fenômeno apenas processual e que nada tenha a ver com o direito material de que o processo se ocupe; supondo-se que o processualista, e o legislador, sejam soberanos absolutos

a predominar en la ciencia puede predecirse la rápida decadencia de la misma. Dogma y ciencia son – por esencia – contradictorios".[22] Do nosso ponto de vista, esta classificação não é adequada – não utilizamos a expressão *ilegítima*, porque consideramos todas as formas de classificação, como mínimo, legítimas desde sua perspectiva. Basicamente os autores partem do binômio cognição-execução para classificar os diversos tipos de tutela jurisdicional.[23] Porém, o certo é que estas duas atividades, conhecer e executar, por questões de ordem socioeconômica podem, em algumas situações, estar juntas, sendo inclusive impensável separá-las, como ocorre, por exemplo, na tutela cautelar,[24] no despejo,[25] etc.[26] A relatividade desse binômio, cognição-execução, já foi apontada pelo próprio Liebman, quando disse: "As duas atividades distintas de 'conhecer' e 'executar' podem reunir-se e misturar-se em único procedimento, examinando-se e resolvendo-se as dúvidas e as questões à medida que surgirem: ou podem separar-se e suceder-se numa ordem nem sempre fixa e invariável. O direito vigente deu a estes problemas soluções

---

neste domínio, podendo fazer e desfazer as coisas, criando ou extinguindo ações condenatórias ou executivas ou declaratórias; ou transformando-as de uma categoria em outra. (...) Jamais poderá o legislador do processo mudar a natureza constitutiva de uma ação de separação judicial, ou de anulação ou rescisão de um contrato", *Curso de processo civil*, ob. cit., v. I, p. 149.0

[22] BENABENTOS na obra *Teoría general unitaria del derecho procesal*, Rosario: Juris, cap. II, nº 5, p. 97.

[23] O fato de a lei 11.232, de 22 de dezembro de 2005, ter alterado a concepção tradicional sobre este binômio que exigia uma execução *ex intervallo*, não significa que o mesmo tenha, atualmente, desaparecido. O que ocorre é que o credor, ao invés de propor uma demanda executiva autônoma, deverá *requerer*, dentro da mesma relação processual, conforme *caput* do art. 475-J, do CPC, o cumprimento da sentença. Essa alteração legislativa produziu escassos resultados práticos na vida dos operadores do direito, pois, como acertadamente evidencia ARAKEN DE ASSIS ainda existe "*actio judicati* do art. 475-I, *caput*, c/c art. 475-J", *Cumprimento da sentença*, Rio de Janeiro: Forense, 2006, nº 10, p. 26. Também DANIEL MITIDIERO, com grande propriedade, aponta a insignificância da reforma através da advertência de Pontes de Miranda, para quem "o valor da dicotomia 'procedimento de cognição, procedimento de execução', no plano teórico e no prático, é quase nenhum", *A nova execução*. Coord. Carlos A. A. Oliveira, Rio de Janeiro: Forense, 2006, p. 2. Por isso ainda podemos considerar válida, senão em termos absolutos ao menos relativo, a crítica feita por THEODORO JÚNIOR quando o mesmo disse que: "Embora o que queira de fato o credor seja a concretização efetiva de seu direito, só não é possível, por exemplo, o autor de uma ação de indenização pedir desde logo a condenação do devedor ao pagamento do prejuízo, com a cominação de penhora e praceamento de bens e conseqüente pagamento do que lhe é devido, porque teima em prevalecer o dogma de que o processo de conhecimento e o processo de execução são atividades distintas e que só devem ser tratadas em relações processuais diversas", *A execução de sentença e a garantia do devido processo legal*, Rio de Janeiro: Aide, 1987, p. 237.

[24] Neste sentido LIEBMAN, ao dizer: "Nella tutela cautelare non si può perciò distinguere una fase di cognizione ed un'altra di esecuzione; essa si svolge in ogni caso attraverso un procedimento unitario, in cui si trovano congiunte ed eventualmente frammiste le attività di diversa indole che, a seconda dei casi, concorrono a conseguire la piena attuazione della cautela", *Manuale di diritto processuale civile*, ob. cit., t. I, nº 96, p. 195.

[25] Sobre o tema, PÉREZ-CRUZ MARTÍN quando afirma: "Por lo que respecta a la ejecución de la sentencia dictada en juicio de desahucio hemos de recordar que, conforme dispone los arts. 1596 de la L.E.Cv., la sentencia dictada en dicho procedimiento cuando declare haber lugar al desahucio se ejecutara en cuanto al lanzamiento del demandado, previo apercibimiento del desalojo, en los plazos (...)", *El desahucio arrendaticio urbano. Aspectos sustantivos y procesales*, Oviedo: Forum, 1999, p. 120.

[26] Sobre este aspecto, afirma acertadamente VERDE que "nel caso del contratto preliminare si è ottenuto costruendo una fattispecie legale che ha fuso i due momenti, qui si deve attuare riconoscendo l'inevitabile interconnessione tra cognizione ed esecuzione", *Attualità del principio 'nulla executio sine titulo'*. In: Riv. Dir. Proc., 1999, nº 4, p. 987.

que são o resultado de longa e interessante evolução histórica".[27] De igual modo, Fabrício destaca: "é ao direito legislado que, sensível inclusive a razões de conveniência socioeconômica, cabe prover sobre a necessidade ou não, com respeito a determinada pretensão de direito material, de manter ou suprimir a dicotomia cognição-execução".[28]

Deste modo, quando existirem pretensões que se realizem (*rectius*, produzem transformações no mundo dos fatos) dentro da mesma relação processual sem necessidade de outra relação processual futura, a classificação que toma por base o binômio cognição-execução é inadequada, já que não explica de maneira coerente nem as características nem a função que estas pretensões devem ocupar dentro do ordenamento jurídico. Além do mais, podemos acrescentar que esta classificação comete o equívoco, antes apontado, de considerar o conteúdo das pretensões e das sentenças como se cada uma delas tivesse somente uma eficácia.

Do que foi dito, conclui-se claramente que a classificação mais adequada às novas demandas de uma sociedade pós-moderna, cada vez mais preocupada com a efetividade de seus direitos, é aquela que parte da natureza híbrida das sentenças e adota, como critério mais seguro, a eficácia preponderante entre todas as demais eficácias contidas dentro da pretensão processual, independente do binômio cognição-execução. E isso deve ser assim, pois, como indica Comoglio, ao criticar as diversas classificações denominadas tradicionais, "è ormai inevitabile la necessita di ricorrere ad altri parametri classificatori, i quali tengano conto dei possibili 'risultati' del processo, in rapporto a quelle 'forme di tutela', che rappresentano l'oggetto variabile' della 1domanda giurisdizionale".[29]

2. Direitos potestativos

Como bem demonstrou Chiovenda, os direitos subjetivos se dividem em duas grandes categorias: direitos a uma *prestação* e direitos *potestativos*.[30] Estes

---

[27] *Processo de execução*, São Paulo: Saraiva, 1946, nº 5, p. 24. É bastante conhecida a tese de MANDRIOLI, segundo a qual uma das características da tutela constitutiva "è la massima concentrazione formale tra il momento della cognizione e il momento esecutivo", *L'azione esecutiva*, Milano: Giuffrè, 1955, nº 121, p. 618.

[28] *Comentários ao código de processo civil*, Rio de Janeiro: Forense, 1980, v. VIII, t. III, p. 36. Esta realidade pôde ser percebida no direito brasileiro com a aprovação da Lei 8.952, de 1994, que reformou o art. 461 do CPC, e trata das obrigações de fazer ou não fazer, bem como a Lei 10.444, de 2002, art. 461-A do CPC, que trata das obrigações para entrega de coisa. Seguindo a opinião de ZAVASCKI, a primeira ação era "tradicionalmente condenatória e sujeita, por isso mesmo, a posterior execução autônoma", porém, "a partir da reforma de 1994, assumiu, em grande número de casos, característica de típica ação executiva 'lato sensu' ou mandamental, conforme se verá, reunindo, em procedimento unificado, cognição e execução", *Antecipação da tutela*, São Paulo: Saraiva, 1997, p. 13.

[29] *Note riepilogative su azione e forme di tutela, nell'ottica della domanda giudiziale*. In: Riv. Dir. Proc., 1993, nº 2, p. 489.

[30] *Istituzioni di diritto processuale civile*, Napoli: Eugenio Jovene, 1960, v. I, nº 4, p. 12.

também são conhecidos como direitos formativos[31] e se diferenciam substancialmente daqueles que se dividem em direitos absolutos e relativos.[32]

Entre as inúmeras definições de direito formativo destacamos o conceito precursor de Chiovenda para quem direito potestativo significa o "poder del titular del derecho, de producir, mediante una manifestación de voluntad, un efecto jurídico en el cual tiene interés, o la cesación de un estado jurídico desventajoso; y esto frente a una persona, o varias, que no están obligadas a ninguna prestación respecto de él, sino que están solamente 'sujetas', de manera que no pueden sustraerse a él, al efecto jurídico producido".[33] Ou como quer Zafra Valverde: "el derecho potestativo supone la posibilidad subjetiva, en su titular, de producir, mediante una conducta propia, la creación, la modificación o la extinción de una situación jurídica".[34] Aqui o titular de direito tem, por sua própria vontade, o poder de produzir um efeito jurídico na esfera de outro, criando, modificando ou extinguindo uma situação jurídica. Tal efeito jurídico, para que se produza, não está condicionado ao comportamento do sujeito passivo, que deve simplesmente ser submisso, nem tão pouco pode ser impedido por sua oposição, de maneira que para alcançar o objeto de sua vontade o titular do direito potestativo não necessita exigir do obrigado um fazer ou não fazer. Com isso, uma das principais características dos direitos potestativos é o estado de *sujeição* que o seu exercício cria para outra ou outras pessoas, independentemente ou até contra sua vontade. Como esclarece Agnelo Amorim, "no máximo a pessoa que sofre a *sujeição* pode, em algumas hipóteses, se opor a que o ato seja realizado de determinada forma, mas nesse caso o titular do direito pode exercê-lo por outra forma".[35]

Existem diversas formas de exercício dos direitos potestativos. O autor que melhor as identificou foi Agnelo Amorim, quando disse:

---

[31] Sobre a teoria dos direitos potestativos consultar por todos CHIOVENDA, *La acción en el sistema de los derechos*, ob. cit., p. 29 a 39 e também na obra, *Istituzioni di diritto processuale civile*, ob. cit., v. I, nº 4, p. 13 e ss; SANTI ROMANO, *Fragmentos de un diccionario jurídico*. Trad. Santiago Santís Melendo e Marino Ayerra Redín. Buenos Aires: Ejea, 1964, p. 304 e ss, PARÁ FILHO, Tomás. *Estudo sobre a sentença constitutiva*, São Paulo: Obelisco, 1973; LEMOS FILHO, Flávio P. *Direito potestativo*. Rio de Janeiro: Lumen Juris, 1999, e AMORIM FILHO, Agnelo, *As ações constitutivas e os direitos potestativos*. In: Revista Forense, v. 216, p. 23 e ss, e também no artigo *Critério científico para distinguir a prescrição da decadência e para identificar as ações imprescritíveis*. In: Revista dos Tribunais, edição histórica, dezembro de 2009, p. 474 e ss. Há autores, como VON THUR, que preferem utilizar o nome "*derechos secundarios*", *Derecho civil*. Trad. Tito Ravá. Madrid: Marcial Pons, 1998, § 7, p. 164. Em minha opinião, esta expressão não é adequada porque não representa o conteúdo dos direitos potestativos, mas, simplesmente, se contrapõe à existência de uma relação jurídica primária que é anterior.

[32] Para identificar melhor as características de cada uma das espécies de direito, consultar DARCI G. RIBEIRO, *La pretensión procesal y la tutela judicial efectiva*, ob. cit., nº 4.2.2.1 a 4.2.2.3, p. 58 a 62.

[33] *La acción en el sistema de los derechos*, ob. cit., p. 31.

[34] *Sentença constitutiva e sentença dispositiva*, Madrid: Rialp, 1962, p. 40. De igual modo, ENNECCERUS, L; KIPP, T.; WOLFF, M. *Tratado de derecho civil*. Trad. Hans Carl Nipperdeg. Barcelona: Bosch, 1953, t. I, v. II, §222, p. 962; SANTI ROMANO, *Fragmentos de un diccionario jurídico*, ob. cit., p. 304 y 305; PONTES DE MIRANDA, *Tratado das ações*, ob. cit., t. I, §4, p. 40; VON THUR, *Derecho civil*, ob. cit., § 7, p. 165 e LOURIVAL VILANOVA, *Causalidade e relação no direito*, São Paulo: Saraiva, 1989, p. 155.

[35] *Critério científico para distinguir a prescrição da decadência e para identificar as ações imprescritíveis*, ob. cit., 475.

a) em alguns casos o titular do direito potestativo só pode alcançar o objetivo (criação, modificação ou extinção da relação jurídica), por meio de uma ação constitutiva; b) outras vezes, o uso da ação é facultativo: dispensa-se quando o sujeito passivo concorda em que a criação, modificação ou extinção se faça por meio de ato jurídico extra-judicial e bilateral: c) há um terceiro grupo de direitos potestativos que são exercitáveis por meio de *exceções substanciais*; finalmente, aqueles direitos potestativos que não comportam, em hipótese alguma, exercício por via judicial.[36]

Dentro destas quatro categorias de exercício dos direitos potestativos, convém destacar três. Na hipótese (*a*), a ação, por determinação da lei, é obrigatória para o exercício do direito potestativo que não pode prosperar sem o uso daquela, e a razão é simples, já que visa a dar maior segurança para determinadas situações jurídicas que estendem seus reflexos na ordem jurídica, como sói acontecer no direito que qualquer dos cônjuges tem de invalidar os casamentos nulos ou anuláveis, bem como o direito que assiste ao pai de contestar a legitimidade do filho de sua mulher, etc. Na segunda hipótese (b), em não havendo concordância, o titular do direito potestativo pode utilizar a via judicial para exercitá-lo. Aqui a via judicial funciona subsidiariamente. São exemplos desta forma de exercício o direito que o condômino tem de dividir a coisa comum, o direito que tem o doador de revogar a doação, etc. Na terceira hipótese (d), o uso da via judicial para o exercício do direito potestativo se mostra totalmente dispensável, como ocorre no caso da aceitação da herança, da aceitação da oferta para dar vida a um contrato, revogação do mandato, etc.

Em consequência, nos direitos potestativos não existe pretensão, porque o titular do direito não necessita exigir do obrigado qualquer comportamento positivo ou negativo para obter a satisfação de seu direito, bastando para isso somente sua vontade.[37] Aqui estamos diante de um caso em que mesmo não havendo pretensão material haverá ação material, porque para que o efeito jurídico se produza o titular do direito deverá, por sua própria vontade, *agere*.[38]

3. Sentença constitutiva

3.1. Conteúdo e direitos potestativos

As sentenças constitutivas[39] são aquelas que sem se limitar a simples declaração de uma relação jurídica, e sem estabelecer uma condenação ao cumpri-

---

[36] *As ações constitutivas e os direitos potestativos*, ob. cit., p. 23.

[37] Assim ZAFRA VALVERDE, *Sentencia constitutiva y sentencia dispositiva*, ob. cit., p. 30; VON THUR, *Derecho civil*, ob. cit., §15, p. 250; ENNECCERUS, L; KIPP, T.; WOLFF, M. *Tratado de derecho civil*, ob. cit., t. I, v. II, §222, p. 962; CHIOVENDA, *Istituzioni di diritto processuale civile*, ob. cit., v. I, n° 4, p. 11 y ss; LOURIVAL VILANOVA, *Causalidade e relação no direito*, ob. cit., p. 155; CLÓVIS DO COUTO E SILVA, *A teoria da ações em Pontes de Miranda*, ob. cit., p. 73, nota 8; FREDIE DIDIER, *Sentença constitutiva e execução forçada*. In: Revista da Faculdade de Direito da Universidade de Lisboa, v. XLIX, n°1 e 2, p. 314 e 315; e PONTES DE MIRANDA, *Tratado das ações*, ob. cit., t. I, §24, p. 115. Se bem que este último autor apresenta contradição em seu pensamento porque em uma passagem de seu livro sustenta que existe pretensão nos direitos potestativos, ob. cit., §5, p. 50.

[38] Neste sentido, PONTES DE MIRANDA, *Tratado das ações*, ob. cit., t. I, §24, p. 115.

[39] Para aprofundar melhor o estudo das origens dessa sentença, consultar ZAFRA VALVERDE, *Sentencia constitutiva y sentencia dispositiva*, ob. cit., p. 89 e ss; CHIOVENDA, *La acción en el sistema de los derechos*,

mento de uma obrigação, criam, modificam ou extinguem um estado jurídico.[40] O essencial neste tipo de sentença é, segundo Chiovenda, "la produzione di uno stato giuridico che prima della sentenza non era".[41]

De forma idêntica às sentenças declaratórias, as constitutivas apresentam a peculiaridade fenomênica de consumir-se em si mesma, ou seja, se esgotam no mundo normativo do *dever ser*,[42] não necessitando nenhuma outra decisão juris-dicional para realizar-se.[43]

---

ob. cit., n° 13, p. 37 e ss, especialmente nota 118, p. 151 e ss; PARÁ FILHO, Tomás. *Estudo sobre a sentença constitutiva*, especialmente Cap IV e VII, p. 51 a 55 e 75 a 111. CLÓVIS DO COUTO E SILVA, *A teoria das ações em Pontes de Miranda*, ob. cit., p. 72 e ss; e PRIETO-CASTRO, *Acciones y sentencias constitutivas*. In: Trabajos y Orientaciones de Derecho Procesal, ob. cit., p. 126, nota 1.

[40] Para ZAFRA VALVERDE que escreveu um dos melhores estudos sobre o tema, a sentença constitutiva, por ele denominada *'constitución procesal sustancial'*, indica o "fenómeno de formalización o desformalización jurídica, relativo al orden de las situaciones jurídicas materiales, que, siendo directamente provocado por el acto de voluntad estatal contenido en una sentencia, da sustantividad independiente a una forma particular de la función procesal declarativa, por cuanto realiza plenamente un modo de la tutela jurisdiccional de intereses subjetivos", *Sentencia constitutiva y sentencia dispositiva*, ob. cit., p. 79. No direito italiano esta modalidade de sentença está prevista no art. 2908 do Cód. Civ., segundo o qual: *"'Effetti costitutivi delle sentenze'. Nei casi previsti dalla legge, l'autorità giudiziaria può costituire, modificare o estinguere rapporti giuridici, con effetto tra le parti, i loro eredi o aventi causa"*.

[41] *Istituzioni di diritto processuale civile*, ob. cit., v. I, n° 53, p. 172. De igual modo, GUASP, para quem a característica destas pretensões consistem "en que lo que pide la parte al órgano jurisdiccional es que la decla-ración de voluntad de este último produzca un estado jurídico que antes no existía en la situación o conjunto de situaciones a que la pretensión se refiere", *Comentarios a la ley de enjuiciamiento civil*, Madrid: Aguilar, 1943, t. I, p. 344; PRIETO-CASTRO, quando afirma que através destas pretensões se declara la existência dos pressupostos legais para que "se produzca la nueva situación jurídica predeterminada en ley", *Acciones y sentencias constitutivas*, ob. cit., p. 127; e também na obra *Derecho procesal civil*, Madrid: Tecnos, 1989, n° 70, p. 109; e STEFAN LEIBLE, ao dizer que as pretensões constitutivas (*Gestaltungsklagen*) "están dirigidas a la inmediata creación de una modificación jurídica" *Proceso civil alemán*. Trad. Rodolfo E. Witthaus. Medelín: Diké, 1999, p. 173. Desde uma perspectiva monista é possível afirmar como fez RAMOS MÉNDEZ, que "en las acciones constitutivas no existe ningún derecho material preexistente, pues precisamente lo que se pretende es la creación de un nuevo estado no existente. Esta crítica también se puede superar, puesto que incluso en las acciones constitutivas las teorías dualistas han tratado de identificar la preexistencia de un derecho a la modificación jurídica. Ni que decir tiene que, si se adopta una perspectiva monista, todas las sentencias son constitutivas, esto es, creadoras del derecho en cada caso", *Enjuiciamiento civil*, Barcelona: Bosch, 1997, t. I, n° 12.2.1, p. 230. Daí concluir o autor que "el significado de la sentencia en el ámbito del ordenamiento jurídico es siempre, en mi opinión, la creación del derecho, esto es, el clásico efecto constitutivo", *Enjuiciamiento civil*, ob. cit., t. I, n° 23.10, p. 477.

[42] Em sentido contrário, W. GOLDSCHMIDT, quando afirma que "las acciones constitutivas, si bien recla-man, en primer lugar, una mera transformación en el sistema normativo – por ejemplo, disolución del vínculo matrimonial –, en último lugar tienden hacia análoga transformación del mundo material – por ejemplo, pago de alimentos, nuevo matrimonio, etcétera. Las acciones declarativas parecen alejarse de nuestros ideales de controversias normativas. Pero inclusive en ellas se encuentra siempre en el fondo el deseo de una reforma del mundo material, hecho que plasma en el requisito de un «interés jurídico» para la fundabilidad de la acción y en la vetusta acción de jactancia de las Partidas, con su condena del jactancioso al «perpetuo silencio»", *Guerra, duelo y proceso*, ob. cit., p. 80. Esta postura do autor, por um lado, merece ser criticada e, por outro, elogiada. Merece censura na medida em que confunde as diversas cargas de eficácias existentes no conteúdo de uma sentença e é digna de elogio quando reconhece mais de uma carga de eficácia no mesmo conteúdo.
Para aprofundar melhor o estudo do mundo do ser e do dever-ser, vide por todos DÍEZ-PICAZO, *Experiencias jurídicas y teoría del derecho*, Barcelona: Ariel, 1993, p. 36 e ss. Sobre este particular, merece destaque o estudo realizado por ENGISCH acerca do 'dualismo metódico' do ser e do dever-ser desde o prisma da concreção do direito, *La idea de concreción en el derecho y en la ciencia jurídica actuales*. Trad. Juan José Gil Cremades. Pamplona: Universidad de Navarra, 1968, cap. IV, n° 3, p. 203 e ss.

As sentenças constitutivas estão ligadas, como bem vimos, aos direitos potestativos,[44] também denominados formativos, e significam o poder que o titular de um direito tem de produzir, mediante uma conduta própria, a criação, modificação ou extinção de uma situação jurídica. A característica essencial destes direitos está no estado de sujeição que o exercício dele cria sobre outra pessoa, independentemente ou inclusive contra sua vontade, que não pode legalmente impedir a realização do direito e que certamente não se confunde com o contraditório.

Se o interessado puder obter a constituição de seu direito independentemente de uma sentença constitutiva, então não existe necessidade da intervenção estatal, e, portanto, não há interesse na tutela jurídica,[45] bastando simplesmente sua declaração unilateral de vontade, como ocorre, por exemplo, nos títulos de crédito,[46] ou na promessa de recompensa.[47]

As pretensões constitutivas podem ser positivas, quando criam uma nova situação jurídica, *e.g.*, na servidão de passagem, na filiação; modificativas, quando trocam o estado jurídico existente, *v.g.*, na incapacidade; e negativas, quando cancelam ou deixam sem efeito um estado jurídico anterior, por exemplo, na resolução de contratos, dissoluções de sociedade, nulidade de matrimônio, etc.[48]

A sentença só é constitutiva porque entre todas as eficácias possíveis compreendidas em seu conteúdo (a eficácia declarativa, da existência dos requisitos previstos na lei para que possa produzir-se a modificação jurídica; a mandamental, contida na ordem do juiz,[49] *e.g.*, para a inscrição da separação dos cônjuges e

---

[43] De acordo com a opinião de PONTES DE MIRANDA: "A sentença só é constitutiva se a decisão do juiz é elemento do suporte fático do exercício do direito formativo", *Tratado das Ações*, ob. cit., t. III, n° 1, p. 10. De igual modo FREDIE DIDIER, porém com a ressalva de que, em verdade, "o que dispensa 'execução' é o direito potestativo reconhecido na sentença constitutiva, e não ela mesma", *Sentença constitutiva e execução forçada*, ob. cit., p. 315.

[44] Sobre este particular consultar por todos CHIOVENDA, *La acción en el sistema de los derechos*, ob. cit., n° 13, p. 37 e ss; e também na obra *Istituzioni di diritto processuale civile*, ob. cit., v. I, n° 52, p. 169. PONTES DE MIRANDA critica a vinculação indiscriminada que Chiovenda realiza entre sentenças constitutivas e direitos potestativos pois, de acordo com o autor, "não há direito formativo, dito potestativo, nas ações de nulidade, na de interdição e em muitas outras", *Tratado das Ações*, ob. cit., t. III, p. 4.

[45] De igual modo, GOLDSCHMIDT, quando afirma que não existe "'necesidad de tutela jurídica' (...) cuando el interesado puede lograrla por sí mismo, es decir, cuando posee un derecho constitutivo de carácter privado", *Derecho procesal civil*. Trad. Catalina Grossmann. Buenos Aires: Depalma, 1959, §15, p. 110 e 111, e CARLOS A. A. OLIVEIRA, *Teoria e prática da tutela jurisdicional*, ob. cit., n° 45, p. 167.

[46] No direito brasileiro esta possibilidade está prevista no art. 905 do Código Civil.

[47] Esta possibilidade está prevista no art. 854 do Código Civil.

[48] A este respeito, merece aprovação o exposto por GUASP, quando afirma: "Realmente la distinción entre los tres grupos señalados no puede llevarse a sus últimos límites; cuando se crea una situación jurídica inexistente se modifica o extingue a la vez una situación jurídica anterior y a la inversa; la sentencia que declara la prodigalidad de una persona supone el nacimiento de una nueva situación jurídica pero al mismo tiempo la extinción de una situación jurídica anterior", *Comentarios a la ley de enjuiciamiento civil*, ob. cit., t. I, p. 345, nota 2. Para aprofundar melhor no estudo dos casos particulares de sentenças constitutivas, consultar por todos, ZAFRA VALVERDE, *Sentencia constitutiva y sentencia dispositiva*, ob. cit., p. 247 e ss.

[49] A este respeito, o art. 755 da LEC española prevê que: "Cuando proceda, las sentencias y demás resoluciones dictadas en los procedimientos a que se refiere este Título se comunicarán de oficio a los Registros Civiles

dos bens no Registro Civil, art. 1.124 do CPC; a executiva, que permite a alteração de um estado jurídico através da execução não forçada; a condenatória, que se encontra na criação tanto do título executivo de condenação em custas, como na criação da via executiva para realizar este título); a eficácia *preponderante* ou em *maior grau* pretendida pela parte é a *modificação jurídica de um estado jurídico*, criando assim, um estado jurídico novo que antes da sentença não existia. Por isso, esta forma de tutela jurisdicional é representada pelo verbo *decretar, resolver, rescindir, revogar, anular* ou outro similar.[50]

Para concluir, convém destacar que toda sentença é intrínseca e objetivamente coercitiva,[51] razão pela qual, em toda sentença constitutiva existe uma

---

para la práctica de los asientos que correspondan. A petición de parte, se comunicarán también a cualquier otro Registro público a los efectos que en cada caso procedan".

[50] De igual modo, OVÍDIO B. DA SILVA, *Curso de processo civil*, ob. cit., v. I, p. 465 e FREDIE DIDIER, para quem "é suficiente que o juiz diga 'anulo', 'rescindo', 'dissolvo', 'resolvo', para que as situações jurídicas desapareçam, se transformem ou surjam", *Sentença constitutiva e execução forçada*, ob. cit., p. 315. Para CHIOVENDA, quando o juiz diz: "*resolvo, rescindo, revogo, anulo*, essas e outras frases não passam de simples frases representativas da eficácia que, 'por lei', tem a 'formulação' da vontade da lei", *Instituições de direito processual civil*. Trad. J. Guimarães Menegale. São Paulo: Saraiva, 1969, n° 52, p. 197.

[51] A este respeito, merece aprovação o exposto por IHERING, quando o mesmo diz que: "La coacción ejercida por el Estado constituye el criterio absoluto del derecho; una regla de derecho desprovista de coacción jurídica es un contrasentido; es un fuego que no quema, una antorcha que no alumbra. Poco importa que esta coacción sea ejercida por el juez (civil o criminal) o por la autoridad administrativa", *El fin en el derecho*. Buenos Aires: Heliasta, 1978, v. I, n° 145, p. 159 e 160. O autor, de maneira correta, se refere à coação e não à sanção, porque a sanção não é um conceito exclusivamente jurídico, enquanto que a coação além de ser um conceito jurídico é também um elemento indispensável para a criação dos direitos subjetivos mediatos (consultar DARCI G. RIBEIRO, *La pretensión procesal y la tutela judicial efectiva*, ob. cit., n° 3.3, p. 49 a 51). De igual modo, KELSEN, para quem: "El orden estatal se diferencia, ante todo, de los demás órdenes sociales, en que es 'coactivo'", *Compendio esquemático de una teoría general del estado*. Trad. Luís Recaséns Siches e Justino de Azcárate Flores. Barcelona: Nuñez y Comp. S. en C., 1927, n° 11, p. 40, vale dizer, "el derecho se distingue de otros órdenes normativos por el hecho de que vincula a conductas determinadas la consecuencia de un acto de coacción", *Teoría pura del derecho*, Trad. Moisés Nilve. Buenos Aires: EUDEBA, 1973, cap. III, n° 3, letra 'c', p. 74. Para KELSEN, "la característica esencial del derecho como un orden coercitivo consiste en establecer un monopolio de la fuerza común", *La paz por medio del derecho*. Trad. Luis Echávarri. Buenos Aires: Losada, 1946, p. 28. Daí que para ele, "el derecho es una técnica de coacción social estrechamente ligada a un orden social que ella tiene por finalidad mantener", *Teoría pura del derecho*, ob. cit.,cap. III, n° 3, letra 'b', p. 74. E o Estado moderno é o modo mais perfeito para garantir a ordem social, exatamente porque "su perfección se debe a la centralización del empleo de la fuerza", *La paz por medio del derecho*, ob. cit., p. 29. Sem lugar para dúvidas, um dos primeiros autores que vinculou o direito à força, à coação foi KANT, (o primeiro foi Christian Thomasius, *Fundamentos de derecho natural y de gentes*. Trad. Salvador Rus Rufino e Maria Asunción Sánchez Manzano. Madrid: Tecnos, 1994, L. I, cap. V, §XXI, p. 216) quando disse: "Si un determinado uso de la libertad misma es un obstáculo a la libertad según leyes universales (es decir, contrario al derecho (unrecht)), entonces la coacción que se le opone, en tanto que 'obstáculo' frente a 'lo que obstaculiza la libertad', concuerda con la libertad según leyes universales; es decir, conforme al derecho (recht): por consiguiente, al derecho está unida a la vez la facultad de coaccionar a quien lo viola, según el principio de contradicción", *La metafísica de las costumbres*. Trad. Adela Cortina Orts e Jesús Conill Sancho. Madrid: Tecnos, 1993, p. 40 e 41 (na edição do original alemão [VI, 231]). Por isso o autor afirma que "derecho y facultad de coaccionar significan, pues, una y la misma cosa", *La metafísica de las costumbres*, ob. cit., p. 42 (na edição do original alemão [VI, 232]). Nesta ordem de ideias, MANDRIOLI, quando afirma que: "La tutela giurisdizionale, nelle sue forme concrete poste dall'ordinamento giuridico, è il mezzo per la realizzazione delle sanzioni, ed è mezzo – fuori dei casi di legittima autotutela – esclusivo e concretamente limitato", *L'azione esecutiva*, ob. cit., n° 27, p. 187. De acordo com MANDRIOLI, a teoria de Chiovenda também poderia ser interpretada neste sentido, na medida em que "la attuazione effettiva della volontà della legge implica già, 'in quanto avviene in via giurisdizionale', la ca-

coação potencial,[52] *v.g.*, a pretensão que constitui uma servidão de passa-

---

ratteristica di realizzarsi indipendentemente dalla volontà della persona che la subisce, ossia mediante coazione (in senso ampio)", *L'azione esecutiva*, ob. cit., n° 109, p. 563. E o autor tem razão na medida em que o próprio CHIOVENDA afirma literalmente que "Con esto la declaración de certeza ha adquirido una importancia por sí propria; es ella misma actuación de derecho, en cuanto, por obra de un órgano público, la voluntad colectiva es, no concretada, como suele decirse inexactamente, sino expresada como voluntad concreta: y en cuanto tal, *la misma ejercita ya por sí un grado más o menos grande de coacción sobre el ánimo del obligado*, tanto que a menudo el mismo basta para determinar el cumplimiento", *La acción en el sistema de los derechos*, ob. cit., p. 54 e 55, nota7. Para entender melhor estas ideias consultar DARCI G. RIBEIRO, *La pretensión procesal y la tutela judicial efectiva*, ob. cit., n° 3.2, p. 39 a 49.

A respeito da força, convém destacar, de acordo com ROUSSEAU, que "el más fuerte no es, sin embargo, lo bastante para ser siempre el amo, si no convierte su fuerza en derecho y la obediencia en deber", *El contrato social*. Trad. María José Villaverde. Madrid: Tecnos, 2000, L. I, cap. III, p. 7.

[52] A coação pode ser *atual* (*exercida*) ou *potencial* (*virtual*). Existirá coação *atual* ou *exercida* quando a sentença produza uma pressão física direta sobre a vontade do obrigado de maneira concreta e real, modificando, segundo PEKELIS, "forzatamente uno stato di fatto", *Il diritto come volontà costante*, Padova: Cedam, 1930, p. 109, como por exemplo, as sentenças nas ações possessórias de manutenção e reintegração de posse. Ao contrário, existirá coação *potencial* ou *virtual* quando a sentença exerça uma pressão psíquica sobre a vontade do obrigado de forma condicional, ou seja, é "la 'posibilidad jurídica de la coacción' en potencia, no en acto", nas palavras de DEL VECCHIO, *Filosofía del derecho*, Trad. Luís Legaz y Lacambra. Barcelona: Bosch, 1969, p. 359, e ocorre, *e. g.*, nas sentenças condenatórias no civil. De igual modo W. GOLDSCHMIDT, quando afirma que nas sentenças judicias, a diferença das arbitrais, "no sólo disponen de coacción psíquica, sino también, y directamente, de coacción física", *Guerra, duelo y proceso*, ob. cit., p. 93. Com base nisso é que HENKEL afirma corretamente que: "Como la forma de actuación del Derecho no consiste en aplicar continuamente la coerción actual, el momento coercitivo que se pone en relación con el Derecho ha de ser entendido, por regla general, como coerción potencial; y ésta, a su vez, no como coerción fácticamente posible, sino como 'coerción jurídicamente posible'", *Introducción a la filosofía del derecho*. Trad. Enrique Gimbernat Ordeig. Madrid: Taurus, 1968, §12, p. 163. O direito está intimamente ligado à coação, seja física ou psíquica, posto que, segundo LOPEZ DE OÑATE, "il diritto non solo si serve della forza per farsi rispettare, ma organizza e prevede tale uso della forza", *Compendio di filosofía del diritto*. Milano: Giuffrè, 1955, §42, p. 181. No mesmo sentido, admitindo como característica do ordenamento jurídico tanto a coação atual como a potencial, KANT, quando afirma: "sólo puede llamarse derecho 'estricto' (restringido) al derecho completamente externo. (...) que se apoya por tanto en el principio de la posibilidad de una coacción exterior, que puede coexistir con la libertad de cada uno según leyes universales", *La metafísica de las costumbres*, ob. cit., p. 41 (na edição do original alemão [VI, 232]); CARNELUTTI, *Teoria generale del diritto*, Roma: Foro Italiano, 1951, n° 13, p. 32 e 33; DEL VECCHIO, *Filosofía del derecho*, ob. cit., p. 359; MIGUEL REALE, porém afirmando que o direito é "'lógicamente coercível', por haver possibilidade ou compatibilidade de execução forçada, e não 'jurídicamente coercível' como se expressa Del Vecchio", *Filosofia do direito*, São Paulo: Saraiva, 1969, v. II, n° 241, p. 600; HART, quando afirma: "dondequiera haya un sistema jurídico es menester que exista alguna persona o cuerpo de personas que emitan órdenes generales respaldadas por amenazas y que esas órdenes sean generalmente obedecidas, y tiene que existir la creencia general de que estas amenazas serán probablemente hechas efectivas en el supuesto de desobediencia", *El concepto de derecho*. Trad. Genaro R. Carrió. México: Editora Nacional, 1980, cap. II, p. 32; LOPEZ DE OÑATE, quando diz: "essa non vuol dire che il diritto si attua 'sempre' per mezzo della coazione, ma semplicemente che è insita al diritto la possibilità di coazione, ossia che il diritto è coercibile", *Compendio di filosofía del diritto*, ob. cit., §42, p. 185; CASTANHEIRA NEVES, que adota as posições dos autores anteriores quando a norma jurídica não exige uma sanção concreta, *Curso de introdução ao estudo do direito*, Coimbra: Coimbra, 1976, p. 22, nota 22; BONSIGNORI, quando afirma que na execução forçosa "la coerzione non significa esclusivamente impiego di forza materiale, ma attività di organi giurisdizionali contro un privato obbligato, per procacciare al credor un bene a lui dovuto", *Esecuzione forzata in genere*. In: *Estratto dal Digesto*. Torino: Utet, 1992, v. VII, p. 8; e, em certo sentido, BOBBIO, que caracteriza o ordenamento jurídico tanto pela existência de sanções negativas como pela existência das sanções positivas, *Contribución a la teoría del derecho*, Trad. Alfonso Ruiz Miguel. Valencia: Fernando Torres, 1980, p. 383 e ss.

Em sentido contrário, admitindo como característica do ordenamento jurídico só a coação atual, KELSEN, quando afirma: "En este sentido, el término coerción no debe confundirse con la coerción en el sentido psicológico de la palabra, es decir, con el hecho de que la idea que los hombres tienen del Derecho es un motivo suficiente o efectivo para obligarlos a comportarse de acuerdo con la ley. En lo que se refiere a esta coerción, el Derecho no difiere de otros órdenes sociales. El orden moral también puede y, en verdad, ejerce coerción en

gem.[53] Aqui, a sentença exerce uma pressão psíquica sobre a vontade do obrigado, através da modificação do estado jurídico anterior, não lhe permitindo que se oponha a passagem do demandante. Nas sentenças constitutivas, a *coação potencial* consiste na *imposição de um estado jurídico novo a quem deve suportá-lo*. Melhor dito, através desta sentença se produz a modificação jurídica de um estado jurídico, onde se cria um estado novo a favor do demandante que antes da sentença não existia, daí que esta exerça uma *pressão psicológica potencial* quebrando assim a vontade do demandado no sentido de impor-lhe esta modificação jurídica.[54] A própria sentença contém em si a alternativa de uma eleição com a exclusão de outras eleições potencialmente possíveis por parte do obrigado, consequentemente o querer volitivo do obrigado, para a realização do direito subjetivo mediato é um elemento a ser desconsiderado.

3.2. Sentença constitutiva e sentença declaratória

Toda sentença constitutiva possui uma eficácia declarativa que consiste na declaração da existência dos requisitos previstos na lei para que se possa produzir a modificação jurídica, e, a partir desta declaração, que é obrigatória, a eficácia constitutiva produz um *quid novi*, uma nova situação jurídica que antes da senten-

---

el sentido psicológico de la palabra sobre aquellos cuyo comportamiento regula", *Introducción a la teoría pura del derecho*, ob. cit., p. 22; e también na obra *Problemas escogidos de la teoría pura del derecho*, ob. cit., cap. III, n° 3, p. 62; PEKELIS, ao dizer que, "solo quella detta 'fisica' è veramente coazione; ne occorre aggiungervi alcun aggettivo. L'altra, la 'coazione' psichica non è veramente coazione: l'aggettivo 'psichico' basta per dimostrarlo", por isso o autor utiliza a palavra "'coazione' solo in un senso proprio; nel senso di un'azione che modifica forzatamente uno stato di fatto. In quanto alle azioni che agendo sulla psiche umana la possono indurre mediante un calcolo di convenienza a determinati atti, le indicheremo col termine 'sanzione'", *Il diritto come volontà costante*, ob. cit., §20, p. 109 e 110; e DABIN, para quem "o la regla está sancionada por la coacción, o no lo está. 'Tertium non datur'. Sólo la coerción efectiva de la respuesta. La <tendencia a la coerción> deja la regla sin coacción, y desde ese momento, y frente a la regla sancionada por la coacción, no es más que una regla de otra especie o, al menos, una regla jurídica imperfecta", *Teoría general del derecho*. Trad. Francisco Javier Osset. Madrid: Revista de Derecho Privado.1955, n° 32, p. 54. Para o autor, a justificação de tal solução é evidente: "se busca defender, de este modo, el concepto de un derecho 'natural' diferente de la regla moral, que se caracterizaría por la simple exigibilidad, independientemente de la intervención de la regla positiva", *Teoría general del derecho*, ob. cit., n° 32, p. 54.

Também em sentido contrário, porém admitindo como característica do ordenamento jurídico só a coação, por nós, denominada 'potencial', DUGUIT, quando afirma: "Or il n'y a pas de puissance au monde qui puisse contraindre directement une volonté à vouloir ou à ne pas vouloir une certaine chose. Donc, en réalité, il n'y a jamais de force contraignante susceptible d'assurer directement l'application de la loi", *Traité de droit constitutionnel,* Paris: Anciennes Maison Thorin, 1923, t. II, §19, p. 205.

[53] Também podemos citar o exemplo bastante frequente trazido por ZAFRA VALVERDE em que "el Juez anula un contrato en la sentencia, actuando una pretensión impugnatoria, por estimar alguna de las causas que provocan la ineficacia relativa de los negocios jurídicos, el demandado se ve afectado por la sentencia en el sentido de perder los derechos que del contrato nacieron a su favor", *Sentencia constitutiva y sentencia dispositiva*, ob. cit., p. 75.

[54] De igual modo, ZAFRA VALVERDE, quando afirma que: "Con la satisfacción positiva de la pretensión de constitución jurídica, el demandado vencido queda sometido a la ineludibilidad de la creación, la modificación o la extinción de una forma jurídica que le afecta. La realidad jurídica que se le impone es esa transformación operada en el mundo del Derecho, cuya existencia es actual y automática, efecto inmediato de la sentencia", *Sentencia constitutiva y sentencia dispositiva*, ob. cit., p. 75.

ça não existia.[55] Daí que a eficácia constitutiva seja uma *quid novi* em relação à eficácia declaratória, e com ela não se confunde, pois, enquanto que as sentenças meramente declaratórias têm por objetivo a eliminação de uma incerteza jurídica através da declaração de existência ou inexistência de uma relação jurídica, a constitutiva se vale da declaração como causa anterior e necessária para produzir, como objetivo, a mudança jurídica.[56] Em consequência, a eficácia declaratória nas sentenças de mera declaração é o fim desejado pelo demandante para eliminar uma incerteza, enquanto que nas sentenças constitutivas é o meio, a causa necessária para que o demandante possa alcançar o fim desejado, que é a modificação jurídica.[57] Além disso, como indica L. Mazeaud "lê jugement déclaratif se borne à reconnaître l'existence d'un droit antérieur", enquanto que "le jugement constitutif crée au contraire un droit".[58] Por isso, os efeitos daquele '*jugement*' são *ex tunc*, e os destes são, habitualmente, *ex nunc*, podendo excepcionalmente produzir efeitos *ex tunc*, ou seja, retroativos.[59]

---

[55] Nesta ordem de ideias, L. MAZEAUD, para quem: "Sans doute le jugement constitutif, en même temps qu'il crée des droits, reconnaît-il des droits préexistants; mais ceux-ci ne servent que de motifs à la création des droits nouveaux", *De la distinction des jugements déclaratifs et des jugements constitutifs de droits*. In: Revue Trimestrielle de Droit Civil, 1929, p. 21; PONTES DE MIRANDA, quando afirma que: "Tôda sentença constitutiva declara, porque não se poderia conceber que a prestação jurisdicional pudesse consistir em modificar o mundo jurídico sem partir do conhecimento dêsse e da afirmação de existir a relação jurídica correspondente ao direito à constituição positiva, modificativa ou extintiva", *Tratado das ações*, ob. cit., t. II, § 29, p. 143; e J. GOLDSCHMIDT, ao dizer que toda sentença constitutiva contém "una declaración de existir el derecho a la acción constitutiva (derecho a exigir la constitución judicial de una situación jurídica)", *Derecho procesal civil*, ob. cit., § 15, p. 111, entre tantos outros autores.

[56] De igual modo, CARNELUTTI, para quem "existe jurisdicción de declaración constitutiva cuando la 'existencia de la situación jurídica declarada judicialmente depende de la declaración judicial', la cual 'es, por lo tanto, un hecho constitutivo de la misma", *Instituciones del nuevo proceso civil italiano*. Trad. Jaime Guasp. Barcelona: Bosch, 1942, v. I, nº 33, p. 55.

[57] Em termos similares, CHIOVENDA, quando afirma que a "sentenza d'accertamento accerta una volontà di legge preesistente e non le tiene dietro altro effetto che la cessazione dell'incertezza del diritto", enquanto que "la sentenza costitutiva accerta una preesistente volontà di legge che tende al mutamento d'un'altra volontà di legge, e le tiene dietro 'questo mutamento stesso'", *Istituzioni di diritto processuale civile*, ob. cit., v. I, nº 52, p. 171.

[58] *De la distinction des jugements déclaratifs et des jugements constitutifs de droits*, ob. cit., p. 23. Analogamente HABSCHEID, *Droit judiciaire privé suisse*, Genève: LÚniversité Georg et Cie S.A, 1981, § 53, p. 333.

[59] Como toda sentença constitutiva cria, modifica ou extingue um estado jurídico, é normal que seus efeitos comecem a contar a partir da firmeza da criação, modificação ou extinção deste estado jurídico (*ex nunc*), pois o novo estado jurídico não deve existir até que seja criado, modificado ou extinto pela sentença. Contudo, existem algumas exceções em que os efeitos da sentença constitutiva retrotraem (*ex tunc*) em três momentos distintos: a) ao momento da origem do fato extraprocessual; b) ao momento da sentença não definitiva; e c) ao momento da demanda. Seguindo a opinião de CHIOVENDA, estes três momentos são: "a) talvolta fino al 'momento della pronuncia' non definitiva (sentenza d'interdizione, art. 328, cod. civ., e analogamente, secondo alcuni, la sentenza d'inabilitazione); b) talora fino al 'momento della domanda giudiziale' (ad esempio, per la separazioni dei beni fra i coniugi, cod. civ., art. 1420 e 1442; per l'espropriazione, a favore degli artefici, dell azione dell'imprenditore verso il committente, cod. civ., art. 1645; per lo scioglimento della società nel caso dell'art. 99 cod. comm.); c) talora fino al 'momento della nascita dello stato giuridico' che ora viene a cessare (ad es., per la cessazione della qualità d'erede per indegnità, cod. civ., art. 727 e 933; per l'annullamento degli atti giuridici)", *Istituzioni di diritto processuale civile*, ob. cit., v. I, nº 53, p. 172; e também na obra *La acción en el sistema de los derechos*, ob. cit., nº 13, p. 37. Nesta ordem de ideias, PRIETRO-CASTRO, que descreve estes três momentos como: "el de la originación del hecho extraprocesal, el de la demanda (¿interposición o admisión?) y el de la sentencia no definitiva. Así, por ejemplo, el de la sentencia que pronuncia la indignidad para suceder se retrotrae a los hechos (art. 760 Código civil); el de la que pronuncia la prodigalidad, a la demanda

Deste modo, ao analisar a sentença constitutiva encontramos dois elementos: a eficácia declarativa e a constitutiva. O primeiro consiste na declaração de existência dos requisitos previstos na lei para que se possa produzir a modificação jurídica, e o segundo, refere-se à produção de uma nova situação jurídica que antes da sentença não existia.

3.3. Sentença constitutiva e sentença condenatória

A sentença constitutiva também se diferencia da sentença condenatória.[60] A característica essencial desta última não é propriamente a criação do título execu-

(art. 226 Cód. civ.), y en la de alimentos (si se la estima como consecutiva), para lo que se refiere a la percepción de ellos, es decisivo el momento de la interposición de la demanda (art. 148, I, Cód. civ.), y por lo atañente a los derechos adquiridos, se refieren a la sentencia no definitiva (art. 148, II, Cód. civ., y 1617 L. e. c.). En cada caso habrá que atenerse a lo que la ley disponga, y ante su silencio, a la teoría general expuesta", *Acciones y sentencias constitutivas*, ob. cit., p. 134, nota 14, e CARLOS A. A. OLIVEIRA, que acertamente aponta que o efeito pode ser excepcionalmente: "1) desde a concessão de alguma medida antecipatória ou cautelar (*v.g.*, os efeitos da separação judicial se produzem desde a data da decisão concessiva da separação de corpos, Lei nº 6.515, de 26.12.1977, art. 8º, 2ª parte); 2) desde a prolação da sentença (*v.g.*, sentença de interdição, art. 1.184 do CPC); 3) desde o trânsito em julgado (*v.g.*, sentença que julgar a separação judicial, se não tiver sido concedida antes a separação de corpos, Lei 6.515, de 26.12.1977, art. 8º, 1ª parte); 4) desde a celebração do negócio jurídico nulo ou anulável (Código Civil, art. 182, antes art. 158 do Código Civil de 1916)", *Teoria e prática da tutela jurisdicional*, ob. cit., nº 45, p. 168. Com razão HABSCHEID indica que: "La question effet 'ex tunc' ou effet 'ex nunc' trouve sa réponse dans le droit matériel", *Droit judiciaire privé suisse*, ob. cit., § 53, p. 333.

[60] Sobre este particular, existe uma tese muito sugestiva que cada vez mais tem o meu apreço. É a tese bastante conhecida de L. MAZEAUD, segundo a qual só existem dois tipos de decisões judiciais:: "Le jugement, par lequel un tribunal, tranchant un différend, reconnaîtra l'existence d'un droit antérieur contesté, sera déclaratif de droit. Le jugement, par lequel un tribunal attribuera des droits nouveaux, sera constitutif de droits", *De la distinction des jugements déclaratifs et des jugements constitutifs de droits*, ob. cit., p. 17. Daí que "si le juge se contentait d'affirmer l'existence du droit contesté, le but poursuivi par le demandeur ne serait pas rempli. Ce que veut le demandeur, c'est contraindre son débiteur à l'exécution. Aussi le juge va-t-il user de la puissance publique, qui lui est conférée par la loi, même dans son rôle d'arbitre; le jugement déclaratif crée un droit qui n'existait pas auparavant, le droit à l'exécution forcée; par là le jugement déclaratif est en même temps constitutif de ce droit". E também "le jugement déclaratif donne en outre au créancier une garantie nouvelle, l'hypothèque judiciaire; il est donc par là encore constitutif: il crée une hypothèque", *De la distinction des jugements déclaratifs et des jugements constitutifs de droits*, ob. cit., p. 19. Por isso, "le jugement déclaratif, qui crée le droit à l'exécution forcée et qui crée des garanties, n'en reste pas moins essentiellement déclaratif, car ces droits créés ne sont que les accessoires du droit préexistant reconnu; ils n'ont pour but que de permettre à ce droit préexistant de produire ses effets", *De la distinction des jugements déclaratifs et des jugements constitutifs de droits*, ob. cit., p. 21.
Esta tese foi adotada e melhor desenvolvida por CALAMANDREI. De acordo com a opinião do autor, "la caratteristica della sentenza di condanna è trovata non tanto in quello che essa è, quanto in quello che essa 'prepara'", daí a "necessaria correlazione che passa tra la sentenza di condanna e la esecuzione forzata". Para o autor, a situação do condenado "prima della condanna, non è altro che un 'obbligato': cioè il soggetto passivo di un rapporto giuridico sostanziale, vincolato, in forza di questo, a tenere 'volontariamente' un certo comportamento", vale dizer, a realização da obrigação depende da sua vontade. "Ma, dopo la condanna, la volontà del debitore, sulla quale finora il diritto sostanziale faceva affidamento per ottenere l'adempimento dell'obbligato, si trasforma, da soggetto attivo di volontà, in oggetto passivo di una volontà altrui. In questa 'trasformazione dell'obbligo, per il cui adempimento il diritto contava sulla volontà attiva dell'obbligato, in assoggettamento passivo alla forza altrui, contro la quale la volontà del condannato non conta più', mi pare che consista la caratteristica essenziale della condanna, comune alla condanna civile ed a quella penale. (...) La 'trasformazione dell'obbligo in soggezione', questa mi pare che sia veramente la funzione specifica della condanna". Com base nisso é que o autor conclui sua exposição afirmando que "la funzione della sentenza di condanna sia quella di 'costituire quello stato di soggezione', in forza del quale il condannato è posto alla mercè degli organi esecutivi,

tivo, senão a criação da via executiva, ou seja, confere ao titular do direito uma nova pretensão: a executiva.[61] Deste modo, na sentença condenatória o juiz não pode realizar o direito do demandante na mesma fase processual porque depende de uma nova fase processual, iniciada obrigatoriamente por um *requerimento* realizado pelo credor, para produzir as devidas alterações no mundo dos fatos, segundo art. 475-J do CPC, enquanto que na sentença constitutiva o juiz realiza a modificação da situação jurídica na mesma relação processual, já que esta não exige uma alteração no mundo dos fatos, senão somente uma alteração no mundo normativo do *dever ser*.[62] Por isso é que as sentenças condenatórias para que

e costretto a subire passivamente la esecuzione forzata come un male inevitabile. In questo senso si può dire veramente che la sentenza di condanna ha natura costitutiva'", *La condanna*. In: Opere Giuridiche. Napoli: Morano, 1972, v. V, p. 491 e 492 (este artigo também está publicado nos '*Estudios sobre el Proceso Civil*'. Trad. Santiago Sentís melendo. Buenos Aires: Bibliográfica Argentina, 1945, p. 551 e ss).

Também adota esta tese, MONTESANO, quando diz: "Sicché l'azione esecutiva è non solo accertata, ma anche costituita dalla condanna", *Condanna civile e tutela esecutiva*, Napoli: Jovene, 1965, § 8, p. 26. Para o autor, "la condanna è preordinata a far conseguire all'avente diritto il resultato della prestazione non compiuta, ed impone, perciò, di riferire l'efficacia (processualmente costitutiva) della condanna non ad una dichiarazione di volontà del giudice nè ad una sfera estranea a quella della condanna stessa nella sua specifica natura di atto giurisdizionale, ma, insieme, alla funzione che l'ordenamento assegna alla tutela in esame ed alla qualità dichiarativa propria della tutela medesima", *Condanna civile e tutela esecutiva*, ob. cit., § 8, p. 28. Deste modo, o autor conclui sua ideia afirmando que de acordo com o ordenamento em vigor, "la sanzione esecutiva è, appunto, applicata dalla condanna: applicazione che, avvenendo, come pure s'è visto, in via di accertamento (processualmente) costitutivo, non è perfezionata se non col giudicato, giacché a questo inerisce, o da questo è necessariamente sorretto (lo si è già accennato) l'accertamento, che è il risultato proprio della funzione giurisdizionale cognitiva", *Condanna civile e tutela esecutiva*, ob. cit., § 9, p. 35. No mesmo sentido, SATTA, *L'esecuzione forzata nella tutela giurisdizionale dei diritti*. In: Scritti Giuridici in Onore di Francesco Carnelutti. Padova: Cedam, 1950, v. II, p. 9. Para conhecer a posição do autor, consultar DARCI G. RIBEIRO, *La sentenza ejecutiva como garantia constitucional del princípio de la efetividade*. In: Da tutela jurisdicional às formas de tutela, Porto Alegre: Livraria do Advogado, 2010, n° 2.4.

Um dos opositores desta tese é ZAFRA VALVERDE, para quem: "El concepto riguroso de la sentencia constitutiva ha de quedar delimitado en el sentido de que el fenómeno de formalización o desformalización jurídica de la sentencia se refiere a una situación jurídica de naturaleza material (no procesal, como la de la acción ejecutiva, ni jurídico-constitucional, como la de la potestad abstracta de acción procesal) y es el objeto directo y exclusivo del interés del demandante al dirigirse al Organo jurisdiccional (cosa que no sucede en los casos de condena, en los cuales lo que el demandante persigue directamente es la efectividad de un derecho subjetivo material conculcado)", *Sentencia constitutiva y sentencia dispositiva*, ob. cit., p. 79.

[61] Para analisar com mais profundidade a essência da sentença condenatória, consultar DARCI G. RIBEIRO, *La pretensión procesal y la tutela judicial efectiva*, ob. cit.,, n° 9.5.3.1.3, p. 182 a 186.

[62] Se orienta neste sentido, CALAMANDREI, ao afirmar que "mentre la sentenza costitutiva assoggetta a effetti giuridici 'immediati', che la stessa sentenza determina 'ed attua', la sentenza di condanna assoggetta a effetti giuridici 'differiti', che la stessa sentenza determina, ma che altri organi (esecutivi) 'attueranno in un momento successivo", *La condanna*, ob. cit., p. 494; MANDRIOLI, quando indica que "mentre con la condanna il giudice non può che rimandare l'attuazione effetiva del diritto ad un'attività tutelatrice ulterior, da compiersi – in quanto destinata ad operare nel mondo materiale – dall'organo esecutivo, nel caso della sentenza costitutiva, l'ulteriore attuazione del diritto accertato può compiersi subito e direttamente dal giudice, dal momento che per attuarla non occorre operare nel mondo materiale, ma solo nel mondo degli effetti giuridici, ossia in un mondo in cui l'organo giurisdizionale è senz'altro onnipotente", *Corso di diritto processuale civile*, Torino: Giappichelli, 2000, v. I, § 15, p. 54; e CELSO NEVES, quando diz: "A partir daí, se a sentença foi de acolhimento, o juiz 'anula' o ato ou negócio jurídico. 'Executa', portanto, a modificação propiciada pela 'declaração', mediante uma atividade de natureza inteiramente diversa da precedente, de caráter eminentemente prático e satisfativo. (...) A 'execução' constitui, pois, atividade que, ou 'é interior ao processo de declaração', ou é 'exterior' a ele, 'ex intervallo' e, neste caso, 'complementar' de atividade executória nele já ocorrida", *Estrutura fundamental do processo civil*, Rio de Janeiro: Forense, 1995, p. 34 e 36. Para este autor, "em ambas as hipóteses (de execução), a atuação do órgão do Poder Judiciário não é jurisdicional, mas 'jurissatisfativa", *Estrutura fundamental*

produzam uma alteração no mundo dos fatos devam ser realizadas através da execução forçada, enquanto que as constitutivas, ao produzir uma alteração no mundo normativo, são satisfeitas através da execução denominada não forçada.[63] Além do mais, também podemos acrescentar que as sentenças condenatórias têm por base direitos à prestação – *oportere* – por parte de uma pessoa, enquanto que as constitutivas um direito potestativo.[64]

3.4. Execução e sentença constitutiva

Para sabermos se a sentença constitutiva possui atividade executiva, é necessário, antes de tudo, delinearmos o conceito de execução. Inegavelmente a doutrina aponta duas concepções de execução: uma ampla e outra estrita. A concepção de execução em sentido *lato* ou ampla infelizmente não goza de muitos adeptos, ao contrário da concepção em sentido *stricto* ou estrita que acolhe a maioria dos autores.

Em sentido estrito, a execução é concebida como toda aquela atividade que produz uma alteração no mundo dos fatos, ou como quer Calamandrei, "la actividad de ejecución forzada, traduce este mandato en modificaciones prácticas del mundo exterior",[65] sendo denominada de execução forçada.

Em sentido amplo, a execução é entendida como toda aquela atividade que produz uma alteração tanto no mundo dos fatos (conceito *stricto* ou execução denominada forçada), como no mundo jurídico (conceito *lato* ou execução denominada não forçada).[66]

Toda sentença constitutiva produz inegavelmente um estado jurídico novo que antes dela não havia, mas o que significa produzir uma nova situação jurídica que antes da sentença não existia? Para que a mudança jurídica ocorra é necessária uma atividade judicial maior que a simples cognição, é necessária uma atividade *executiva*, que, de acordo com Calamandrei, "no consiste en una actividad material que tenga existencia real en el mundo de los sentidos, sino en una

---

do processo civil, ob. cit., p. 36 e 37. Em igual sentido, MONTERO AROCA, quando trata da execução afirmando que: "En las constitutivas la sentencia produce por si misma el cambio jurídico y no precisa de actividad posterior", *Derecho jurisdiccional*, Valencia: Tirant lo Blanch, 1998, t. II, Lição 51, p. 452.

[63] Assim, ALLORIO, *Esecuzione forzata in genere*. In: Nuovo Digesto Italiano. Torino: UTET, 1938, t. V, p. 505 e 506; e MANDRIOLI, *L'azione esecutiva*, ob. cit., n° 121, p. 619.

[64] Em termos similares, CHIOVENDA, *La acción en el sistema de los derechos*, ob. cit., p. 153, nota 118; ALLORIO, *Esecuzione forzata in genere*, ob. cit., t. V, p. 505 e 506; e DENTI, *La giustizia civile*, Bologna: Il Mulino, 1989, cap. IV, n° 7, p. 125.

[65] *Instituciones de derecho procesal civil*. Trad. Santiago Sentís Melendo. Buenos Aires: EJEA, 1986, v. I, §20, p. 167.

[66] A denominação execução *non forzosa*, no sentido limitado de execução '*dei mezzi istruttori*', foi criada por CHIOVENDA, quando disse que existe uma execução que "*non è 'forzata', ma spontanea*", *Istituzioni di diritto processuale civile*, ob. cit., v. I, n° 85, p. 245. Porém, sem lugar a dúvidas, foi ALLORIO quem melhor desenvolveu esta teoria em um sentido inovador e totalmente distinto de Chiovenda, como a seguir veremos.

actividad meramente jurídica que existe solamente en el mundo del derecho".[67] E isso é assim porque a declaração petitória do demandante (*rectius*, o bem da vida querido pelo demandante) consiste exatamente em querer produzir uma mudança simplesmente jurídica e não fática,[68] logo, esta mudança não produz uma satisfação fática, senão uma satisfação jurídica com a mudança no estado jurídico querido pelo autor. Por essa razão podemos facilmente conceber que a finalidade da atividade executiva é produzir uma alteração tanto no mundo dos fatos (conceito *stricto* ou execução denominada forçosa), como no mundo jurídico (conceito *lato* ou execução denominada não forçosa).

A este respeito merece aprovação o exposto por Allorio quando o mesmo afirma que: "la sentenza costitutiva, mentre è atto d'accertamento, in quanto accerta il diritto potestativo, è atto d'esecuzione, in quanto l'attua (e, si noti, lo consuma)".[69] De acordo com a acertada opinião do autor, a sentença constitutiva se realiza através da execução *non forzosa* que se diferencia da execução forçada tanto no aspecto funcional como no aspecto estrutural, pois: "sotto l'aspetto funzionale: l'esecuzione forzata è preordinata ad attuare diritti d'obbligazione – di specie o di genere – l'esecuzione non forzata ad attuare diritti potestativi. Dal punto di vista strutturale, la distinzione dell'esecuzione forzata dalla non forzata consiste in ciò che, nella prima e non nella seconda, non tanto 'si ha sempre', quanto 'può sempre aversi' impiego di forza (ossia: compimento d'atti materiali, oltre che emissione di provvedimenti)".[70]

Desse modo, não podemos confundir a execução que realiza os direitos no mundo dos fatos, e que geralmente é levada a cabo em uma fase processual sucessiva e distinta, com a execução que realiza os direitos no mundo jurídico, é e levada a cabo na mesma relação processual. Tanto é assim que Calamandrei utiliza a parte dispositiva de uma sentença constitutiva para demonstrar esta duplicidade de função: "*afirmo existente el derecho de la parte a obtener la anulación del contrato (declaración), y por conseguinte, anulo (ejecución)*".[71] A mudança

---

[67] *Límites entre jurisdicción y administración en la sentencia civil*. In: Estudios sobre el proceso civil. Trad. Santiago Sentís Melendo. Buenos Aires: Bibliográfica Argentina, 1945, p. 35.

[68] [67] De acordo com a opinião de CHIOVENDA, o "'bene' può essere la modificazione dello stato giuridico esistente, quando si abbia interesse a togliere di mezzo un rapporto giuridico o a costituirne uno nuovo", *Istituzioni di diritto processuale civile*, ob. cit., v. I, n° 4, p. 8.

[69] *Esecuzione forzata in genere,* ob. cit., p. 505. Esta teoria é aceita, entre outros, por MANDRIOLI, quando afirma que: "Sembra anche a me che il riferimento al 'possibile uso della forza' valga a distinguere in modo adeguato le forme propriamente forzate dell'ezecuzione", *L'azione esecutiva*, ob. cit., n° 109, p. 562.

[70] *Esecuzione forzata in genere*, ob. cit., p. 505 e 506. Esta teoria é aceita, entre outros, por MANDRIOLI, quando afirma que: "Sembra anche a me che il riferimento al 'possibile uso della forza' valga a distinguere in modo adeguato le forme propriamente forzate dell'ezecuzione", *L'azione esecutiva*, ob. cit., n° 109, p. 562.

[71] *Límites entre jurisdicción y administración en la sentencia civil,* ob. cit., p. 36. Para CALAMANDREI, "la sentencia constitutiva, según esto, acumularía en sí una actividad perteneciente al proceso de cognición (declaración de la existencia de un derecho al cambio jurídico) con una actividad perteneciente al proceso de ejecución (actuación forzada de este derecho)", *Límites entre jurisdicción y administración en la sentencia civil*, ob. cit., p. 36. Porém, o autor conclui dizendo que "en el primer momento el juez realiza una actividad jurisdiccional; en el segundo momento el juez realiza una actividad administrativa", *Límites entre jurisdicción y administración en la sentencia civil*, ob. cit., p. 38. Esta conclusão do autor deve ser atribuída ao seu conceito de jurisdição,

criada pela sentença constitutiva realiza o direito do autor na medida em que produz uma nova situação jurídica, modificando juridicamente uma situação jurídica anterior.[72]

Por análogas considerações, parece-me acertada a opinião de Mandrioli, que se baseia fundamentalmente no fato de que na sentença constitutiva existe a *imposição de uma sanção modificativa*, isto é, "le particolari caratteristiche dell'attività realizzatrice della sanzione a mezzo di modificazione giuridica, ossia a mezzo di esecuzione non forzata, suggeriscono al legislatore l'opportunità che essa sia affidata non all'organo dell'attività materiale, ma all'organo dell'attività propriamente giuridica, che è il medesimo organo dell'accertamento, nulla impedisce piú che all'unità finale corrisponda l'unità formale".[73] Outro não é o entendimento de Habscheid, para quem a sentença constitutiva "une fois entré en force de chose jugée, un tel jugement n'a plus besoin d'aucune intervention de l'autorité publique pour être exécuté: il porte en quelque sorte son exécution en lui-même".[74]

A sentença constitutiva também pode produzir efeitos anexos ou secundários, pois, de acordo com a acertada opinião de Fredie Didier, "a efetivação de um direito potestativo pode *gerar* um direito a uma prestação. A situação jurídica criada após a efetivação de um direito potestativo pode ser exatamente um direito a uma prestação (de fazer, não fazer ou dar)".[75] E os exemplos são vários: a decisão que rescinde uma sentença gera, por efeito anexo, a obrigação de o credor ressarcir o devedor dos danos que este sofreu, art. 574 do CPC; a anulação de um

---

pois segundo o professor florentino, a função jurisdicional consiste na "función mediante la cual un órgano del Estado sustituye la propia actividad a la actividad ajena al actuar concretas voluntades de ley ya nacidas antes del proceso, las cuales no se dirigen a ese órgano sino a los sujetos de la relación jurídica sometida a decisión", *Límites entre jurisdicción y administración en la sentencia civil*, ob. cit., p. 22. Vale dizer, a função jurisdicional compõe-se de dois caracteres: é uma atividade 'secundária' e tem natureza 'declarativa'. Daí que a sentença constitutiva, em sua atividade jurisdicional, não seja jurisdicional, pois, de acordo com o autor, "se tiene, precisamente, por definición en aquellos casos en que la ley quiere que el cambio jurídico pueda ocurrir solamente 'jussu judicis': de modo que no se pueda hablar nunca de sustitución", *Límites entre jurisdicción y administración en la sentencia civil*, ob. cit., p. 37. Para uma crítica sobre a postura do autor no que se refere ao caráter não jurisdicional desta segunda fase da sentença constitutiva, consultar por todos as acertadas considerações desenvolvidas por ZAFRA VALVERDE, *Sentencia constitutiva y sentencia dispositiva*, ob. cit., p. 180 e ss.

[72] No mesmo sentido, entendendo que a sentença constitutiva compõe-se dos elementos declarativo e executivo, ALLORIO, *Esecuzione forzata in genere*, ob. cit., p. 505 e 506; CALAMANDREI, *Límites entre jurisdicción y administración en la sentencia civil*, ob. cit., p. 34 e ss; MANDRIOLI, *L'azione esecutiva*, ob. cit., nº 109, p. 522 e ss, HABSCHEID, *Droit judiciaire privé suisse*, ob. cit., § 53, p. 331; entre outros, como HELLWIG e RASELLI, *apud* ZAFRA VALVERDE, *Sentencia constitutiva y sentencia dispositiva*, ob. cit., p. 186 e ss.

[73] *L'azione esecutiva*, ob. cit., nº 121, p. 618 e 619. Convém esclarecer que o autor adota o conceito de sanção descrito por MINOLI, segundo o qual "la 'sanzione' non, rigorosamente, come reazione all'illecito vero e proprio, imputabile ad una persona determinata, ma come reazione ad una situazione di fatto antigiuridica, che il diritto intende sia rimossa (almeno, ove ricorrano certi presupposti: ad es. la domanda di un interessato) anche se non è imputabile a titolo di 'illecito', a nessuno (si pensi ad un contratto annullabile per errore o rescindibile per sopravvenuta onerosità", *Contributo alla teoria del giudizio divisorio*, Milano: Giuffrè, 1950, cap. II, nº 7, p. 60 e 61.

[74] *Droit judiciaire privé suisse*, ob. cit., § 53, p. 331.

[75] *Sentença constitutiva e execução forçada*, ob. cit., p. 316.

ato jurídico com base no art. 182 do Código Civil, pois em não sendo possível as partes voltarem ao estado jurídico anterior, serão indenizadas, etc.

Agora, o fato de a sentença constitutiva produzir um efeito anexo que gere o direito a uma prestação, não implica necessariamente reconhecer que a mesma possa ser executada na forma forçada. Uma coisa é o efeito anexo como *efeito* da sentença constitutiva que se realiza mediante a execução forçada e outra, bem diferente, é afirmar que a própria sentença constitutiva pode ser executada forçadamente.[76] Não podemos confundir aqui *causa* com *efeito*, porquanto a execução forçada far-se-á ineludivelmente sobre o *efeito* anexo, cuja *causa* é a sentença constitutiva.

---

[76] Em sentido contrário, afirmando que a própria sentença constitutiva pode ser realizada através da execução forçada, FREDIE DIDIER, quando afirma: " O que, na verdade, dispensa 'execução' é o direito potestativo reconhecido na sentença constitutiva, e não ela mesma", *Sentença constitutiva e execução forçada*, ob. cit., p. 315. Mais adiante o próprio autor afirma textualmente que a sentença constitutiva pode servir como título executivo, pois "a sentença constitutiva pode ter por efeito anexo um direito a uma prestação e, assim, servir como título executivo para efetivar a prestação conteúdo deste direito que acabou de surgir". Data máxima vênia, o autor confunde aqui *causa* com *efeito*.

— V —

Aspectos epistemológicos da ecologização do direito: reflexões sobre a formação de critérios para análise da prova científica

DÉLTON WINTER DE CARVALHO[1]

Sumário: Introdução; 1. A tridimensionalidade da complexidade no processo de Ecologização do Direito; 1.1. Complexidade juridicamente estruturada; 1.2. Descontinuidade interativa (complexidade estruturada socialmente); 1.3. Ecocomplexidade (complexidade ecocaótica); 2. A racionalização das incertezas provenientes da gestão jurídica dos danos e riscos ambientais: a formação de critérios jurídicos para a assimilação da eco-complexidade; 2.1. A "ecocomplexidade" como motivação decisional; 2.2. O aprofundamento: a mediação científica da 'ecocomplexidade' para operacionalização desta pelo Direito Ambiental; 2.3. A formação de critérios de ponderação para análise judicial da prova científica; Considerações finais.

> *... falemos abertamente sobre o que foi a nossa vida, se era vida aquilo, durante o tempo em que estivemos cegos...*
>
> (José Saramago)

Introdução

A sociedade contemporânea encontra sua lógica e racionalidade centradas na produção e distribuição de posições de risco, estabelecendo o surgimento de uma *nova conflituosidade jurídica* que, por sua vez, expõe o direito à necessidade de construção de novas respostas a uma série de novos problemas. Estes são diferenciados dos conflitos tradicionais, em grande medida, em razão da inserção de uma nova dimensão de complexidade (até então dual, nos conflitos sociais), aqui chamada de *ecocomplexidade*. Os problemas ambientais contemporâneos são caracterizados pela incerteza e indeterminação que engendra o contexto probatório acerca dos nexos de causalidade, comprovação do dano e, sobretudo, descrição dos riscos à saúde humana ou ao ambiente.

Na primeira parte, o presente trabalho efetua a descrição das dimensões da complexidade nas decisões sobre conflitos ambientais que, neste caso, passam

---

[1] Doutor em Direito UNISINOS. Mestre em Direito Público UNISINOS. Advogado e consultor jurídico. Professor do Programa de Pós-Graduação em Direito – PPGD da UNISINOS.

a enfrentar não apenas uma complexidade interna ao direito e uma socialmente estruturada, mas, outrossim, uma nova forma, que diz respeito a relações entre sistemas e ambientais que operam sob unidades de referência diversas. O Direito Ambiental e suas decisões enfrentam, num primeiro momento, as limitações estruturais impostas pela tradição jurídica e as necessidades impostas pela ambição constitucional em garantir o direito de todos (presentes e futuras gerações) a um meio ambiente ecologicamente equilibrado.

Ainda, uma segunda dimensão de complexidade enfrentada, epistemologicamente, pelas decisões jurídicas que envolvem questões ambientais diz respeito à incapacidade do direito em controlar, a partir de uma lógica causal, os demais sistemas (tais como economia, política e ciência), naquilo que se denomina descontinuidade interativa.

A terceira dimensão de complexidade apresentada pelo presente estudo demonstra um acréscimo àquelas inerentes à conflituosidade jurídica na sociedade industrial (tais como solidariedade, inclusão social e distribuição de oportunidades), as quais se dão numa dimensão intrassistêmica (entre sistemas sociais). Os problemas ambientais contemporâneos não apenas decorrem do próprio êxito da sociedade mundial (pós-industrial), como encontram uma complexidade tridimensional, diferindo-se da complexidade inerente a problemas inerentes à sociedade industrial. Há assim um acréscimo da complexidade, uma vez que as questões ecológicas contemporâneas dizem respeito a questões que envolvem relações entre sociedade (racionalidade comunicativa) e ambiente (lógica natural), atuando estes sob lógicas (unidades de referência) diametralmente diferentes e inacessíveis reciprocamente. A isto se denomina ecocomplexidade.

Assim, os fenômenos ambientais contemporâneos (mudanças climáticas, biocombustíveis, energia atômica, biotecnologia, etc.) pressionam a assimilação, pelo direito, destas três dimensões da complexidade. Este movimento acarreta ao Direito Ambiental uma intensificação das intersecções entre direito e ciência, a fim de permitir a observação, operacionalização e da absorção da chamada ecocomplexidade. Diante da autorreferência do direito, a capacidade de intensificação deste processo de acoplamento com a ciência depende e estimula a formação de critérios (jurídicos) de autoirritabilidade do direito frente às informações científicas, num processo de decodificação da ecocomplexidade. Esta dimensão, ao seu turno, marca a formação de uma nova racionalidade na observação de problemas e direitos ambientais. Desta maneira, o presente trabalho tenta observar e fornecer consciência à cegueira jurídica ante a ecocomplexidade e a pressão que esta lança para a intensificação das relações entre direito e constatações científicas.

1. A tridimensionalidade da complexidade no processo de Ecologização do Direito

Uma forma não dogmática de tratar o problema da efetivação do Direito Ambiental consiste no aprofundamento das observações lançadas sobre sistemas observadores (*secound order cybernetics*),[2] ou seja, levar em consideração as comunicações que norteiam as tomadas de decisão na Sociedade Contemporânea e nos sistemas parciais diferenciados funcionalmente que a compõem (direito, política, economia). As interações, diferenciações e irritações reciprocamente desencadeadas nas relações havidas entre os *diálogos policontextuais* consistem em um importante elemento para a análise da racionalidade jurídica que permeia as decisões envolvendo a tutela das presentes e futuras gerações ao meio ambiente ecologicamente equilibrado. Este processo de *sensibilização cognitiva* às alterações estruturais de uma Sociedade produtora de *riscos ecológicos globais*[3] é decodificado segundo a racionalidade comunicacional inerente a cada sistema (fechamento normativo).

Os chamados *novos direitos* encontram-se engendrados em um contexto social de transição de um modelo social industrial clássico para uma configuração pós-industrial[4] (ou uma *nova sociedade industrial*),[5] o que exige reflexões sobre as alterações estruturais ocorridas neste processo e o redimensionamento das funções do próprio direito. A partir da aplicação recursiva de uma *diferença diretriz*[6] (sistema e ambiente) à Sociedade, analisa-se a dogmática jurídica no que diz respeito às condições e aos limites da capacidade regulatória do direito nas relações entre Sociedade e Ambiente (ecológico).

Uma primeira reflexão sobre uma chamada "crise ambiental"[7] na Sociedade Contemporânea pode ser descrita, de forma epistemologicamente fundada, a partir da *tridimensionalidade da complexidade*[8] existente no exercício da função regulatória do direito nas relações Sociedade (comunicação)/Ambiente (orgânico).

Neste sentido, pode ser observado que a *função regulatória do Direito Ambiental* se encontra constituída numa interação tríplice (*i*) da complexidade interna ao direito, demonstrada pela necessidade de superação ou releitura de modelos e estruturas jurídicas tradicionais frente a uma *nova conflituosidade* trazida pela tutela ambiental numa Sociedade produtora de danos e riscos ambientais

---

[2] FOESTER, Heinz von. *Sistemi Che Osservano*. Roma: Astrolabio, 1987; LUHMANN, Niklas. *Theories of Distinction: Redescribing the descriptions of Modernity*. Standford: Standford University Press, 2002.

[3] Sobre os elementos de uma "teoria da sociedade do risco ambiental mundial", ver: BECK, Ulrich. "Global Public Sphere and Global Subpolitics or: How Real is Catastrophic Climate Change?" In: *World at Risk*. Cambridge: Polity, 2009. p. 82-85.

[4] BECK, Ulrich. *Risk Society: towards a new modernity*. London: Sage, 1992;

[5] LUHMANN, Niklas. "The third question: the creative use of paradoxes in law and legal history." *Journal of law and society*. 2, 1988. vol. 15.

[6] Sobre a relevância paradigmática das diferenças diretrizes, ver: LUHMANN, Niklas. *Sistemas Sociales*: lineamentos para uma teoria general. México: Alianza Editorial/Universidad Iberoamericana, 1991. p. 31.

[7] Expressão aqui tomada de BACHELET, Michel. *Ingerência Ecológica: Direito Ambiental em questão*. Lisboa: Piaget, 1997. p. 18-31. Para uma análise profunda acerca dos limites jurídicos na regulação da tutela ambiental: OST, François. *A natureza à margem da lei: a ecologia à prova do Direito*. Lisboa: Piaget, 1997.

[8] A *complexidade* significa "que sempre existem mais possibilidades do que se pode realizar", isto é, a "complexidade significa seleção forçada" (LUHMANN, Niklas. *Sociologia do Direito*. v. I. Rio de Janeiro: Tempo Brasileiro, 1985. p. 45-6).

cada vez mais globais e duradouros; (*ii*) da complexidade social que, diferenciada em diversos sistemas de racionalidade, apresenta uma *descontinuidade interativa* entre estes, impossibilitando uma postura dirigista do direito ou do Estado; e finalmente (*iii*) da *ecocomplexidade,* tratando-se esta de uma complexidade potencializada proveniente das relações tidas entre sistema e ambiente que operam em unidades de referência diversos (complexidade caótica proveniente das relações entre sistema social e ambiente extracomunicacional).

1.1. Complexidade juridicamente estruturada

A complexidade interna ao Direito Ambiental (complexidade estruturada juridicamente) tem relação direta entre a discrepância entre a formação de *uma segunda geração de problemas ambientais* (efeitos combinados e implicações globais e duradouras)[9] e as estruturas tradicionais do direito. Neste sentido, pode-se constatar como principais pontos de tensão entre as necessidades impostas pelas *irritações* provocadas por esta nova geração de problemas ambientais e as estruturas jurídicas tradicionais a preponderância temporal das decisões jurídicas centralizadas no passado, sua pré-compreensão de perspectiva antropocentrista clássica, um positivismo causal-científico[10] e uma tradição de conflituosidade individualista-patrimonialista. Elementos estes que dificultam a operacionalização de decisões mais ambiciosas ambientalmente.

Além desta tensão entre especificidades da tutela ambiental e as estruturas tradicionais da racionalidade jurídica, há uma nítida diferenciação do Direito Ambiental em relação aos outros ramos jurídicos, sobretudo no que diz respeito à temporalidade das decisões[11] (reparação dos danos e controle dos riscos)[12] e ao tratamento (racionalização) jurídico das provas científicas.[13]

Ao contrário das estruturas jurídicas construídas sobre a influência das instituições formadas na Sociedade Industrial, *a nova conflituosidade pós-industrial,* surgida nas estruturas da *Sociedade de Risco,*[14] exige um Direito Ambiental mais *sensível ecologicamente* (sistêmico e cientificamente ancorado).[15] Em linhas gerais, a produção de uma regulação de problemas ecológicos de segunda geração

---

[9] CANOTILHO, José Joaquim Gomes Canotilho. "Direito Constitucional Ambiental Português: tentativa de compreensão de 30 anos das gerações ambientais no direito constitucional português". In: José Joaquim Gomes Canotilho; José Rubens Morato Leite (orgs.). *Direito Constitucional Ambiental Brasileiro.* São Paulo: Saraiva, 2007. p. 02.

[10] WIEACKER, Franz. *História do Direito Privado Moderno.* 3ª ed. Lisboa: Fundação Calouste Gulbenkian, 2004. p. 524-536.

[11] OST, François. *O Tempo do Direito.* Lisboa: Piaget, 2001.

[12] CARVALHO, Délton Winter de. *Dano ambiental futuro: a responsabilização civil pelo risco ambiental.* Rio de Janeiro: Forense Universitária, 2008.

[13] JASANOFF, Sheila. *Science at the Bar: Law, Science, and Technology in America.* Cambridge: Harvard University Press, 1995.

[14] BECK, Ulrich. *Risk Society: towards a new modernity.* Sage: London, 1995.

[15] CANOTILHO, José Joaquim Gomes Canotilho. "Direito Constitucional Ambiental Português: tentativa de compreensão de 30 anos das gerações ambientais no direito constitucional português". p. 02.

está ligada à sensibilização do direito à descontinuidade interativa e à ecocomplexidade, desencadeando, assim, alterações na dimensão interna da pragmática e interpretação do Direito Ambiental Contemporâneo (complexidade interna).

1.2. Descontinuidade interativa
(complexidade estruturada socialmente)

Já a segunda dimensão de complexidade que envolve as decisões regulatórias das relações havidas entre Sociedade e ambiente consiste numa complexidade estruturada comunicacionalmente (diferenciada funcionalmente em sistemas parciais). O processo de *fechamento operacional* das diversas racionalidades sociais atua como condição para sua auto-organização e operacionalidade, permitindo, paradoxalmente, a *abertura cognitiva* da Sociedade a produzir uma *comunicação ecológica*,[16] como ressonância às mudanças estruturais e aos efeitos colaterais da Sociedade industrial e, contemporaneamente, de sua formatação pós-industrial. Não obstante a existência de múltiplas racionalidades e lógicas estruturadas em sistemas sociais funcionalmente diferenciados, estas encontram uma mesma unidade operacional, atuando sob uma *racionalidade comunicacional*. Desta maneira, estes sistemas sociais convergem sua unidade operacional a um ponto em comum: a comunicação. Formam-se, consequentemente, instâncias ou dimensões específicas de comunicação que, ao atingirem um determinado grau de perficiência e complexidade, autonomizam-se, formando subsistemas de comunicação funcionalmente diferenciados no interior da própria Sociedade.

Porém, este incremento de complexidade da Sociedade Contemporânea, ao estruturar-se em sistemas parciais (Política, Direito, Economia, Ciência), aumenta, paradoxal e internamente, a complexidade, a contingência e os riscos das decisões tomadas nestes contextos sociais (policontextualmente estruturados). Estes sistemas parciais auto-organizados (mediante a aplicação de um código binário tal como, direito/não direito, ter/não ter, poder/não poder, verdadeiro/falso) atuam como a condição de possibilidade para as operações sociais, ou seja, reduzem a complexidade através da temporalização desta em processos de decisão específicos a cada sistema.

A estruturação da complexidade social em sistemas parciais permite a formação de programas de decisão específicos a cada racionalidade social, tal como ocorre no Direito que, através de regras jurídicas, princípios, decisões jurisprudenciais e argumentações jurídicas, estrutura e reduz a complexidade social para produzir uma *comunicação jurídica* que lhe permita decidir. O Direito se autorreproduz, descrevendo e confeccionando seus próprios elementos componentes e estruturas, na formação de uma comunicação jurídica decorrente da articulação de uma rede de expectativas jurídicas e controlada pela doutrina e processo ju-

---

[16] LUHMANN, Niklas. *Ecological Communication*. Cambridge: Chicago University Press, 1989.

Aspectos epistemológicos da ecologização do direito

rídico.[17] Porém, as lógicas e racionalidades próprias a cada sistema produzem interferências entre estas dimensões comunicativas específicas e funcionalmente diferenciadas.

A esta incapacidade de controle intervencionista causal do Direito Ambiental em relação aos demais sistemas sociais, dá-se a denominação de *descontinuidade interativa*. Para uma melhor compreensão deste fenômeno de assimilação e estruturação da complexidade das relações entre os sistemas sociais, deve-se, primeiramente, entender a existência da diferença entre a *complexidade estruturada* (ou sistêmica) e *complexidade caótica ou extrassistêmica* (proveniente do meio e não operacionalizável segundo a racionalidade sistêmica).[18] Enquanto a primeira não apenas permite, como propulsiona a seletividade e a operacionalidade do sistema, a segunda, enfrentada como um não sentido pelo sistema, provoca apenas *irritações* ao sistema (*"order from noises"*, no dizer de Heinz Von Foerster).[19] Assim, existem duas espécies de complexidade, aquela de natureza comunicativa e, portanto operacionalizável pela própria Sociedade, denominada de estruturada (comunicacionalmente), e aquela proveniente do ambiente (extra ou não social), tida como uma complexidade caótica e inabarcável à racionalidade do sistema social.

A complexidade exige sempre processo de seleção. Estes programas de decisão jurídica formam uma *rede de expectativas*, reduzindo a complexidade através da sua temporalização em processos jurisdicionais, ou seja, o direito é exposto não apenas à sua complexidade interna, como também à *descontinuidade interativa* (*complexidade* intersistêmica), exigindo-se a formação de *pontes de sentido*, isto é, atos comunicativos que tenham sentido socialmente fragmentado, tal como ocorre no contrato (sentido jurídico e econômico), no direito subjetivo (política e direito), na responsabilidade civil (direito e economia), na Constituição Federal (elemento integrador da política-direito-economia), entre outros.

Não obstante a existência de uma gradualidade nos níveis de autonomia da comunicação social, as interações intrasistêmicas (relações tidas entre sistemas parciais que operam sob uma mesma unidade operacional) não podem ser explicadas por relações diretas (de *input* e *output*) ou causais.[20]

A imprevisibilidade das ressonâncias[21] e das futuras consequências que as decisões tomadas em um sistema social podem ocasionar nos demais demonstra a existência de um novo paradigma policontextual (*Unitas Multiplex*) que engen-

---

[17] TEUBNER, Günther. *O Direito como Sistema Autopoiético*. Lisboa: Fundação Calouste Gulbenkian, 1989. p. 88.

[18] LUHMANN, Niklas. *Sistemas Sociales*: lineamentos para una teoria general. México: Alianza Editorial/Universidad Iberoamericana, 1991. p. 287.

[19] FOESTER, Heinz von. *Sistemi Che Osservano*. Roma: Astrolabio, 1987.

[20] LUHMANN, Niklas. *Sistemas Sociales*: lineamentos para una teoria general. p. 222.

[21] *Ressonância* na Teoria dos Sistemas de Niklas Luhmann consiste no termo que diz respeito à "relação entre sistema e ambiente" (*"the relation between system and environment"*). LUHMANN, Niklas. *Ecological Communication*. Cambridge: Chicago University Press, 1989. p. 15.

dra *a ação social* e, consequentemente, contextualiza as decisões jurisdicionais proferidas pelo direito e os tribunais.

Esta *descontinuidade interativa* lança as decisões jurídicas em matéria ambiental em um paradigma decisional de *racionalidade limitada (bounded rationality)*, sob o ponto de vista da policontextualidade ou mesmo do incremento das indeterminações impostas ao direito. Assim, este fechamento operacional do Direito (decidindo a partir dos elementos e estruturas jurídicas) é acompanhado por uma abertura ao meio (acoplamentos estruturais: pontes de sentido e observações cibernéticas). No caso do Direito Ambiental, este processo é intensificado nas *interseções entre o direito e ciência*, uma vez que as decisões judiciais e administrativas dependerão da análise de descrições técnicas acerca do objeto litigioso ou regulatório.

Apesar de pouco estudo em nossa Teoria do Direito Ambiental, a interação entre os sistemas de comunicação pode promover uma dinâmica evolutiva conjunta entre os sistemas sociais, ou seja, uma *coevolução*[22] ecologicamente orientada.

1.3. Ecocomplexidade (complexidade eco-caótica)

Atualmente, a Sociedade passa a enfrentar problemas de uma natureza inédita, vez que os problemas ecológicos contemporâneos têm nova formatação constitutiva, sendo constituídos pela relação sistema social e seu entorno.[23] Neste sentido, a Sociedade é provocada a reagir a problemas provenientes de seu ambiente extracomunicacional, causados pela sua própria operacionalidade e evolução (modelo industrial).[24] Essa nova ordem de problemas (ameaças ecológicas e riscos tecnológicos) autoproduzidos pela Sociedade exige mais atenção acerca das consequências da técnica, aos seus riscos e perigos.[25]

Assim, esta nova ordem problemas é marcada por uma (*i*) maior reflexidade, vez que os riscos decorrem do próprio êxito da sociedade industrial, bem como (*ii*) por um acréscimo de complexidade, em razão das relações entre sistema e ambiente operarem em unidades de referência diferentes, permitindo apenas distantes observações, altamente contingentes e complexas.

A Sociedade Contemporânea apresenta-nos novos problemas e conflituosidades, sendo daí formulados novos direitos em reação aos primeiros. Contudo, esta nova geração de problemas (ecológicos) apresenta uma formatação absolu-

---

[22] Acerca deste conceito, ver: LUHMANN, Niklas. *Sistemas Sociales*: lineamentos para uma teoria general; TEUBNER, Günther. *O Direito como Sistema Autopoiético.*

[23] LUHMANN, Niklas. *Observaciones de la Modernidad: racionalidad y contingencia en la sociedad moderna.* Barcelona: Paidós, 1997. p. 142 e 147.

[24] Sobre este tema: GIDDENS, Anthony; BECK, Ulrich; LASH, Scott. *Modernização Reflexiva*: política, tradição e estética na ordem social moderna. São Paulo: Unesp, 1997.

[25] LUHMANN, Niklas. *Observaciones de la Modernidad: racionalidad y contingencia en la sociedad moderna.* Barcelona: Paidós, 1997. p. 142.

tamente nova, pois diz respeito não apenas a problemas que envolvem relações intra-sistêmicas (constituídos sob uma base comunicacional, como acontece nos debates sobre solidariedade, inclusão social e distribuição de oportunidades), mas, sobretudo, a relações extrassistêmicas ou extracomunicacionais (problemas ecológicos, biotecnologia, mudanças climáticas, poluição industrial, etc.).

A Sociedade enfrenta, assim, uma nova espécie de complexidade: *a eco--complexidade.*[26] Altamente potencializada e inacessível, a *ecocomplexidade* é decorrente, exatamente, da complexidade e incerteza geradas, nos sistemas sociais, pelas interações dinâmicas provenientes dos ruídos da *crise ecológica pós--industrial.*[27]

No caso de sistemas que operam em unidades de referência diversas (como é o caso do sistema social – que tem por unidade operacional a comunicação –, e o sistema ecológico – que opera na unidade de referência vida) as consequências do acoplamento estrutural e seu controle fazem-se ainda mais incertos, imprecisos e improváveis. Este *abismo epistemológico* se dá em virtude da racionalidade comunicacional atuar numa dimensão evidentemente diversa da lógica natural--ecológica, termodinâmica, molecular ou biológica. Por isto, a *ecocomplexidade* consiste numa nova e potencializada forma de indeterminação, enfrentada pelo Direito Ambiental, em vista da diversidade referencial entre os sistemas relacionados: sistema social e ambiente ecológico.

É exatamente este o grande desafio da proteção jurídica do meio ambiente: proporcionar uma maior integração entre sistemas sociais (coevolução) em sua policontextualidade, mesmo diante da *descontinuidade interativa,* orientada por uma abertura às necessidades do ambiente da ecologia, numa observação da *ecocomplexidade.* Esta nova forma de complexidade é operacionalizada pelo direito, em grande medida, apenas a partir de uma mediação realizada pela ciência (laudos técnicos, estudos de impacto ambiental, relatórios de impacto ambiental, avaliação de riscos ambientais, pareceres técnicos, análises laboratoriais, planos de controle ambiental, planos de recuperação de área degradada, etc.).

Assim, pode ser dito que, na dinâmica jurídica, as cortes jurisdicionais desenvolvem um processo interpretação dos impactos socioambientais a partir de descrições fornecidas pela ciência, consistindo este processo na construção de decodificação em que estas descrições ganham um sentido, utilidade e força, por meio de instruções probatórias e decisões judiciais vinculantes.

A *comunicação ecológica* deve sua intensidade ao inevitável desconhecimento em relação ao futuro, desconhecimento este que é capaz de produzir uma

---

[26] Acerca desta denominação, ver: LUHMANN, Niklas. *Sistemas Sociales*: lineamentos para uma teoria general, p. 53. (nota nº 54).

[27] Para François Ost "não será de surpreender que, neste contexto de fragilidade do objecto estudado e de complexidade da teoria que o explica, a ideia de incerteza faça a sua aparição. Para grande espanto dos juristas, que frequentemente imaginam que a ciência produz certezas, parece hoje que a ecologia científica fornece mais questões do que respostas seguras." (OST, François. *A Natureza à margem da lei*: a ecologia à prova do direito. Lisboa: Instituto Piaget, 1995, p. 110).

irritação da Sociedade que, uma vez mais, só pode ser representada pela comunicação (jurídica, econômica, ecológica e científica).[28] Há assim a disseminação de uma "ecologia da ignorância",[29] a partir da qual o desconhecido é que passa a ser objeto preponderante das reflexões jurídicas.

Este processo, em contrapartida, demanda ao direito uma *racionalização das incertezas* mediante a análise da sua capacidade e limites internos em reagir às ameaças ecológicas, exigindo este processo a reflexão sobre os critérios utilizados para tais decisões (descrevendo os critérios análise da ignorância e das informações científicas).

2. A racionalização das incertezas provenientes da gestão jurídica dos danos e riscos ambientais: a formação de critérios jurídicos para a assimilação da ecocomplexidade

2.1. A "ecocomplexidade" como motivação decisional

Num primeiro momento, a *eco-complexidade* é absorvida pelo Direito Ambiental de uma forma genérica e imprecisa, servindo de legitimação e motivação para uma diminuição na tolerabilidade do direito em relação aos riscos ambientais, justificando irritações altamente abstratas em decorrência da observação jurídica da *crise ambiental* e todo o desconhecimento existente neste processo de observação (ecologia do desconhecido).

Neste sentido, a *ecocomplexidade*, mediada pela ciência, é racionalizada probatória e axiologicamente pelo Direito, sendo motivo de irritação e, consequentemente, reestruturação da complexidade interna ao Direito diante de uma *sociedade de risco global*.[30]

Um bom exemplo deste processo consiste em recente decisão do Superior Tribunal de Justiça – STJ –,[31] em que *as mudanças climáticas* (como fenômeno global de alteração do clima por emissão de gases antropogênicos descrito cientificamente pelo Painel Intergovernamental de Mudanças Climáticas – IPCC)[32] servem de fundamentação para a orientação interpretativa mais restritiva da legislação ambiental no que diz respeito a atividade que contribui para o fenômeno de *risco global* (mudanças climáticas), ou seja, queimadas em atividades agroindustriais ou agrícolas.[33]

---

[28] LUHMANN, Niklas. *Observaciones de la Modernidad*. p. 144.

[29] Idem, ibidem. p. 139-203.

[30] BECK, Ulrich. *La Sociedad del Riesgo Global*. Madrid: Siglo Veintiuno de Espanha Editores, 2002.

[31] REsp n. 1.000.731-RO, Segunda Turma, STJ, Min. Herman Benjamin, j. 25.08.2009.

[32] Painel Intergovernamental de Mudanças Climáticas – IPCC, *Climate Change 2007: Synthesis Report*, http://www.ipcc.ch/, acesso em 23.11.09.

[33] A associação, cientificamente ancorada, entre as queimadas e o fenômeno das mudanças climáticas se faz em dois níveis, pelo desmatamento e pela queimada em si. No primeiro caso (desmatamento), este constitui a segunda maior fonte, em nível mundial, de emissão de gás carbônico (17,3%), conforme demonstra Painel Intergovernamental de Mudanças Climáticas (IPCC, *Climate Change 2007: Synthesis Report*, http://www.ipcc.ch/, acesso

No referido julgamento, as mudanças climáticas servem de fundamento legitimador para a redução de tolerabilidade quanto às atividades associadas este fenômeno de risco global. Neste sentido, prolata a decisão que: *"As queimadas*, sobretudo nas atividades agroindustriais ou agrícolas organizadas ou empresariais, são incompatíveis com os objetivos de proteção do meio ambiente estabelecidos na Constituição Federal e nas normas ambientais infraconstitucionais. *Em época de mudanças climáticas*, qualquer exceção a essa proibição geral, além de prevista expressamente em lei federal, *deve ser interpretada restritivamente pelo administrador e juiz"*.[34] (grifamos)

Este julgamento demonstra a irritação do Direito a um fenômeno de *risco ambiental global* (mudanças climáticas) que, mediado pelas descrições científicas (IPCC), passa a ser elemento de convicção, legitimação e operacionalização de decisões jurídicas.

Há, assim, um *redução jurídica* da *eco-complexidade*, num movimento evolutivo em que as mudanças climáticas atuam como vetor de decisões judiciais, ainda sobre uma fundamentação ampla e abstrata, pressupondo as descrições científicas consignadas em documentos internacionais (como, no caso das mudanças climáticas, o IPCC).

2.2. O aprofundamento: a mediação científica da "ecocomplexidade" para operacionalização desta pelo Direito Ambiental

Num processo de aprofundamento da assimilação da *ecocomplexidade*, tem-se o estimulo da intersecção entre direito e ciência, fomentando um aco-

---

em 23.11.09. p. 36), enquanto que em sede nacional, o desmatamento ocupa um protagonismo nas emissões de gás carbônico. Já as queimadas contribuem de forma significativa para o aumento das emissões de gases do efeito estufa (BRASIL, MINISTÉRIO DA CIÊNCIA E TECNOLOGIA. Comunicação Nacional Inicial do Brasil à Convenção-Quadro das Nações Unidas sobre Mudança do Lima. Brasília, 2004. p. 85)

[34] "AMBIENTAL. MULTA PREVISTA NO ART. 14 DA LEI 6.938/1981. APLICAÇÃO. RECURSO ESPECIAL. ALÍNEA 'C'. NÃO-DEMONSTRAÇÃO DE DIVERGÊNCIA.
1. Hipótese em que o Tribunal de origem asseverou a legalidade da autuação do recorrido, com base no art. 14, I, da Lei 6.938/81, por ter realizado queimada de pastagem em área correspondente a 600 hectares, sem a devida autorização.
2. O dispositivo em tela prevê a aplicação de multa pelo "não cumprimento das medidas necessárias à preservação ou correção dos inconvenientes e danos causados pela degradação da qualidade ambiental", constituindo base legal suficiente para a autuação.
3. *As queimadas*, sobretudo nas atividades agroindustriais ou agrícolas organizadas ou empresariais, *são incompatíveis com os objetivos de proteção do meio ambiente* estabelecidos na Constituição Federal e nas normas ambientais infraconstitucionais. *Em época de mudanças climáticas, qualquer exceção a essa proibição geral, além de prevista expressamente em lei federal, deve ser interpretada restritivamente pelo administrador e juiz.*
4. A divergência jurisprudencial deve ser comprovada, cabendo a quem recorre demonstrar as circunstâncias que identificam ou assemelham os casos confrontados, com a indicação da similitude fática e jurídica entre eles. Indispensável a transcrição de trechos do relatório e do voto dos acórdãos recorrido e paradigma, realizando-se o cotejo analítico entre ambos, com o intuito de bem caracterizar a interpretação legal divergente. O desrespeito a esses requisitos legais e regimentais (art. 541, parágrafo único, do CPC e art. 255 do RI/STJ) impede o conhecimento do Recurso Especial, com base na alínea "c" do inciso III do art. 105 da Constituição Federal.
5. Recurso Especial parcialmente conhecido e, nesta parte, não provido." (REsp n. 1.000.731-RO, Segunda Turma, STJ, Min. Herman Benjamin, j. 25.08.2009). (grifos nossos)

plamento entre sistemas sociais, num processo mediado pela ciência para a operacionalização (desta *ecologia da ignorância*) pelo Direito Ambiental. Este acoplamento desencadeia, internamente (ao direito), a necessidade de (auto)formação de critérios jurídicos para a validação e ponderação da *credibilidade das provas científicas* acerca da configuração dos danos, nexos causais e, sobretudo, riscos ambientais.

A *ecologização do direito* consiste num processo de *sensibilização cognitiva* do direito aos *efeitos colaterais* do êxito da sociedade industrial, em que qualquer processo decisório encontrará a convergência destas três formas de complexidade, deslocando a centralidade das observações do direito em direção (*i*) à capacidade regulatória do Direito Ambiental acerca dos riscos ecológicos e ameaças tecnológicas; (*ii*) aos critérios, democraticamente legitimados, para análise das provas científicas de configuração jurisdicional dos danos e riscos ambientais, os quais impõe obrigações juridicamente vinculantes.

Esta *ecologia do desconhecido* é operacionalizada juridicamente, sob a dimensão espacial e temporal, a partir das organizações constitucionalmente legitimadas (órgãos administrativos ambientais e jurisdição)[35] para a regulação ambiental, exercendo tais funções mediante a análise de provas de dano (centralizadas na observação do passado) e, contemporaneamente, de riscos ambientais (comunicação acerca do futuro).

Neste processo de irritação do direito às mudanças estruturais da Sociedade Pós-Industrial a *Constituição* atua como *link inter-sistêmico*, como ato comunicativo comum entre os sistemas político e jurídico, fomentando a interseção e o diálogo policontextual. Assim, a Constituição exerce a "integração da policontextualidade social"[36] enquanto a Teoria Constitucional, por sua vez, atua como um direito "autolimitado ao estabelecimento de processos de informação e de mecanismos redutores de interferências entre vários *sistemas autónomos* da sociedade (jurídico, econômico, social e cultural)".[37]

Dispondo de sua aptidão policontextual, a Constituição brasileira insere, textualmente,[38] as *futuras gerações* como titulares do direito ao meio ambiente ecologicamente equilibrado (interesses intergeracionais), em uma *semântica construtivista* capaz de habilitar o direito a observar os riscos aceitos e não aceitos,[39] ante o parâmetro constitucional: *possíveis lesões ambientais aos interesses das futuras gerações.*

---

[35] STEWART, Richard B.. "The role of the Courts in Risk Management." In: *Law and Environment: a multidisciplinary reader.* Robert V. Percival; Dorothy C. Alevizatos. Philadelphia: Temple University Press, 1997. p. 350-351; CARVALHO, Délton Winter de. "Sistema constitucional brasileiro para o gerenciamentos dos riscos ambientais." *Revista de Direito Ambiental.* n. 55, 2009.

[36] CANOTILHO, José Joaquim Gomes. *Direito Constitucional e Teoria da Constituição.* 5. ed. Coimbra: Almedina, 1997, p. 1436.

[37] Idem, p. 1436.

[38] No seu art. 225, *caput.*

[39] LUHMANN, Niklas. *Risk: a sociological theory.* New Jersey: Aldine Transactions, 2002. p. XXXI.

Neste processo de ecologização faz-se sempre em distinção aos riscos de uma possível juridicização da ecologia, num pêndulo que dependerá da estrutura interpretativa (pré-compreensão) que constituirá as decisões, antropocêntrica ou ecocêntrica.[40] Parece que a posição atual do pensamento jurídico ambiental aproxima-se de um *antropocentrismo alargado*,[41] sendo este alargamento decorrente da inserção das futuras gerações como *interesses* (intergeracionais)[42] *juridicamente tutelados*.

Há, assim, um deslocamento, nas instâncias administrativas, de uma regulação baseada apenas em situações de dano (*harm-based regulation*) em direção a um modelo que insere uma regulação baseada em padrões de riscos (*risk-based regulation*), o que expande os poderes discricionários dos órgãos competentes.[43] A fim de orientar e limitar a ampliação desta discricionariedade administrativa, a regulação baseada no risco é, num primeiro momento histórico, arraigada em uma *regulação preventiva* para, num segundo momento evolutivo, ver o surgimento de uma *regulação* (também) *precaucional*.[44]

A inserção das indeterminações nos processos decisórios no Direito Ambiental é assimilada pela inclusão da incerteza científica como elemento desencadeador da utilização do Princípio da Precaução, aumentando a sensibilização cognitiva do direito às *irritações ecológicas*.

No caso do Direito Ambiental, tem-se como elemento de observação (operacionalização) desta *ecocomplexidade* a noção de *incerteza científica* e o programa de decisão fornecido pelo *Princípio da Precaução*, cujo conteúdo estabelece que casos em que haja dúvidas científicas sobre as consequências futuras ambientalmente negativas decorrentes de uma atividade ou produto deverão ser orientados por uma *ordem de cautela*, num processo de gestão de *riscos abstratos*. Neste sentido, quanto ao seu conteúdo, "a gestão precaucional implica a regulação urgente de riscos hipotéticos, ainda não comprovados", tendo este

---

[40] CANOTILHO, José Joaquim Gomes. "Juridicização da Ecologia ou Ecologização do Direito." Revista Jurídica do Urbanismo e do Ambiente. n. 4, dezembro, 1995. p. 71-72.

[41] Para José de Sousa Cunhal Sendim, o alargamento do antropocentrismo no Direito Ambiental se dá pela inserção da equidade intergeracional (igualdade entre gerações); pela consideração dos direitos dos animais; e pela compreensão do homem como integrante da comunidade biótica, numa solidariedade de interesse entre estes. SENDIM, José Cunhal. *Responsabilidade Civil por Danos Ecológicos: da reparação do dano através da restauração natural*. Coimbra: Coimbra, 1998. p. 98-104.

[42] WEISS, Edith Brown. Intergenerational equity: A legal framework for global environmental change. In: WEISS, Edith Brown (Ed.). *Environmental Change and International Law: new challenges and dimensions*. Tokyo: United Nations University Press, 1992.

[43] JASANOFF, Sheila. *Science at the Bar: Law, Science and Tecnology in America*. Cambridge: Harvard University Press, 1995. p. 72.

[44] JONES, Judith; BRONITT, Simon. "The burden and standard of proof in environmental regulation: the precautionary principle in an Australian Administrative Context", in: Elizabeth Fisher, Judith Jones, Rene Von Schomberg (Eds.). *Implementing the Precautionary Principle. Prespectives and Prospects*. Edward Elgar: Cheltenham, 2008. p. 145.

princípio como *pressupostos fundamentais de aplicação* "a existência de riscos ambientais e a incerteza científica quanto aos riscos".[45]

A consolidação deste *novo paradigma regulatório* terá a relação direta com *a expansão das categorias de análise de prova científica acerca dos riscos*, legitimando decisões sem a necessidade de prova conclusiva, mediante a análise probabilística e a inserção da incerteza científica como elementos de ponderação probatória e decisão.

Os tribunais, ao seu turno, situados no centro gravitacional do direito,[46] ao enfrentar a análise das provas tecnológicas e científicas, passam a ter que exercer um processo (*i*) de (des)construção discursiva da autoridade do *expert*, tornando transparente os valores, preconceitos e suposições sociais envolvidas em litígios que envolvam prova científica e tecnológica; (*ii*) de "educação cívica sobre a ciência e a tecnologia" pelo procedimento jurisdicional, capaz de produzir informações (aos litigantes, comunidade, sistema jurídico, instituições governamentais e não governamentais) acerca dos dilemas epistemológicos, sociais e morais que acompanham as mudanças tecnológicas; (*iii*) de efetividade, segundo o qual as decisões judiciais devem dar uma resposta à demanda proposta, adequada temporal e sob bases regulatórias razoáveis.[47]

O Direito Ambiental Contemporâneo passa a ter que exercer processos decisórios compatíveis com *a tridimensionalidade da complexidade* inerente à *ecologização do direito*. Desta forma, a formação de um processo de absorção das incertezas e temporalização da complexidade pelas organizações competentes faz-se condicionada à necessária *transparência dos critérios utilizados pela decisão jurídica* (administrativa ou jurisdicional). Permite-se, assim, democraticamente, a sua confrontação, revisão, aprofundamento e/ou confirmação. Esta necessidade é decorrente da consolidação do Direito Ambiental como sistema, encontrando-se este numa transição de *Law in the books* para (Environmental) *Law in action,* necessitando a estabilização dos *critérios de ponderação das decisões.*

Em razão das constantes indeterminações que envolvem os dados técnicos utilizados como bases para a decisão (administrativa e judicial), há a necessidade de demonstração transparente acerca dos critérios de análise da *complexidade interna* ao Direito (superação de teorias tradicionais, releitura de institutos jurídicos clássicos, etc.); das ressonâncias e interferências recíprocas entre os sistemas e que tenham sido relevantes à formação da decisão (*descontinuidade interativa*); bem como a absorção das indeterminações decorrentes da *ecocomplexidade* que,

---

[45] ARAGÃO, Alexandra. "Princípio da Precaução: Manual de Instruções." *Revista do Centro de Estudos Direito do Ordenamento, do Urbanismo e do Ambiente.* n. 22, ano XI, 2, Coimbra: Faculdade de Direito da Universidade de Coimbra, 2008. p. 20.

[46] LUHMANN, Niklas. "A Posição dos Tribunais no Sistema Jurídico." *Revista Ajuris.* nº 49, ano XVII, julho, 1990.

[47] JASANOFF, Sheila. *Science at the Bar: Law, Science and Tecnology in America.* Cambridge: Harvard University Press, 1995. p. 20-21. (tradução livre do autor)

por sua inviabilidade operacional, é, com frequência, traduzida (reconstruída internamente) como "incerteza científica", permitindo assim a sua operacionalização pelo sistema do Direito Ambiental, numa mediação realizada pela ciência.

2.3. A formação de critérios de ponderação para análise judicial da prova científica

A exemplo do que ocorreu em outras tradições jurídicas,[48] o futuro do Direito Ambiental brasileiro contemporâneo promete a intensificação e o aprofundamento das reflexões acerca dos critérios jurídicos adotados para a formação de decisões que tenham por base a análise de prova científica sobre riscos ambientais, numa interação entre direito e ciência (complexidades estruturadas socialmente).

Assim, a absorção da *eco-complexidade* gera uma interação maior entre o Direito e a ciência (descontinuidade interativa), estimulando a formação de critérios (jurídicos) para a análise de provas cientificamente confeccionadas (complexidade juridicamente estruturada) e dos elementos de formação da convicção decisória.

Neste processo de absorção jurídica da *eco-complexidade*, mediada pela ciência, há uma *intersecção entre direito e ciência*, a partir de uma relação entre *validade jurídica e credibilidade científica.*[49] A análise judicial da prova científica produz uma dinâmica interpretativa de *construção discursiva e de desconstrução da credibilidade científica,*[50] levando as ponderações judiciais de uma base probatória centrada na segurança científica para um modelo de provas indiciárias (evidencias, probabilidades, indícios, etc.).

Outro elemento a ser destacado da consolidação de uma regulação baseada em situações de risco é a relevância da *análise probabilística* dos riscos ambientais e sua construção probatória. Considerando, em contextos de riscos ambientais, a inexistência de evento concretizado, a constante divergência entre prognósticos científicos, e, epistemologicamente, a impossibilidade de se saber ao certo o que ocorrerá no horizonte futuro, a relevância da fundamentação (Princípio da Fundamentação)[51] acerca dos critérios valorativos e metodológicos adotados pela decisão na análise das provas técnico-científicas é condição para o pleno respeito ao próprio Princípio Democrático.

---

[48] Especialmente na tradição da Common Law e do Direito Comunitário Europeu.

[49] CARVALHO, Délton Winter de. *Dano ambiental futuro: a responsabilização civil pelo risco ambiental.* Rio de Janeiro: Forense universitária, 2008. p. 107.

[50] LYNCH, Michael; JASANOFF, Sheila. "Contested Identities: Science, Law and Forensic Practice." *Social Studies of Science*, 28/5-6, October-december, London: SAGE, 1998. p. 675-678.

[51] "Quanto maior for a incerteza, maior o cuidado que a entidade decisora deverá colocar na explanação do percurso ponderativo que a levou a adoptar tal medida." (GOMES, Carla Amado. "Subsídios para um Quadro Principiológico dos Procedimentos de Avaliação e Gestão do Risco Ambiental". *Revista Jurídica do Urbanismo e do Ambiente.* n. 17, junho, 2002. p. 52.)

Ainda que incerto o futuro, a *probabilidade* consiste num fundamento racionalmente seguro,[52] vez que, apesar de ser uma ficção operacional (descrição argumentativa do futuro), deve ser transparente quanto aos critérios analisados, de maneira controlada e não arbitrária.[53] Sua utilidade singular consiste não em eliminar obscuridade do futuro, mas em fazer desta uma fonte produtiva de informações específicas.[54]

A título elucidativo, faremos uso dois casos de direito comparado a fim de demonstrarmos a necessidade de construção de um *processo de (des)construção discursiva da prova técnica e de sua credibilidade científica* pelo direito e, a partir desta análise, a formação de uma convicção jurídica acerca da sua validade jurídica e influência determinante desta na decisão jurídica pelos tribunais.

No *leasing case "Daubert versus Merrell Dow Pharmaceuticals"* da Suprema Corte Americana, firmaram-se os *requisitos de admissibilidade do testemunho científico*, determinando a validade e a relevância deste a partir dos seguintes critérios de análise: (i) que a teoria ou técnica seja capaz de submissão a verificação científica; (ii) que tenha sido submetida a revisão científica e publicada; (iii) que se tenha conhecimento do nível de incerteza ou erros em potencial e quais são os padrões para controlá-los e; (iv) que haja amplo reconhecimento (*general acceptance*) perante a comunidade científica.[55]

Outro importante precedente ao tema dos critérios de admissibilidade e ponderação valorativa da prova científica pelo direito consiste no caso em que a empresa *Pfizer Animal Health S.A.* buscava a anulação de regulamento adotado pela Comissão das Comunidades Europeias que proibia a utilização de uma substância denominada "virginiamycin" em animais em virtude do desconhecimento sobre riscos à saúde humana. No referido julgamento, o *Tribunal de Primeira Instância das Comunidades Europeias*[56] decidiu que, diante de contextos de conhecimentos científicos incompletos em casos de riscos de danos a posições protegidas normativamente, há a ampliação da discricionariedade das instituições administrativas,[57] sem, contudo, ser admissível que as decisões sejam tomadas

---

[52] ESPOSITO, Elena. *Probabilità Improbabili: La realtà della finzione nella società moderna.* Roma: Meltemi, 2008. p. 26.

[53] Idem, ibidem. p. 41.

[54] Idem, ibidem. p. 45-46.

[55] Daubert v. Merrell Dow Pharmaceuticals, Inc., 43 F.3d 1311 (9th Cir. 1995); acerca de comentários doutrinários sobre o *Daubert standard:* JASANOFF, Scheila. *Science at the Bar.* p. 63.

[56] Este consiste no primeiro caso em que o Tribunal de Primeira Instância das Comunidades Europeias invocou expressamente o princípio da precaução, decidindo que perante o risco não comprovado de transmissão humana de bactérias tornadas resistentes a um antibiótico administrado em animais (virginiamycin) a Comissão decidiu pela proibição do uso de tal antibiótico, acompanhando medidas unilaterais tomadas pela Suécia e Dinamarca. (Processo T-13/99 – Pfizer Health S/A contra Conselho da União Europeia, acórdão de 11.09.2002).

[57] Cfe. considerações argumentativas 170 da referida decisão.

Aspectos epistemológicos da ecologização do direito

com base em "riscos puramente hipotéticos",[58] asseverando a equilibrada ponderação (princípio da proporcionalidade) pelas instituições envolvidas.[59]

No entanto, mesmo sem a comprovação científica de risco à saúde humana, este julgado decidiu pela proibição do produto em razão da magnitude (risco à saúde humana).[60] Neste contexto de incerteza científica e riscos ambientais (à saúde humana, no caso) a base das informações científicas devem ser fundadas e avaliadas a partir dos *princípios da excelência, da transparência e da independência* dos peritos e seus estudos de avaliação de riscos ambientais, como importante garantia procedimental para elucidação científica objetiva das medidas adotadas e evitar medidas excessivas e arbitrárias.[61]

Assim, o aumento do grau de indeterminação que constitui estes contextos decisórios de regulação de risco lança destaque sobre a necessária fundamentação, demandando uma maior transparência e aprofundamento sobre os critérios de análise jurídica da credibilidade científica da opinião técnica, substancial e processualmente.

Em um processo de assimilação da eco-complexidade, pelo aprofundamento e intensificação das intersecções entre direito e ciência pode-se observar como alguns *critérios substanciais* para análise e ponderação da prova científica, os quais servem para análise da coerência da decisão (administrativa ou judicial) acerca do controle de riscos ambientais, tais como: (i) a análise da metodologia científica adotada, nos moldes do padrão decisional Daubert (*Daubert standard*); (ii) o credenciamento do laboratório utilizado para a análise científica junto a órgãos ambientais ou de certificação para tais exames; (iii) a área de formação e especialização do perito (currículo e autoridade científica) que confecciona um parecer, relatório, estudo ou laudo; (iv) a competência técnica do perito para a área de abrangência científica do parecer; (v) a realização de tais avaliações segundo normas técnicas vigentes; (vi) a demonstração de outros elementos policontextuais da decisão, tais como análise de custo/benefício (econômico).

Já os *critérios procedimentais* devem resguardar um *devido processo legal, ambiental*[62] *e de análise científica* (melhores informações científicas), a fim de permitir a instrução e a elucidação probatória dos fundamentos acerca da produção e credibilidade da prova (devido processo legal, contraditório e ampla defesa,

---

[58] Cfe. considerações argumentativas 143.

[59] Cfe. considerações argumentativas 409 e segs.

[60] Neste sentido a decisão assevera: "Embora elas [instituições da Comunidade] não devem tomar uma postura baseada puramente numa aproximação hipotética do risco e não devem fundamentar suas decisões no 'risco--zero' (...), as instituições Comunitárias devem, contudo levar em consideração a sua obrigação (...) de assegurar um alto nível de proteção à saúde humana, o que, (...) não tem que necessariamente que ser o mais alto tecnicamente possível." (consideração 152 da decisão) (tradução livre)

[61] Cfe. considerações argumentativas 172.

[62] BENJAMIN, Antonio Herman V. "Constitucionalização do ambiente e ecologização da constituição brasileira." In: José Joaquim Gomes Canotilho; José Rubens Morato Leite. *Direito Constitucional Ambiental Brasileiro*. Saraiva: São Paulo, 2007. p. 67.

cfe. art. 5º, LIV e LV, CF), bem como a produção processual de estudos de avaliação de impactos e riscos ambientais.

Critérios substanciais e procedimentais devem, em todos os casos, resguardar os princípios da transparência, fundamentação, autonomia e excelência da opinião pericial, como critérios principiológicos de análise e ponderação da prova científica de riscos ambientais para a sua declaração de (i)licitude e interpretação do binômio probabilidade/magnitude.

Considerações finais

A intensificação dos problemas ambientais contemporâneos lança sobre às esferas administrativas e aos tribunais uma *nova conflituosidade ambiental*, cujo principal objeto é a gestão de riscos ambientais a partir da análise de provas científicas. Neste processo decisório, observa-se a constante inserção da incerteza científica quando os conflitos dizem respeito às novas tecnologias e suas ameaças ambientais e à saúde humana.

Os processos de tomada de decisão pertinentes a conflitos inerentes a uma nova dimensão constitucional de direitos ambientais (marcados pelo comprometimento com as futuras gerações, pela análise contextual das diversas fontes de uma possível contaminação, pela necessidade de maior ancoramento científico das dúvidas e incertezas, e pela necessidade de controle dos riscos de maior magnitude e globalidade) são constituídos por uma complexidade tridimensional (complexidade interna, complexidade social e ecocomplexidade).

Na primeira parte do presente trabalho efetua-se a descrição epistemológica das três dimensões da complexidade no enfrentamento jurídico dos problemas ambientais contemporâneos. Neste sentido, a primeira parte explora a descrição de um movimento de absorção da complexidade de uma complexidade interna ao direito a uma ecocomplexidade. Qualquer decisão jurídica em matéria ambiental não apenas lidará com as próprias limitações da estrutura jurídica a uma tutela ambiental mais ambiciosa, como encontrará o aumento desta complexidade pela impossibilidade de intervenções causais e diretas (descontinuidade interativa) sobre outros sistemas (por exemplo, na economia) e necessidade de absorção da ecocomplexidade, mediada esta pela ciência ou por outros sistemas sociais.

Já a segunda parte, leva as análises a um processo inverso, ou seja, da descrição do processo jurídico de assimilação/absorção da ecocomplexidade pelo Direito Ambiental até a formação de critérios jurídicos para decodificação das informações científicas provenientes de um processo de mediação da eco-complexidade para análise e controle dos riscos ambientais. Esta temporalização e absorção da complexidade ambiental se processam mediante (i) uma irritação legitimadora de decisões jurídicas, cuja consequência consiste na diminuição da tolerabilidade pelos fenômenos de riscos globais e ecocomplexos; (ii) a intensificação das intersecções entre direito e ciência, a fim de realizar uma absorção da

Aspectos epistemológicos da ecologização do direito

ecocomplexidade pelo Direito Ambiental; (iii) finalmente, a formação de critérios internos (ao direito) para racionalização das incertezas e indeterminações na análise e ponderação (jurídica) das provas científicas.

Neste sentido, não se pode olvidar que a gestão dos riscos ambientais pela imposição de ordens principiológicas de prevenção ou precaução constantemente redundarão em supressão de posições juridicamente tuteladas, tais como os direitos fundamentais de liberdade, devendo haver, portanto, um enfrentamento transparente, fundamentado e proporcional dos elementos técnicos levados em consideração para a formação da convicção decisória, como elemento essencial ao Estado Democrático Ambiental.

Assim, os tribunais passam, a partir de um compromisso constitucional com os interesses ambientais das futuras gerações, a ter que realizar análises de provas e decisões para o controle de riscos ambientais, marcados pela incerteza científica. Para a racionalização jurídica de tais indeterminações, tem-se a formação pragmática de critérios de ponderação e valoração da prova científica pelo direito, a fim de fornecer maior transparência e credibilidade às decisões jurídicas que imponham medidas preventivas para a gestão dos riscos ambientais.

Os critérios para uma (des)construção discursiva da prova científica pelos tribunais é acompanhada por uma função de educação cívica das partes e da coletividade acerca dos riscos ambientais e à saúde humana impostos pelas novas tecnologias. Em face destas novas funções que a jurisdição acaba exercendo em face do compromisso constitucional do Direito Ambiental com o futuro forma-se a necessidade de construção de critérios de ponderação da prova científica em contextos de riscos ambientais, a fim de favorecer a necessária lucidez, elucidação e fundamentação das decisões. Para fins pedagógicos, tais critérios (de análise e ponderação de prova científica) podem ser classificados e distinguidos em aspectos substanciais e procedimentais. Critérios estes que potencializam a autorreferência do direito em suas intersecções entre direito e ciência e, em seguida, na absorção da ecocomplexidade dos problemas ecológicos e conflitos pós-industriais.

— VI —

Para além do individualismo: crítica à irrestrita vinculação dos direitos humanos aos pressupostos da modernidade ocidental

FERNANDA FRIZZO BRAGATO[1]

Sumário: Introdução; 1. Bases da inautêntica compreensão da ideia de direitos; humanos; 1.1. O discurso hegemônico dos direitos humanos; 1.2. O liberalismo clássico e as declarações de direito da Modernidade; 2. Críticas e desconstruções da ideia de direitos humanos; 2.1. O individualismo e os obstáculos à universalização; 2.2. A crítica "oriental" contra o imperialismo e a pretensão de uniformidade; 3. Ressignificação da ideia de direitos humanos; 3.1. Bartolomé de Las Casas e a conquista da América: episódio negligenciado; 3.2. Dignidade humana: uma concepção para além do individualismo; Considerações finais. Referências bibliográficas.

Introdução

O presente artigo parte da hipótese de que a ideia de direitos humanos está vinculada a uma particular visão política e jurídica produzida no contexto ocidental moderno. De acordo com essa visão, o liberalismo clássico e a sua compreensão das ideias de indivíduo, liberdade e igualdade – incorporadas às Declarações modernas de direitos – são pressupostos constitutivos dos direitos humanos. O discurso hegemônico dos direitos humanos insere-se na tradição que remonta à longa história do pensamento ocidental e que se consolidou no iluminismo europeu. Essa tradição tem como principal característica o empoderamento do indivíduo através da concessão de direitos derivados do exercício de uma vontade livre e incondicionada. O modelo de compreensão que pressupõe a vinculação estrita do discurso dos direitos humanos a estes pressupostos obscurece e limita as possibilidades de compreensão de uma ideia que está muito além dos propósitos individualistas e uniformizantes do liberalismo clássico. Considerando-se que os direitos humanos constituem um conceito muito mais amplo que aquele que está subentendido nas Declarações modernas de direitos, o artigo discute argumentos críticos contra o discurso de direitos humanos e propõe uma ressignificação deste discurso, passando pela rediscussão dos seus pressupostos e do resgate de elementos esquecidos pela sua história (oficial). O objetivo não é desconstruir

---

[1] Doutoura em Direito.

as críticas aos direitos humanos, mas as utilizar como forma de demonstrar as insuficiências de um discurso atrelado a pressupostos altamente questionáveis e, a partir disso, propor novas formas de compreensão que levem em conta a dimensão emancipatória destes direitos. Ou seja, trata-se, como ensina Lenio Streck,[2] de um esforço hermenêutico no sentido de identificar e suspender os pré-juízos na busca da compreensão. Quem interpreta está exposto às confusões de seus próprios pré-conceitos, que podem levar a análises distorcidas, falsas compreensões e reprodução irrefletida do senso comum. Por isso, a atitude hermenêutica exige a consciência dos conceitos prévios – neste caso, os pressupostos do discurso hegemônico dos direitos humanos – para que se possa confrontá-los com o que vem à fala, pondo à prova a sua origem e validez.

1. Bases da inautêntica compreensão da ideia de direitos humanos

1.1. O discurso hegemônico dos direitos humanos

Existe um discurso hegemônico dos direitos humanos, que limita a sua validade para além das fronteiras do Ocidente. Trata-se de um discurso cujo privilégio da enunciação é, justamente, ocidental e que afirma que os direitos humanos são um produto das circunstâncias favoráveis e da visão de mundo que se consolidaram na Europa e nos Estados Unidos no século XVIII. Essa postura hegemônica ocidental sugere que a história, os valores e as práticas de outras culturas não tiveram, e continuam não tendo, qualquer relevância para a construção desta ideia, subestimando, especialmente, as importantes contribuições latino-americanas para a edificação do potencial emancipatório da modernidade. Implica, ainda, autoerigir o Ocidente na condição de guardião dos direitos humanos, enquanto o resto do mundo continua a violá-los e a ignorá-los. A análise de influentes textos de filósofos e historiadores contemporâneos dos direitos humanos permite que se observe a presença subjacente deste discurso, que é utilizado como uma premissa incontestável.

Chandra Muzaffar explica que o significado convencional dos direitos humanos implica uma ligação com os direitos individuais, especificamente direitos civis e políticos, e que essa equação é um produto do Iluminismo Europeu e da secularização do pensamento e da sociedade nos últimos cento e cinquenta anos.[3]

Bobbio defende que os direitos humanos "nascem no início da era moderna, juntamente com a concepção individualista de sociedade".[4] Bielefeldt segue a mesma linha de raciocínio e corrobora explicitamente a ligação dos direitos humanos com pressupostos individualistas forjados na modernidade europeia e, ba-

---

[2] STRECK, Lenio Luiz. *Verdade e Consenso*. 3.ed. Rio de Janeiro: Lumen Juris, 2009. Passim. ——. *Hermenêutica juridical e(m) crise*. 8ed. Porto Alegre: Livraria do Advogado, 2008. *Passim*.

[3] MUZAFFAR, Chandra. From human rights to human dignity. In: VAN NESS, Peter. *Debating Human Rights*: critical essays from the United States and Ásia. London: Routledge, 1999. p. 25

[4] BOBBIO, Norberto. *A era dos direitos*. Rio de Janeiro: Elsevier, 2004. p. 2.

seado nesta premissa, defende que é possível superar os impasses culturalistas no debate sobre os direitos humanos apesar do fato incontestável de seu surgimento na Europa e na América Norte e de sua ligação com pressupostos individualistas e antropocêntricos.[5] Micheline Ishay defende a mesma ideia, mas sob outro ponto de vista, ao afirmar que uma sucessão de circunstâncias favoráveis estimulou o crescimento do Ocidente e de sua capacidade para desenvolver e difundir o moderno discurso dos direitos humanos. A autora refere-se explicitamente ao papel privilegiado da Reforma, do nascimento da ciência, do crescimento do mercantilismo, da consolidação do Estado-Nação, das expedições marítimas e da emergência da revolucionária classe média no que se refere ao desenvolvimento das demandas de direitos humanos nas revoluções inglesa, americana e francesa.[6] A mesma perspectiva do surgimento dos direitos humanos como produto eminentemente moderno e ocidental é defendida por Jack Donnelly, ao afirmar que a modernidade está associada a uma dupla circunstância sem a qual eles não teriam surgido: a emergência da economia de mercado e dos Estados-Nação, aliada ao crescimento de reivindicações políticas por igualdade e tolerância.[7]

Como se percebe, o discurso hegemônico dos direitos humanos articula-se em torno do arcabouço teórico do liberalismo clássico, elaborado, sobretudo, na obra de John Locke,[8] e de seus produtos mais imediatos: as declarações norte-americanas e francesa de direitos do século XVIII.

1.2. O liberalismo clássico e as declarações de direito da Modernidade

A vinculação entre direitos humanos e liberalismo clássico é clara e solidamente estruturada na obra de Norberto Bobbio, sobretudo em seu clássico "Liberalismo e democracia", cujo capítulo "Os direitos do homem" inicia-se com a afirmação de que a doutrina dos direitos do homem, elaborada pela escola do direito natural (ou jusnaturalismo), é o pressuposto filosófico do Estado Liberal, entendido como o Estado limitado em contraposição ao Estado absoluto. Jusnaturalismo, explica Bobbio, é a doutrina segundo a qual todos os homens, indiscriminadamente, têm por natureza e, portanto, independentemente de sua própria vontade ou de outrem, certos direitos fundamentais, como à vida, à liberdade, à segurança e à felicidade, os quais devem ser respeitados e não invadidos pelo Estado. Segundo os cânones do jusnaturalismo moderno, pressuposto filosófico do liberalismo, a atribuição de um direito a alguém significa reconhecer que

---

[5] BIELEFELDT, Heiner. *Filosofia dos direitos humanos*. São Leopoldo: Unisinos, 2000, p. 141.

[6] ISHAY, Micheline R. *The history of human rights*: from ancient times to the globalization era. Berkeley: University of California Press, 2008. p. 69.

[7] DONNELLY, Jack. *Universal Human Rights in theory and practice*. 2nd ed. Ithaca: Cornell University Press, 2003. p. 58.

[8] LOCKE, John. *Segundo tratado sobre o Governo*. São Paulo: Martins Claret, 2003. *Passim*.

ele tem a faculdade de fazer ou não fazer algo conforme seu desejo e também o poder de resistir contra quaisquer transgressões a estes direitos.[9]

Bobbio segue argumentando que o jusnaturalismo é o pressuposto filosófico do liberalismo porque ele serve para fundar os limites do poder à base de uma concepção geral e hipotética da natureza do homem que prescinde de toda verificação empírica e de toda prova história. E essa concepção assegura que existe na natureza uma lei que atribui a todos os indivíduos alguns direitos fundamentais. Esta, segundo Bobbio, foi uma revolução copernicana, que possibilitou a doutrina do Estado liberal, que é a doutrina dos limites jurídicos do poder estatal, razão pela qual "sem individualismo, não há liberalismo".[10]

Da identificação dos "direitos do homem" com o jusnaturalismo (moderno) e seu viés individualista, que caracterizam o liberalismo clássico, Bobbio procede à constatação de que "o caminho contínuo, ainda que várias vezes interrompido, da concepção individualista da sociedade procede lentamente, indo do reconhecimento dos direitos do cidadão de cada Estado até o reconhecimento dos direitos do cidadão do mundo, cujo primeiro anúncio foi a Declaração Universal dos Direitos do Homem.[11] Para o autor, a Declaração Universal representou, no século XX, a consolidação de uma tradição liberal iniciada com as Declarações de Direitos dos Estados Norte-Americanos e da Revolução Francesa.[12]

De fato, o triunfo do indivíduo coincide justamente com os eventos inaugurais da positivação dos direitos humanos: a Declaração de direitos da Virgínia de 1776, mas principalmente, a Declaração francesa dos direitos do homem e do cidadão de 1789. Elas agregaram, ainda, a expressão legal do projeto iluminista fundado na promessa de emancipação do indivíduo das formas de opressão política. A Declaração de Direitos da Virgínia inicia-se com o reconhecimento expresso de que "todos os seres humanos são, pela sua natureza, igualmente livres e independentes, possuem direitos inatos, dos quais, ao entrarem em estado de sociedade, não podem, pôr nenhum tipo de pacto, privar nem despojar sua posteridade: nomeadamente, a fruição da vida e da liberdade, com os meios de adquirir e possuir propriedade de bens, de procurar e obter a felicidade e a segurança".[13] Com algumas alterações gramaticais, a Declaração Francesa reproduz o texto americano, afirmando que "os homens nascem e permanecem livres e iguais em direitos e as distinções sociais só podem fundar-se na utilidade comum" e, ainda, que "a finalidade de toda associação política é a conservação dos direitos naturais e imprescritíveis do homem. Tais direitos são a liberdade, a propriedade, a segurança e a resistência à opressão".[14]

---

[9] BOBBIO, Norberto. *Liberalismo e democracia*. 6. ed. São Paulo: Editora Brasiliense, 1997, p. 11.

[10] Ibid., p. 12-16.

[11] BOBBIO, Norberto. *A era dos direitos*. Rio de Janeiro: Elsevier, 2004, p. 4.

[12] Ibid., p. 29.

[13] COMPARATO, Fábio Konder. *A Afirmação Histórica dos Direitos Humanos*. 3. ed. São Paulo: Saraiva, 2003, p. 114.

[14] Ibid., p. 154.

Analisando-se os dispositivos de uma de outra, os direitos declarados inatos e invioláveis – vida, liberdade e propriedade, assegurados pela igualdade formal diante da lei – articulam-se justamente em torno da ideia de sujeito individual e da viabilização do projeto burguês de sociedade. Guardadas as devidas distinções em relação ao contexto político das treze colônias britânicas da América do Norte, em 1776, e da França revolucionária, em 1789, as declarações produzidas por ambos possuíam nítida conotação burguesa e espírito individualista e, com isso, desencadearam a expansão capitalista, sacralizando a propriedade e instituindo a livre iniciativa, por meio do reconhecimento de uma liberdade quase ilimitada.

Hannah Arendt observa que as declarações americanas e francesas representaram, no fundo, movimentos de recuperação e defesa dos direitos de propriedade,[15] porque liderados por proprietários ainda desprovidos de poder político e basicamente por isso. Além disso, embora as Declarações reconhecessem que todos os homens são livres e iguais, os negros continuaram escravos nos Estados Unidos da América, enquanto a França manteve seu poder sobre suas colônias e não reconheceu quaisquer direitos às mulheres, revelando uma visão um tanto quanto estreita sobre a noção de igualdade de todos os homens.

2. Críticas e desconstruções da ideia de direitos humanos

2.1. O individualismo e os obstáculos à universalização

A tradição filosófica dominante na modernidade – o liberalismo – rejeita, no entendimento de MacIntyre, todas as ideias de bem comum que não sejam a mera agregação dos desejos dos indivíduos que se imaginam constituírem a (não)sociedade.[16]

É pacífico, conforme Charles Taylor,[17] que no Ocidente, tanto a democracia quanto os direitos humanos têm sido fomentadas pelo avanço de uma espécie de humanismo, que realçou o modo como os seres humanos se distinguiram do resto do *cosmos* e adquiriram um estatuto mais elevado que qualquer outra coisa. A ideia de pessoa humana, segundo a qual a nossa habilidade para conhecer (ou racionalidade) nos faz humanos, está, de fato, envolvida no discurso hegemônico dos direitos humanos, que pressupõe um indivíduo possuidor de direitos e legitimado a reclamá-los e a exercê-los contra quem quer que seja.

Taylor esclarece que os obstáculos com os quais se depara um possível consenso entre os defensores de diferentes linhas de pensamento em torno dos direitos humanos residem justamente no fato de o discurso dos direitos ter suas raízes no sistema de valores da cultura ocidental. Não apenas isso constitui um

---

[15] ARENDT, *Da revolução*. Brasília: Universidade de Brasília, 1988. p. 145.

[16] MACINTYRE, Alasdair. *Depois da virtude*. Tradução de Jussara Simões. Bauru: EDUSC, 2001.

[17] TAYLOR, Charles. Conditions of an unforced consensus on human rights. In: HEYDEN, Patrick. *The politics of human rights*. St. Paul, MN: Paragon House, 2001. p. 111.

obstáculo, mas também a filosofia que subjaz a esse reconhecimento e que pressupõe a primazia do indivíduo, desafiando noções comunitárias de mundo que dão mais ênfase à forma como esses indivíduos se relacionam e se posicionam na sociedade.[18] Taylor esclarece que na Europa, e aqui acrescento os Estados Unidos, os direitos nasceram como poderes do indivíduo que se sobrepõem à sociedade. Daí, ao invés de falarmos que é errado matar alguém, dizemos que temos direito à vida. O discurso ocidental dos direitos envolve, de um lado, um conjunto de formas legais, pelas quais a imunidade e as liberdades são inscritas como direitos, com certas consequências para a possibilidade de renúncia e para as formas nas quais eles podem ser assegurados. E envolve, de outro lado, uma filosofia da pessoa e da sociedade que atribui enorme importância ao indivíduo, com significativa atenção ao seu poder de consentimento.

Para a maioria das culturas não ocidentais, sobretudo, isso não funciona. A filosofia ocidental supõe indivíduos possuidores de direitos e encorajados a agir e a defendê-los agressivamente contra a sociedade e os outros, enquanto outras culturas dão mais ênfase à responsabilidade que este indivíduo deve ter diante deles. Assim, a concepção individualista ocidental é vista aos olhos de muitos povos como criadora de homens autossuficientes, que leva à atrofia do senso de pertencimento e a um grau maior de conflito social, enfraquecendo a solidariedade social e aumentando a ameaça de violência.[19]

De forma que a crença cristã de que cada ser humano, em sua individualidade, pelo simples fato de ter nascido, tem direitos iguais a qualquer outro, foi, de forma paradoxal, a causa de parte de sua distorção. Essa distorção foi a sua conversão em uma ideologia que serviu aos interesses apenas de um grupo, pois possibilitou que seu sentido fosse manipulado de modo a justificar que uns fossem mais iguais que outros. "Para justificar o fato de que os não batizados, os negros ou escravos, as mulheres ou quem quer que seja, não tinham os mesmos direitos, fomos levados a afirmar que eles não eram seres humanos integrais".[20] A cultura hegemônica dos direitos humanos é, pois, baseada na ideia paradigmática da superioridade do padrão de vida europeu e na irracionalidade dos povos que não compartilham o mesmo *modus vivendi*. A história nos mostra que os atributos escolhidos pelos europeus para definir a pertença à humanidade sempre foram negados ao outro não europeu, o que Rorty deixa explícito em sua crítica.[21] Os muçulmanos, nas cruzadas, os povos indígenas, na América, os negros, na África, e assim por diante.

---

[18] Ibid., p. 101-2.

[19] TAYLOR, Charles. Conditions of an unforced consensus on human rights. In: Heyden, Patrick. *The politics of human rights*. St. Paul, MN: Paragon House: 2001. p. 103-6.

[20] PANIKKAR, Raimundo. Seria a noção de direitos humanos uma concepção universal? In: BALDI, César Augusto (Org.). *Direitos humanos na sociedade cosmopolita*. Rio de Janeiro: Renovar, 2004. p. 227.

[21] RORTY, Richard. Human rights, rationality and sentimentality. In: Heyden, Patrick. The *politics of human rights*. St. Paul, MN: Paragon House: 2001. p. 67.

Este mundo constituído pela exacerbação das ideias de autossuficiência e de independência, potencializadas pelo domínio da ciência em todas as dimensões do agir humano, fez com que a herança moderna se convertesse em crise, em razão do tipo de sociedade atomizada e egoísta que originou um mundo extremamente desigual e fragmentado. O individualismo levado ao extremo permitiu a emergência de um "sujeito monológico e todo-poderoso, capaz de decifrar todos os mistérios do universo só com a força da razão", o qual se colocou a si mesmo no centro da história com o poder de transformar o mundo[22] e deu, assim, uma cara à modernidade. Porém essa condição não foi igualmente assumida por todos: a centralidade do indivíduo não se universalizou senão na imposição do domínio da cultura europeia sobre outros povos. De fato, atingir a condição de indivíduo livre, autocentrado, autônomo, que é o resultado final de toda a construção histórica do pensamento moderno sobre o homem, não é universal e inerente a toda a humanidade, como se poderia concluir numa primeira análise. Alcançar essa condição acabou sendo privilégio de poucos: apenas homens brancos ocidentais que preenchem plenamente os requisitos necessários para isso, sendo o resto da humanidade objeto e meio para alcançar esse objetivo.

2.2. A crítica "oriental" contra o imperialismo e a pretensão de uniformidade

É bastante conhecida a discussão sobre os limites que o multiculturalismo ou o pluralismo cultural impõem à universalização dos direitos humanos. Mas essa contenda se dá, sobretudo, porque na base destas diferenças incontornáveis reside uma dicotomia entre as noções de Ocidente e de Oriente que Edward Said explana em sua obra "Orientalismo". O autor defende a tese de que essa oposição é, no entanto, uma produção cultural e ideológica do próprio Ocidente. O subtítulo de sua obra enuncia, de plano, essa concepção: "O Oriente como invenção do Ocidente". Mas que tipo de invenção é esta? Trata-se da construção do que Said denomina orientalismo e que se aproxima e constitui a própria ideia de Europa, como uma noção coletiva que identifica o "nós" europeus em oposição àqueles não europeus. Por meio da construção de imagens, ideias, personalidades e experiências do diferente não europeu, forja-se a hegemonia da cultura europeia, que é a ideia desta identidade como sendo superior em comparação com todos os povos e culturas não europeus.[23] A partir da experiência colonial, sobretudo britânica e francesa, o Oriente é retratado como o lugar do atraso, do exótico, do primitivo, de modo que a formação da identidade moderna ocidental está intrinsecamente ligada às próprias construções culturais do exótico, a uma particular percepção dos outros não europeus.[24] Trata-se, conforme Said, de uma estratégia necessária

---

[22] CASTRO-GÓMEZ, Santiago. *Crítica de la razón latinoamericana*. Barcelona: Puvill Libros, 1996, p. 38.

[23] SAID, Edward. *Orientalismo*: O Oriente como invenção do Ocidente. São Paulo: Companhia das Letras, 1990, p. 19.

[24] Ibid., p. 15

para negociar com o Oriente, "fazendo declarações a seu respeito, autorizando opiniões sobre ele, descrevendo-o, colonizando-o, governando-o: em resumo, o orientalismo como um estilo ocidental para dominar, reestruturar e ter autoridade sobre o Oriente".[25]

Ao demonstrar a existência de uma particular visão homogeneizante e inferiorizada de um "lugar distante e amorfo", Said propõe, assim, uma razão consistente para explicar a resistência oriental contra o discurso dos direitos humanos, ao menos em sua versão hegemônica. É que, ao mesmo tempo em que a centralização do indivíduo contribuiu para a transformação de sistemas políticos autoritários em estruturas políticas democráticas, os direitos humanos foram aparecendo na Europa e nos Estados Unidos, mas a eles limitando os seus benefícios, que tiveram um alcance muito reduzido. Ao redor do mundo, prefiguravam-se as condições para o aprofundamento de um mundo desigual e opressivo que assistiria nos anos seguintes às maiores tragédias que a humanidade jamais presenciara.[26]

Como explica Enrique Del Percio, na passagem da metafísica da substância à metafísica do sujeito, o burguês se autoerige em sujeito universal e os diferentes (os bárbaros, o vulgar, os indígenas, os judeus e os mouros) não chegam, portanto, a essa categoria. Estes não são considerados propriamente humanos ou, pelo menos, não são suscetíveis de ser considerados sujeitos de direitos plenos.[27] Atitudes discriminatórias baseadas na percepção das diferenças como a expressão de uma suposta superioridade de uns (colonizadores europeus) em relação aos outros (povos colonizados) baseou-se fortemente na presunção da maior aptidão daqueles para atingir altos níveis de civilização em face da primitividade dos povos conquistados. Trata-se dos efeitos práticos do padrão de racionalidade europeu que se afirmou na modernidade como principal critério de escalonamento do valor dos seres humanos.

Desta forma, a ligação com pressupostos filosóficos da cultura ocidental lançam sobre a ideia de direitos humanos uma séria desconfiança que desafia a sua afirmação como um ideal libertário para a humanidade. Aceitar a sua validez representa, para muitos povos de matriz não ocidental, permanecer subjugado ao ideal de vida boa da Europa e dos Estados Unidos, que, paradoxalmente, só pode servir a poucos ou, dito de outro modo, só funciona na medida em que grande parte da humanidade fique alijada do processo de fruição de bens, mesmo os mais essenciais. Esse ideal de vida boa, por outro lado, tem definido as políticas internacionais a respeito dos direitos humanos e que estão vastamente dominadas pelos interesses das grandes potências, especialmente dos Estados Unidos, que se tornaram os herdeiros do projeto ocidental. Por isso, entre os povos islâmicos,

---

[25] Ibid., p. 15.

[26] MUZAFFAR, Chandra. From human rights to human dignity. In: VAN NESS, Peter. *Debating human rights*: critical essays from the United States and Ásia. London: Routledge, 1999. p. 26.

[27] DEL PERCIO, Enrique M. *La condición social*: consumo, poder y representación en el capitalismo tardio. Buenos Aires: Altamira, 2006. p. 130.

a dificuldade de assimilação dos direitos humanos relaciona-se à hipocrisia dos discursos ocidentais em relação aos mesmos.[28]

No próprio processo de descolonização da África, o discurso dos direitos humanos foi usado de forma controversa, servindo aos propósitos mais diversos. Ao mesmo tempo em que os líderes nacionalistas levantaram a sua bandeira para reivindicar independência e as metrópoles europeias tenham-na justificado também com base nesses direitos, ironicamente eles vêm servindo de pretexto para justificar a continuidade dos laços de dependência africana com as ex-potências colonizadoras que, no fundo, representa uma nova forma de colonização.[29]

Além disso, guerras e ataques declarados em nome dos direitos humanos foram uma constante no século XX e continuam se repetindo no século XXI, e essa foi uma amarga experiência na Sérvia, no Iraque, no Afeganistão, nas Filipinas, na Bolívia, na Colômbia, na Etiópia e em muitos outros cenários onde, ao contrário, os direitos humanos têm sido sistematicamente violados.

Outro problema é o temor dos povos não ocidentais de que a expansão do discurso dos direitos humanos esconda objetivos políticos identificados com a busca de um padrão de condutas que erija a cultura ocidental à condição de mais avançada e superior, tornando-se natural que seja o mais benéfico para a humanidade: "Críticas a instituições islâmicas tem sido, historicamente, associadas a tentativas de governos ocidentais para justificar suas próprias interferências nas políticas de países muçulmanos".[30] Sob essas bases, o conceito de direitos humanos não encontra abrigo na universalidade, evidenciando que a sua formulação geral é fruto de um diálogo bastante parcial entre as culturas do mundo. A reivindicação de validade universal dos direitos humanos no sentido acima formulado implica supor que a maioria dos povos no mundo, hoje, está comprometida com um processo de transição a uma modernidade racional e contratualmente organizada, o que é profundamente questionável[31]. Como adverte Del Percio, não se pode partir da premissa de que a única racionalidade possível é a ocidental moderna que, ao fim e ao cabo, supõe a produção e o consumo como fins últimos da existência humana.[32]

Não se pode, ainda, ignorar o fato de que em muitas culturas não ocidentais (islâmicas, hindus, chinesas, etc), o indivíduo não se distingue da comunidade para ocupar o lugar central privilegiado, como nas culturas ocidentais, onde, na modernidade, a racionalidade afirmou-se como critério para definir a pertença

---

[28] MAYER, Ann Elisabeth. *Islam Tradition and Politics Human Rights*. London: Pinter, 1997. p. 5.

[29] AN-NA'IM, Abdullahi. A proteção legal dos direitos humanos na África: como fazer mais com menos. In: BALDI, César Augusto (Org.). *Direitos humanos na sociedade cosmopolita*. Rio de Janeiro: Renovar, 2004. p. 444.

[30] MAYER, Ann Elisabeth. *Islam Tradition and Politics Human Rights*. London: Pinter, 1997. p. 7.

[31] PANIKKAR, Raimundo. Seria a noção de direitos humanos uma concepção universal? In: BALDI, César Augusto (Org.). *Direitos humanos na sociedade cosmopolita*. Rio de Janeiro: Renovar, 2004. p. 216-22.

[32] DEL PERCIO, Enrique M. *La condición social*: consumo, poder y representación en el capitalismo tardio. Buenos Aires: Altamira, 2006. p. 124.

ou não de um ser à categoria de humano. Como, então, universalizar uma ideia de indivíduo autocentrado entre povos cuja concepção de ser humano está enraizada em considerações religiosas, que, ao contrário do Ocidente, não foram secularizadas? Como esclarece Muzaffar, a importância do ser humano não é secundária entre os povos islâmicos, mas se fundamenta de forma diferente àquela compartilhada no Ocidente. Ela se estabelece a partir da relação com Deus, de modo que a base da vida é espiritual, da mesma forma que o propósito de todo empreendimento humano.[33]

Como, por outro lado, não vislumbrar nessa concepção um forte laço com o ideal de vida boa que os direitos humanos veiculam e que não necessariamente necessitam da afirmação de valores fundados na supremacia do indivíduo isolado da sua relação com os seus pares? Essa noção é profundamente problemática para povos cujo valor e significado da vida humana residem na relação com algo que os transcende, pois, sob essa perspectiva, a libertação de uma autoridade espiritual superior é ilusória e responsável pelo caos e pelo vazio moral predominantes na sociedade ocidental contemporânea.[34] Isso demonstra, por outro lado, que o fato de outras culturas não possuírem uma noção idêntica à de direitos humanos, tal como foram gestados no Ocidente, não significa que não tenham equivalentes que traduzam as exigências de respeito e de promoção de uma vida digna, da mesma forma que o fazem os direitos humanos.[35]

Portanto, como adverte Pannikar, ao persistir este discurso, corre-se o perigo de que os direitos humanos fiquem resumidos a um artigo de exportação da cultura ocidental se se mantiver o entendimento de que a sua factibilidade depende de condições como as vividas no Ocidente ou que seja legítima a defesa de um suposto direito de intromissão das outras culturas pelo Ocidente, que ameaça exportar os direitos humanos "em pacote", acompanhados de outros artigos da cultura ocidental, como a língua inglesa, suas técnicas e seu modelo de economia.[36]

3. Ressignificação da ideia de direitos humanos

3.1. Bartolomé de Las Casas e a conquista da América:
episódio negligenciado

Fato amplamente negligenciado na compreensão histórica dos direitos humanos deu-se durante a colonização e a conquista hispânicas da América, onde, na Espanha do século XVI, eclodiram inúmeros conflitos e lutas políticas em torno da legitimidade da conquista das terras recém-descobertas e do direito dos

---

[33] MUZAFFAR, Chandra. Islã e Direitos Humanos. In: BALDI, César Augusto (Org.). *Direitos humanos na sociedade cosmopolita*. Rio de Janeiro: Renovar, 2004, p. 318

[34] DEL PERCIO, Enrique M. *La condición social*: consumo, poder y representación en el capitalismo tardío. Buenos Aires: Altamira, 2006, p. 132.

[35] PANIKKAR, Raimundo. Seria a noção de direitos humanos uma concepção universal? In: BALDI, César Augusto (Org.). *Direitos humanos na sociedade cosmopolita*. Rio de Janeiro: Renovar, 2004, p. 209.

[36] HÖFFE, Otfried. *Derecho intercultural*. Tradução de Rafael Sevilla. Barcelona: Gedisa, 2000, p. 172.

europeus de submeter os povos indígenas à escravidão. As narrativas das primeiras ocupações dão conta da sistemática exploração dos índios americanos e do sentimento de superioridade europeu que a tornaram possível.[37] O encontro dos espanhóis com os habitantes das "Índias Ocidentais" foi um verdadeiro desastre humano pelos resultados que produziu: expulsão dos povos autóctones de seus territórios, sua alienação material, deculturação e inferiorização jurídica pelo confisco de seus direitos.[38] Ocorre que tais práticas provocaram as primeiras reações políticas e filosóficas contra a negação da dignidade humana de que se tem provas documentais no Ocidente, o que levou à formulação de novos discursos amparados em uma ideia substancializada de pessoa humana, a partir, sobretudo, dos ensinamentos cristãos. Intensos debates surgiram devido à desintegração da cultura autóctone e do rápido extermínio de muitos povos indígenas. Questões como o conceito de senhorio universal do Papa, os títulos dos reis espanhóis para dominar a América e a situação político-jurídica dos índios foram levantadas pelos seus defensores, tanto nos territórios americanos (com os freis dominicanos Montesinos e Bartolomé de Las Casas), como na Universidade de Salamanca, na Espanha, onde esses discursos se consolidaram.

Os abusos perpetrados suscitaram a reprovação imediata de missionários franciscanos e dominicanos que se encarregavam da missão evangelizadora nas novas terras. O fato mais relevante ocorreu em 1550, nas chamadas Juntas de Valladolid, onde foram debatidas as condutas a serem adotadas em relação aos habitantes do Novo Mundo e também as questões relativas à legitimidade da conquista. Neste processo, destacou-se a figura do frei Bartolomé de Las Casas. As ideias de Las Casas estiveram à frente de seu tempo e anteciparam o que, futuramente, seria o alicerce dos direitos humanos após a Segunda Guerra Mundial.[39] Nos debates oficiais de Valladolid, Bartolomé De Las Casas sustentava o argumento contrário à evangelização forçada e à guerra, enquanto Ginés de Sepúlveda, seu opositor, defendia a validade dessa tese, baseado na atribuição, aos índios, de uma humanidade inferior. Essa inferioridade decorria dos detestáveis costumes da idolatria, do canibalismo e dos sacrifícios humanos, que conferia aos índios uma natureza bárbara e servil e justificava sua submissão como a forma mais efetiva de persuasão e evangelização.[40]

Ginés de Sepúlveda não punha em dúvida a pertença dos índios à espécie humana, porque essa era a condição fundamental para justificar sua evangelização; afinal, não se podiam cristianizar animais. No entanto, considerava-os parte de uma humanidade inferior ou sub-homens, sobre os quais era lícito o uso da

---

[37] TODOROV, Tzvetan. A conquista da América: a questão do outro. 3. ed. Sao Paulo: Martins Fontes, 2003.

[38] POUMARÉDE, Jacques. Enfoque histórico do direito das minorias e dos povos autóctones. In: ROULAND, Norbert. *Direito das minorias e dos povos autóctones*. Brasília: Universidade de Brasília, 2004, p. 110.

[39] BRUIT, Héctor Hernan. *Bartolomé de Las casas e a simulação dos vencidos*. São Paulo: Iluminuras, 1995, p. 124.

[40] IGLESIAS, Miguel Ángel Gonzáles. Domigo de Soto: su pensamiento político. Las dificuldades planteadas con la conquista de América. In: PASIN, João Bosco Coelho (Org.). *Culturalismo jurídico. São Paulo 450 anos*: Seminário Brasil Espanha. Brasília: Instituto Tancredo Neves, 2004, p. 201.

força, por se tratar de gente perversa, bárbara e cruel. Do lado oposto, Bartolomé de Las Casas arvorava-se na condição de defensor dos índios. Las Casas testemunhou a crueldade com que eles eram tratados e que provocou um genocídio e a quase dizimação em poucos anos de conquista.[41] Ao contrário de Sepúlveda, Las Casas defendia o princípio da igualdade entre todos os homens, considerando o grau civilizatório irrelevante como critério de gradação ou medida de humanidade.[42]

As ideias suscitadas e sustentadas por ele inseriam-se na linha de pensamento dos eminentes intelectuais da Escola de Salamanca, Francisco de Vitória e Domingos de Soto, pensadores de enorme contribuição para a construção histórica da centralidade da pessoa humana. Vitória e Las Casas construíram uma visão global com uma crítica profunda ao processo de colonização, de grande influência tanto para os seus contemporâneos quanto às gerações seguintes de pensadores.[43] As teorias políticas, concebidas pelos juristas e teólogos espanhóis contemporâneos à conquista da América foram o alicerce para o desenvolvimento de um discurso de legitimação da prática dos direitos humanos e especificamente para o processo de valorização e de reconhecimento da dignidade dos índios, e foram consideradas uma reação a um processo cruel de exploração e aniquilamento desses povos promovido pelos efeitos de colonização perpetrada em nome da evangelização.

As celeumas em torno da legitimidade dos recém chegados europeus para submeter os povos indígenas à exploração e à servidão, gestadas na luta social e nos conflitos políticos do século XVI, não podem ser subestimadas quando o objetivo é pensar a origem dos direitos humanos. O debate que se construiu durante essas disputas constituem, hoje, importante referencial histórico para a afirmação dos direitos humanos e aporte fundamental para compreender o seu significado no contexto contemporâneo.[44] Segundo Castor Ruiz, "há um certo estereótipo que situa a origem moderna dos direitos humanos no parlamentarismo inglês, na independência americana e na revolução francesa".[45] Todavia, o cenário da colonização da América possibilitou, pioneiramente, pensar o outro, oprimido ou diferente, a partir da perspectiva humanista representada pela ideia de dignidade da pessoa humana.

3.2. Dignidade humana: uma concepção para além do individualismo

O modelo hegemônico de compreensão dos direitos humanos não recusa a dignidade humana como pressuposto destes direitos, mas considera que a ela está

---

[41] LAS CASAS, Bartolomé De. *Historia de las Indias II*. México: Fondo de Cultura Economica, 1986. p. 438.

[42] Ibid., p. 459.

[43] JOSAPHAT, Carlos. *Las Casas*: todos os direitos para todos. São Paulo: Loyola, 2000, p. 279.

[44] RUIZ, Castor M. M. Bartolomé. *Os direitos humanos no descobrimento da América: verdades e falácias de um discurso*. Estudos Jurídicos, São Leopoldo, v. 40, n. 2, p. 60; Jul./dez., 2007. BIELEFELDT, Heiner. *Filosofia dos Direitos Humanos*. São Leopoldo: Unisinos, 2000, p. 147.

[45] RUIZ, ob. cit., p. 60.

implícita uma ideia de sociedade que não passa de uma soma total de indivíduos, cujas vontades são soberanas e, em última análise, decisivas e que os direitos e liberdades individuais só podem ser limitados quando colidirem com as liberdades e direitos de outros indivíduos.[46] Admitir a dignidade humana como fundamento dos direitos humanos, própria da concepção contemporânea inaugurada após a II Guerra Mundial, supõe outra leitura para este conceito, onde a concepção individualista do ser humano dá lugar à sua concepção como ser moral, que tem direitos a serem realizados na sociedade.[47] Mais que a perseguição individualista dos próprios interesses, os direitos humanos expressam mandamentos morais em que o outro, a quem moralmente se reconhece e respeita, não é aquele que "me" limita, mas aquele que "me" possibilita, pois "eu" existo porque o outro "me" possibilita ser.[48] É nesta dimensão que se deve compreender os fundamentos da dignidade humana.

Quando se vincula a dignidade humana à qualidade moral da pessoa, nega--se, desde já, um "eu" isolado e atomístico, que estava na base da justificação liberal e jusnaturalista moderna dos direitos humanos e que enseja a rejeição de seu universalismo pelos povos de matriz comunitária. Keown assinala que a justificativa para os direitos humanos encontra-se no inter-relacionamento das pessoas e não nelas próprias. Isto é, os seres humanos fazem parte do processo relacional, pois ninguém existe independentemente, todos precisam cuidar uns dos outros, o que significa respeitar os direitos reciprocamente. Entre esses direitos estão a segurança, a liberdade e a vida.[49] A plenitude da pessoa não é alcançada isolando-se, senão associando-se com todos os demais.[50] O fato de a dignidade estar arraigada ao ser humano funda uma ordem social que impõe exigências morais válidas no mundo da experiência, da história e do fato, e que cria, tanto para a consciência, quanto para a lei escrita, o princípio permanente e as normas primeiras e universais do direito e do dever.[51]

Gearty observa que os direitos humanos refletem uma visão de mundo enraizada no sentimento de que cada um de nós conta de alguma forma, que nós somos igualmente merecedores de consideração. Esta consideração não leva em conta o que nós fazemos, como nós vemos as coisas, quão brilhante nós somos, que cor nós temos, de onde nós viemos ou a qual grupo étnico nós pertencemos:

---

[46] PANIKKAR, Raimundo. Seria a noção de direitos humanos uma concepção universal? In: BALDI, César Augusto (org.). *Direitos Humanos na Sociedade Cosmopolita*, Rio de Janeiro: Renovar, 2004, p. 214-6.

[47] BARRETTO, Vicente. Multiculturalismo e Direitos Humanos: um conflito insolúvel. In: BALDI, César Augusto (org.). *Direitos Humanos na Sociedade Cosmopolita* Rio de Janeiro: Renovar, 2004, p. 306.

[48] RUIZ, Castor M. M. Bartolomé. *Os Labirintos do Poder*. O poder do simbólico e os modos de subjetivação. Porto Alegre: Escritos, 2004, p. 163.

[49] KEOWN, Damien. Budismo e Direitos Humanos. In: BALDI, César Augusto (org.). *Direitos Humanos na Sociedade Cosmopolita*. Rio de Janeiro: Renovar, 2004, p. 344.

[50] CHARDIN, R. P. Teilhard de. Algumas considerações acerca de los derechos del hombre. In: *Los derechos del Hombre*. Barcelona: Laia, 1976, p. 159-62.

[51] MARITAIN, Jacques. Acerca de la filosofía de los derechos del hombre. In: *Los derechos del Hombre*. Barcelona: Laia, 1976, p. 113.

conta, simplesmente, o fato de que nós somos. Considerar alguém não é necessariamente gostar dessa pessoa e, ainda menos, ter admiração ou aprovar os seus atos. Não envolve reconhecer nenhum tipo de talento ou beleza. O que a consideração pelo outro requer de nós é que nós o vejamos como pessoa que é exatamente como nós. Direitos humanos, nesse sentido, são um projeto de visibilidade: seu foco é nos fazer ver as pessoas em torno de nós, particularmente aqueles que, de outra forma, não olharíamos ou que tentaríamos ignorar.[52]

Essa consideração resulta, em última instância, da possibilidade de reconhecer no outro não um simples indivíduo, mas a humanidade como um todo. Vicente Barretto observa que a dignidade apresenta-se como um qualificativo que torna possível identificar em todos os seres humanos a pertença a uma mesma humanidade, que é a reunião simbólica de todos os homens, enquanto seres humanos. Por isso, a dignidade não está referida ao indivíduo, como sustenta o liberalismo clássico, mas à humanidade. A descoberta de que por trás dos direitos humanos havia um substrato moral só ocorreu no século XX, quando os riscos da barbárie nazista, da expansão bélica e da aplicação ilimitada dos conhecimentos biomédicos mostraram ser capazes de dar cabo à própria vida humana em sua essência.[53]

Isso não significa que o valor da dignidade humana não fosse conhecido há bastante tempo. Deles se ocuparam diversos pensadores, dentre os quais o mais influente interlocutor da contemporaneidade tem sido Immanuel Kant. Por meio de sua filosofia moral, Kant contribuiu não só para a definição deste princípio, como estabeleceu as bases para a sua caracterização jurídica[54]. No entanto, a teoria moral kantiana tem sido irrefletidamente confundida com o projeto individualista moderno, sem que se perceba que, nas fórmulas morais kantianas, o outro – pela sua própria dignidade – é uma exigência *a priori* da própria autonomia. O outro inscreve-se no dever que determina a ação moral, pois o imperativo categórico ao qual a máxima (princípio subjetivo) da ação deve se conformar refere-se a algo que tenha "em si, um valor absoluto".[55] O ser que tem, em si, um valor absoluto é o homem, como sujeito da lei moral. Daí a necessidade de jamais considerar o homem como meio, mas como fim em si: "aja de tal maneira que a humanidade seja usada tanto na própria pessoa como na pessoa de qualquer outro, sempre e simultaneamente como fim, nunca simplesmente como meio". Não porque o ser humano seja uma mônada autossuficiente, mas porque ele tem um valor igualmente partilhado por todos.

A concepção contemporânea de direitos humanos, consolidada no segundo pós guerra, adota justamente a compreensão solidária de dignidade humana, que teve como consequência a limitação da propriedade e de certas liberdades tipica-

---

[52] GEARTY, Conor. *Can human rights survive?* New York: Cambridge University Press, 2006, p. 4.

[53] BARRETTO, Vicente de Paulo. Sobre a dignidade humana. In: ——. *O Fetiche dos direitos humanos*. Rio de Janeiro: Lumen Juris, 2010, p. 60-1.

[54] Ibid., p. 70.

[55] KANT, Immanuel. *Fundamentação da Metafísica dos Costumes*, São Paulo: Martin Claret, 2003, p. 58.

mente burguesas, uma profunda transformação no conceito de igualdade e a incorporação de novos direitos impensáveis no paradigma liberal-individualista, como o desenvolvimento, a paz, o meio ambiente saudável, a autodeterminação para povos e outros. Portanto, ela não retoma os ideais individualistas expressos nas declarações norte-americana e francesa da modernidade, como irrefletidamente se costuma sustentar.[56] Uma análise mais atenta daqueles documentos permite-nos perceber que o valor da dignidade humana sequer figurava nos seus textos; no artigo 6° da Declaração francesa, a palavra dignidade é inclusive empregada no sentido antigo de honra ou mérito, e não como qualidade moral do ser humano, que o projeta para a alteridade. Apesar do tom universalista, as Declarações modernas propunham-se, como bem analisa Karl Marx[57] e Hannah Arendt,[58] a construir um arcabouço moral e jurídico para os direitos do homem branco e proprietário, sem muita consideração pelo resto da humanidade. A Declaração Universal de Direitos Humanos da ONU de dezembro de 1948 transcende, em nome do princípio da dignidade humana, em muito aqueles propósitos. E, embora este seja um fato absolutamente invisibilizado, o primeiríssimo artigo da Declaração Universal é reprodução fiel, não das declarações ocidentais modernas, mas da Declaração Americana dos direitos e deveres do homem da OEA, de abril de 1948, que declara: "Todos os homens nascem livres e iguais em dignidade e direitos e, como são dotados pela natureza de razão e consciência, devem proceder fraternalmente uns para com os outros".

Considerações finais

Conor Gearty sustenta que os direitos humanos são uma das maiores realizações da era moderna, razão pela qual sua proteção é, contemporaneamente, tão importante para diversas formas de vida e em todos os continentes e culturas.[59] Por outro lado, observa que há sérios desafios a serem enfrentados e um deles relaciona-se particularmente a um paradoxo com o qual convivem os direitos humanos: ao mesmo tempo em que têm alçado vertiginosos voos no mundo da política e do direito, sua base filosófica tem sido cada vez mais questionada.[60] Embora Gearty identifique outros desafios para os direitos humanos, este já é suficiente para justificar que se pergunte, como fez o autor no título de sua obra, se os direitos humanos podem sobreviver.

As páginas anteriores constituíram uma tentativa de responder a esta questão, partindo do pressuposto de que o principal desafio dos direitos humanos é o atrelamento de suas bases a um particular discurso hegemônico que os identifica

---

[56] BARRETTO, Vicente de Paulo. Sobre a dignidade humana. In: ———. *O Fetiche dos direitos humanos*. Rio de Janeiro: Lumen Juris, 2010, p. 59.

[57] MARX, Karl. *A questão judaica*. São Paulo: Editora Moraes, 1970, p. 41-46.

[58] ARENDT, *Da revolução*. Brasília: Editora Universidade de Brasília, 1988, p. 145.

[59] GEARTY, Conor. *Can human rights survive?* New York: Cambridge University Press, 2006, p. 1.

[60] Ibid., p. 11.

como produtos exclusivamente da modernidade ocidental e que obstaculiza as possibilidades de se converterem, efetivamente, em "entes mais legitimados que qualquer legislação, mais que qualquer justificação, a medida de todas as leis e de toda ética", como pretende Lévinas.[61] A sua intrínseca ligação a pressupostos eurocêntricos traz consequências diretas para a (não) aceitação dos direitos humanos entre os povos de tradição não ocidental e insuficiências teóricas para a concepção de direitos humanos adequada à sociedade contemporânea. Logo, responder afirmativamente à questão de se os direitos humanos podem sobreviver passa pela ressignificação dos seus fundamentos, relativizando-se o legado tradicionalmente atribuído ao liberalismo clássico e aos grandes movimentos sociais e políticos da Modernidade ocidental. Por outro lado, exige que se resgatem histórias (subalternas) esquecidas e que se ressignifiquem os seus pressupostos – sobretudo a dignidade humana –, atento a uma leitura adequada à concepção contemporânea de direitos humanos e ao seu potencial emancipatório.

Referências bibliográficas

AN-NA'IM, Abdullahi. A proteção legal dos direitos humanos na África: como fazer mais com menos. In: BALDI, César Augusto (Org.). *Direitos humanos na sociedade cosmopolita*. Rio de Janeiro: Renovar, 2004.

ARENDT, *Da revolução*. Tradução de\ Fernando Vieira. Brasília: Editora Universidade de Brasília, 1988.

BARRETTO, Vicente de Paulo. Multiculturalismo e Direitos Humanos: um conflito insolúvel. In: BALDI, César Augusto (Org.). *Direitos humanos na sociedade cosmopolita*. Rio de Janeiro: Renovar, 2004.

——. Sobre a dignidade humana. In: ——. *O Fetiche dos direitos humanos*. Rio de Janeiro: Lumen Juris, 2010.

BIELEFELDT, Heiner. *Filosofia dos direitos humanos*. Tradução de Dankwart Bernsmüler. São Leopoldo: Unisinos, 2000.

BOBBIO, Norberto. *A era dos direitos*. Tradução de Carlos Nelson Coutinho. Rio de Janeiro: Elsevier, 2004.

——. *Liberalismo e democracia*. Tradução de Marco Aurélio Nogueira. 6ª. ed. São Paulo: Editora Brasiliense, 1997.

BRUIT, Héctor Hernan. *Bartolomé de Las casas e a simulação dos vencidos*. São Paulo: Iluminuras, 1995.

CASTRO-GÓMEZ, Santiago. *Crítica de la razón latinoamericana*. Barcelona: Puvill Libros, 1996.

CHARDIN, R. P. Teilhard de. Algumas considerações acerca de los derechos del hombre. In: *Los derechos del Hombre*. Barcelona: Laia, 1976.

COMPARATO, Fábio Konder. *A Afirmação Histórica dos Direitos Humanos*. 3. ed. São Paulo: Saraiva, 2003.

DONNELLY, Jack. *Universal Human Rights in theory and practice*. 2nd ed. Ithaca: Cornell University Press, 2003.

DEL PERCIO, Enrique M. *La condición social:* consumo, poder y representación en el capitalismo tardio. Buenos Aires: Altamira, 2006.

DOUZINAS, Costas. *The end of human rights*. Oxford: Hart Publishing, 2000.

GEARTY, Conor. *Can human rights survive?* New York: Cambridge University Press, 2006.

HÖFFE, Otfried. *Derecho intercultural*. Tradução de Rafael Sevilla. Barcelona: Gedisa, 2000.

ISHAY, Micheline R. *The history of human rights*: from ancient times to the globalization era. Berkeley: University of California Press, 2008.

IGLESIAS, Miguel Ángel Gonzáles. Domigo de Soto: su pensamiento político. Las dificuldades planteadas com la conquista de América. In: PASIN, João Bosco Coelho (Org.). *Culturalismo jurídico*. São Paulo 450 anos: Seminário Brasil Espanha. Brasília: Instituto Tancredo Neves, 2004.

JOSAPHAT, Carlos. *Las Casas: todos os direitos para todos*. São Paulo: Loyola, 2000.

KANT, Immanuel. *Fundamentação da Metafísica dos Costumes*. São Paulo: Martin Claret, 2003.

KEOWN, Damien. Budismo e Direitos Humanos. In: BALDI, César Augusto (Org.). *Direitos humanos na sociedade cosmopolita*. Rio de Janeiro: Renovar, 2004.

---

[61] LÉVINAS, Emmanuel. The rights of Man and the Rights of the Other. Translated by Michael B. Smith. In: ——. *Outside the subject*. London: The Athlone Press, 1993. p. 116.

LAS CASAS, Bartolomé De. *Historia de las Indias II*. México: Fondo de Cultura Economica, 1986.

LÉVINAS, Emmanuel. The rights of Man and the Rights of the Other. Translated by Michael B. Smith. In: ———. *Outside the subject*. London: The Athlone Press, 1993.

LOCKE, John. *Segundo tratado sobre o Governo*. São Paulo: Martins Claret, 2003.

MACINTYRE, Alasdair. *Depois da virtude*. Tradução de Jussara Simões. Bauru: EDUSC, 2001.

MARITAIN, Jacques. Acerca de la filosofía de los derechos del hombre. In: *Los derechos del Hombre*. Barcelona: Laia, 1976.

MARX, Karl. A questão judaica. São Paulo: Editora Moraes, 1970.

MAYER, Ann Elisabeth. *Islam Tradition and Politics Human Rights*. 2nd. ed. London: Pinter, 1997.

MUZAFFAR, Chandra. Islã e Direitos Humanos. In: BALDI, César Augusto (Org.). *Direitos humanos na sociedade cosmopolita*. Rio de Janeiro: Renovar, 2004.

———. From human rights to human dignity. In: VAN NESS, Peter. *Debating Human Rights:* critical essays from the United States and Ásia. London: Routledge, 1999.

PANIKKAR, Raimundo. Seria a noção de direitos humanos uma concepção universal? In: BALDI, César Augusto (Org.). *Direitos humanos na sociedade cosmopolita*. Rio de Janeiro: Renovar, 2004.

POUMARÉDE, Jacques. Enfoque histórico do direito das minorias e dos povos autóctones. In: ROULAND, Norbert. *Direito das minorias e dos povos autóctones*. Brasília: Universidade de Brasília, 2004.

RORTY, Richard. Human rights, rationality and sentimentality. In: Heyden, Patrick. *The politics of human rights*. St. Paul, MN: Paragon House: 2001.

RUIZ, Castor M. M. Bartolomé. O (ab)uso da tolerância na produção de subjetividades flexíveis. SIDEKUM, Antônio (org.). *Alteridade e Multiculturalismo*. Ijuí: Unijuí, 2003.

———. *Os Labirintos do Poder*. O poder do simbólico e os modos de subjetivação. Porto Alegre: Escritos, 2004.

———. Os direitos humanos no descobrimento da América: verdades e falácias de um discurso. *Estudos Jurídicos*, São Leopoldo, v. 40, n. 2, p.60-65; Jul./dez., 2007.

SAID, Edward. *Orientalismo*: O Oriente como invenção do Ocidente. São Paulo: Companhia das Letras, 1990.

STRECK, Lenio Luiz. *Verdade e Consenso*. 3. ed. Rio de Janeiro: Lumen Juris, 2009.

———. *Hermenêutica jurídica e(m) crise*. 8ed. Porto Alegre: Livraria do Advogado, 2008.

TAYLOR, Charles. Conditions of an unforced consensus on human rights. In: HEYDEN, Patrick. *The politics of human rights*. St. Paul, MN: Paragon House, 2001.

TODOROV, Tzvetan. *A conquista da América*: a questão do outro. Tradução de Beatriz Perrone-Moisés. 3. ed. Sao Paulo: Martins Fontes, 2003.

— VII —

Bloco de constitucionalidade em matéria de garantias processuais na América Latina: ultrapassando o perfil funcional e estrutural "hipermoderno" de processo rumo à construção de um direito processual internacional dos direitos humanos

JÂNIA MARIA LOPES SALDANHA

Sumário: Introdução; Parte 1 – (Re)inventando a democracia no processo: Um bloco de constitucionalidade na América Latina em matéria de garantias processuais; 1.1. As garantias processuais como direitos humanos e o diálogo com o neoconstitucionalismo; 1.2. Os princípios processuais e os sistemas protetivos: Os caminhos de controle nas Constituições dos Estados-Partes do Mercosul e nos Estados associados; 1.3. Os princípios/garantias previstos na DUDH e na CIDH; Parte 2: Sancionando os Estados: Suplantando os desafios de hipermodernidade processual para construir um direito internacional processual dos direitos humanos; 2.1. A existência do bloco de constitucionalidade em matéria de garantias processuais explícitas e implícitas; 2.2. A violação das garantias processuais pelas jurisdições dos Estados: a tipificação de inconstitucionalidade, de ilícito internacional e a responsabilização dos Estados; 2.3. As violações das garantias processuais no contexto da pós-modernidade "hipermoderna" do direito processual: Um problema de função e estrutura; Considerações Finais: Rumo a um Direito Internacional Processual dos Direitos Humanos.

> *Mesmo sem naus e sem rumos, mesmo sem vagas e areias,*
> *há sempre um copo de mar para um homem navegar.*
> Jorge Mateus de Lima. *Invenção do Orfeu.*

Introdução

Identificar se há um "bloco de constitucionalidade" nas Constituições de alguns países[1] da América Latina no que diz respeito aos princípios processuais, garantias judiciais ou proteção judicial[2] e se correspondem ou não às previsões

---

[1] Serão analisadas as Constituições dos Estados-Partes do Mercosul – Argentina, Brasil, Paraguai e Uruguai – e de seus associados – Bolívia, Chile e Venezuela.

[2] Estas duas últimas expressões estão contidas nos artigos 8º e 25º da Convenção Interamericana dos Direitos Humanos e serão juntamente com a expressão "princípio processuais" utilizadas com o mesmo sentido. Disponível em: http://www.oas.org/juridico/spanish/tratados/b-32.html. Acesso em 20 de julho de 2010.

nessa matéria aos marcos normativos internacionais e regionais é não só necessidade emergente da pluralidade de demandas deste Século XXI, quanto fator de legitimidade da própria democracia na perspectiva de adoção de um direito processual civil internacional dos direitos humanos que tenha ares de "comum global". O objetivo é verificar em que medida tais marcos normativos assemelham-se no âmbito dos princípios processuais, correndo o risco de toda a crítica dos comparatistas de que a metodologia da similitude favorece distorções[3] (Parte 1).

Não é o objetivo deste ensaio definir cada princípio a partir de várias matrizes doutrinárias, mas inseri-los na compreensão ampla de direito à jurisdição como um direito humano. Apesar disso, tendo-se em conta a baixa constitucionalidade, a herança autoritária e o modo funcionalista de aplicar o direito processual, avista-se na história recente das jurisdições latino-americanas, reiteradas violações às garantias judiciais. Como consequência, a jurisdição da Corte Interamericana de Direitos Humanos[4] tem sido chamada a julgar os Estados signatários da Convenção Interamericana de Direitos Humanos cujo resultado, não raro, é a condenação dos mesmos. A possibilidade de considerar-se as garantias judiciais como direitos humanos, o marco comum acerca delas em nível nacional, regional e internacional e o anseio de construir-se "bens comuns universais", sem qualquer pretensão de hegemonia, induz à defesa de imaginar-se a criação de um direito processual internacional dos direitos humanos. (Parte 2)

Parte 1 – (Re)inventando a democracia no processo: um bloco de constitucionalidade na América Latina em matéria de garantias processuais

O foco central deste trabalho é identificar a existência ou não de um "bloco de constitucionalidade em matéria de princípios processuais" que seja expressão de maturidade democrática dos Estados nacionais e condição de possibilidade para a construção de valores comuns universais em matéria processual,[5] como resposta ao fenômeno contemporâneo da internacionalização do direito voltado à efetivação dos direitos humanos e à possível concretização de um "pluralismo ordenado", como refere Delmas-Marty.[6]

---

[3] GARAPON, Antoine. PAPOULUS, IOANNIS. *Julgar nos Estados Unidos e na França*. Prefácio à edição brasileira de Roberto Kant de Lima. Rio de Janeiro: Lúmen Iuris, 2008, p. VIII. Também em CONSTANTI-NESCO, Leontin-Jean. *Tratado de direito comparado. Introdução ao Direito Comparado*. Rio de Janeiro: Renovar, 1998.

[4] Que no texto será chamada de "Corte" ou CIDH.

[5] Com efeito, demarcada a existência do pluralismo jurídico, seja pela multiplicidade de fontes normativas nacionais e não nacionais, seja pela pluralidade de atores, públicos e privados, nacionais e não nacionais que denotam, ao primeiro olhar, uma intensa fragmentação o desafio é consolidar bens comuns universais num mundo que clama por um mínimo de coerência. COMTOIS-DINEL, Eve-Lyne. *La fragmentation Du droit internactional: vers um chamgement de paradigma?* Disponível em: http://www.lex-electronica.org/docs/articles_44.pdf. Acesso em 27 de julho de 2010.

[6] Em que se renuncia a oposição binária entre relação hierárquica e não hierárquica, para reconhecer processos de "interação". DELMAS-MARTY, Mireille. *Les forces imaginantes du droi (II).Le pluralisme ordonné*. Paris: Seuil, 2006, p. 35.

Em 2001 no caso Aguirre Roca y otros vr. Perú[7] a Corte reconheceu ser necessário assegurar "las garantias mínimas del debido proceso a todas las personas que se encuentram sujetas a su jurisdicción". Tal bloco de constitucionalidade, que seguramente poderia ser denominado de "interestatal" ou "supraestatal" não teria vocação a uma linguagem comum ou, como refere Delmas-Marty,[8] uma comum sabedoria? Afinal, lembrando Cappelletti,[9] a tendência evolutiva dos direitos humanos após a Segunda Guerra, constituiu-se numa das três razões para o aumento dos poderes dos juízes realidade que, inevitavelmente, provocou uma lenta transformação em suas funções.

O tema engloba a problemática da garantia do direito humano de acesso à justiça assegurado pela jurisdição, seja ela nacional ou não. Uma clara distinção entre democracia e autoritarismo está em jogo nesse debate. Se a primeira coloca no centro uma justiça comprometida com os princípios e com os valores republicanos, o segundo busca manter a justiça distante das conquistas da ação coletiva do povo e da democracia orientada por princípios, distância essa conhecida pelos povos da América Latina e que produziu amargos resultados. Assim, há uma estreita ligação entre os princípios processuais e o neoconstitucionalismo (1.1). As Constituições de alguns Estados Latino-Americanos refletem a orientação jurídica com base em princípios (1.2) e aproximam-se do sistema latino-americano e global (1.3).

1.1. As garantias processuais como direitos humanos e o diálogo com o neoconstitucionalismo

As transformações da jurisdição, na atualidade, podem ser compreendidas como uma das expressões do neoconstitucionalismo que, segundo seus autores, busca explicar a rematerialização[10] das Constituições com base na (re)incorporação de conteúdos substantivos de caráter moral com o fim de limitar a atuação das instituições públicas e privadas. Fundamentalmente, essa visão do neoconstituciolismo anda de par com a própria ideia de Estado Constitucional surgido no pós Segunda Guerra Mundial.

O modelo neoconstitucional, como se sabe, não é feito sem críticas.[11] Desde sua perspectiva, porém, ele reformula, sobretudo, a teoria da decisão judicial, uma vez corresponder a chamada "resposta correta" à reconstrução principioló-

---

[7] A decisão está no § 68. Disponível em: http://www.corteidh.or.cr/docs/casos/articulos/Seriec_71_esp.pdf. Acesso em 20 de julho de 2010.

[8] DELMAS-MARTY, Mireille. *Études juridiques comparatives et internationalisation du droit.* Paris: Fayard, 2003, p. 16.

[9] CAPPELLETTI, Mauro. *Processo, ideologias e sociedade..,* op. cit.p. 12.

[10] SANCHIS, Luis Pietro. Principia iuris: uma teoria del derecho no (neo)constitucionalista para el Estado constitucional. *In:* CARBONNEL, Miguel. JARAMILLO, Leonardo García. *El Canon neoconstitucional,* op. cit.,p. 280.

[11] Veja-se FERRAJOLI, Luigi. *Principia iuris. Garantismo. Una discussion sobre derecho y democracia.* Madri: Editorial Trotta, 2009.

gica de cada caso concreto, tendo por vetor a coerência e integridade do direito, fechando os caminhos para os juízos discricionários[12] – amiúde, arbitrários – do julgador.

Seguramente, a sensibilidade hermenêutica percebe a importância do recurso aos princípios processuais, uma vez serem o cimento que une o mosaico de que é feito na atualidade o movimento de ruptura com o paradigma positivista,[13] justamente por fazer da faticidade – o modo-de-ser-no-mundo – o existencial da filosofia hermenêutica que possibilita a inserção do mundo prático no Direito e que deve refletir-se nas decisões dos juízes. O desrespeito às garantias processuais não deixa de expressar esse julgar conforme a própria consciência no âmbito das vertentes dos processos pós-modernos hipermodernos de que mais adiante será tratado.[14]

Essa reflexão ajuda a recuperar aqui o sentido do neoconstitucionalismo. A fragilidade no modelo kelseniano, resgata aqui sua força, uma vez o compromisso com o processo orientado por princípios qualificar, na atualidade, as vertentes neoconstitucionalistas do Direito. O neoconstitucionalismo[15] pretende explicar um conjunto de Constituições[16] surgidas na segunda metade do Século XX que asseguram em seus textos dever a atuação do Estado nortear-se por determinados fins e objetivos e estabelece outro patamar de relação entre o Estado e os cidadãos, impondo ao primeiro garantir e efetivar os direitos fundamentais. Por outro lado, a indiscutível força normativa das Constituições impõe orientações de sentido no vasto conjunto das relações jurídicas. Trata-se do efeito irradiador, invasivo ou intrometido[17] das Cartas Constitucionais, não dissociado da atividade judicial[18] que deve concratizá-las e que se relaciona com muitos aspectos da vida social.

---

[12] Associando o "poder discricionário" dos juízes ao espaço vazio no centro de uma rosca, DWORKIN, Ronald diz que esse poder não existe a não ser como esse espaço vazio que é circundado por uma faixa de restrições. A análise desse poder, segundo o jurista, sempre será feita com referência a algo, ou seja, a determinado padrão ou à determinada autoridade. A resposta sempre será dada por um contexto e o exercício do poder discricionário pode ocorrer de um dado ponto de vista e não de outro. *In: Levando os direitos a sério*. São Paulo: Martins Fontes, 2002, p. 51-52.

[13] STRECK, Lenio. *Verdade e Consenso*. Rio de Janeiro: Lumen Juris, 2009, p. 186-188.

[14] SALDANHA, Jânia Maria Lopes. Tempos de processo pós-moderno: o dilema cruzado entre ser hipermoderno e antimoderno. *In:* THEODORO JÚNIOR, Humberto. CALMON, Petrônio. NUNES, Dierle. *Processo e Constituição: os dilemas do processo constitucional e dos princípios processuais constitucionais*. Rio de Janeiro, GZ Editora, 2010.

[15] CARBONNEL, Miguel. El constitucionalismo: significado y niveles de análisis. *In:* CARBONNEL, Miguel. JARAMILLO, Leonardo García. *El Canon neoconstitucional*. Bogotá: Universidad Externado, 2010, p. 162.

[16] Nas últimas décadas pareceu haver "um consenso latino-americano" em adotar novas Constituições, comprometidas com os princípios democráticos e com os direitos fundamentais. CASTAÑEDA, Jorge. Caminhos da democracia na América Latina. *In:* SCHULER, Fernando. AXT, Gunter. MACHADO DA SILVA, Juremir (Org.) *Fronteiras do pensamento. Retratos de um mundo complexo*. São Leopoldo: Editora Unisinos, 2008, p. 96.

[17] CARBONNEL, Miguel. El constitucionalismo: significado y niveles de análisis. *In:* CARBONNEL, Miguel. JARAMILLO, Leonardo García. *El Canon neoconstitucional, op. cit.*, p. 163.

[18] O que não significa dizer, mais uma vez que se entende devem ser ou sejam os juízes os protagonistas para a concrretização de direitos. Veja-se STRECK, Lenio. *O que é isto decido conforme minha consciência*, op. cit., p. 20.

Já não se trata mais de regular e limitar as relações entre os poderes do Estado, senão de dizer que nenhum conflito jurídico escapa da proteção constitucional, desde o uso de embriões humanos para regenerar tecidos e órgãos[19] à demarcação de terras indígenas,[20] como ocorreu no Brasil. Se assim é, para evitar o perigo do arbítrio e o risco do ativismo judicial, os princípios processuais – interesse desse trabalho – funcionam como baliza protetora àquela força normativa, porque ao invés de serem mandados de otimização a fomentar todo tipo de decisionismos, na dicção de Alexy, constituem-se em fechamento da interpretação jurisdicional que deve atentar para a coerência e integridade do Direito. A leitura atualizada das garantias processuais, numa dimensão dinâmica, permite perceber a ocorrência de uma verdadeira ressignificação da jurisdição, em contraposição à evidente degradação jurídica decorrente da inflação desmesurada na produção de leis *fourre-tout,* como refere Chevallier.[21]

É que o vendaval da globalização tem provocado duas consequências bastante significativas. A primeira consiste na reavalição do papel do Estado[22] justamente porque se as trocas nos seus mais variados matizes se internacionalizam, como no campo da economia, das comunicações, do meio ambiente, da movimentação humana e até mesmo para a prática de ilícitos, já não é mais suficiente reconhecer ser o Direito produto exclusivo da atividade do Estado. A produção normativa coletiva no âmbito internacional faz do Direito expressão dos diálogos entre estrangeiros a desnortear o papel que Estado e política sempre ocuparam no cenário das relações internacionais.

A segunda, está consubstanciada na forte relação entre os direitos fundamentais e as atividades da jurisdição, significativamente no que se constitui a marca do neoconstitucionalismo, que é a atuação de um órgão – ou órgãos – destinados a dar as respostas constitucionalmente possíveis – ou corretamente possíveis – com o fim de efetivar o "componente material axiológico"[23] das Constituições, cujo coração é formado pelos direitos fundamentais. Esse fenômeno é especialmente visível no que diz respeito às garantias processuais e particularmente com referência ao acesso à justiça e ao devido processo legal, como descrito nos artigos 8º a 11º da Declaração Universal dos Direitos do Homem. Esse conjunto de garantias encontra-se resumido na cláusula do "processo equânime" prevista no artigo 6º da Convenção Europeia para a Proteção do Homem e das Liberdades

---

[19] ADIN 3510. Disponível em: http://www.stf.jus.br/portal/processo/verProcessoAndamento.asp?incidente=2299631

[20] Petição 3388 do STF. Disponível em: http://www.stf.jus.br/portal/processo/verProcessoAndamento.asp?incidente=2288693

[21] CHEVALLIER, Jacques. *O Estado pós-moderno.* Belo Horizonte: Editora Fórum, 2009, p. 176. A expressão *fourre-tout* indica algo que "tem de tudo"..

[22] CHEVALLIER, Jacques. *O Estado pós-moderno,* op. cit., p. 29

[23] GARCÍA AMADO, Juan Antonio. Neoconstitucionalismo, ponderaciones y respuestas más ou menos corretas. Acotaciones a Dworkin y Alexy. In: CARBONNEL, Miguel. JARAMILLO, Leonardo García. *El Canon neoconstitucional.* Bogotá: Universidad Externado, 2010, p. 369-370.

Fundamentais.[24] Trata-se, segundo Garapon e Papapoulos[25] do "aspecto cada vez mais processual do Direito." Com efeito, se não há dúvida de que as garantias processuais são direitos humanos, é hora de reconhecer-se que tais direitos são emanações do princípio da dignidade humana, o que explica sua essencialidade ou "prioridade axiológica"[26] a impor sua proteção por sua importância intrínseca ligada não só à pessoa humana individualmente considerada. Então, reivindica proteção restrita – à pessoa – e ampla – à comunidade global.

Embora a proteção constitucional da dignidade humana não esteja prevista expressamente em inúmeras Constituições,[27] certa é a noção de que se trata de um direito implícito que deve ser incorporado ao "bloco de constitucionalidade" de um País. A própria noção de dignidade humana, tradicionalmente acoplada aos direitos individuais, é transcendida pela concepção de dignidade como um "emblema"[28] pertencente à comunidade inter-humana que acompanha o processo de globalização. Apesar da crítica de Ferrajoli quanto ao neoconstitucionalismo, sua posição acerca da universalidade dos direitos fundamentais – inalienáveis e indisponíveis –, coloca a dignidade humana como expressão refinada do que não se comprar nem vender.[29] Essa "civilização jurídica" é que permite à jurisdição dizer, como o fez no caso do "anão francês", não poder ele ser vilipendiado em sua dignidade em nome da proteção ao trabalho.[30]

Nesse contexto de mudanças o surgimento de uma diferente compreensão do direito processual foi uma consequência innevitável na medida em que a transição de regimes autoritários para a democracia em muitos países da América Latina, colocou em pauta o predomínio das leis – e o neoconstitucionalismo, os princípios – em detrimento das escolhas político-partidárias expressas nos textos legais.

Ver a ligação entre o fim dos regimes totalitários e a constitucionalização dos direitos fundamentais processuais é não só um compromisso, quanto preservação da memória. As Constituições de inúmeros países do continente latino-americano dotaram o direito processual de conteúdo constitucional, fazendo corresponder

---

[24] Disponível em: http://www.cidadevirtual.pt/cpr/asilo1/cesdh.html. Acesso em 20 de julho de 2010.

[25] GARAPON, Antoine e PAPAPOULOS, Ioannis. *Julgar nos Estados Unidos e na França. Cultura francesa e "common law" em uma perspectiva comparada.* Rio de Janeiro: Lumen Iuris, 2008, p. 249.

[26] ALCALÁ, Humberto Nogueira. Dignidade de la persona, derechos fundamentales y bloque constitucional de derechos: Uma aproximação desde Chile e América Latina. *In:* VELANDIA CANOSA, Eduardo Andres. (Coord.). *Derecho Procesal constitucional.* Colombia: Agencia Imperial, 2010. p. 594

[27] Como, por exemplo, a francesa.

[28] DELMAS-MARTY, Mireille. Aula proferida no Collège de France em 25.03.2008."Os direitos do homem: os valores universais em questão", degravada por Deisy Ventura. Disponível em http://www.college-de-france. fr/default/EN/all/int_dro/index.htm. Acesso em 20 de julho de 2010.

[29] A referência é de BOVERO, Michelangelo. Derechos fundamentales y democracia em la teoría de Ferrajoli. Um acuerdo global y uma discrepância concreta. In: FERRAJOLI, Luigi. *Los fundamentos de los derechos fundamentales.* Madri: Editorial Trotta, 2007, p. 219.

[30] O Conselho de Estado francês declarou que o ato de lançar o anão para os expectadores, com o fim de diverti--los, violava a dignidade humana da pessoa lançada. GARAPON, Antoine. PAPAPOULOS, Ioannis. *Julgar nos Estados Unidos e na França,* op. cit. p. 3.

a ele um neologismo – o de direito processual constitucional[31] – compreendido a partir de princípios contidos na Constituição para orientar e regular todo e qualquer processo e procedimento. Daí nenhum juiz ou tribunal poder orientar suas decisões ao largo da Constituição. A principiologia processual presente na Constituição, implícita ou explicitamente, é justamente o que implica reduzir, senão eliminar, as práticas decisórias solipisistas e discricionárias,[32] que historicamente transformaram os juízes em legisladores, hábeis redutores das "coisas do processo" aos seus conceitos e noções particulares do mundo,[33] invariavelmente comprometidas com uma visão hegemônica do processo a serviço de interesses políticos e econômicos.

Atualmente, todas as democracias conhecem, em maior ou menor medida, uma mudança e um aumento no papel dos princípios. Mas a cultura jurídica parece impotente para explicar as derivas a que as jurisdições dos Estados, ainda hoje, submetem os princípios processuais. Como referido um bom número – senão a totalidade – dos países da América Latina, adotaram a via evoluída dos direitos fundamentais em matéria processual, a dar exemplo a alguns países ditos "civilizados"[34] e a desafiar a herança político-jurídica autoritária que tem mantido a jurisdição no leito da hegemonia do processo instrumental afastado das demandas da sociedade e do respeito aos direitos humanos.

1.2. Os princípios processuais e os sistemas protetivos: os caminhos de controle nas Constituições dos Estados-Partes do Mercosul e nos Estados associados

Seguramente cada país latino-americano apresenta características próprias acerca de seu sistema constitucional e processual, ambos parte da cultura jurídica.

---

[31] Não há unanimidade doutrinária sobre a utilização desse termo, pois alguns doutrinadores o dividem em direito constitucional processual e direito processual constitucional. Adota-se aqui a expressão direito processual constitucional, apta a expressar essa face contemporânea do direito processual. BONAVIDES, Paulo. *Curso de direito Constitucional.* 7ª. ed. São Paulo: Malheiros, 1997, p. 31; GUERRA FILHO, Willis Santiago. *Processo Constitucional e Direitos Fundamentais.* São Paulo: Celso Bastos Editor, 1999, p. 15 e seguintes; CATTONI DE OLIVEIRA, Marcelo. *Direito processual constitucional.* Belo Horizonte: Mandamentos, 2001, p. 209 e, CANOSA, Eduardo Andrés Velandia (Org.). D*erecho procesal constitucional.* Bogotá: Agência Imperial, 2010.

[32] Este trabalho não pretende explicar o que seja discricionariedade ou as discussões sobre o tema. Consulte-se DWORKIN, Ronald. *Levando os direitos a sério.* São Paulo: Martins Fontes, 2002. STRECK, Lenio. *Verdade e Consenso.* Rio de Janeiro: Lumen Juris, 2009.

[33] Essa reflexão está em STRECK, Lenio. *O que é isto? Decido conforme minha consciência?* Porto Alegre: Livraria do Advogado, 2010, p. 89-90.

[34] Em matéria publicada no Jornal Le Monde em 30 de julho de 2010 avista-se decisão proferida pela Corte Constitucional francesa determinando ao Executivo e ao Legislativo proporem mudança legislativa para garantir ao preso preventivo a presença de advogado em interrogatório. Causa estupefação que o País berço dos direitos fundamentais, em pleno século XXI, até o presente não respeite e, ao contrário, fragilize os mesmos princípios de que foi o protagonista no Século XVIII. Disponível em: http://www.lemonde.fr/societe/article/2010/07/30/garde-a-vue-cette-decision-est-une-veritable-revolution_1394198_3224.html#ens_id=1389987. Acesso em 30 de julho de 2010.

A cultura,[35] é aquilo que já está presente, que já está "depositado nos espíritos dos membros de um mesmo povo, na maioria das vezes de modo inconsciente". Se de um lado ela identifica, por outro, a sua petrificação conduz ao imobilismo e ao congelamento das instituições. Nesse sentido é que todo "culturalismo é antipolítico"[36] e, amiúde, defasado,[37] pois renega a liberdade dos povos e o peso da história. A cultura se faz também dos acidentes da história. É difícil não reconhecer que as mudanças constitucionais ocorridas nos países da América Latina – para reformar ou para criar novas Constituições – derivaram da inclusão dos direitos humanos na pauta ocidental, como também foram exigência inexorável do fim dos regimes totalitários. Pode-se dizer que a inserção de um vasto conjunto de princípios nas Constituições resultou de uma revolução paradigmática contra o predomínio da abstração da regra.

Coerente com esse modo de ver o papel da cultura jurídica é que se pode afirmar serem os princípios constitucionais, indiscutivelmente, o componente do mundo prático no direito. Streck[38] recupera essa imagem perdida no tempo do positivismo para dizer que o "princípio recupera o mundo prático, o mundo vivido, as formas de vida (Wittgenstein). Assim, a palavra "princípio" não tem o mesmo sentido para alguém ainda preso na moldura positivista e para alguém que vê o direito já na era do pós-positivismo, então como *applicatio*.[39] Nesse sentido, os princípios antes fecham do que abrem a interpretação, salvando o decisor do autoritarismo a que todo humano está sujeito a recair, mas que um processo democrático e republicano repudia. A fuga da prisão da abstração da regra a que o positivismo jogou a compreensão do direito no mundo ocidental – sobretudo nos países da tradição civil – levou Zagrebelsky[40] a dizer que "a diferencia de lo que sucede con las reglas, solo se les puede dar algún significado operativo haciéndoles 'reaccionar' ante algún caso concreto. Su significado no puede determinarse em abstrato, sino solo en los casos concretos, y solo en los casos concretos se puede entender su alcance". A aplicação dos princípios tem como ponto de partida não a noção geométrica e abstrata da pirâmide, e sim a reação do intérprete ante o caso concreto, uma posição que deriva do acontecer da compreensão, que nada mais é do que a explicitação do compreendido por meio da linguagem.[41]

---

[35] GARAPON, Antoine. PAPOULUS, Ioannis. *Julgar nos Estados Unidos e na França*. Rio de Janeiro: Lumen Juris, 2008, p. 7.

[36] Id. Ibid, p. 8.

[37] STRECK, Lenio ao referir-se à dificuldade da grande maioria dos juristas de perceberem a dimensão performativa dos valores como resultado de um "culturalismo defasado. *O que é isto? Decido conforme...*, op. cit., p. 90.

[38] *O que é isto? Decido conforme minha consciência?* Op. cit., p. 103.

[39] STRECK, Lenio. *O que é isto? Decido conforme minha consciência?* Op. cit., p. 103.

[40] ZAGREBELSKY, Gustavo. *El derecho dúctil. Ley, derechos, justicia.* 9. ed. Madri: Editorial Trotta, 2009, p. 111.

[41] VATTIMO, GIANNI. Comprender el mundo-transformar el mundo. HABERMAS, Jurgen *et. tal. El ser que puede ser comprendido es language.* Madri: Sintesis, s/a, p. 62.

No contexto do fenômeno da globalização, que tem na internacionalização dos direitos humanos uma de suas fortes expressões, exige compreender o direito processual orientado por princípios de forma a transcender as fronteiras dos Estados nacionais e romper com os aparatos automáticos que conduzem a existência e atrofiam a herança humanista.[42]

Entretanto, não se desconhece a ocorrência de outro fenômeno: o do "pan-principiologismo"[43] em matéria processual com base no qual cotidianamente, especialmente a jurisprudência, cria princípios processuais novos como se estivessem disponíveis à vontade do intérprete. Na essência, a criação "estandardizada" de princípios pretende muito mais responder às exigências neoliberais de um processo eficiente do que efetivo.[44] A análise aqui realizada encontra justificativa na perspectiva contrária à estandardização, uma vez reconhecer que os princípios, que já gravitam nos sistemas jurídicos ou que fazem parte dos "bens comuns universais", são justamente o que introduz a moral no processo e aproximam a jurisdição dos mínimos padrões de democracia. Dentre eles, porém, alguns se destacam como estrelas guias do que se denomina de "processo justo" dos quais deriva o dever de os Estados, por seus órgãos jurisdicionais e administrativos com competência decisória, de respeitá-los, sob pena de cometerem violação à Constituição e negação ao controle de convencionalidade que eles próprios estão encarregados de realizar.[45]

À primeira vista, parece ser da Corte Suprema dos Estados a única ou a última parada para o controle da (in)constitucionalidade de atos judiciais que violem garantias processuais. Porém, após o final da segunda Guerra Mundial nasce o direito internacional dos direitos humanos,[46] constituído por um conjunto ou um *corpus iuris*. Alguns desses instrumentos criaram tribunais internacionais e regionais de direitos humanos, como a Corte Interamericana (1969), a Corte Europeia (1950) e mais recentemente o Tribunal Penal Internacional (2000). Tal realidade subverte a centralidade da última palavra atribuída aos tribunais nacionais com relação à violação dos direitos humanos previstos em tratados ou convenções internacionais. Desse modo, a violação das garantias processuais, bem como o esvaziamento efetivo de instrumentos constitucionais de garantia das liberdades públicas como o *habeas corpus* e a ausência de defensor, são apenas alguns

---

[42] GADAMER, Hans-Georg. *Acotaciones hermenêuticas*. Madri: Editorial Trotta, 2002, p. 48.

[43] STRECK, Lenio. *O que é isto? Decido conforme minha consciência?* Op. cit. p. 109.

[44] SALDANHA, Jânia Maria Lopes. A jurisdição partida ao meio. A (in)visível tensão entre eficiência e efetividade. STRECK, Lenio. BOLZAN DE MORAIS, José Luis. *Constituição, Sistemas Sociais e Hermenêutica*. Porto Alegre: Livraia do Advogado, 2010, p. 75-100.

[45] Dentre as funções dos juízes, uma delas é fiscalizar o cumprimento dos tratados internacionais de direitos humanos. Segundo a Corte Interamericana de Direitos Humanos esse é dever dos juízes nacionais de qualquer instância, de cujo contexto não se excluem as garantias judiciais. ALBANESE, Susana. *Garantias judiciales*. Buenos Aires: Ediar, 2007, p. 329-384. MAZZUOLI, Valério. *O controle de convencionalidade das leis*. São Paulo: RT, 2009, p. 64-134.

[46] PIOVESAN, Flávia. *Direitos Humanos e o Direito Constitucional Internacional*. São Paulo: Saraiva, 2010, p. 113-160. CANTOR, Rey. *Control de convencionalidade de las leyes y derechos humanos*. México: Porrúa, 2008.

exemplos de garantias processuais violadas pelas jurisdições dos Estados. Trata-se, como se vê, de violação dos direitos humanos, para cuja resolução os tribunais nacionais, vale dizer, suas Cortes Supremas, já não detém mais a última palavra.

Sobre o princípio do juiz natural (1),veja-se que a Constituição argentina no artigo 18 refere que nenhum habitante da Argentina pode ser "*julgado por comissões especiais ou removido dos juízes designados pela lei antes do fato da causa*". No Brasil, a Constituição estabelece tal garantia no artigo 5º, inciso XXXVII, que refere "*não haverá juízo ou tribunal de exceção*" e, no inciso LIII, que "*ninguém será processado nem sentenciado senão pela autoridade competente*". O artigo 16 da Constituição do Paraguai diz que a defesa em juízo das pessoas e de seus direitos é inviolável. A Constituição do Uruguai não tem previsão expressa sobre o juiz natural, a imparcialidade e a independência do juiz ou tribunal. O artigo 120 da Constituição boliviana prevê esse princípio ao dizer que toda pessoa tem direito a ser ouvida por autoridade jurisdicional que compreenda todas essas garantias. A Constituição venezuelana no artigo 26 diz ser dever do Estado de garantir uma Justiça imparcial e independente.

Fundamentalmente quanto ao devido processo legal (2), as Constituições dão especial guarida a este princípio. O artigo 18 da Constituição argentina o assegura ao proíbir penalização sem juízo prévio e sem lei anterior ao fato. No Brasil o artigo 5º, inciso LIV assegura que "ninguém será privado da liberdade ou de seus bens sem o devido processo legal". A Constituição paraguaia no art. 11 afirma que "ninguém será privado de sua liberdade física ou processado, senão mediante as causas e em condições fixadas por esta Constituição e pelas leis". O artigo 12 da Constituição uruguaia prevê que "ninguém pode ser penalizado nem preso sem o devido processo e sentença legal". A Constituição da Bolívia no art. 23, III, assegura que "ninguém poderá ser detido, apreendido ou privado de sua liberdade, salvo nos casos e segundo as formas estabelecidas pela lei". Na Venezuela, o artigo 49 da Constituição prevê que "O devido processo se aplicará a todas as atuações judiciais e administrativas".

Quanto ao princípio do acesso à justiça (3), a Constituição argentina, embora não de forma direta, o garante artigo 43 através do direito da ação de amparo, ante a falta de outro meio judicial mais adequado. No Brasil, o artigo 5º, inciso XXXV, assegura que "*a lei não excluirá da apreciação do Poder Judiciário lesão ou ameaça a direito*". A Constituição do Paraguai o prevê no artigo 47, § 1º, ao referir a igualdade para o acesso à justiça como dever do Estado garantir. O artigo 254 da Constituição uruguaia, com vista ao acesso, prevê a gratuidade da justiça para os declarados pobres. A Bolívia nos artigos 26, 27 e 115 de sua Constituição o assegura pois diz que "*toda pessoa será protegida oportuna e efetivamente pelos juízes e tribunais no exercício de seus direitos e interesses legítimos*".

Garantia relacionada ao controle da atividade jurisdicional, a publicidade (4) não está prevista na Constituição da Argentina, sendo uma grave omissão constitucional. Os artigos 5º, LX, e 93, IX, da Constituição brasileira, asseguram a publicidade e a fundamentação dos atos processuais. O julgamento público é um direito de toda pessoa, conforme o artigo 17 da Constituição do Paraguai. No Uruguai, a publicidade do processo não é garantia constitucional. A publicidade é referida pela Constituição boliviana nos artigos 178 e 180 e pelo artigo 257 da Carta constitucional da Venezuela.

1.3. Os princípios/garantias previstos na DUDH e na CIDH

Antes das previsões constitucionais, no sistema global as garantias processuais ou judiciais fizeram-se presentes, como nos artigos 8º e 10º da Declaração Universal dos Direitos Humanos de 1948.[47] A Convenção Europeia para Salvaguarda dos Direitos do Homem e do Cidadão de 1950 no artigo 6º acolhe as garantias processuais. Essa mesma preocupação restou consolidada no Pacto de Direitos Civis e Políticos da OEA, de 1966, ao assegurar nos artigos 9º e 14º o devido processo legal, o direito ao recurso e o juiz natural.

Em face da complementariedade e do compromisso dos Estados em ampliar e fortalecer a proteção dos direitos humanos, o sistema regional de proteção aos direitos humanos, no que tange às garantias judiciais segue a senda da maior eficácia da proteção. A Convenção Interamericana de Direitos Humanos, ao reger o sistema de proteção aos direitos humanos no âmbito da OEA, estabelece no seu artigo 7º a garantia do contraditório e do juiz natural. O artigo 8º, § 1º, refere-se às "Garantias judiciais" e prevê o respeito à ampla defesa, prazo razoável, juiz natural, independência e imparcialidade do juiz. O artigo 25, intitulado "Proteção judicial", traz proteção aos direitos fundamentais através do direito de interpor recurso perante juiz ou tribunal competente contra atos, mesmo quando praticados por quem no exercício de função oficial, que violem esses direitos, previstos na Constituição do Estado Parte, em sua lei ou na Convenção ora analisada.

Parte 2: Sancionando os Estados: Suplantando os desafios de hipermodernidade processual para construir um direito internacional processual dos direitos humanos

As construções regionais podem constituir, segundo Delmas-Marty[48] uma primeira aproximação do que, segunda ela, Pascal Lamy denominou de "democracia alternacional", justamente porque os exemplos regionais são utilizados na cena global com vistas à construção de valores comuns. O desvelar de um bloco de constitucionalidade em matéria de garantias processuais (2.1), implica reconhecer a sua possível violação e a imposição de responsabilidade aos Estados (2.2.). A distância do processo da materialização das garantias judiciais decorre do seu perfil hipermoderno (2.3).

---

[47] Na década de 70 do Século passado, Espanha e Portugal, com as Constituições democráticas, nelas incluíram as garantias judiciais.

[48] DELMAS-MARTY, Mireille. *Les forces imaginantes Du droit (II). Le pluralisme ordonné*, op. cit. p. 187.

2.1. A existência do bloco de constitucionalidade em matéria de garantias processuais explícitas e implícitas

Depois disso tudo, é possível verificar que o bloco de direitos fundamentais processuais decorre: a) da previsão nas Constituições dos Estados referidos; b) dos direitos implícitos; c) do que decorre do *jus cogens;* d) do que prevê o direito internacional dos direitos humanos e o direito internacional humanitário; e) do que decorre do direito internacional costumeiro e; e) das convenções regionais.

O bloco de constitucionalidade em matéria de princípios processuais, essa *"imagem"* lapidada pelo neoconstitucionalismo no final do Século passado, toma forma e ganha cor com as garantias processuais não só previstas textualmente nas Constituições formais, como também nos tratados internacionais, no direito internacional costumeiro e nos princípios de *jus cogens.* Trata-se de um "núcleo essencial de princípios irrenunciáveis que governam a administração da justiça e ordenamentos evoluídos" como lembra Taruffo.[49]

Forma e cor explícitas – ou implícitas, portanto imagináveis – que vinculam as regras infraconstitucionais e os poderes do Estado – especialmente aqui o Poder Judiciário – a dizer, pioneiramente, como os "cestos de maçã" de Paul Cézzanne em relação aos múltiplos ângulos e perspectivas da mesa, sobre a possibilidade de interpretarem-se/aplicarem-se os direitos fundamentais a partir de múltiplas perspectivas para se atualizar a sua essencialidade em favor do homem reconsiderando o tempo e o espaço do acontecer da constitucionalidade. Costas Douzinas[50] aqui, é irrenunciável, por sustentar encerrarem os direitos humanos não apenas um princípio de unidade e homogeneidade como também o oposto, a diferença, que adviria da luta das pessoas sob a mal definida "bandeira da humanidade". Inscrevem-se aqui as garantias processuais.

Entendido por bloco de constitucionalidade,[51] a determinar o grau de evolução dos sistemas judiciários, o conjunto de direitos da pessoa assegurados pelas Constituições e pelo direito internacional dos direitos humanos derivado daquelas fontes acima elencadas, inclusive formado pelos direitos implícitos, por força do que dispõe o artigo 29, letra "c", da Convenção Interamericana dos Direitos Humanos, é fácil perceber que antes de representar fragilização da soberania é afirmação dela própria.

Um breve olhar sobre o conjunto das Constituições[52] dos países do Mercosul e associados trazem com leves diferenças semânticas, o compromisso com o artigo 29 referido. Portanto, além dos direitos fundamentais explícitos há outros que formam o conjunto dos "direitos fundamentais implícitos". Trata-se, como se vê, de outro plano de fundo. Aqui se percorre um caminho inverso daquele antes des-

---

[49] TARUFFO, Michele. *Páginas sobre justicia civil.* Madri: Marcial Pons, 2009, p. 65.

[50] DOUZINAS, Costas. *O FIM dos direitos humanos.* São Leopoldo: UNISINOS, 2009, p. 379.

[51] ALCALÁ, Humberto Nogueira. Dignidade de la persona, derechos fundamentales y bloque constitucional de derechos: Uma aproximación desde Chile e América Latina, op. cit. p. 602.

[52] Agradeço a pesquisa e a redação que minha orientanda Paola Nicole Debastiani fez sobre esse tema.

crito – onde a pura regra do Direito codificada torna o mundo dos fatos conforme um mundo ideal[53] – porque tais direitos embora não previstos nas Constituições ou nos marcos normativos internacionais, revestem-se de essencialidade e fundamentalidade justamente por serem direitos humanos. Por isso dotam as Cartas Constitucionais de abertura uma vez o sistema de direitos humanos nunca abarcar um catálogo exaustivo. Veja-se que o conjunto das Constituições dos países do Mercosul e associados contempla essa possibilidade.

O artigo 33 da Constituição argentina diz que as declarações, direitos e garantias enumerados na Constituição não significarão negação de outros direitos e garantias não enumerados. O artigo 5º, § 2º, da Constituição brasileira assegura a realização de uma hermenêutica que reconheça não só os direitos fundamentais nela previstos como também aqueles que decorrem dos tratados internacionais ratificados pelo Brasil. O artigo 72 da Constituição uruguaia não exclui outros direitos *"que são inerentes à personalidade humana ou se derivam da forma republicana de governo"*. A Constituição da Bolívia de 2009, em seu art. 13, II, precisa que *"os direitos que proclama esta Constituição não serão entendidos como negação de outros direitos não enunciados"*. A Constituição venezuelana no artigo 22 diz que a enunciação de direitos que faz não significa *"negação de outros que, sendo inerentes à pessoa, não figurem expressamente nela. A falta de lei prevendo estes direitos não impede seu exercício"*.

Essas previsões demarcam uma certa homogeneidade na matriz cultural e constitucional de cada Estado analisado e permitem mensurar o grau de maturidade democrática a que chegaram no breve tempo posterior ao fim das ditaduras militares que marcaram a sua vida política no Século XX. Portanto, esses "matizes constitucionais de abertura aos direitos humanos implícitos" definem não só o conteúdo senão uma maneira de ser e de fazer democracia hoje, em cujo contexto a jurisdição desenvolve um papel relevante no âmbito da tradição. Assim, é possível reconhecer a existência de garantias processuais "implícitas".

Com efeito, em lugar de manter-se na condição de fechamento ao exterior, o juiz nacional deve ter em conta a mesma perspectiva da circularidade entre o que faz o intérprete final – ou não – no direito interno e os intérpretes finais das Cortes regionais e/ou internacionais de direitos humanos, em respeito aos compromissos internacionais assumidos pelo Estado em garantia da comunidade internacional. A "mentalidade alargada" de que falava Hannah Arendt[54] toma o lugar da mentalidade estreita e fechada ao nacional. Juízes de diferentes – não tanto assim – culturas, passam a trabalhar juntos ou, no mínimo, não podendo fugir ao imperativo contemporâneo de "olhar" para o vizinho ou para uma Corte regional e/ou internacional criada pelo seu Estado e a qual esse se submete.

---

[53] GARAPON, Antoine. PAPOULUS, IOANNIS. *Julgar nos Estados Unidos e na França*, op. cit. p. 140.

[54] ARENDT, Hannah. *Entre o passado e o futuro*. São Paulo: Perspectiva, 2001, p. 248-281.

Caberia afirmar, tal como fez a Juíza americana O'Connor,[55] "o que é novo é o próprio mundo ou pelo menos a necessidade profissional de conhecê-lo". Não basta inserir nas Constituições a possibilidade de recepção dos direitos humanos implícitos, no âmbito dos quais poderão estar as garantias processuais. É necessário perceber ser inexorável o enriquecimento do panorama institucional nos últimos decênios ante a proliferação dos tribunais. Trata-se de dar às jurisdições nacionais e às novas jurisdições "uma realidade sensível e visual, papel que se atribui à cultura".[56] E também esperar dos juízes aquele *esprit de finesse,*[57] para lembrar Pascal, ou seja, a fina sintonia entre suas visões de mundo e a exigência constitucional de dar a resposta adequada à Constituição.

A simetria entre os sistemas constitucionais dos países da América Latina em matéria de direitos humanos os aproxima dos marcos normativos internacionais na mesma matéria e os conduz necessariamente à atitude de cooperação, em verdadeiro exercício de uma "fertilização cruzada constitucional"[58] que nasce de uma jurisprudência global em matéria de direitos humanos. A distinta doutrina da *judicial comity*[59] orienta os tribunais nacionais a dar deferência aos tribunais estrangeiros como uma questão de respeito devido de juiz para juiz, ao invés de um respeito mais geral devido de uma nação a outra, endossa a afirmação anterior. O desrespeito dessas garantias processuais por parte dos juízes e tribunais poderia consistir em responsabilização internacional dos Estados? É disso que trata o próximo item.

2.2. A violação das garantias processuais pelas jurisdições dos Estados: a tipificação de inconstitucionalidade, de ilícito internacional e a responsabilização dos Estados

Considerando-se, como refere Delmas-Marty,[60] ser uma das fragilidades das jurisdições internacionais a ausência de império, cuja consequência é a inefetividade das sanções aos condenados, o que juridicamente pode suceder quando a jurisdição de um Estado viola as garantias do processo? A resposta está diretamente relacionada ao sistema de controle de constitucionalidade desse mesmo Estado. No caso de violação de garantias processuais por ato dos juízes ou de outros agentes públicos, em geral, a busca do reconhecimento da inconstitucionalidade por violação da Constituição poderá ocorrer na via difusa de controle, tenha sido a violação ao texto expresso – então ao considerado "núcleo intangível" da Constituição previsto no artigo 60, § 4º, IV, da Constituição Federal do

---

[55] SLAUGHTER, Anne-Marie. *A new world order.* Princeton: Princeton University Press, 2004, p. 71

[56] GARAPON, Antoine. PAPOULUS, Ioannis. *Julgar nos Estados Unidos e na França,* op. cit. p. 255.

[57] A referência é de KONDER COMPARATO, Fábio. *Rumo à Justiça.* São Paulo: Saraiva, 2010, p. 280.

[58] SLAUGHTER, Anne-Marie. *A new world order,* op. cit., p., 69.

[59] Idem, p. 67.

[60] Veja-se à impotência do Tribunal Penal Internacional para impor ao ditador do Sudão Omar Al-Bachir, uma decisão de prisão que seja realmente efetiva. DELMAS-MARTY, Mireille. *Libertés et sûreté dans un monde dangereux.* Paris: Seuil, 2010, p. 206-210.

Brasil, segundo o qual não poderão ser objeto de proposta de emenda os direitos e garantias individuais[61] – ou aos direitos implícitos, os quais derivam do (a) regime adotado pela Constituição e (b) dos princípios por ela adotados[62] e, por fim, da violação dos tratados firmados em matéria de direitos humanos.

Essa concepção conduz a uma conclusão, de certa forma, muito simples. Correspondendo a violação a princípios implícitos que estão na esfera internacional e que se relacionam aos direitos humanos ou a tratados sobre direitos humanos de que o Estado seja signatário, é preciso analisar essa problemática sob duplo ponto de vista:da ocorrência ou não do esgotamento das vias judiciais internas ou se a decisão foi proferida pelo último tribunal da estrutura da organização judiciária, sendo ele, portanto, o violador. No primeiro caso, cabe o esgotamento, pela via recursal de todas as instâncias jurisdicionais internas. Porém, se a chancela do ato violador das garantias processuais praticado nas esferas inferiores de jurisdição ocorrer nos Tribunais Superiores – aqui STF, STJ, STM, TST e TSE – ou se esses forem os violadores em primeiro grau, a jurisprudência da Corte Interamericana de Direitos Humanos reconhece ser sua a competência para a ação em que se pretende responsabilizar o Estado por ato ilícito internacional. Cada sistema jurídico, como foi possível observar anteriormente, cria seus canais processuais e procedimentais de controle de constitucionalidade. Em virtude da importância dos direitos humanos, os sistemas de proteção assemelham-se. Rey Cantor[63] afirma que a par dos juízes ordinários e das Cortes Supremas deverem promover o controle da constitucionalidade também devem realizar o controle da convencionalidade quando o ordenamento interno for incompatível com a Convenção Interamericana de Direitos Humanos, pois a finalidade protetora é a mesma.

Bem se vê o grau de "referência" ou "deferência" que os tribunais nacionais devem ter em relação às Cortes internacionais ou regionais de direitos humanos. Essas devem julgar "as sentenças" proferidas pelos primeiros contra "os códigos globais e regionais" de direitos humanos, numa composição do que se pode denominar de "rede judicial" entre juízes nacionais, regionais, supranacionais e internacionais, dando vazão ao fenômeno contemporâneo de *judges judging judges.*[64]

A propósito disso, a jurisprudência da Corte Interamericana de Direitos Humanos é pioneira no que tange ao julgamento de violações às garantias processuais pelas jurisdições nacionais. Estudiosos do Direito Internacional dos Direitos do Homem referem que "as Cortes Supremas não são supremas"[65] pois em maté-

---

[61] SARLET, Ingo W. diz que essa proteção também abarca os demais direitos fundamentais como os insertos no artigo 6° e 7° da Constituição. *A eficácia dos direitos fundamentais, op. cit.* p. 422-428.

[62] MAZZUOLI, Valério de Oliveira. *O controle de convencionalidade das leis.,* op. cit. p. 103. É o caso do princípio *pro homine* que autoriza sempre ser aplicada a norma mais favorável aos direitos humanos da pessoa.

[63] REY CANTOR, Ernesto. *El control de convencionalidade de las leyes y derechos humanos,* op. cit. p. 200

[64] A expressão é de SLAUGTHER, Anne-Marie. *A new world order.,* op. cit. p. 91 e 101.

[65] REY CANTOR. Ernesto. REY ANAYA, Angela Margarita. *Medidas provisionales y medidas cautelares...,* op. cit., p. 293

ria de respeito aos direitos humanos nenhum Estado pode defender a tese de que as decisões de seus tribunais são definitivas. Colhe-se da jurisprudência da Corte, a partir da década de 90, um conjunto de demandas promovidas contra Estados latino-americanos submetidos à força normativa da Convenção Interamericana de Direitos Humanos, pela violação de garantias processuais praticadas pelas jurisdições nacionais. Assim, opta-se por seguir um fio temporal[66] sequencial e analisar poucos casos em que países foram demandados para, ao final, reconhecer uma certa simetria quanto à violação das garantias judiciais as quais, embora reconhecidamente essenciais para a vida democrática, podem ter essas violações justificadas na baixa constitucionalidade, herança deixada pela cultura autoritária produzida pelos regimes ditatoriais na América Latina.

Veja–se que no caso María Elena Loayza Tamayo vs. Peru a CIDH em setembro de 1997, a Corte estabeleceu no item 66 que "... o acusado absolvido por uma sentença não poderá ser submetido a novo julgamento pelos mesmos fatos". No item 76 a Corte ditou que "... María Helena Loayza Tamayo foi absolvida pelo delito de traição à pátria no foro militar, não só em razão do sentido técnico da palavra 'absolvição' senão porque o foro militar, em lugar de declarar-se incompetente, conheceu os fatos, circunstâncias e elementos probatórios do comportamento atribuído, os valorou e resolveu absolvê-la". A submissão da acusada a duplo julgamento, por jurisdições distintas, consistiu em violação da garantia do devido processo legal por parte do Estado peruano, com violação da Convenção Interamericana de Direitos Humanos.Foi um passo revolucionário dado pela Corte em matéria de respeito das garantias processuais.[67]

No caso *Castillo Páez vs. Peru,* a decisão da CIDH de novembro de 1997, no item 82 a Corte estabeleceu que "... restou demonstrada a ineficácia do recurso de *habeas corpus* para conceder a liberdade de Ernesto Rafael Castillo Páez e, quiçá, salvar sua vida". A ineficácia do recurso de *habeas corpus* se deveu a um desaparecimento forçado e consistiu na violação do disposto no artigo 25 da Convenção Americana. Esta disposição sobre o direito a um recurso efetivo ante os juízes e tribunais nacionais competentes, constitui um dos pilares básicos, não só da Convenção, senão do próprio Estado de Direito em uma sociedade democrática. Qualquer ato ou omissão em contrário origina, para a Corte, responsabilidade internacional dos Estados por ação ou omissão nesse sentido.

No caso *Paniagua Morales vs. Guatemala* de 1998, a Corte julgou acusação contra o Estado guatemalteco por detenção arbitrária, tratamento desumano, tortura e assassinato de inúmeras pessoas por policiais da Guatemala. Para a Corte a Justiça desrespeitou o devido processo legal e prazo razoável. No item 149 salientou que as garantias processuais do artigo 8.1 não se referem apenas ao processo penal e sim a qualquer outro "civil, laboral, fiscal...", invocando a Opinião

---

[66] Para isso recorrer-se-á à jurisprudência da CIDH e também será tomada como fonte de inspiração a obra de REY CANTOR, Ernesto.REY ANAYA, Angela Margarita. *Medidas provisionales...,* op. cit. p. 293 a 331. Todos os casos estão em: http://www.corteidh.or.cr/

[67] Ibid., p. 294.

Consultiva nº 11 de 1990.[68] Dessa sorte, no âmbito da Convenção o artigo 8º traz não só as garantias judiciais genéricas no item 1, quanto as específicas no item 2, essas aplicadas ao processo penal. A Corte sentenciou que fora violado o artigo 25 que impõe dever ao Estado de proteger as pessoas contra atos violadores de seus direitos fundamentais e o desrespeito implica sua responsabilidade por ato jurisdicional ilícito internacionalmente.

Em *Carpio Nicolle y otros vs. Guatemala* de 2004, a Corte traz uma grande novidade em matéria de desrespeito às garantias processuais. Foram violadas, as garantias de independência e imparcialidade nas investigações penais. No item 125 do acórdão sinaliza que "...restou demonstrado que a obstrução sistemática da administração da justiça e do devido processo impediu de identificar, julgar e sancionar os responsáveis materiais e intelectuais da execução dos senhores Carpio Nicolle e outros...". Assim, a Corte sentenciou no item 131, alinhada à jurisprudência internacional, que ocorreu a "... coisa julgada fraudulenta que resulta de um juízo no qual não foram respeitados as regras do devido processo, ou quando os juízes não obraram com independência e imparcialidade." Foi a primeira vez que a Corte Interamericana incorporou à sua jurisprudência a figura da coisa julgada fraudulenta construída a partir do artigo 20 do Estatuto de Roma que criou o Tribunal Penal Internacional.

Essa hermenêutica passou a ser aplicada em casos posteriores. Em *Almonacid Arellano y otros vs. Chile*, julgado em 2006, no qual a Corte estabeleceu que os artigos 8º e 25º da Convenção foram violados e que o Estado deveria deixar sem efeito as sentenças militares e remeter o processo às instâncias ordinárias para que fosse garantido o processo penal contra os responsáveis. No item 154, disse que o procedimento militar não foi instruído de forma independente e imparcial em conformidade com as devidas garantias processuais e não houve a intenção real de submeter os responsáveis à ação da justiça. Desse modo, a Corte pronunciou que houve a produção de coisa julgada fraudulenta.

Em casos mais recentes a Corte mantém de forma tranquila e escorreita a mesma jurisprudência. No caso *Bayarri vs. Argentina*, julgado outubro de 2008, no item 105 reconheceu que tendo a detenção do acusado ocorrido em 18 de novembro de 1991, a sentença de primeira instância ter sido proferida em 06 de agosto de 2001 e o julgamento do recurso de apelação ter ocorrido em 1º de junho de 2004, passaram-se mais de 13 anos em que Bayarri permaneceu preso preventivamente e, com isso, foi-lhe negado o direito de ser ouvido em um prazo razoável.[69]

O Brasil também já foi demandado na Corte Interamericana de Direitos Humanos por violação do ar. 8º e 25º da Convenção. No caso *Escher e Outros vs Brasil*, a Corte julgou pedido de reparação por violação do direito fundamental

---

[68] Instrumentos processuais endereçados à Corte para que essa realize a interpretação da Convenção Americana quando os Estados tenham dúvidas em casos concretos. Disponível em: http://www.corteidh.or.cr/opiniones. cfm. Acesso em 12 de agosto de 2010.

[69] Disponível em: http://www.corteidh.or.cr/casos.cfm. Acesso em 12 de agosto de 2010.

de sigilo das comunicações, então à vida privada, ao direito de livre associação e às garantias judiciais, divulgação de segredo de justiça e abuso de autoridade. As pessoas envolvidas foram vítimas de determinação judicial de interceptação telefônica em desrespeito ao devido processo legal. Com relação ao processo penal promovido contra as autoridades públicas a Corte entendeu no item 206 que a absolvição do Secretário de Justiça sem a determinação da colheita de provas indicadas no processo "... señala que la falta de respuesta estatal es un elemento determinante al valorar si se han incumplido los artículos 8.1 y 25.1 de la Convención Americana, pues tiene relación directa con el principio de efectividad que debe caracterizar el desarrollo de tales investigaciones".[70]

A respeito do processo administrativo movido contra magistrada que determinou a interceptação telefônica a Corte, no item 208 do julgamento, decidiu que o órgão julgador – a Corregedoria de Justiça do Estado do Paraná – não fundamentou suficientemente a decisão, uma vez que se limitou a dizer que os fatos que deram origem à acusação de falta funcional, já haviam sido apreciados pelo Tribunal de Justiça. Assim, no item 208 a Corte decidiu que "... La Corte ha señalado que la motivación 'es la exteriorización de la justificación razonada que permite llegar a una conclusión'. En términos generales, el deber de motivar las resoluciones es una garantía vinculada con la correcta administración de justicia, que otorga credibilidad de las decisiones jurídicas en el marco de una sociedad democrática".[71] Assim resta evidente que o dever de fundamentar as decisões insere-se no que é entendido contemporaneamente por processo democrático que deve ser norteado pelo devido processo legal, garantia essa reiteradamente reconhecida pela Corte. Desse modo, no que se refere às garantias judiciais, a Corte decidiu que "Por otra parte, el Estado violó los derechos a las garantías judiciales y a la protección judicial reconocidos en los artículos 8.1 y 25 de la Convención Americana...".

Ousa-se dizer que tantas violações podem estar associadas ao perfil hipermoderno de processo.

2.3. As violações das garantias processuais no contexto da pós-modernidade "hipermoderna"[72] do direito processual: um problema de função e estrutura

A observação dos casos em que a Corte Interamericana de Direitos Humanos condenou Estados latino-americanos por violação das garantias processuais permite, no mínimo, duas observações. A primeira é a de que a pouca experiência

---

[70] Disponível em: http://www.corteidh.or.cr/docs/casos/articulos/seriec_200_esp1.pdf. Acesso em 12.08.2010.

[71] Ibid.

[72] SALDANHA, Jânia Maria Lopes. ISAIA, Cristiano Becker. *A paradoxal face hipermoderna do processo constitucional*. Revista NEJ. Vol. 15, n. 1, jan.-abr. 2010, p. 5-26. Disponível em https://www6.univali.br/seer/index.php/nej/article/viewFile/2298/1613. SALDANHA, Jânia Maria Lopes. Tempos de processo pós-moderno: o dilema cruzado entre ser hipermoderno e antimoderno, op. cit..

democrática dos Estados desta região do mundo, modelou um tipo de Judiciário que faz o uso hegemônico do processo para solapar direitos e garantias dos cidadãos e, por isso, imprime uma dinâmica hipermoderna ao mesmo. A segunda está entrelaçada ao positivismo jurídico que, historicamente, repudiou os princípios para orientar suas decisões. É chegada a hora de entender o perfil pós-moderno "hipermoderno" de processo que contribui para fragilizar sua performance comprometida com as Constituições e com as Convenções internacionais em matéria de direitos humanos.

A pergunta que pode ser lançada é se a inefetividade das garantias processuais decorrentes de seu descumprimento praticado pelos juízes nacionais, pode ser compreendida no quadro de um processo pós-moderno porque hipermoderno? Parece ser possível dizer que sim desde o ponto de vista da pós-modernidade e da relação circular desta com o neoliberalismo, uma vez verificar-se que a desconsideração aos princípios e, assim, com a qualidade dos fundamentos da decisão, cede espaço à redução do direito processual, mais contemporaneamente, à estandardização e à quantificação e mais cedo, a um tipo de autoritarismo judiciário com feições nitidamente liberais.[73]

Correndo-se o risco da crítica ao que toda redução implica e desafia, arrisca-se a dizer com Agnes Heller e Ferenc Féher,[74] que a pós-modernidade é *parasítica* da modernidade, uma vez viver e alimentar-se de suas conquistas e de seus dilemas. Jacques Chevallier[75] convoca a que se pense a pós-modernidade não como algo que atingiu seu ápice e tampouco como algo a ser totalmente superado. Esclarece que as sociedades ocidentais entraram numa nova era: a da hipermodernidade e da antimodernidade. Inspirado em François Aschter,[76] sobre a hipermodernidade, diz não haver uma superação da segunda modernidade e sim um *continuum* em cujo contexto aparece um novo indivíduo, o multimensional, por sua capacidade de adotar personalidades distintas a depender do lugar em que se encontre, possibilidade que decorre da conformação social em rede de relações.

Importa dizer ser o individualismo o que contaminou o processo e a jurisdição e tornou-se sua marca hipermoderna que, de resto é a da própria sociedade. Eis que já não se trata simplesmente de analisar o individualismo ou o neoindi-

---

[73] NUNES, Dierle diz que o autoritarismo judiciário nasce na fase do socialismo processual, especialmente no pós segunda guerra mundial. *In: Processo jurisdicional democrático. Uma análise crítica das reformas processuais*. Curitiba: Juruá, 2009, p. 107-140.

[74] FÉHER, Ferenc. HELLER, Agnes *A condição política pós-moderna*. Rio de Janeiro: Civilização Brasileira, 1998, p. 23, publicação original datada de 1987. Para Agnes Heller o "nosso mundo (o mundo em que a condição pós-moderna pode encontrar morada) é profundamente problemático" e deve ser revelado dia-a-dia. *In:* HELLER, Agnes. FÉHER, Ferenc. *Políticas de la posmodernidad. Ensayos d ela critica cultural*. Barcelona: Ediciones Península, 1989, p. 23.

[75] CHEVALlIER, Jacques. *O Estado pós-moderno*. Belo Horizonte: Editora Fórum, 2009, p. 19-20.

[76] ASCHTER, François. *Diário de um hipermoderno. Madrid: Alianza Editorial, 2009.*

vidualismo[77] sob o ponto de vista de uma possível patologia individual, e sim da patologia da sociedade ocidental.[78] Essa fineza de percepção permite reconhecer que a sociedade em que as atividades econômicas hajam se convertido na principal preocupação dos homens e o processo de abstração e quantificação ultrapassa o campo econômico, passa a refletir as atitudes comportamentais dos homens em geral frente às coisas, às pessoas e perante si mesmo.

Trata-se da crise de sentido do Direito que contaminou a jurisdição, reduzida ao funcionalismo jurídico, fenômeno que implica antes perguntar para que servem o direito e a jurisdição, eis que transformados em instrumentos ou meios destinados a cumprir determinados fins do que perguntar por seu sentido. O afastamento da jurisdição dos princípios constitucionais mais caros porque associados à existência da democracia, redunda numa outra forma de funcionalismo, agora o político, em que o direito se assume como político e com "objetivo político".[79]

Disso foi apenas um passo para que as instituições estatais, como o Poder Judiciário, passassem a padecer da mesma patologização. Na condição de uma instituição burocrática moderna, pode-se dizer que o Judiciário não restou incólume às disfunções que ameaçam o processo judicial, do que a sociedade tem tanto reclamado, ora porque o Judiciário mantém-se, na perspectiva weberiana, extremamente jungido à lei e, assim, afasta-se da singularidade do caso,[80] ora, na perspectiva de Hannah Arendt,[81] porque ele cada vez mais fragmenta-se e afasta o juiz das experiências intelectuais que devem informar seu julgamento, para que a decisão deixe de ser uma escolha mecânica feita nos gabinetes ou na virtualidade, hoje, do processo eletrônico.

Por tudo isso, a hipermodernidade processual é avistada na ideia de progresso material; eficácia e eficiência na satisfação das necessidades e no modo de organização social favorável às atividades econômicas. A feição hipermoderna da pós-modernidade exige das instituições estatais funcionamento e estrutura compatíveis com os valores concorrência, estratégia e planificação. A violação dos princípios constitucionais e convencionais do processo obedece, em boa medida, a essa lógica, ainda presente no modo como funciona e na estrutura dos Judiciários da América Latina. Então, antes de ser apenas um problema funcional, trata-se, antes, de um problema de estrutura e, portanto, de tradição, coerência e integridade do Direito.[82]

---

[77] CASTANHEIRA NEVES, A. O direito interrogado pelo tempo presente na perspectiva do futuro. *Boletim da Faculdade de Direito.* Coimbra: Coimbra, 2007, p. 11.

[78] FROMM, Erich. *Psicoanálisis de la sociedade contenporánea.* México: Fondo de Cultura Económica, 2006, p. 99.

[79] CASTANHEIRA NEVES, A.. Consulte-se: *O direito hoje e em que sentido? O problema atual da autonomia do direito.* Lisboa: Piaget, 2002, p. 40-42.

[80] BAPTISTA DA SILVA, Ovídio Araújo. *A Justiça da lei e a justiça do caso http://www.baptistadasilva.com. br/artigos008.htm. Acesso em* 27 dezembro de 2009.

[81] ARENDT, Hannah. *Eichmann em Jerusalém:* um relato sobre a banalidade do mal. São Paulo: Diagrama & Texto, 1983.

[82] STRECK, Lenio. *O que é isto? Decido conforme minha consciência?*Op. cit. p. 27.

Finalmente, há que se dizer que a atribuição de legitimidade e de império às decisões de jurisdições regionais, como a da Corte Interamericana não se faz sem críticas. Essas estão diretamente relacionadas ao fenômeno mais amplo que é a própria ausência de um poder executivo mundial, como refere Delmas-Marty.[83] A dependência dos Estados ainda é um dado forte, seja para executar uma ordem de prisão proferida pelos Tribunais não nacionais, seja para executar uma decisão ou para obter uma harmonização em matéria de garantias processuais.

No campo específico da efetivação dos direitos humanos a preocupação é justamente que tenha consolidação no plano prático. A tensão entre a defesa da soberania e o universalismo é, sem dúvida, uma constante a manter a própria ideia de construção de uma "ordem jurídica mundial" algo ainda distante, até porque a própria noção de ordem jurídica é não só incerta quanto às suas origens, como também no que se refere ao seu significado, tradicionalmente associado à unidade, coerência, consistência e completude. De modo que a intensa complexidade do mundo contemporâneo faz movimentar o pêndulo global ora em favor da soberania ora em favor do processo universalista, a demonstrar um movimento de flutuação. Por isso a ordem é a própria reconfiguração da ideia mesma de ordem jurídica e, quiçá, de processo.

Considerações Finais: rumo a um direito internacional processual dos direitos humanos

Daí ser importante refletir-se sobre o reconhecimento, por uma Corte Regional, da prática de ilícito internacional por parte de um Estado, por violação às garantias processuais praticadas por suas instituições, especialmente pelo Poder Judiciário. O dever de respeito às garantias processuais que se impõe aos juízes nacionais dos países latino-americanos e, particularmente dos países do Mercosul e associados, que foi o foco deste trabalho, não só resulta da existência de um bloco de constitucionalidade na matéria, quanto das previsões da Convenção Interamericana de Direitos Humanos.

A construção da ideia de um direito processual internacional dos direitos humanos se ao primeiro olhar parece utópica, não se afasta dos anseios de que em qualquer Estado a jurisdição faça a opção pelos direitos humanos. Trata-se de perceber, contra um universo vasto, mas compreensível, em que a formação dos juristas era apenas voltada para o nacional/local, de que esse, sozinho, talvez não dê mais todas as respostas adequadas. É muito provável que Amartya Sen[84] esteja certo em sua reflexão ao questionar o "não localismo" como uma exigência de justiça e ao dizer que: "Malgré l'importance incontestée du "savoir local", le savoir mondial n'est pas sans intérét non plus, et il peut enrichir les débats sur les valeurs et les pratiques locales".

---

[83] DELMAS-MARTY, Mireille. *Libertés et sûreté dans um monde dangereux,* op. cit., p. 195-196.

[84] SEN, Amartya. *L'Idée de justice.* Paris: Flamarion, 2009, p. 481.

Como se sabe, o Direito Internacional dos Direitos Humanos é produto da segunda metade do Século XX hoje não desprezado, apesar dos intensos debates doutrinários sobre tal condição. Nesse sentido, deve ser reconhecido que as garantias processuais ou os princípios processuais são direitos humanos porque ligados, de modo indelével, à própria noção de dignidade humana. Justamente por isso, o processualista que se preocupa com as expressões "transnacionais" do direito processual, deve buscar pontos comuns de contato entre os diversos sistemas jurídicos estatais no marco de textos normativos internacionais que regulam a matéria, com vistas a admitir a possibilidade de criação de um direito processual internacional dos direitos humanos.

Ao reconhecer a constitucionalização dos princípios e garantias processuais do processo penal, Montero Aroca[85] com fina perspicácia, anteviu que se anunciava a internacionalização destes mesmos princípios para o direito processual como um todo, fenômeno esse não esperado pelos "práticos forenses" tampouco pelos "procedimentalistas". Para o autor, "... Los primeros estimaben que su función consistia es explicar el estilo o modo de proceder de los tribunales de cada país y, aún más, de tribunales concretos dentro de cada país, mientras, los segundos cenraban su estúdio es la explicación de como la ley, cada ley nacional, descrebía las formas de procder de los tribunales, perlo los dos hacían una ciencia 'nacionalista'."

Ultrapassa-se, desse modo, as preocupações históricas quanto à criação de normas comuns de cooperação internacional em matéria processual. Busca-se conferir alargamento à própria ideia de direito internacional processual para dar lugar às garantias processuais como o tema central dessa internacionalização que nada mais significará do que a imposição de limites hermenêuticos à interpretação nessa matéria. Com isso, impõe-se aos intérpretes o respeito à coerência e integridade dos princípios processuais com base nas Constituições e nas Convenções, pois, após uma larga evolução, talvez esteja sendo desenhada uma "ius commune procesal ocidental".[86]

---

[85] MONTERO AROCA, Juan. *El derecho procesal en siglo XX*. Valencia: Tirant lo blanch, 2000, p. 142.

[86] Ibid. p. 142.

— VIII —

O estado constitucional: diálogos (ou a falta deles) entre justiça e política

JOSE LUIS BOLZAN DE MORAIS[1]

Sumário: I – Do Estado ao (pós)Estado... circunstâncias para o debate; II – O Estado em crise, jurisdição e judicialização da política – apenas um exemplo preliminar; Referências bibliográficas.

> *Os bons e os maus resultados dos nossos ditos e obras vão-se distribuindo, supõe-se que de uma maneira bastante uniforme e equilibrada, por todos os dias do futuro, incluindo aqueles, infindáveis, em que já cá não estaremos para poder comprová-lo, para congratularmo-nos ou para pedir perdão, aliás, há quem diga que é isto a imortalidade de que tanto se fala.*
> (Jose Saramago)

I – Do Estado ao (pós)Estado... circunstâncias para o debate

No processo de *produção das Constituições* na contemporaneidade há um fenômeno que tem ganho consistência e um cada vez maior espaço acadêmico e midiático, impondo aos juristas, em particular, uma tomada de posição diante do mesmo. Ou seja: vemos vir à tona, com maior força a cada dia, a questão que diz com as formas de pôr em prática os conteúdos presentes nas normas constitucionais, em particular diante de um processo de transição do debate histórica e tradicionalmente político, realizado no âmbito dos espaços tradicionais da democracia representativa – parlamento (Legislativo) e governo (Executivo) – para o *sistema de justiça* – especificamente a *justiça constitucional*, o que vem normalmente reconhecido como, de um lado, *judicialização da política* e, de outro, como nomeamos, *jurisprudencialização das constituições*.[2]

---

[1] Professor do PPGD/UNISINOS, Doutor em Direito do Estado(UFSC/Université de Montpellier I) com pós--doutoramento em direito constitucional pela Universidade de Coimbra, Pesquisador PQ/CNPq, Procurador do Estado do Rio Grande do Sul.

[2] Ver, a respeito nossas publicações no Anuário do PPGD/UNISINOS: A Jurisprudencialização da Constituição. A construção jurisdicional do Estado Democrático de Direito, em 2002 e, A Jurisprudencialização da Constituição. A construção jurisdicional do Estado Democrático de Direito – II, em 2008

Diante de tal situação, vemo-nos confrontados com dilemas que transcendem as próprias dificuldades que tem a doutrina jurídico-política para lidar com este ganho de importância da função jurisdicional, por um lado, e, por outro, com a necessidade de enfrentarmos o novo papel dos atores jurídicos neste cenário, onde o espaço jurisdicional e seus atores emergem como figuras esponenciais para responder às pretensões sociais.

Há, aqui, não apenas novidades de caráter doutrinário, inéditas e de difícil compreensão e estabilização para os juristas – neoconstitucionalismo, linguagem, hermenêutica e, mais recentemente, a questão do diálogo e da cooperação constitucional etc. – , como também circunstâncias – globalização(ões), crises do Estado etc. – que põem à prova a capacidade que o mesmo *sistema de justiça e seus atores* têm em assumir-se com um ambiente que se populariza, sem transformar(em)-se em astros "pop". Há uma diferença profunda entre uma *justiça popular(izada)* e uma *justiça "pop"*.[3]

É com este foco que pretendemos, retomando o debate ao que nomeamos *jurisprudencialização da* constituição, como referido acima, desassossegar – como sugerido por Saramago – corações e mentes, para que possamos pensar as condições e possibilidades de *estarmos em Constituição* – como refere Pablo L. Verdú – e não apenas *termos* Constituição, para isso promovendo uma *profanação* – como indicado por Giorgio Agamben.

Com isso, neste marco histórico dos 20 e poucos anos de *neoconstitucionalismo* no Brasil – tomando a Constituição brasileira de 1988 como parte desta tradição –, buscamos fazer algumas anotações acerca das circunstâncias para que se promova uma *otimização* do projeto constitucional nestes *tempos sombrios,* em particular ante a preocupação de *densificação* e *concretização* das promessas constitucionais.

No trabalho publicado em 2002,[4] bem como em outros que se seguiram ao longo do período e do desenvolvimento dos projetos de pesquisa que lhes deram origem, operamos, de um lado uma descrição acerca do significado mesmo deste novo *processo de produção* das Constituições contemporâneas ante a proeminência e centralidade da atuação do *sistema de justiça* – constitucional – em um contexto de profundas crises e afetações que se abate sobre a tradição político-jurídico moderna, em particular sobre o modelo de Estado Social e de seu constitucionalismo (dirigente), o que fez da jurisdição um ambiente privilegiado de/para se *fazer* política, resultante também de sucessos advindos, como a própria democratização experimentada.

---

[3] Este não será um tema desenvolvido neste momento. Apenas gostaríamos de deixar anotado que uma popularização do sistema de justiça e seus atores no sentido de tornar o acesso à jurisdição menos difícil em todos os seus detalhes não deve ser confundido com a sua transformação em um ambiente "pop" e midiático, vocacionado à uma *espetacularização* dos seus processos e procedimentos e, sobretudo, de seus atores transformados ou assumidos como *estrelas* da mídia.

[4] Ver: BOLZAN DE MORAIS, Jose Luis e outros. A Jurisprudencialização da Constituição... In: *Anuário do Programa de Pós-Graduação em Direito*. São Leopoldo: EDUNISINOS. 2002.

Dito de outro modo, há que ficar claro que este *fazer política* é aqui assumido como uma nova forma de produção de decisões no âmbito do poder estatal que tem ganho cada vez maior amplitude e consistência em razão de dois fenômenos até mesmo contraditórios: de um lado o sucesso do Estado democrático em prover a cidadania de melhores vias e meios de acesso ao *sistema de justiça*, de outro os fracassos ou dificuldades de o Estado Social prover resultados satisfatórios ante suas promessas. Um embate entre *cidadania jurídico-jurisdicional* e *cidadania social*, mesmo que, claro, ambas se confundam – possam se confundir – nos mesmos sujeitos

Tais circunstâncias põem em maior evidência as estruturas jurisdicionais quando estas se veem confrontadas com um crescimento vertiginoso na quantidade das demandas, seja porque os consumidores de justiça aumentaram em número, seja porque há mais e melhores meios e instrumentos para a busca de respostas jurisdicionais para os conflitos sociais, seja, ainda, porque a insatisfação ampliada da cidadania em face dos resultados do Estado Social promove uma nova conflituosidade – aquela que contrapõe as pretensões sociais nascidas do reconhecimento de direitos (antigos, novos e novíssimos) e a insuficiência de sua realização a partir dos sistemas de políticas públicas de caráter prestacional, em contexto de *crises e reformas*.

É evidente que o trato desta matéria imprescinde de tudo aquilo que vimos tentando enfrentar quando tratamos dos temas afetos à construção de uma Teoria do/para o Estado que considere este complexo conjunto de fatores que modificam profundamente as condições de sua (re)produção, o que nos leva(ria) à reflexão relativa ao tema das *crises*. Porém, esta é uma discussão que já foi posta e que, embora inacabada, não será aqui retomada.

Entretanto, há que ficar claro que, para enfrentar em condições satisfatórias estes temas, é necessário ter presente que não há como se afastar da necessidade que se construa uma Teoria do/para o Estado Constitucional, levando em consideração a impossível disciplinarização destes temas, tratando-os como instâncias que não se comunicam, interpenetram ou se constituem como uma unidade intransponível.

Em uma primeira versão deste texto desenhamos um debate que pretendia aceder ao problema desde uma perspectiva que considerava, à época, a impossibilidade de "se esquivar da análise de uma tentativa de implementação dos direitos humanos tendo como cenário o espectro das transformações das relações socioeconômicas e seus corolários, sobretudo quando visamos instrumentalizar para isso as práticas jurídicas e os operadores do direito por elas responsáveis, em particular se pensamos no conjunto de possibilidades e necessidades que se abrem a partir das estratégias de regionalização dos espaços via integração de países, da globalização econômica, da mundialização dos vínculos sociais, da universalização das pretensões, etc., mas, mais ainda, quando buscamos reconhecer/rediscutir o papel desempenhado pelos operadores jurídicos, sobretudo relativamente àqueles responsáveis pela tarefa de atribuir sentido aos conteúdos normativos, em particular quando estes estão presentes no texto constitucional e dizem respeito ao catálogo de direitos fundamentais que o mesmo expressa e incorpora, seja através do seu catálogo próprio, seja por meio de suas cláusulas constitucionais abertas".[5]

É preciso ter presente que este cenário de transformações e fragmentações é preocupante, mas, ao mesmo tempo, ele nos desafia a corrigir e a mudar nossos esquemas de conhecimento, nossas categorias conceituais, nossos sistemas até bem pouco tempo justificados e caracterizados como "puros", como acima da realidade (transcendentes) e acima da contingência histórica.[6]

Não é por acaso que, da segunda metade do século XX até agora, primeira década do século XXI, estamos nos deparando com tantas "crises", com tantos debates teóricos a respeito do "fim" ou do esgotamento de diversos instrumentos e instituições, com tantos prefixos "pós" colocados antes de vários conceitos que estavam incluídos na herança da modernidade, o que nos coloca, certamente num período de transição.[7]

Partindo do questionamento acerca das *crises* do/no Estado, como projeto poítico-jurídico moderno, enfrentamos os dilemas internos ao Estado, sobretudo naquilo que se refere às relações que se estabelecem no interior de sua estrutura organizativa funcional, pontualmente na perspectiva da atuação de seu *sistema de justiça* e, com isso, dos reflexos incidentes no/para o processo democrático em um contexto, também, de fragmentação e de fragilização de sua *potência*, e, ain-

---

[5] Ver: BOLZAN DE MORAIS, José Luis. *Direitos Humanos "Globais (Universais)"! De todos, em todos os lugares*, In PIOVESAN, Flávia (Org.). *Direitos Humanos, Globalização Econômica e Integração Regional. Desafios do Direito Constitucional Internacional*. São Paulo: Max Limonad. 2002, p. 519-542. Também: PIOVESAN, Flávia. *Direitos Humanos e o Direito Constitucional Internacional*. 4.ed. São Paulo: Max Limonad. 2000

[6] Não é novidade para ninguém que o " 'dever-ser' tem que dialogar com o mundo do 'ser' ou então estaremos em meio a uma normatividade sem justiça" ; "A visão do direito como ordem heterônoma (como uma utilidade/fim em si mesmo/externo=fora da realidade/forma) abriu as portas para juristas como Kelsen produzirem teorias jurídicas sob a égide do princípio da pureza metódica, o qual está caracterizada por uma concepção do direito como um "dever-ser" distinto do mundo do "ser". Ver: OLIVEIRA JÚNIOR, José Alcebíades de. *Teoria Jurídica e Novos Direitos*. Rio de Janeiro: Lumen Juris, 2000, p. 2 e 16-7); também "Conceitos e sistemas jurídicos sempre se referem a outra coisa que não eles mesmos. Pela evolução e pelo exercício do direito, eles apontam para a condição material que define o seu ponto de apoio na realidade social". Ver: NEGRI, Antonio; HARDT, Michael. *Império*. Rio de Janeiro: Record, 2001, p. 41; também "A transcendência mostrar-se-á, progressivamente, uma descida para o interior da finitude, ou como me permito dizer, como *rescendência*". Ver: STEIN, Ernildo. *Melancolia*: ensaios sobre a finitude no pensamento ocidental. Porto Alegre: Movimento, 1976, p.25

[7] "A reflexão sobre o direito e a ciência jurídica, portanto, encontra-se em meio a um processo de transição mundialmente observável. As ciências se mistificam e os misticismos se cientificizam; a esfera pública se privatiza e a privada se publiciza; o direito é moralizado e a moral, juridicizada; o 'dever-ser' é visto no plano do 'ser' e o plano do 'ser' observado a partir do 'dever-ser'; as soberanias invadidas pelos mercados comuns e os mercados comuns capitaneados por determinados Estados soberanos; o masculino cada vez mais ressaltado em sua feminilidade e a feminilidade, cada vez mais masculinizada. Com efeito, as certezas e os limites espaço-temporais existenciais estão em crise" Ver: OLIVEIRA JR, José Alcebíades de. Op. cit., p. 1 Não é por acaso que estamos ouvindo tanto os termos de refundação epistemológica ou de ruptura epistemológica em diversas esferas das ciências.

da, de insuficiência/deficiência e de impossibilidade de/para realização de seus fins (*função social*, em sentido genérico).

De lá para cá, muito se fez e outro tanto se disse a respeito deste tema. Porém, há algo que permanece no centro do debate: como *dar conta* de um projeto constitucional marcado por uma identidade dirigente, compromissória e social em seu *dever-ser* ante as circunstâncias nem sempre ótimas para a sua realização, não apenas no que diz com as suas condições materiais, mas, em particular, diante das mudanças que operam uma transformação profunda nos lugares e atores do agir e do fazer político.

E é apenas neste contexto que ganha sentido discutir a *judicialização da política* como uma consequência inescapável a um Estado que se apresenta como de *bem-estar,* mas que se executa como de *mal-estar* – não apenas o mal-estar da civilização de que falava Sigmund Freud, mas de um mal-estar *na* civilização (no projeto civilizatório moderno) como tem sido reiterado no período pós-88 no Brasil, apesar dos inegáveis avanços obtidos em matéria de enfrentamento, mesmo que parcial, tangencial e/ou transversal, da tradicional *questão social*.

Ora, primariamente se os *sucessos* do Estado Social fossem inexoráveis, possivelmente não veríamos o avançar tão contundente de tal fenômeno, uma vez assegurada a satisfação ótima dos *desejos sociais* mais incontidos.

Se das garantias constitucionais – ou das promessas constitucionais – emergisse a satisfação inexorável das pretensões sociais este debate não se colocaria – pelo menos não na magnitude que o percebemos nas últimas décadas – e tudo se resolveria por *políticas públicas prestacionais* e pela satisfação profunda dos seus destinatários. Não haveria dificuldades em se atender e atingir ótimos padrões e todas as expectativas relativas à satisfação das necessidades sociais.

Para o que aqui interessa, poderíamos dizer (supor?) que tudo se resolveria, ainda e assim, no *ambiente da política democrática*, junto às funções de governo.

Com isso, a conflituosidade que se enfrenta não estaria posta perante os Tribunais, posto que ausente das preocupações sociais em uma *sociedade ótima*. Porém, por desgraça ou por humanidade (?), não se vive neste mundo ideal – não se confunda com idealizado (!) – e é exatamente no tensionamento entre *projeto político-constitucional e projeto político-econômico* que subjaz a fórmula do Estado contemporâneo. Democracia como política e capitalismo como economia não formam um par perfeito, como alertava Luis Alberto Warat há longa data. Pelo contrário, são gêmeos da tradição liberal que trilham caminhos distintos, contraditórios, mesmo que, no desenho do Estado Social promovam intersecções – muitas vezes vantajosas.

E é no ambiente de *crises* que emerge um confronto de interesses que deságua no Sistema de Justiça que se torna, assim, o grande ambiente de disputa e definição política na atualidade, embora sem ultrapassar seus próprios limites no sentido de fazer valer para todos os compromissos constitucionais. Em um ambiente de mais *acesso* vive-se um contexto de maior *exclusão* ou de crescente negação de promessas ou, mesmo, de profunda defasagem entre pretensões e satisfações.

Tais circunstâncias impõem a necessidade premente de promover-se uma compreensão integrada e integradora entre Teoria do Estado e Teoria da Constituição, não se podendo pretender construir uma teoria constitucional no contexto contemporâneo sem que se tenha presente os limites e possibilidades de e para o próprio Estado Constitucional, envolto que está na transformação de suas fórmulas políticas, bem como sujeito – muitas vezes incapaz – diante das mudanças radicais dos modelos econômicos adotados pela economia capitalista, da qual não logrou desassujeitar-se.

Da mesma forma, impõe-se perceber a necessidade de um repensar de suas fórmulas clássicas de arranjo político-institucional, em particular no que diz com o modelo liberal de especialização de funções e das práticas democráticas instaladas no âmbito do Estado.

Neste contexto, a disputa pela efetivação dos direitos sociais no âmbito do Sistema de Justiçao, com especial referência ao papel desempenhado pela justiça constitucional passa a ser uma das marcas da contemporaneidade para as leituras constitucionais que se desapegam das fórmulas disciplinares clássicas.

Experimenta-se, assim, um rearranjo organizacional na forma estatal da modernidade, fruto das próprias dificuldades do Estado Social e se percebe um embate do Estado com ele mesmo, da construção legislativa de promessas à disputa por sua concretização, em um primeiro momento no âmbito da administração (Executivo) envolta, hoje, em projetos de *reforma do Estado, de ajustes (fiscal, financeiro, orçamentário), de prioridades* e, posteriormente, diante da insatisfação na sua (ir)realização, nos limites da jurisdição, em busca das *promessas perdidas*, submetida, agora, à exaustão de suas fórmulas.[8]

E, deste quadro surgem e se renovam questionamentos, que vão das clássicas interrogações acerca da eficácia das normas de direitos sociais, visto sob novos ângulos, até as dúvidas acerca da legitimação da jurisdição (constitucional)

---

[8] Este embate do Estado com ele mesmo, a tensão entre a construção legislativa e a concretização dos direitos, pode ser lida a partir da analise entre justiça e poder feita por Mirjan Damaska quando contrapõe o perfil reativo do Estado liberal ao perfil ativo desejado para o Estado democrático. Aquele satisfaz-se com uma jurisdição cujo principal objetivo é a resolução de conflitos; e esta, carece de uma jurisdição empenhada na implementação de políticas e na concretização de valores constitucionais. O Estado liberal corresponderia a um Estado reativo, enquanto o Estado social ou o Estado democrático, a um Estado ativo, cada um deles delineando um perfil diferente para a função jurisdicional e, consequentemente, para a construção da sua jurisdição constitucional e seus instrumentos. Em um Estado cujo perfil seja ativo, a exemplo dos Estados social e democrático, a resolução de conflitos subjetivos são pretextos para que seja possível encontrar a melhor solução para um problema social. Isso implica dizer que o direito, para além do simples texto de lei, tem sua substância moldada pela Constituição. Nesta perspectiva, toda e qualquer decisão deve partir dos princípios constitucionais e a implementação de direitos fundamentais, rompendo com um modelo econômico cujo fundamento não seja o da inclusão social. (Neste sentido, ver DAMASKA, Mirjan R. *The faces of justice and state authority*: a comparative approach to the legal process. Yale: University Press, 2005).

para intervir nas opções políticas, sejam legislativas, sejam das práticas administrativas.

Ou seja, o debate entre *função de governo* e *função de garantia*, remodelando a clássica tripartição de funções, passando, ainda, pelos limites que demarcariam a extensão destes "direitos" constitucionais, em uma disputa, e.g., entre o *mínimo existencial* e a *reserva do possível*, margeado pelo *fundamento da dignidade humana* no contexto de um Estado que, apesar de *social*, não rompeu com um modelo econômico (capitalismo, antes de produção e, agora, financeiro) cujo fundamento não é, por óbvio, o da inclusão social.[9]

Na verdade, para além das ordens constitucionais a serem aplicadas, é necessário se compreender *as circunstâncias* do Estado Social como tal e seus *corolários contemporâneos* para, assim, se discutir os vínculos do tema que envolve a realização dos direitos sociais – bastando, para isso, revisitar a disputa que circunda a realização do direito à saúde,[10] sobretudo se tomarmos a experiência brasileira dos últimos anos (pós-88).

Quando se constitucionaliza o chamado Estado Democrático de Direito, deve-se atentar para o que isso significa e, por consequência, para as condições, possibilidades e limites de realização das promessas construídas no/pelo "contrato constitucional" e contidas no bojo da Carta Política que o caracteriza, bem como há que se ter em mente tratar-se de um Estado de Direito, cuja normatividade não apenas *organiza o poder* – e mesmo por isso – mas, também, define seus procedimentos e seus espaços de atuação.

Esse novo modelo de Estado com o qualificativo democrático – que o distingue tanto do Estado "Liberal" de Direito quanto do Estado "Social" de Direito[11] –, embora tenha nascido sob o influxo do neoconstitucionalismo, carregando a marca de um projeto de *transformação social* – basta lembrar a Constituição Portuguesa em seu texto original (art. 3°) – encontra-se imerso em dilemas para efetivação das promessas constitucionais. Dilemas que vão desde as condições e

---

[9] No Estado brasileiro, várias decisões têm sido tomadas em torno da "suposta" colisão entre o mínimo existencial e a reserva do possível. Cita-se, como exemplo, a discussão estabelecida pelo Supremo Tribunal Federal na ADPF n° 5, como segue: ADPF – Políticas Públicas – Intervenção Judicial – "reserva do possível" (transcrições) Min. Celso de Mello. Ementa: Argüição de Descumprimento de Preceito Fundamental. A questão da legitimidade constitucional do controle e da intervenção do poder judiciário em tema de implementação de políticas públicas, quando configurada hipótese de abusividade governamental (...). Considerações em torno da cláusula da "reserva do possível". Necessidade de preservação, em favor dos indivíduos, da integridade e da intangibilidade do núcleo consubstanciador do "mínimo existencial". Viabilidade instrumental da argüição de descumprimento no processo de concretização das liberdades positivas (direitos constitucionais de segunda geração).

[10] Neste sentido, são emblemáticas as discussões sobre o fornecimento de medicamentos na rede pública. No RE 566.471, o Ministro Marco Aurélio, em seu voto, vislumbra 'repercussão geral' no caso concreto para a admissibilidade do recurso extraordinário, diante do inegável apelo coletivo das discussões em torno do direito à saúde. A ementa do RE traz o seguinte texto: "SAÚDE – ASSISTÊNCIA – MEDICAMENTO DE ALTO CUSTO – FORNECIMENTO. Possui repercussão geral controvérsia sobre a obrigatoriedade de o Poder Público fornecer medicamento de alto custo".

[11] Ver: BOLZAN DE MORAIS, Jose Luis; STRECK, Lenio Luiz. *Ciência política e teoria do estado*. 6ª ed. Porto Alegre: Livraria do Advogado, 2008.

possibilidades para *dar conta* de seu conteúdo, até o imprescindível *redesenho* de sua organicidade e de suas práticas, tudo sempre vinculado à *máxima e melhor* realização dos conteúdos constitucionais.

Apesar disso, há que se ter presente, sempre, que o Estado Democrático de Direito se apresenta como uma nova fase histórica do Estado de Direito, o qual já havia passado por seu nascedouro como Estado Liberal de Direito e, após, como Estado Social de Direito, marcado pelo enfrentamento dos dilemas irresolvidos, bem como pelas crises enfrentadas por este último, mantém-se adstrito à tradição do liberalismo, em particular ao seu viés econômico pautado pela doutrina e pelas práticas capitalistas, mesmo que não se lhe dê, muitas vezes, a devida atenção!

E tal não é sem consequências, posto que, assim sendo, ele se mantém vinculado às *dores e delícias de ser o que é*, para usar a expressão de Caetano Veloso. Um projeto estatal que se vê confrontado com a finalidade de transformar a sociedade, sobretudo na perspectiva da inclusão social, como projeto político-constitucional, e, de outro lado, delimitado com as proteções, resguardos e salvaguardas impostos por uma economia capitalista que, não mais podendo excluir totalmente, estabelece limites às possibilidades de concretização de um tal projeto. Ou seja, repetindo, vive-se sobre a dualidade: política de inclusão vs. economia de exclusão ou, no limite, de semi-inclusão.

E isto pode ser percebido no próprio desenho constitucional, quando confrontamos o conteúdo de seu catálogo de direitos fundamentais, e.g., com a nomeada constituição econômica, em particular no que refere à conformação do sistema tributário.

Nesse sentido, não se pode almejar do Estado Democrático de Direito mais do que ele pode "dar", nem se supõe que as condições para sua execução e desenvolvimento histórico permaneçam inalteradas diante das crises da própria economia capitalista tradicional – produtiva – mas, e, sobretudo, em face da transformação operada no campo de sua formulação teórica e de suas práticas. Tal reconhecimento conduz a certos dilemas.

O primeiro se refere à *mutação* de suas circunstâncias. Ou, dito de outra maneira, o problema das *crises do Estado*, diante das transformações características da sociedade e da economia liberal – capitalismo – contemporâneas. E aqui se aborda apenas dois aspectos destas crises, as quais vêm esmiuçadas na obra *As Crises do Estado e da Constituição e a transformação espacial dos direitos humanos* ou, mais simplesmente, em *Ciência Política e Teoria do Estado.*[12]

Dentre outras tantas, o Estado contemporâneo se vê confrontado, por um lado, por uma *crise conceitual*, a qual afeta a sua própria formulação como Instituição da modernidade, assentada que estava sobre os pilares dos seus elementos característicos: território, povo e poder soberano. Em linhas gerais, não

---

[12] BOLZAN DE MORAIS, José Luis. As crises do estado e da constituição e a transformação espacial dos direitos humanos. Porto Alegre: Livraria do Advogado, 2002; BOLZAN DE MORAIS, Jose Luis; STRECK, Lenio Luiz. *Ciência política e teoria do estado*. 6. ed. Porto Alegre: Livraria do Advogado, 2009.

há mais como entender tais conceitos em suas versões clássicas, se é que ainda são conceitos operacionais para descrever esta experiência institucional.

Falar em soberania em tempos de Império – Negri/Hardt[13] –, de globalizações ou globolocalismos, de estruturas supranacionais ou de cosmopolitismos, parece de uma ingenuidade atroz. E, com a falência deste conceito, soa no mínimo estranho pretender a permanência de uma *autoridade única, comum e suprema, produtora e implementadora* de uma ordem jurídica autônoma.

Não identificar as insuficiências e as razões dos problemas que hoje enfrentamos, arriscando propostas superficiais é, sim, ingênuo. Mas apresentar soluções possíveis fundadas em uma investigação que vai às raízes da problemática contemporânea e do contexto atual é trilhar o caminho do sagrado ao profano. Que assim como o caminho inverso (a *sacralização*), exige sacrifícios, ou seja, o abandono de alguns mitos e a revisão de outros.

Estas circunstâncias apontam para o *desfazimento de certezas* iluministas, modernas, institucionais, apontando para a fragmentação do *lócus* tradicional do que se convencionou chamar Estado Nacional, da sua política e de suas estratégias de atuação. Por outro lado, permitem reconhecer que *o capitalismo, acaba levando ao extremo uma tendência já presente no cristianismo, generaliza e absolutiza, em todo âmbito, a estrutura da separação que define a religião.*[14]

O grande dilema que parece ser vivido hoje é aquele que contrapõe o descompasso entre as *promessas constitucionais* e as *possibilidades de sua realização*, pois o Estado Social imprescinde de um *poder político forte,* de um lado e, de outro, a desconfiança/descompromisso coletivo e individual com o seu projeto constitucional, naquilo que se identifica como *sentimento constitucional,*[15] o que pode produzir um abandono do Estado Constitucional à sua própria sorte ou, ainda, uma tentativa de (re)apropriação de seus conteúdos privadamente, em particular pelos atores individuais de alguma forma já incluídos, fortalecendo a *exclusão social.* Reconhecendo tais dificuldades, Canotilho salienta:

(...) ora, o Estado Social só pode desempenhar positivamente as suas tarefas de socialidade se verificarem quatro condições básicas: 1)provisões financeiras necessárias e suficientes, por parte dos cofres públicos, o que implica um sistema fiscal eficiente capaz de assegurar e exercer relevante capacidade de coacção tributária; 2)estrutura da despesa pública orientada para o financiamento dos serviços sociais (despesa social) e para investimentos produtivos (despesa produtiva); 3)orçamento público equilibrado de forma a assegurar o controlo do défice das despesas públicas e a evitar que

---

[13] HARDT, Michael; NEGRI, Antonio. *Império.* 3. ed. Rio de Janeiro: Record, 2001.

[14] Ver: AGAMBEN, Giorgio. *Profanações.* São Paulo: Boitempo, 2007, p. 71. Este mesmo autor deixa expresso que, porque tende com todas as suas forças não para a redenção, mas para a culpa, não para a esperança, mas para o desespero, o capitalismo como religião não tem em vista a transformação do mundo, mas a destruição do mesmo. (Ibidem, p. 70.)

[15] VERDÚ, Pablo Lucas. *O sentimento constitucional*: aproximação ao estudo do sentir constitucional como modo de integração política. Rio de Janeiro: Forense, 2004.

um défice elevado tenha reflexos negativos na inflação e no valor da moeda; 4)taxa de crescimento do rendimento nacional de valor médio ou elevado.[16]

Isto levaria, como também questiona Canotilho, a se pensar hoje, em termos juspublicistas, na figura de um *Estado Garantidor*, o qual incorpora a mudança estrutural no cumprimento das tarefas públicas, a questão da reforma da administração pública e a aproximação da ideia de garantia com o problema da *governance*, se apresentando como um *Estado "desconstrutor" de serviços encarregados de prestações existenciais do cidadão e, por outro lado, um Estado "fiador" e "controlador" de prestações dos "serviços de interesse geral" por parte de entidades privadas.* Ou seja, embora pretende assegurar a socialidade, esta fica confiada à execução por meio de serviços privados ou de gestão privada. Com isto, entre outras consequências, teríamos uma defasagem entre o Estado constitucionalmente conformado e aquele que se "executa" na prática, em um contexto onde a "escolha" do direito (*law shopping*) aparece dentre as mercadorias que compõem o mix de produtos contemporâneos, pondo em fricção a sua própria *força normativa.*[17]

O que se questiona é: teria, neste quadro, este Estado, *em crise conceitual*, condições para exercer tais tarefas? Olhando ao redor se percebe que, com incidências distintas, experimenta-se um quadro histórico no qual a *potência* estatal se vê confrontada com um tal grau de fragmentação que muito pouco lhe resta para poder desempenhar tais requisitos, forçando permanentemente um processo de reforma (do Estado) sob os auspícios de um *neoliberalismo minimizante* vinculado ao que nomeamos *neocapitalismo* desvinculado das práticas produtivas[18] e voltado à sua autorreprodução em escala planetária sob os auspícios das novas estratégias financeiras tornadas possível com o advento do mercado global virtual e das tecnologias ou novas práticas de gestão financeira e orçamentárias que deslocam o sentido da ação estatal.

Tudo isso poderia ser reduzido na seguinte interrogação: *quem decide?*

Com isso, resta reconhecer a ocorrência de uma segunda crise, que não vem desconectada da primeira: a *crise estrutural* que diz respeito às condições – ausência delas – de e para o Estado Social continuar mantendo e aprofundando seu projeto includente.

Nessa perspectiva, como um Estado fragilizado pode se constituir em um ambiente de e para a realização dos direitos sociais ou, mais ainda, do *projeto de*

---

[16] CANOTILHO, José Joaquim Gomes. A Governance do terceiro capitalismo e a Constituição Social. In: CANOTILHO, José Joaquim Gomes; STRECK, Lenio Luiz (coords). *Entre discursos e culturas jurídicas.* Coimbra: Coimbra, 2006, p. 147.

[17] CANOTILHO, José Joaquim Gomes. O Estado Garantidor. Claros-escuros de um conceito. In: AVELÃS NUNES, Antonio José e COUTINHO, Jacinto Nelson de Miranda (Orgs.). O Direito e o Futuro. O futuro do direito. Coimbra: Almedina. 2008 p. 571 e ss.

[18] Ainda, deve-se lembrar que, muitas vezes, as práticas produtivas que se mantêm são desenvolvidas desvinculadas das tradicionais conquistas trabalhistas ou sob a revisão das mesmas, bastando lembrar aqui as estratégias de flexibilização pretendidas ou levadas a cabo, assim como as práticas neo-escravistas implementadas pelas grandes economias atuais – e.g. China.

solidadriedade, em permanente desenvolvimento? Sendo o Estado Social este *ajuste precário* entre política de inclusão e economia – capitalismo – de exclusão – forjado no contexto do liberalismo –, este só poderá manter-se estando presentes dois fatores: 1) de um lado sua capacidade de decidir e impor suas decisões, sempre orientadas para as despesas sociais e produtivas e, 2) de outro a suportabilidade deste "acordo" inaugural que reuniu (tentou reunir) a liberdade liberal à igualdade socialista – uma economia capitalista voltada à produção de bens e consumo, alicerçada em uma sociedade onde o trabalho se constitua como fator relevante de produção e de incorporação de amplas parcelas da sociedade à própria economia capitalista, bem como a (alguns) de seus resultados – novos produtos, novas tecnologias, novas práticas socioeconômicas etc.[19]

O primeiro desfaz-se ante o que se apresenta como crise conceitual. O segundo, parece, vem perecendo diante da transformação radical promovida pela(s) nova(s) revolução(ões) industrial(is) e tecnológica(s) que, para além de libertar o homem do trabalho – como ansiava Marx e a tradição do(s) socialismo(s) –, desfaz o segundo elemento, ao mesmo tempo em que projeta este homem "livre" da opressão da máquina para a mais absoluta exclusão dos benefícios desta sociedade tecnológica.[20]

O homem livre do trabalho se vê abandonado à sua própria "falta" de sorte, diante de uma autoridade pública fragilizada, bem como de um deslocamento e pluralização de instâncias de poder – públicas, privadas, sociais, marginais – mesmo em um contexto onde, no espectro constitucional tenhamos a marca de um constitucionalismo cujo projeto vem alicerçado na atuação finalística e integradora da autoridade estatal por intermédio de políticas que o resgatem da pobreza, marginalização e/ou exclusão.[21]

Neste contexto, lateralmente, tem ganho consistência e amplitude o recurso ao *Estado Jurisdição,* na perspectiva de recolocar tudo nos trilhos... – no que se convencionou *judicialização da política,* como já foi dito. Por óbvio que este é apenas um dos caminhos possíveis do debate que cerca e envolve a tematização das circunstâncias contemporâneas para a realização do Estado Democrático de Direito.

Mas, o Estado Jurisdição é tão Estado quanto o Estado Legislador ou o Estado Administrador. Aliás, uma das marcas características da modernidade es-

---

[19] CANOTILHO, José Joaquim Gomes. A Governance do terceiro capitalismo e a Constituição Social. In: CANOTILHO, José Joaquim Gomes; STRECK, Lenio Luiz (coords). *Entre discursos e culturas jurídicas.* Coimbra: Coimbra, 2006, p. 145-154.

[20] Sobre este tema ver: BOLZAN DE MORAIS, Jose Luis. *A Subjetividade do Tempo. Perspectivas transdisciplinares do direito e da democracia.* Porto Alegre: Livraria do Advogado. 1996

[21] A descentralização e fragmentação do poder do Estado contemporâneo é denominada, por André Noël Roth, de regulação social neofeudal. Ver: ROTH, André-Noël. O direito em crise: fim do estado moderno. In: FARIA, José Eduardo (org). *Direito e globalização econômica*: implicações e perspectivas. São Paulo: Malheiros, p. 15-27. Para esta discussão há uma vasta literatura, a qual pode ser consultada nos trabalhos publicados por Jose Luis Bolzan de Morais nos Anuários do Programa de Pós-Graduação em Direito da UNISINOS, publicados, a partir de 2005, pela Livraria do Advogado.

tatal é a *unidade do poder político*, sendo a sua organização funcional apenas uma estratégia, também forjada no seio do liberalismo, para a sua funcionalidade e autocontrole recíproco, merecendo, esta e por tudo o que já foi dito, uma revisão conceitual que contribua para a consecução dos resultados buscados pelo projeto do Estado Social e, para isso, muitas alternativas têm sido pensadas, seja pelo reconhecimento do fortalecimento do papel dos tribunais, seja pela renovação de seus papéis, seja pela renovação e reformatação das relações interinstitucionais assentadas em novas bases.

Ao que parece, para algunsi, a alternativa ao projeto civilizatório do Estado apresenta-se como a reinstauração da fragmentação feudal ou da barbárie natural hobbesiana(?).[22] Um Estado fragilizado gerindo um pacto cujos elementos caracterizadores da equação original foram completamente transformados, é anúncio de fracasso, de problemas, de insucessos etc.

O pressuposto da "socialidade" – como diz Canotilho –, apontado anteriormente, se desfaz não apenas com a reprivatização ou apropriação privada do espaço e das prestações públicas – muito sentido naqueles países de modernidade tardia, cujas políticas sociais prestacionais, quando ocorrentes, muitas vezes serviram para *reforçar o caixa dos já incluídos* ao invés de promoverem a integração social dos seus destinatários –, como também com a desconstrução da fórmula de interesse comum entre democracia (includente) e capitalismo – de produção – (excludente), até mesmo porque esta "socialidade" é uma marca da ação civilizatória do Estado – agora fragmentado – agindo por sobre o egoísmo característico do espaço privado e da economia liberal (capitalismo), sempre tensionado pela disparidade do projeto antropológico liberal-capitalístico – o indivíduo egoísta – daquela do liberalismo-social – o indivíduo solidário.

Entretanto, importa observar que este deslocamento concorrencial de poderes não exclui o espaço público estatal – a autoridade pública –, mas implica o seu "redesenho". Este foi redefinido, mas não abolido.

A "politização da vida nua", para usar novamente a expressão de Agamben, é o aspecto decisivo da modernidade e faz evidenciar o paradoxo da "exclusão inclusiva" e da "inclusão exclusiva",[23] onde pertencimento e inclusão não são sinônimos.

Neste quadro paradigmático nos interessa, então, tentar identificar as condições, circunstâncias e potencialidades de uma atitude estatal por intermédio da Sistema de Justiça – fulcrado na atuação dos tribunais (da justiça constitucional) – a qual venha ao encontro do projeto constitucional, exercitando a sua própria legitimidade – novamente interrogada ante a distinção com aquela peculiar às funções de governo, alicerçadas no princípio representativo –, porém não sem

---

[22] Para uma leitura original e ampla da obra de Hobbes, ver: RIBEIRO, Renato Janine. *Ao leitor sem medo*: Hobbes escrevendo contra seu tempo. 2. ed. Belo Horizonte: UFMG, 2004.

[23] AGAMBEN, Giorgio. *Homo sacer*: o poder soberano e a vida nua I. Belo Horizonte: Editora UFMG, 2004, p. 29.

assumir-se comprometidamente com a destinação do próprio projeto constitucional, demarcado este pelo direcionamento de seus fins à satisfação de uma socialidade que se circunscreve, muitas vezes, à individualização dos benefícios.

Há que se ter presente que estamos em um ambiente liberal, embora desenhado como Estado Democrático de Direito. Neste, considerando-se ainda o contexto contemporâneo de profunda e enigmática *crise* – que tantas vezes se apresenta como *força* –, a questão da realização de suas promessas e fins fica submetida à disputa que lhe é inerente – como antes mencionado – entre a inclusão democrática e a exclusão econômica (capitalista).

E, neste quadro, uma resposta às pretensões sociais sempre acrescidas, renovadas e complexificadas – veja-se, exemplificativamente, o caso das demandas por saúde – necessariamente passa pela questão do *princípio de justiça* que substrata tal sociedade.

Talvez só assim, com um acordo circunstancial e temporário acerca do conteúdo deste princípio, sempre passível de revisão e atualização, poderíamos construir respostas adequadas ao conjunto acrescido de demandas que chegam ao Estado-jurisdição buscando a satisfação dos mais e melhores conteúdos peculiares ao Estado Democrático de Direito.

De outra forma estaríamos "vendendo" promessas e, talvez, fazendo regredir as condições e possibilidades mesmas de um avanço no sentido de uma transformação social efetiva e comprometida com os pressupostos do projeto civilizatório plasmado constitucionalmente.

II – O Estado em crise, jurisdição e judicialização da política – apenas um exemplo preliminar

A disputa pela efetivação dos direitos sociais no ambiente jurisdicional é, no quadro caricaturado – em razão dos limites de extensão deste trabalho – acima, uma das marcas da contemporaneidade.

Experimenta-se, com isso e entre outros aspectos, um rearranjo organizacional na forma estatal da modernidade, fruto das próprias dificuldades do Estado e de sua apresntação como Estado Social e se percebe um embate do Estado com ele mesmo, da construção legislativa de promessas à disputa por sua concretização, em um primeiro momento no âmbito da administração (Executivo) envolta em projetos de *reforma do Estado* e de *"gestão" de recursos* e, posteriormente, diante da insatisfação na sua (ir)realização, nos limites da jurisdição, em busca das *promessas perdidas*.

E, deste quadro surgem novos questionamentos, que passam, ainda e muitas vezes, das clássicas interrogações acerca da eficácia das normas de direitos sociais, visto sob novos ângulos, até as dúvidas em torno da legitimação da Jurisdição para intervir nas opções políticas, sejam legislativas, sejam das práticas administrativas, como já referido anteriormente.

Ou seja, tem-se o debate entre *função de governo* e *função de garantia*, remodelando a clássica tripartição de funções, passando, ainda, pelos limites que demarcariam a extensão destes "direitos" constitucionais, em uma disputa entre o *mínimo existencial* e a *reserva do possível*, margeado pelo *fundamento da dignidade humana* no contexto de um Estado que, apesar de *social*, não rompeu com um modelo econômico (capitalismo) cujo fundamento não é, por óbvio, o da inclusão social como pressuposto de sociabilidade.

No Estado brasileiro, provavelmente mais do que em outras experiências constitucionais similares, a justiciabilidade da *questão social* tem oportunizado que várias decisões sejam proferidas em torno ao debate do conteúdo e da extensão dos direitos sociais, sobretudo quanto ao tema do direito à saúde, como, exemplificativamente, a discussão estabelecida pelo Supremo Tribunal Federal na ADPF nº 45, da mesma forma que merece atenção a decisão constante do Agravo Regimental contra decisão da STA 175,[24] depois de realizada Audiência Pública – Saúde, realizada no STF nos dias 27, 28 e 29/004 e 04, 05 e 06/05/2009.

Neste quadro aparece sintomática a decisão constante da Apelação Cível n. 2003.71.05.005440-0/RS, assim como do RE 596445/RS, que decidiu, em sede da Ação Civil Pública, acerca da possibilidade de que os pacientes possam ser assistidos por médicos de sua livre escolha, em internações hospitalares a que se submetam, bem como lhes seja permitido o acesso a acomodações diferenciadas com o pagamento do que se denomina "diferença de classe".[25]

Nessa jurisprudência, percebe-se a quanto pode chegar o debate em torno dos direitos sociais, tomando o direito à saúde como parâmetro. É impressionante observar na leitura dos votos manifestações que passam longe de qualquer fundamento jurídico apto a substanciar a decisão, melhor se apresentando como *discursos morais fundamentalistas ou voluntaristas*, tal como consta do voto divergente, assim expresso:

> Divirjo do ilustre Relator levada pela certeza de que estamos aqui justamente procurando fazer cumprir o que está escrito na Constituição. E o Judiciário tem de procurar interpretá-la buscando aquilo que o espírito do constituinte idealizou.

---

[24] ADPF – Políticas Públicas – Intervenção Judicial – "reserva do possível" (transcrições) Min. Celso de Mello. Ementa: Argüição de Descumprimento de Preceito Fundamental. A questão da legitimidade constitucional do controle e da intervenção do poder judiciário em tema de implementação de políticas públicas, quando configurada hipótese de abusividade governamental (...).*Considerações em torno da cláusula da "reserva do possível". Necessidade de preservação, em favor dos indivíduos, da integridade e da intangibilidade do núcleo consubstanciador do "mínimo existencial".* Viabilidade instrumental da argüição de descumprimento no processo de concretização das liberdades positivas (direitos constitucionais de segunda geração). BRASIL. Supremo Tribunal Federal. ADPF n.º 45. Disponível em: <http://www.stf.gov.br>. Acesso em: 18 nov. 2004

[25] CONSTITUCIONAL. CONSELHO REGIONAL DE MEDICINA DO RGS. AÇÃO CIVIL PÚBLICA. LEGITIMIDADE. SUS. – O Conselho Regional de Medicina é parte legítima para propor ação civil pública com a finalidade de discutir a necessidade de triagem dos pacientes internados pelo SUS e a possibilidade de que sejam assistidos, nas internações, por médicos de sua livre escolha. – O Sistema Único de Saúde, o SUS, é único e assegura o acesso universal e igualitário à ações e serviços para promoção, proteção e recuperação da saúde, sendo vedadas, pela RES-283/91, quaisquer formas de cobrança complementar decorrente da modalidade "diferença de classe". – Apelação e remessa oficial conhecidas e desprovidas. Classe: AC – APELAÇÃO CIVEL – Processo: 2003.71.05.005440-0 UF: RS – Data da Decisão: 26/04/2005 Orgão Julgador: TERCEIRA TURMA

Sabemos que Constituição Federal contém regras que não estão sendo cumpridas pelo Estado. O sistema de saúde no Brasil é uma vergonha, pessoas morrem aguardando a data para fazer um exame. É certo que há os planos de saúde, que proporcionam atendimento mais rápido, só que, pela atual conjuntura econômica do País, verificamos que a grande maioria da população não tem hoje condições de pagar um plano de saúde nos moldes em que estão sendo oferecidos.

De um lado, temos a realidade econômica do País, que leva as pessoas a fugir de um plano de saúde porque não têm condições financeiras. De outro lado, o sistema público, que é caótico e tem sérias dificuldades, porque a massa da população é muito grande, e o empobrecimento está aumentando de tal forma que tem sobrecarregado a Previdência Social.

Os médicos têm feito milagres para poder atender. Então, a bem de garantir aquilo que a Constituição assegura, que é a saúde como um direito de todos, se pudermos, devemos minorar as conseqüências do descaso do Poder Público com a saúde pública e evitar até que médicos respondam, quando, na realidade, não lhe deram condições para prestar atendimento.

Não vejo a quebra de isonomia pelo fato de a pessoa que tem um pouco mais de condições ter a possibilidade de pagar pela acomodação separada e pela assistência de seu médico.

Conclui-se, portanto, que o Conselho Regional de Medicina está procurando não só estabelecer uma sistemática que permita um atendimento para quem não tem um plano de saúde, como também para quem não pode esperar por um atendimento que irá demorar.

Ressalto que o Governo não terá prejuízo algum com com adoção da modalidade "diferença de classe", pelo contrário, cobrando por esse serviço, os hospitais conseguirão arrecadar algum valor.

Com relação à obrigatoriedade de prévia triagem nos postos de saúde, entendo ser uma sistemática cruel, porque faz com que as pessoas tenham que percorrer uma "via-sacra" até chegar ao atendimento, e a saúde não pode esperar. Nesse contexto, entendo que as medidas paliativas que não atentem contra a própria instituição da saúde pública devem ser adotadas.

Por esses fundamentos, deve ser refomada a sentença, para que seja reconhecido o direito dos pacientes e dos médicos à internação hospitalar na modalidade "diferença de classe", permitindo o pagamento pelo uso de acomodações e de serviços não custeados pelo SUS, bem como para que o município se abstenha de exigir que a internação se dê somente após exame do paciente em posto de saúde, e se abstenha de impedir a assistência pelo médico do paciente.

(...)

Da leitura do voto acima extrai-se muito daquilo que tem marcado a atuação do sistema de justiça no trato da questão. Em primeiro lugar, um olhar hermenêutico que principia por buscar o "espírito do legislador", o que já se mostra como um meio inidôneo para se tentar compreender o significado da norma jurídica utilizada, de outro lado, percebe-se que há a indicação de um conjunto de situações de base sociológica sem qualquer demonstração da correição das afirmações, dando conta de uma atuação sustentada em um senso comum dos mais superficiais, o que está a indicar – em aparência, ao menos – uma total atitude não de justiciabilidade do direito mas de práticas de algo como que uma *"justiceirização"* do sistema de justiça.

Impressiona, também, no Recurso Extraordinário interposto desta decisão que o STF – como Corte Constitucional –, fazendo reincidir as práticas de decisões monocráticas, atue de forma também a mostrar um aparente descompromisso com a sua própria tradição e, sobretudo, um desapego à demonstração das evidências adotadas como motivação para a decisão – o que aponta para a necessidade de construçã de uma *teoria dos precedentes* que contribua para respaldar tais práticas.

O estado constitucional: diálogos (ou a falta deles) entre justiça e política

Tal sobressai da decisão assim ementada:

DECISÃO: A controvérsia jurídica objeto deste processo já foi dirimida pela colenda Primeira Turma deste Supremo Tribunal Federal (RE 226.835/RS, Rel. Min. ILMAR GALVÃO):
Direito à saúde. 'Diferença de classe' sem ônus para o SUS. Resolução n. 283 do extinto INAMPS. Artigo 196 da Constituição Federal.
– Competência da Justiça Estadual, porque a direção do SUS, sendo única e descentralizada em cada esfera de governo (art. 198, I, da Constituição), cabe, no âmbito dos Estados, às respectivas Secretarias de Saúde ou órgão equivalente.
– O direito à saúde, como está assegurado no artigo 196 da Constituição, não deve sofrer embaraços impostos por autoridades administrativas no sentido de reduzi-lo ou de dificultar o acesso a ele. Inexistência, no caso, de ofensa à isonomia.
Recurso extraordinário não conhecido."
(RE 261.268/RS, Rel. Min. MOREIRA ALVES)
Cumpre ressaltar, por necessário, que esse entendimento vem sendo observado em sucessivos julgamentos, proferidos no âmbito desta Corte, a propósito de questão essencialmente idêntica à que ora se examina nesta sede recursal (RE 228.750/RS, Rel. Min. SEPÚLVEDA PERTENCE – RE 496.244/RS, Rel. Min. EROS GRAU – RE 601.712/RS, Rel. Min. CARLOS BRITTO – RE 603.855/RS, Rel. Min. CÁRMEN LÚCIA, v.g.).
O exame da presente causa evidencia que o acórdão ora impugnado diverge da diretriz jurisprudencial que esta Suprema Corte firmou na matéria em referência.
Sendo assim, considerando as razões expostas, conheço e dou provimento ao presente recurso extraordinário (CPC, art. 557, § 1º-A).
Publique-se.
Brasília, 18 de dezembro de 2009.
Ministro CELSO DE MELLO
Relator

Observa-se que o julgador tomou como referência para decidir outra decisão do mesmo STF – RE 226835/RS –, indicando tratar-se de situação equivalente. Todavia, se atentarmos para este último julgamento percebemos que dizem respeito a situações completamente distintas, muito embora afetem matéria comum:

RE 226835 / RS – RIO GRANDE DO SUL
RECURSO EXTRAORDINÁRIO
Relator(a): Min. ILMAR GALVÃO
Julgamento: 14/12/1999 Órgão Julgador: Primeira Turma
Publicação DJ 10-03-2000 PP-00021 EMENT VOL-01982-03 PP-00443Parte(s)
EMENTA: DIREITO À SAÚDE. ART. 196 DA CONSTITUIÇÃO FEDERAL. ACÓRDÃO RECORRIDO QUE PERMITIU A INTERNAÇÃO HOSPITALAR NA MODALIDADE "DIFERENÇA DE CLASSE", EM RAZÃO DAS CONDIÇÕES PESSOAIS DO DOENTE, QUE NECESSITAVA DE QUARTO PRIVATIVO. PAGAMENTO POR ELE DA DIFERENÇA DE CUSTO DOS SERVIÇOS. RESOLUÇÃO Nº 283/91 DO EXTINTO INAMPS. O art. 196 da Constituição Federal estabelece como dever do Estado a prestação de assistência à saúde e garante o acesso universal e igualitário do cidadão aos serviços e ações para sua promoção, proteção e recuperação. O direito à saúde, como está assegurado na Carta, não deve sofrer embaraços impostos por autoridades administrativas, no sentido de reduzi-lo ou de dificultar o acesso a ele. O acórdão recorrido, ao afastar a limitação da citada Resolução nº 283/91 do INAMPS, que veda a complementariedade a qualquer título, atentou para o objetivo maior do próprio Estado, ou seja, o de assistência à saúde. Refoge ao âmbito do apelo excepcional o exame da

legalidade da citada resolução. Inocorrência de quebra da isonomia: não se estabeleceu tratamento desigual entre pessoas numa mesma situação, mas apenas facultou-se atendimento diferenciado em situação diferenciada, sem ampliar direito previsto na Carta e sem nenhum ônus extra para o sistema público. Recurso não conhecido.

Como se lê, esta última decisão, referida como paradigma para decidir, em nada se comunica com a anterior que a toma como tal. Nesta o debate se trava em uma situação concreta, cujas características indicam uma situação particular do interessado que impunha um tratamento diferenciado, justamente para dar concretude ao próprio princípio da igualdade. Naquela, no contexto de uma demanda que envolve um interesse difuso, não se permite sua indexação com esta. Tal transparece a dificuldade em lidar com estes temas, bem como a insuficiência do enfrentamento das questões postas à Jurisdição a partir de respostas "prêt à porter", mas cujo "figurino" não se identifica com os padrões apresentados em cada um dos casos.

Esta situação, embora não discutida aprofundadamente neste momento, em razão dos limites deste trabalho, indicam o "imbróglio" que se encontra a questão em terras brasileiras, do que, aqui, apenas indicamos os contornos, delimitados pela extensão do trabalho.[26]

Ou seja, para concluir, deixando as portas abertas, parece intransponível que se construa um conhecimento apto e suficiente para dar conta deste processo que incide sobre a experiência político-jurídica brasileira, alertando-se para a necessidade de enfrentar, para além do já consagrado debate hermenêutico, a questão desde uma perspectiva que privilegie o rearranjo de posições no âmbito da organização funcional do Estado e, sobretudo, promova novas práticas de enfrentamento da questão social, complexificada pela questão ambiental, promovendo a incidência do princípio democrático participativo também no ambiente de garantia, claro que considerando, aqui também, todos os limites e possibilidades que este também apresenta.

Referências bibliográficas

AGAMBEN, Giorgio. *A linguagem e a morte*: um seminário sobre o lugar da negatividade. Belo Horizonte: Editora UFMG, 2006

——. *Homo sacer*: o poder soberano e a vida nua I. Belo Horizonte: Editora UFMG, 2004.

AGAMBEN, Giorgio. *Profanações*. São Paulo: Boitempo, 2007.

BAUMANN, Zygmunt. *O mal-estar da pós-modernidade*. Rio do Janeiro: Jorge Zahar, 1998.

BERCOVICI, Gilberto. *Desigualdades regionais, estado e constituição*. São Paulo: Max Limonad, 2003.

——. Dilemas da Concretização da Constituição de 1988. In: *Revista do Instituto de Hermenêutica Jurídica*, v. 1, n. 2, Porto Alegre: Instituto de Hermenêutica Jurídica, 2004, p. 101-120.

BOLZAN DE MORAIS, José Luis. Afinal: quem é o estado? Por uma teoria (possível) do/para o estado constitucional. In: COUTINHO, Jacinto Nelson de Miranda; —— e STRECK, Lenio Luiz (orgs). *Estudos constitucionais*. Rio de Janeiro: Renovar, 2007, p. 151-175.

---

[26] Sobre este tema ver, exemplificativamente : STRECK, Lenio Luiz. O que é isto – Decido conforme minha consciência? Col. O que é isto? Porto Alegre: Livraria do Advogado. 2010. Também ver, em outra perspectiva o debate trazido em: VIEIRA, Jose Ribas *et all*. Diálogos Institucionais e Ativismo. Curitiba: Juruá. 2010

O estado constitucional: diálogos (ou a falta deles) entre justiça e política

——. *As crises do Estado e da Constituição e a transformação espacial dos direitos humanos*. Porto Alegre: Livraria do Advogado, 2002.

——. *Costituzione o barbarie*. Lecce: Pensa Editore, 2004.

——. Crise do estado, constituição e democracia política: a "realização" da ordem constitucional! E o povo... In: *Constituição, sistemas sociais e hermenêutica*. Programa de pós-graduação em direito da UNISINOS: mestrado e doutorado. Porto Alegre: Livraria do Advogado; São Leopoldo: UNISINOS, 2006.

——. Do estado social das "carências" ao estado social dos "riscos". Ou: de como a questão ambiental especula por uma "nova cultura" jurídico-política. In: BOLZAN DE MORAIS, Jose Luis e STRECK, Lenio Luiz (orgs) In: *Anuário do Programa de Pós-Graduação em Direito*. Mestrado e Doutorado. Porto Alegre: Livraria do Advogado, 2007.

——. Reflexões acerca das condições e possibilidades para uma ordem jurídica democrática no século XXI. In: AVELÃS NUNES, Antonio José e COUTINHO, Jacinto Nelson de Miranda (Orgs.). *O Direito e o Futuro. O futuro do direito*. Coimbra: Almedina. 2008, p. 445-470

——; STRECK, Lenio Luiz (Orgs.). *Estudos Constitucionais*. Rio de Janeiro: Renovar, 2007

——. Direitos Humanos "Globais (Universais)"! De todos, em todos os lugares, In PIOVESAN, Flávia (Org.). Direitos Humanos, Globalização Econômica e Integração Regional. Desafios do Direito Constitucional Internacional. São Paulo: Max Limonad. 2002. pp. 519-542.

——; STRECK, Lenio Luiz. *Ciência política e teoria do estado*. 6ª ed. Porto Alegre: Livraria do Advogado, 2008.

CANOTILHO, José Joaquim Gomes. A Governance do terceiro capitalismo e a Constituição Social. In: CANOTILHO, José Joaquim Gomes; STRECK, Lenio Luiz (coords). *Entre discursos e culturas jurídicas*. Coimbra: Coimbra, 2006, p. 145-154.

——. Princípios: entre a sabedoria e a aprendizagem. In: *Boletim da Faculdade de Direito*. Vol. LXXXII. Coimbra: Coimbra, 2006, p. 01-14.

——. O Estado Garantidor. Claros-Escuros de um conceito. In: AVELÃS NUNES, Antonio José e COUTINHO, Jacinto Nelson de Miranda (Orgs.). *O Direito e o Futuro. O futuro do direito*. Coimbra: Almedina. 2008, p. 571-576

DAMASKA, Mirjan R. *The faces of justice and state authority*: a comparative approach to the legal process. Yale: University Press, 2005

DWORKIN, Ronald. *A virtude soberana. A teoria e a prática da igualdade*. São Paulo: Martins Fontes.2005

FERRAJOLI, Luigi. "Pasado y futuro del Estado de derecho". In: CARBONELL, Miguel. *Neoconstitucionalismo(s)*. Madrid: Trotta, 2003.

HARDT. Michael; NEGRI, Antonio. *Império*. 3. ed. Rio de Janeiro: Record, 2001.

PIOVESAN, Flávia. *Direitos Humanos e o Direito Constitucional Internacional*. 4.ed. São Paulo: Max Limonad. 2000

OLIVEIRA JÚNIOR, José Alcebíades de. *Teoria Jurídica e Novos Direitos*. Rio de Janeiro: Lumen Juris, 2000,

RIBEIRO, Renato Janine. *Ao leitor sem medo*: Hobbes escrevendo contra seu tempo. 2. ed. Belo Horizonte: UFMG, 2004.

ROTH, André-Noël. O direito em crise: fim do estado moderno. In: FARIA, José Eduardo (org). *Direito e globalização econômica*: implicações e perspectivas. São Paulo: Malheiros,

STEIN, Ernildo. Melancolia: Ensaios Sobre a Finitude no Pensamento Ocidental. Porto Alegre: Movimento, 1976

STRECK, Lenio Luiz. O que é isto – Decido conforme minha consciência? *Col. O que é isto?* Porto Alegre: Livraria do Advogado. 2010

VERDÚ, Pablo Lucas. *La constituición em la encrucijada*: palingenesia iuris politici. Madrid: Real academia de ciências morales y políticas, 1994.

——. *O sentimento constitucional*: aproximação ao estudo do sentir constitucional como modo de integração política. Rio de Janeiro: Forense, 2004.

VERDÚ, Pablo Lucas. *Teoría de la constitución como ciencia cultural*. 2. ed. Madrid: Editorial Dykinson, 1998.

VIEIRA, Jose Ribas et all. *Diálogos Institucionais e Ativismo*. Curitiba: Juruá. 2010

— IX —

Hermenêutica e (pos)positivismo: por que o ensino jurídico continua de(sin)formando os alunos?

LENIO LUIZ STRECK[1]

Sumário: 1. O assunto mais falado e menos compreendido: a "questão" do positivismo ou dos positivismos; 2. As raízes do problema; 3. Por que o triunfo da discricionariedade?; 4. Positivismo, pós-positivismo, princípios e "valores". Aqui, um bom exemplo para superar um mito: afinal, defender a aplicação da "letra da lei" é assumir uma postura positivista?; 5. A fetichização do discurso e o discurso da fetichização: a dogmática jurídica, o discurso jurídico e a interpretação da lei – ainda a "estandardização do direito" ou "o que estamos ensinando aos nossos alunos"?; Referências.

1. O assunto mais falado e menos compreendido: a "questão" do positivismo ou dos positivismos

Em tempos de Constitucionalismo – sem que ainda tenhamos compreendido devidamente o sentido dessa expressão –, ninguém quer (mais) ser positivista. Todos se consideram pós-positivistas. Mas o que é isto – o positivismo jurídico? Ouvem-se muito, em sala de aula, conferências e seminários, críticas ao positivismo. Quando alguém defende a aplicação de um determinado texto jurídico, logo é taxado de positivista. Defender a aplicação da "literalidade" de uma lei, por exemplo, passou a ser um pecado mortal. O epíteto de positivista fica brilhando como em um *outdoor* na testa do jurista que ousa fazer tal defesa. Mas fazer a defesa da "literalidade da lei" seria uma atitude positivista?

Quando falamos em positivismos e pós-positivismos, torna-se necessário, já de início, deixar claro o "lugar da fala", isto é, sobre "o quê" estamos falando.[2]

---

[1] Pós-doutorado em Direito pela Universidade de Lisboa (Portugal). Professor Titular do Programa de Pós-Graduação em Direito (Mestrado e Doutorado) da UNISINOS. Professor visitante/colaborador da UNESA, Università degli Studi Roma Tre e Faculdade de Direito da Universidade de Coimbra. Procurador de Justiça (RS).

[2] Passei por essa experiência várias vezes (e ainda passo). Com efeito, de há muito as minhas críticas têm tido como alvo o positivismo pós-exegético, isto é, aquele positivismo que superou o positivismo das três vertentes (exegese francesa, pandectística alemã e jurisprudência analítica da *common law)*. Ou seja, sempre considerei muito simplista reduzir a crítica do direito a uma simples superação do deducionismo legalista (e os nomes que a isso se dê). Portanto, tenho apontado minhas baterias contra a principal característica do positivismo pós-exegético, qual seja, *a discricionariedade*. Curiosamente, juristas das mais variadas facções diziam (e isso ainda acontece): se você é contra a discricionariedade dos juízes, então defendes o legalismo, o exegetismo, o juiz

Com efeito, de há muito minhas críticas são dirigidas primordialmente ao positivismo normativista pós-kelseniano, isto é, ao positivismo que admite discricionariedades (ou decisionismos e protagonismos judiciais). Isto porque considero, no âmbito destas reflexões e em obras como *Verdade e Consenso*,[3] *superado o velho positivismo exegético.* Ou seja, não é (mais) necessário dizer que o "juiz não é a boca da lei", etc., enfim, podemos ser poupados, nesta quadra da história, dessas "descobertas polvolares". Isto porque essa "descoberta" não pode implicar um império de decisões solipsistas, das quais são exemplos as posturas caudatárias da jurisprudência dos valores (que foi "importada" de forma equivocada da Alemanha), os diversos axiologismos, o realismo jurídico (que não passa de um "positivismo fático"), a ponderação de valores (pela qual o juiz literalmente escolhe um dos princípios que ele mesmo elege *prima facie*), etc.

Explicando melhor: o positivismo é uma postura *científica* que se solidifica de maneira decisiva no século XIX. O "positivo" a que se refere o termo *positivismo* é entendido aqui como sendo os *fatos* (lembremos que o neopositivismo lógico também teve a denominação de "empirismo lógico"). Evidentemente, *fatos*, aqui, correspondem a uma determinada interpretação da realidade que engloba apenas aquilo que se pode contar, medir ou pesar ou, no limite, algo que se possa definir por meio de um experimento.

No âmbito do direito, essa mensurabilidade positivista será encontrada num primeiro momento no produto do parlamento, ou seja, nas leis, mais especificamente, num determinado tipo de lei: os Códigos. É preciso destacar que esse legalismo apresenta notas distintas, na medida em que se olha esse fenômeno numa determinada tradição jurídica (como exemplo, podemos nos referir: ao positivismo inglês, de cunho utilitarista; ao positivismo francês, onde predomina um exegetismo da legislação; e ao alemão, no interior do qual é possível perceber o florescimento do chamado formalismo conceitual que se encontra na raiz da

---

boca da lei... E complementavam: aceitamos a discricionariedade, mas não a arbitrariedade... (como se os limites semânticos tivessem contornos "tão definidos" como pretende especialmente a analítica do direito). Um jusfilósofo muito conhecido chegou a me acusar, em um Congresso realizado além mar, que eu estava defendendo "a proibição de interpretar". Na verdade, confesso que cometi um equívoco: não me dei conta, até pouco tempo atrás, que os juristas brasileiros (e nisso se incluem os neoconstitucionalistas da península ibérica que não abrem mão da discricionariedade judicial), contenta(va)m-se com o menos, isto é, limita(va)m-se a superar as velhas formas de exegetismo, entregando, entretanto, todo o poder ao intérprete (em especial, aos juízes), a partir de uma série de fórmulas do tipo "menos regras, mais princípios, menos subsunção, mais ponderação", etc. Ora, essa "entrega" do poder aos juízes (e, portanto, à discricionariedade interpretativa) não é nem um pouco nova, eis que já estava presente no velho Movimento do Direito Livre, na jurisprudência dos interesses e se aprimorou na jurisprudência dos valores (sem considerar os movimentos realistas no interior da *common law*). Esqueceram-se os juristas que Kelsen e Hart promovem, em sistemas jurídicos distintos, uma virada no positivismo. De todo modo, importa mais para nós a viragem kelseniana, que acabou impulsionando um voluntarismo judicial sem precedentes. Derrotar o positivismo (exegético) e pagar o preço do voluntarismo é uma vitória de pirro. Por isso, minha luta contra os sintomas dessa viragem positivista (normativista). Não posso concordar com o fato de que a crítica contemporânea não consiga fazer mais do que já fizera a jurisprudência dos interesses ou a jurisprudência dos valores. Da condição de refém de um assujeitamento a uma estrutura de caráter objetivista, passou-se a fase do "assujeitamento da estrutura a um sujeito solipsista". Do "aprisionamento" da lei a um sistema racional-conceitual, passamos ao império da vontade (do poder), último princípio epocal da modernidade. Não é por nada que, para Kelsen, a interpretação feita pelos juízes é um ato de vontade.

[3] Cf. STRECK, Lenio Luiz. *Verdade e Consenso.* 3. ed. Rio de Janeiro: Lumen Juris, 2009.

chamada jurisprudência dos conceitos). No que tange às experiências francesas e alemãs, isso pode ser debitado à forte influência que o direito romano exerceu na formação de seus respectivos direito privado. Não em virtude do que comumente se pensa – de que os romanos "criaram as leis escritas" –, mas sim em virtude do modo como o direito romano era estudado e ensinado. Isso que se chama de exegetismo tem sua origem aí: havia um texto específico em torno do qual giravam os mais sofisticados estudos sobre o direito. Este texto era – no período pré-codificação – o *Corpus Juris Civilis*. A codificação efetua a seguinte "marcha": antes dos códigos, havia uma espécie de função complementar atribuída ao Direito Romano. Aquilo que não poderia ser resolvido pelo Direito Comum seria resolvido segundo critérios oriundos da autoridade dos estudos sobre o Direito Romano – dos comentadores ou glosadores. O movimento codificador incorpora, de alguma forma, todas as discussões romanísticas e acaba "criando" um novo dado: os Códigos Civis (França, 1804 e Alemanha, 1900).

A partir de então, a função de complementaridade do direito romano desaparece completamente. Toda argumentação jurídica deve tributar seus méritos aos códigos, que passam a possuir, a partir de então, a estatura de verdadeiros "textos sagrados". Isso porque eles são o *dado* positivo com o qual deverá lidar a Ciência do Direito. É claro que, já nesse período, apareceram problemas relativos à interpretação desse "texto sagrado".

De algum modo se perceberá que aquilo que está escrito nos Códigos não cobre a realidade. Mas, então, como controlar o exercício da interpretação do direito para que essa obra não seja "destruída"? E, ao mesmo tempo, como excluir da interpretação do direito os elementos metafísicos que não eram bem quistos pelo modo positivista de interpretar a realidade? Num primeiro momento, a resposta será dada a partir de uma análise da própria codificação: a Escola da Exegese, na França, e A Jurisprudência dos Conceitos, na Alemanha.

Esse primeiro quadro eu menciono, no contexto de minhas pesquisas – e aqui talvez resida parte do "criptograma do positivismo" –, como positivismo primevo ou positivismo exegético. Poderia ser denominado também de "positivismo legalista" (Castanheira Neves). A principal característica desse "primeiro momento" do positivismo jurídico, no que tange ao problema da interpretação do direito, será a realização de uma análise que, nos termos propostos por Rudolf Carnap,[4] poderíamos chamar de sintático. Neste caso, a simples determinação rigorosa da conexão lógica dos signos que compõem a "obra sagrada" (Código) seria o suficiente para resolver o problema da interpretação do direito. Assim, conceitos como o de analogia e princípios gerais do direito devem ser encarados também nessa perspectiva de construção de um quadro conceitual rigoroso que representariam as hipóteses – extremamente excepcionais – de inadequação dos casos às hipóteses legislativas.

---

[4] Cf. CARNAP, Rudolf. *The logical syntax of language*. London: Routledge & Kegan Paul, 1971; ver também CARNAP, Rudolf. *Der logische aufbau der welt*. Hamburg: Felix Meiner, 1961.

Num segundo momento, aparecem propostas de aperfeiçoamento desse "rigor" lógico do trabalho científico proposto pelo positivismo. É esse segundo momento que podemos chamar de *positivismo normativista*. Aqui há uma modificação significativa com relação ao modo de trabalhar e aos pontos de partida do "positivo", do "fato". Primeiramente, as primeiras décadas do século XX viram crescer, de um modo avassalador, o poder regulatório do Estado – que se intensificará nas décadas de 30 e 40 – e a falência dos modelos sintático-semânticos de interpretação da codificação se apresentaram completamente frouxos e desgastados. O problema da indeterminação do sentido do Direito aparece, então, em primeiro plano.

É nesse ambiente, nas primeiras décadas do século XX, que aparece Hans Kelsen. Por certo, Kelsen não quer destruir a tradição positivista que foi construída pela jurisprudência dos conceitos. Pelo contrário, é possível afirmar que seu principal objetivo era reforçar o método analítico proposto pelos conceitualistas de modo a responder ao crescente desfalecimento do rigor jurídico que estava sendo propagado pelo crescimento da Jurisprudência dos Interesses e da Escola do Direito Livre – que favoreciam, sobremedida, o aparecimento de argumentos psicológicos, políticos e ideológicos na interpretação do direito. Isso é feito por Kelsen a partir de uma radical constatação: o problema da interpretação do direito é muito mais semântico do que sintático. Desse modo, temos aqui uma ênfase na semântica.[5]

Mas, em um ponto específico, Kelsen "se rende" aos seus adversários: a interpretação do direito é eivada de subjetivismos provenientes de uma razão prática solipsista. Para o autor austríaco, esse "desvio" é impossível de ser corrigido. No famoso capítulo VIII de sua *Teoria Pura do Direito*, Kelsen chega a falar que as normas jurídicas – entendendo norma no sentido da TPD, que não equivale, *stricto sensu,* à lei – são aplicadas no âmbito de sua "moldura semântica". O úni-

---

[5] Importante registrar um esclarecimento: quando falo aqui em uma ênfase semântica, estou me referindo explicitamente ao problema da *interpretação do direito* tal qual é descrito por Kelsen no fatídico capítulo VIII de sua *Reine Rechtslehre*. Para compreendermos bem essa questão, é preciso insistir em um ponto: há uma cisão em Kelsen entre direito e ciência do direito que irá determinar, de maneira crucial, seu conceito de interpretação. De fato, também a interpretação, em Kelsen, será fruto de uma cisão: *interpretação como ato de vontade* e *interpretação como ato de conhecimento*. A interpretação como ato de vontade produz, no momento de sua "aplicação", *normas*. A descrição dessas normas de forma objetiva e neutral – interpretação como ato de conhecimento – produz *proposições*. Dado à característica relativista da moral kelseniana, as normas – que exsurgem de um *ato de vontade* – terão sempre um espaço de mobilidade sob o qual se movimentará o intérprete. Esse espaço de movimentação é derivado, exatamente, do problema semântico que existe na aplicação de um signo linguístico – através do qual a norma superior se manifesta – aos objetos do mundo concreto – que serão afetados pela criação de uma nova norma. Por outra banda, a interpretação como ato do conhecimento – que descreve no plano de uma metalinguagem as normas produzidas pelas autoridades jurídicas – produz proposições que se relacionam entre si de uma maneira estritamente lógico-formal. Vale dizer, a relação entre as proposições são, essas sim, meramente *sintáticas*. Minha preocupação, contudo, não é dar conta dos problemas sistemáticos que envolvem o projeto kelseniano de ciência jurídica. Minha questão é explorar e enfrentar o problema lançado por Kelsen e que perdura de um modo difuso e, por vezes, inconsciente no imaginário dos juristas: a ideia de discricionariedade do intérprete ou do decisionismo presente na metáfora da "moldura da norma". É nesse sentido que se pode afirmar que, no que tange à interpretação do direito, Kelsen amplia os problemas semânticos da interpretação, acabando por ser picado fatalmente pelo "aguilhão semântico" de que fala Ronald Dworkin.

co modo de corrigir essa inevitável indeterminação do sentido do direito somente poderia ser realizada a partir de uma terapia lógica – da ordem do *a priori* – que garantisse que o Direito se movimentasse em um solo lógico rigoroso. Esse campo seria o lugar da Teoria do Direito ou, em termos kelsenianos, da Ciência do Direito. E isso possui uma relação direta com os resultados das pesquisas levadas a cabo pelo Círculo de Viena.

Esse ponto é fundamental para podermos compreender o positivismo que se desenvolveu no século XX e o modo como encaminho minhas críticas nessa área da teoria do direito. Sendo mais claro: falo desse positivismo normativista, não de um exegetismo que, como pôde ser demonstrado, já havia dado sinais de exaustão no início do século passado. Numa palavra: Kelsen já havia superado o positivismo exegético, mas abandonou o principal problema do direito – a interpretação concreta, no nível da "aplicação". E nisso reside a "maldição" de sua tese. Não foi bem entendido, quando ainda hoje se pensa que, para ele, o juiz deve fazer uma interpretação "pura da lei"...!

Numa palavra: quando falo, por exemplo, em "literalidade", não estou invocando nem o positivismo primitivo (exegético) e nem o positivismo normativista. Ora, desde o início do século XX, a filosofia da linguagem e o neopositivismo lógico do círculo de Viena já haviam apontado para o problema da polissemia das palavras. Isso nos leva a outra questão: a literalidade é algo que está à disposição do intérprete? Se as palavras são polissêmicas; se não há a possibilidade de cobrir completamente o sentido das afirmações contidas em um texto, quando é que se pode dizer que estamos diante de uma interpretação literal? A literalidade, portanto, é muito mais uma questão da compreensão e da inserção do intérprete no mundo do que uma característica, por assim dizer, natural dos textos jurídicos. Dizendo de outro modo, não podemos admitir que, ainda nessa quadra da história, sejamos levados por argumentos que afastam o conteúdo de uma lei – democraticamente legitimada – com base numa suposta "superação" da literalidade do texto legal. Insisto: literalidade e ambiguidade são conceitos intercambiáveis que não são esclarecidos numa dimensão simplesmente abstrata de análise dos signos que compõem um enunciado. Tais questões sempre remetem a um plano de profundidade que carrega consigo o contexto no qual a enunciação tem sua origem. Esse é o problema hermenêutico que devemos enfrentar! Problema esse que argumentos despistadores como tal só fazem esconder e, o que é mais grave, com riscos de macular o pacto democrático.

2. As raízes do problema

Por que essa problemática acerca da má compreensão do positivismo se proliferou? Vejamos: as teorias críticas do direito – me refiro àquelas sustentadas na analítica da linguagem (caso específico, por exemplo, da teoria da argumentação jurídica) – não conseguem fazer mais do que superar o positivismo primitivo (exegético), ultrapassando-o, entretanto, apenas, no que tange ao problema "lei=direito", isto é, somente alcançam o "sucesso" de dizer que "o texto é diferente da norma" (na verdade, fazem-no a partir não de uma diferença, mas, sim, de uma cisão (semântico-estrutural), cortando qualquer amarra de sentido entre texto e sentido do texto).

Para isso, valem-se da linguagem, especialmente calcados na primeira fase do *linguistic turn*, que conhecemos como o triunfo do neopositivismo lógico. Na especificidade do campo jurídico, as teorias analíticas tomaram emprestado do próprio Kelsen o elemento superador do positivismo exegético, que funcionava no plano semiótico da sintaxe, indo em direção de um segundo nível, o da semântica, o que se observa ainda hoje na "crítica do direito". Que a lei não dá conta de tudo, Kelsen já havia percebido, só que, enquanto ele chegava a essa conclusão, a partir da cisão entre ser e dever ser, com a divisão entre linguagem objeto e metalinguagem, as teorias analíticas e seus correlatos chegam à mesma conclusão. Ocorre, entretanto, que essa "mesma conclusão" vem infectada com o vírus do sincretismo filosófico, uma vez que mixaram inadequadamente o nível da metalinguagem com o da linguagem objeto, isto é, do plano da ciência do direito (pura) e do direito (eivado do solipsismo próprio da razão prática).

Explicando melhor: Kelsen apostou na discricionariedade do intérprete (no nível da aplicação do direito) como sendo uma fatalidade, exatamente para salvar a pureza metódica, que assim permanecia "a salvo" da subjetividade, da axiologia, da ideologia, etc. Ou seja, se Kelsen faz essa aposta nesse "nível", as diversas teorias (semânticas e pragmaticistas) apostam na discricionariedade a ser feita "diretamente" pelo intérprete/juiz. Mais ainda, se Kelsen teve o cuidado de construir o seu próprio objeto de conhecimento – e, por isso, é um autêntico positivista –, a teoria pós-kelseniana que não compreendeu a amplitude e profundidade do neopositivismo lógico, acabou por fazer essa mixagem dos dois níveis (metalinguagem e linguagem-objeto). A partir dessa má-compreensão, os juristas pensaram que o juiz seria o sujeito pelo qual, no momento da aplicação do direito (em Kelsen, o juiz faz um ato de vontade e não de conhecimento), passa(ria) a fazer a "cura dos males do direito". O que em Kelsen era uma fatalidade (e não uma solução), para as correntes semanticistas, passou a ser a salvação para as "insuficiências" ônticas do direito.

E de que modo as teorias analíticas pretendem controlar a "expansão linguística" provocada pela descoberta da cisão da norma com relação ao texto? A resposta é simples: pela metodologia. Algo como "racionalizar" o subjetivismo...! No fundo, um retorno à velha jurisprudência dos conceitos. Ou melhor, em tempos de jurisprudência dos valores, axiologismos, etc., nada melhor do que um retorno a uma certa racionalidade dedutivista. A diferença é que agora não se realiza mais uma pirâmide formal de conceitos para apurar o sentido do direito positivo; ao revés, utiliza-se o intérprete como "canal" através do qual os valores sociais invadem o direito, como se o sujeito que julga fosse o fiador de que as regras jurídicas não seriam aplicadas de um modo excessivamente formalista.

Ocorre que, ao permanecerem no campo da semanticidade, os juristas que se inserem nesse contexto (na verdade, a maioria) são obrigados – sob pena de autodestruição de seu discurso) – a admitir múltiplas respostas na hora da decisão. Nada mais do que evidente: se as palavras contêm incertezas designativas/significativas, há que se admitir uma pluralidade de sentidos (no campo da semântica, é claro). *Só que isso denuncia a cisão entre interpretar e aplicar.* Observemos: o neopositivismo surgiu exatamente para construir uma linguagem artificial, com o fito de superar essa incerteza da linguagem natural com a qual era feita a ciência. Já as diversas teorias analíticas apenas comemoram tardiamente a descoberta dessas incertezas da linguagem, pensando que, se superassem o exegetismo assentado sobre a relação texto-norma, já estariam em um segundo patamar... Ledo engano.

No campo jurídico, o "maior avanço" parece – e apenas parece – ter sido dado por Alexy, que de algum modo pretende conciliar o método analítico da jurisprudência dos conceitos com o axiologismo da jurisprudência dos valores. Com efeito, procurando racionalizar o uso da moral corretiva (p.ex., através da jurisprudência dos valores, que ele buscou "controlar" racionalmente), Alexy contenta-se em dizer, em um primeiro momento, que os casos simples se resolvem por subsunção, o que quer dizer que ele acredita na suficiência ôntica da lei naqueles casos em que haja "clareza" no enunciado legal e na rede conceitual que o compõem. Ou seja, Alexy, em parte, continua apostando no exegetismo, ao menos para a resolução dos casos no âmbito das regras. Para além dessa "suficiência ôntico-exegética", quando estiver em face de um caso difícil, apela para o outro nível da semiótica: a pragmática. Mas a palavra final será do sujeito e sua subjetividade. A ponderação alexiana, feita para resolver o problema de colisão de princípios, dependerá, ao fim e ao cabo, da discricionariedade. Portanto, dependerá do sub-jectum, de um *solus ipse*.

Disso exsurge um paradoxo: o que sustenta o arraigamento aos ordenamentos (regras em geral) é, ainda, o positivismo exegético. No fundo, superestimamos as críticas ao positivismo exegético, como se este já estivesse superado. Ocorre que as críticas à forma primitiva do positivismo abriram duas possibilidades: a permanência do objeto criticado e o escondimento das possibilidades da superação do elemento superador do exegetismo. Quem fica preso ao texto (que se iguala, assim, à norma) só consegue superar o "impasse" apelando ao "novo positivismo", o normativista. Por isso alguns juristas compreenderam mal o sentido do neoconstitucionalismo. Explicando melhor: por não terem compreendido o problema da diferença entre o velho positivismo exegético (sintático) e o positivismo normativista (semântico), pensaram que o neoconstitucionalismo seria a forma de superar o exegetismo. E, para isso, apelaram para a busca de valores que estariam "escondidos" por debaixo dos textos legais. Com isso, não foram além de Kelsen. E esse é o ponto fulcral do problema. Talvez por isso o neoconstitucionalismo seja subdividido em metodológico, ideológico e normativo. Ora, pensar assim é apenas colocar o neoconstitucionalismo como uma continuidade do velho positivismo e não como autêntica ruptura. Esse problema também se repetiu na equivocada compreensão do sentido dos princípios, conceituados como "positivação de valores" ou a "sofisticação" dos velhos princípios gerais do direito, que, como se sabe, não passavam de axiomas.

Portanto, não basta dizer que a lei não contém o direito; não basta dizer que o ôntico não esgota os sentidos se isso for feito sob os pressupostos do positivismo normativista. Isso explica as razões pelas quais a defesa da discricionariedade é feita pela maioria dos juristas. Ou seja, recém estão ultrapassando o velho positivismo exegético. Para tanto, basta ver o que a maioria dos juristas defensores do neoconstitucionalismo falam sobre a discricionariedade, os princípios (tidos como valores), etc. Essa é a pista para identificar os "novos" positivistas (ou neopositivistas).

Assim, com a aposta na discricionariedade, efetivamente acreditam que são *pós-positivistas*. Ora, somente seriam pós-positivistas se reduzíssemos o positivismo a um único bloco teórico: o exegetismo, *algo que acabaria por aniquilar dois dos maiores pensadores do positivismo Kelsen e Hart*. Discricionariedade e positivismo normativista são faces da mesma moeda. Não que o positivismo exegético não contasse com algum tipo de discricionariedade. Ela apenas era de outro nível: os juízes é que estavam impedidos (lembremos da serôdia questão de fato-questão de direito) pela crença da completude da legislação, dos conceitos legislativos, etc. Mas havia, no interior do método positivista exegético, um aprisionamento a um voluntarismo, um voluntarismo presente na ideia de *mens legis*. Note-se como o constitucionalismo ataca essa questão nos dois níveis, uma vez que derruba a ideia de uma confiança absoluta em algo como um legislador racional e, ao mesmo tempo, oferece freios ao voluntarismo judicial.

Releva registrar, desse modo, que a discricionariedade e o positivismo normativista buscam fechar as lacunas de racionalidade – ou, no limite, ausência de racionalidade – por uma metodologia teleologicamente dependente do sujeito que concretiza o ato. Tudo isso não permite que eles saiam dos braços da filosofia da consciência. É por isso que venho sustentando que somente é possível superar o positivismo a partir da ruptura com o esquema sujeito-objeto introduzido pela filosofia da consciência, isto porque o positivismo está indissociavelmente dependente do sujeito solipsista. Foi graças a ele – sujeito solipsista – que o positivismo exegético foi superado no sentido de deslocamento do fator de blindagem antes em relação aos juízes e depois sem amarras.

Faltou, portanto, compreender que: *a)* Kelsen superou o positivismo exegético a partir do fato de que o conceito preponderante não é mais a lei, mas sim a norma, que não está contida apenas na lei, mas também nas decisões (portanto, o problema em Kelsen é um problema de decidibilidade); *b)* Kelsen, uma vez que foi mal entendido, não foi superado pelos teóricos do direito justamente por não terem conseguido compreender o alcance nem da primeira fase da viragem linguística (neopositivismo lógico) e nem de seu sequenciamento/aprimoramento (o giro *ontológico-linguístico*).

Para ser mais simples: o problema do positivismo não é o fato de a lei ser igual ao direito ou do direito ser igual à lei, mas sim do sujeito cognoscente se apoderar da "sacada kelseniana" de separação entre interpretação como ato de conhecimento (esta, sim, exata, objetiva, rígida) e interpretação como ato de vontade (relegada ao alvedrio do órgão competente para a aplicação da norma superior). Por isso tudo é importante lembrar que a "baixa constitucionalidade" está assentada ainda muito mais no velho positivismo exegético do que propriamente no positivismo normativista. Isso pode ser visto nos pequenos detalhes, como na dificuldade em fazer filtragem hermenêutico-constitucional e daí a pergunta: se já superamos um positivismo exegético, porque nos recusamos – com base na diferença entre vigência e validade – a considerar inconstitucionais uma infinidade de dispositivos de leis ordinárias? O que sobraria do Código Penal de 1940 se não continuássemos a ser positivistas exegéticos? O resultado dessa dificuldade teórica é que a aplicação do direito transforma-se em algo *ad hoc*: por vezes ultrapassa-se a letra da lei; por vezes sustenta-se a "letra fria da lei" (*sic*).

3. Por que o triunfo da discricionariedade?

A dogmática jurídica dominante, inserida no universo de um senso comum teórico pragmático-sincretista e sem maiores compromissos teóricos, sempre apostou na discricionariedade, mesmo quando ainda se sustentava no positivismo exegético. Na verdade, de forma pragmaticista – e isso ainda pode ser visto na cotidianidade das práticas jurídicas – quando interessa(va) aposta(va)-se na "literalidade" da lei; quando esta coloca(v)a em xeque interesses do *establishment*, busca(va)-se axiologicamente pretensos valores "escondidos" nos subterrâneos dessa "textualidade". Nada disso representa novidade. A dogmática jurídica, compreendida nesse conetxto, nada mais fez (ou faz) do que aquilo que Kelsen tão bem designou de política jurídica ou judiciária. Dogmática jurídica tem sido (e ainda é) uma aposta na velha vontade de poder, circunstância perceptível até mesmo em setores da assim denominada "crítica do direito" pós-Constituição de 1988.[6]

---

[6] Isso se pode perceber nas teses que ainda sustentam que a "interpretação é um ato de vontade". Nesse sentido, veja-se o modo como Paulo Queiroz, um dos penalistas mais críticos do país, não consegue se livrar d(ess)a *herança kelseniana* do decisionismo. Com efeito, em artigo recente, Queiroz sustenta que *"sempre que condenamos ou absolvemos, fazêmo-lo porque queremos fazê-lo, de sorte que, nesse sentido, a condenação ou a absolvição não são atos de verdade, mas atos de vontade"*. Segundo o penalista baiano, *"parece evidente que, ordinariamente, por mais que tenhamos motivos, legais ou não, para condenar, condenamos porque queremos condenar e porque julgamos importante fazê-lo; inversamente: por mais que tenhamos motivos, legais ou não, para absolver, absolvemos porque queremos absolver e julgamos importante fazê-lo"* (Cf. *O que é direito?* Disponível em: <http://pauloqueiroz.net/o-que-e-o-direito> Acesso em: 16 fev. 2010; grifos meus). Veja-se: embora substancial a contribuição crítica de Queiroz seja inegável, neste ponto, corre o risco de provocar retrocessos democráticos nas manifestações processuais de Promotores e Juízes. Definitivamente, a interpretação – e, portanto, a aplicação de uma lei – não pode depender da vontade do juiz. Filosoficamente, isso representa um retorno aos primórdios da filosofia da consciência.

Entretanto, em um nível mais sofisticado, esse triunfo da discricionariedade se deve à permanência do paradigma da filosofia da consciência em termos de fundamento, assim como a uma analítica da linguagem – que desenvolve um reflexão num nível semântico – do ponto de vista metodológico.

Portanto, na linha do que desenvolvi em outros textos (em especial, em *Verdade e Consenso*), a discricionariedade está ligada ao problema da resposta, da decisão, embora, paradoxalmente, esta – a discricionariedade e suas variações que conduzem à arbitrariedade – sobrevivam exatamente por deixarem de lado a discussão acerca da decisão. Ou seja, em face da cisão entre interpretação e aplicação, as teorias analíticas – e não vou falar (mais) do que acontece na vulgata em que se transformou a dogmática jurídica dominante – apostam na aplicação de algo que possui existência autônoma, como que a repristinar o dualismo kantiano entre razão teórica e razão prática. É por isso, aliás, que as teorias analíticas – em especial as teorias da argumentação – negam a possibilidade de respostas corretas, apostando em múltiplas respostas. Parece óbvio isso: no plano de uma "autonômica razão teórica", é possível vislumbrar "n" respostas para cada problema...!

A partir da matriz hermenêutica (filosófica), pela qual não mais é possível cindir interpretação e aplicação, a admissão da discricionariedade nada mais é do que uma aposta no esquema sujeito-objeto. Assim, ao se admitir a discricionariedade, está-se admitindo um grande espaço de relatividade que enfraquece o sentido da construção democrática do direito (no caso, falo do paradigma ancorado no constitucionalismo do segundo pós-guerra). No fundo, constitucionalismo e discricionariedade são antitéticos. A discricionariedade não guarda vínculos com o paradigma constitucional, até porque ela é de origem anterior.

Numa palavra, discricionariedade quer dizer: um sujeito de que assenhora dos sentidos, o que também quer dizer liberdade de escolha no plano do legislativo na era do positivismo exegético (ao menos em França – que gerou o imaginário brasileiro) e, na sua crise, a extensão dessa discricionariedade, passa, agora, via Kelsen, não simplesmente para um outro polo, que é o juiz, mas sim para um outro nível de compreensão epistemológica.

Permito-me insistir nesta tecla: é esse plano epistemológico que não foi compreendido da dogmática jurídica do século XX, com consequências no século XXI. Se é inegável que o positivismo primitivo tem em Kelsen o seu maior adversário, isso é assim porque Kelsen quis aperfeiçoá-lo. Ele deu *status* científico – tal como era moda no início do século XX – ao modelo positivista de direito. E ele o fez a partir de um processo de "destilação" do âmbito em que as relações jurídicas se desenvolvem.

"Descobrir" hoje que o direito não é igual à lei e dar a isso um grau de invenção crítica é subestimar e ignorar o ponto central do positivismo normativista. Por certo Kelsen acharia uma tolice alguém sustentar que texto é igual à norma ou que a lei é a única e plenipotente fonte do direito. Quando Kelsen diz que lei vigente é válida, está se referindo ao plano da *ciência do direito,* e não ao plano da *aplicação do direito* feita por juízes, promotores, advogados, etc. Sua pureza, vale lembrar, era uma pureza científica, e não uma pureza interpretativa. Isso, portanto, é suficiente para dizer que não supera Kelsen – e, portanto, não supera o positivismo normativista – aquelas posturas teóricas que pretendem superar a equivalência direito-lei a partir de uma desconsideração da lei em favor da vontade do juiz. Quem pensa assim erra o alvo: atira no positivismo primitivo achando que este representa a totalidade das posturas positivistas. Com isso, aceita acriticamente as consequências de um outro modelo positivista de ciência jurídica, é dizer, o próprio positivismo kelseniano, de um lado, e o positivismo de Hart, de outro.

Pensemos: como é possível que hoje se critique Kelsen ou Hart e, ao mesmo tempo, se defenda exatamente as teses desses dois corifeus do positivismo? Por que um adepto da teoria da argumentação jurídica ou de qualquer outro marco teórico atual que defenda a discricionariedade dos juízes seria diferente de Kelsen e Hart?

E veja-se como isso é sintomático. Há vários autores que sustentam posições ditas "progressistas", afirmando que o juiz é o canal por onde os valores sociais invadem o direito. O intrigante é que muitas dessas posições – e o Brasil é pródigo nesse tipo de produção – falam em pós-positivismo e chegam a citar Dworkin como sendo o autor que "elevou os princípios à condição de norma e, com isso, teria libertado os juízes das amarras da estrita legalidade". Ora, é cediço que Dworkin constrói sua tese exatamente para combater as mazelas do positivismo de Herbert Hart (que, por sinal, também pode ser enquadrado como um positivista normativista). O ponto central do combate de Dworkin diz respeito ao poder discricionário que Hart atribui aos juízes para solver aquilo que ele chamava de casos difíceis. Note-se: o autor, tido na unanimidade como um dos corifeus do chamado pós-positivismo, é um antidiscricionário convicto (e, como corolário necessário, antirrelativista).

Portanto, parece óbvio dizer que, se alguém sustentar sua tese em Dworkin, terá o ônus de ser antidiscricionário, a menos que reduza sua posição a um sincretismo metodológico ingênuo que permanece cego para as diferenças existentes. Aliás, esse sincretismo não é difícil de ser encontrado na doutrina brasileira, *v.g.* os que defendem ponderação em etapas, citando, para sustentar sua tese, o círculo hermenêutico Gadameriano. Isso seria algo como colocar o sujeito da modernidade no seio dos trabalhos aristotélicos. Ou, então, aqueles que pretendem fundar suas posições em Alexy e Dworkin simultaneamente; ou tentar fechar os *gaps* da teoria habermasiana com a ponderação de Alexy (para explicar melhor: em Habermas, o sujeito da modernidade é substituído por uma razão comunicativa, ao passo que, em Alexy, quem opera, em última *ratio*, a ponderação é o próprio sujeito que Habermas rechaça; então, como esses dois aportes teóricos podem chegar juntos em uma mesma posição jusfilosófica?).

4. Positivismo, pós-positivismo, princípios e "valores". Aqui, um bom exemplo para superar um mito: afinal, defender a aplicação da "letra da lei" é assumir uma postura positivista?

Tudo isso levou a uma equivocada compreensão acerca do papel dos princípios, que passaram a ser entendidos como valores, axiologia, postulados, etc. Essa compreensão errônea reside na ideia de que o positivismo exegético esgotou a "fórmula positivista". Por isso é que se diz por aí que "por baixo da lei (regra) estão os valores"; do mesmo modo, evoca-se aos quatros cantos que "os princípios positivaram os valores" ou que "os princípios positivaram a moral", etc. Com isso, relega-se a legislação – mesmo aquela construída democraticamente pós-constituição de 1988 – a um patamar secundário, porque sempre poderá soçobrar em nome de uma "adjudicação de valores", no mais das vezes fruto de concepções voluntaristas-solipsistas.

Temos, pois, que "mudar de inimigo", isto porque não estamos mais na "era pré-kelseniana". O inimigo, agora, é o legado kelseniano-hartiano, isto é, temos que combater as consequências dessa era pós-kelseniana e pós-hartiana, cuja decorrência principal é a discricionariedade, que se confunde com a arbitrariedade. E, sustentando essa discricionariedade, encontramos a filosofia da consciência e o esquema sujeito-objeto, conforme tenho deixado claro em *Hermenêutica Jurídica E(m) Crise, Verdade e Consenso* e *O que é isto – decido conforme minha consciência?.*

Definitivamente, Kelsen – e sempre voltamos ao mestre de Viena – foi subestimado, uma vez que foi lido sem os aportes da epistemologia do Círculo de Viena. Sua "pureza" foi metódica e não hermenêutico-interpretativa. Talvez tenha sido isso que não tenha sido compreendido. Ou seja, sua "pureza" foi confundida com o nível da razão prática, se quisermos fazer a divisão kantiana entre razão pura e razão prática. É lamentável que ainda hoje se pense que Kelsen tenha sido um positivista exegético.

Assim, chega-se às seguintes perplexidades: no positivismo exegético (entendido classicamente), a liberdade de conformação estava no legislador, de onde surge a noção de discricionariedade. No positivismo normativista, a discricionariedade, embora permaneça no campo legislativo, estende-se ao administrador e, fundamentalmente – no âmbito da teoria do direito – ao judiciário.

O que é mais grave é que a noção básica do positivismo continuou sendo a cisão entre direito e moral e o componente da discricionariedade – na especificidade, especialmente a discricionariedade judicial. Com as duas grandes guerras, houve o fracasso do direito, da política e da democracia. Isto é, a desconfiança para com o legislador (no mínimo com ele) passou a exigir mecanismos de controle mais rígidos, cujo campo se tornou fértil com o advento das constituições compromissórias e dirigentes (normativas, se quisermos utilizar a linguagem de Ferrajoli).

O fortalecimento do Poder Judiciário (ou da justiça constitucional com os TC's) estabeleceu as bases para o engendramento de novos modos de interpretar a lei. O panorama histórico em que se forja a jurisprudência dos valores no TC alemão propicia um deslocamento da esfera de tensão em direção ao poder judiciário. Sem se acreditar, no plano da teoria do direito, que o direito pudesse ser redefinido nesse novo paradigma resultante do segundo pós-guerra, cujos traços são visíveis na forma de organização dos poderes, no catálogo dos direitos fundamentais, no compromisso com o resgate das promessas da modernidade, foi sendo construído um imaginário "ativista-acionalista", que passou a ver nos princípios o modo de fazer penetrar no direito a velha razão prática, a partir da tese de que a Constituição seria uma "ordem concreta de valores" e que ao Judiciário caberia encontrar/desvelar (escavar) esses valores escondidos (até mesmo por baixo da Constituição).

Assim, aquilo que representou o caráter emancipatório do direito passou a ser fragilizado pelo solipsismo judicial. Em países como o Brasil, houve uma espécie de mixagem entre a incorporação da jurisprudência de valores e o positivismo normativista, tudo equivocadamente como se fosse o "pós-positivismo", pelas razões já expostas, ou seja, pensando que o positivismo era simplesmente igualar direito e lei, parte da comunidade jurídica passou a colocar no patamar da crítica qualquer perspectiva que fosse ou pudesse ultrapassar a "letra da lei" (como se essa fosse dotada de um "mal em si").

Ora, na medida em que a Constituição também é lei, nem esta ficou a salvo desse "projeto salvacionista" fruto do casamento entre o positivismo normativista (mal compreendido) com o axiologismo da jurisprudência dos valores, sem perder de vista, é claro, as contribuições das diversas correntes analíticas, que vão da TAJ às velhas concepções advindas do realismo jurídico. O que essas correntes têm em comum? A aposta no acionalismo do sujeito solipsista.

Entretanto, não devemos esquecer que parcela considerável da comunidade jurídica ainda continua(ra)m fiéis a um exegetismo *ad hoc*, que, como qualquer postura de senso comum teórico, ideologiza a interpretação sob o argumento da "finalidade" ou da "teleologia". Veja-se, por exemplo, como, no campo constitucional, o constitucionalismo da efetividade, que é um *mix* metodológico que abarca desde a interpretação sistemática até a ponderação alexiana (e suas variações que chegam a pregar "ponderações de regras e ponderações em etapas"), passando pelos velhos métodos propostos por Savigny.

Esses – os exegetas *ad hoc* – são responsáveis pela obstaculização de uma autêntica filtragem hermenêutico-constitucional no ordenamento jurídico. Ou seja, quando interessa, sustentam a "letra da lei" (mesmo que seja uma lei anterior a Constituição ou inconstitucional), como fez, p.ex., o STJ para negar a aplicação da pena abaixo do mínimo. Já em outras circunstâncias, a "letra da lei" (mesmo sendo posterior a Constituição) não deve ser cumprida, sob o argumento de que, debaixo da lei, existe a tradição das práticas tribunalícias, como é o caso do art.

212, em que juristas como Luiz Flávio Gomes e Guilherme de Souza Nucci manifestaram-se no sentido da não necessidade da obediência à dicção exsurgente da nova redação desse dispositivo. Explicando melhor: a Lei n. 11.690/2008 introduziu no art. 212 do CPP importante inovação que pode(ria) colocar o Processo Penal brasileiro nos trilhos de um sistema acusatório – o que, aliás, é um princípio (no sentido hermenêutico da palavra) que (re)compõe nossa história institucional desde 1988, com a promulgação da Constituição. Todavia, a velha tradição inautêntica do senso comum teórico dos juristas – que impera no Brasil a partir daquilo que, alhures, chamei de "baixa constitucionalidade" – insiste em permanecer refratária a essa medida, *insistindo no modelo presidencial-inquisitório de condução do interrogatório do acusado*. Neste caso, a questão toma ares de dramaticidade, uma vez que, dessa vez, a alteração não se deu pela via do Direito Constitucional, mas, sim, incluída pelo legislador ordinário. Dito de outro modo, doutrina e jurisprudência estão operando no sentido contrário do apontado pela própria legislação.

Veja-se, nesse sentido, o julgamento proferido pela sexta turma do STJ no HC 121215/DF *DJ* 22/02/2010, que referendou, por maioria de votos, as posições exaradas por Guilherme Nucci, *in verbis:*

> Tal inovação [do art. 212 do CPP], entretanto, não altera o sistema inicial de inquirição, vale dizer, quem começa a ouvir a testemunha é o juiz, *como de praxe e agindo como presidente dos trabalhos e da colheita da prova*. Nada se alterou nesse sentido. (...) Nota-se, pois, que absolutamente nenhuma modificação foi introduzida no tradicional método de inquirição sempre iniciado pelo magistrado.[7]

No mesmo acórdão e no mesmo sentido, é citada doutrina de Luís Flávio Gomes, Rogério Sanches Cunha e Ronaldo Batista Pinto, que "alertam" para o fato de que:

> A *leitura apressada* deste dispositivo legal pode passar a impressão de que as partes devem, inicialmente, formular as perguntas para que, somente a partir daí, possa intervir o juiz, a fim de complementar a inquirição. Não parece se exatamente assim. (...) *Melhor que fiquemos com a fórmula tradicional*, arraigada na *"praxis"* forense, pela qual o juiz dá início às suas indagações para, depois, facultar às partes a possibilidade de, também, inquirirem a testemunha, desta feita diretamente, sem a necessidade de passar, antes pelo filtro judicial.[8]

Onde reside a perplexidade? Vejamos: o art. 212, alterado em 2008, passou a conter a determinação de que "as perguntas serão formuladas pelas partes, diretamente à testemunha, não admitindo o juiz aquelas que puderem induzir a resposta, não tiverem relação com a causa ou importarem na repetição de outra já respondida". No parágrafo único, fica claro que "sobre pontos não esclarecidos, é lícito ao magistrado complementar a inquirição". Consequentemente, parece evidente que, respeitados os limites semânticos do que quer dizer cada expressão jurídica posta pelo legislador, houve uma alteração substancial no modo de

---

[7] Cf. NUCCI, Guilherme de Souza. *Código de Processo Penal Comentado*. São Paulo: Revista dos Tribunais, p. 479/480. (grifei).

[8] Cf. GOMES, Luís Flávio; CUNHA, Rogério Sanches; PINTO, Ronaldo Batista. *Comentários às Reformas do Código de Processo Penal e da Lei de Trânsito*. São Paulo: Revista dos Tribunais, 2008, p. 302. (grifei).

produção da prova testemunhal. Repito: isso até nem decorre somente do "texto em si", mas de toda a história institucional que o envolve, marcada pela opção do constituinte pelo modelo acusatório. Por isso, é extremamente preocupante que setores da comunidade jurídica de terrae brasilis, por vezes tão arraigados aos textos legais, neste caso específico ignorem até mesmo a semanticidade mínima que sustenta a alteração. Daí a minha indagação: em nome de que e com base em que é possível ignorar ou "passar por cima" de uma inovação legislativa aprovada democraticamente? É possível fazer isso sem lançar mão da jurisdição constitucional?

Parece que, no Brasil, compreendemos de forma inadequada o sentido da produção democrática do direito e o papel da jurisdição constitucional. Tenho ouvido em palestras e seminários que "hoje possuímos dois tipos de juízes": aquele que se "apega" à letra fria (*sic*) da lei (e esse deve "desaparecer", segundo alguns juristas) e aquele que julga conforme os "princípios" (esse é o juiz que traduziria os "valores" – *sic* – da sociedade, que estariam "por baixo" da "letra fria da lei"). Pergunto: cumprir princípios significa descumprir a lei? Cumprir a lei significa descumprir princípios? Existem regras (leis ou dispositivos legais) desindexados de princípios? Cumprir a "letra da lei" é dar mostras de positivismo? Como já demonstrei anteriormente, está-se, novamente, diante do problema "o que é isto – o positivismo jurídico?"

Ora, não devemos confundir "alhos" com "bugalhos". Obedecer "à risca o texto da lei" democraticamente construído (já superada a questão da distinção entre direito e moral) *não tem nada a ver com a "exegese" à moda antiga* (positivismo primitivo). No primeiro caso, a moral ficava de fora; agora, no Estado Democrático de Direito, ela é co-originária. Portanto – e aqui me permito invocar a "literalidade" do art. 212 do CPP –, estamos falando, hoje, de uma outra legalidade, *uma legalidade constituída a partir dos princípios que são o marco da história institucional do direito*; uma legalidade, enfim, que se forma no horizonte daquilo que foi, prospectivamente, estabelecido pelo texto constitucional (não esqueçamos que o direito deve ser visto a partir da revolução copernicana que o atravessou depois do segundo pós-guerra).

Repito: "cumprir a letra [*sic*] da lei" significa, sim, nos marcos de um regime democrático como o nosso, um avanço considerável. A isso deve-se agregar a seguinte consequência: é positivista tanto aquele que diz que texto e norma (ou vigência e validade) são a mesma coisa, como aquele que diz que "texto e norma estão descolados" (no caso, as posturas axiologistas, realistas, pragmaticistas, etc.). Para ser mais simples: Kelsen, Hart e Ross foram todos positivistas. E disso todos sabemos as consequências. Ou seja: apegar-se à letra da lei pode ser uma atitude positivista ou pode não ser. Do mesmo modo, não apegar-se à letra da lei pode caracterizar uma atitude positivista ou antipositivista. Por vezes, "trabalhar" com princípios (e aqui vai a denúncia do panprincipiologismo que tomou conta do "campo" jurídico de *terrae brasilis)* pode representar uma atitude (deveras) positivista. Utilizar os princípios para contornar a Constituição ou ignorar dispositivos legais – sem lançar mão da jurisdição constitucional (difusa ou concentrada) – *é uma forma de prestigiar tanto a irracionalidade constante no oitavo capítulo da TPD de Kelsen, quanto homenagear, tardiamente, o positivismo discricionarista de Herbert Hart.* Não é desse modo, pois, que escapamos do positivismo.

Dito de outro modo, o que sempre caracterizou o positivismo é o fato de que a postura metodológica por intermédio da qual se analisa o fenômeno jurídico é marcada pela restrição à análise das fontes sociais, a cisão/separação – epistemológica – entre direito e moral (o que faz com que alguns autores – p.ex., Robert Alexy – lancem mão da razão prática, *eivada de solipsismo,* para "corrigir" o direito) e a ausência de uma teoria da interpretação, que acarreta uma aposta na discricionariedade (ou seja, não se conseguiu superar a herança – ou maldição – kelseniana da *cisão entre ciência do direito e direito* ou entre observador e participante, no caso hartiano).

Em linha diversa, é preciso dizer que, para a hermenêutica, isso não é bem assim. O elemento interpretativo que caracteriza mais propriamente a experiência jurídica pode, e deve, ser explorado fenomenologicamente. É possível oferecer limites ou anteparos à atividade interpretativa, na medida em que o direito não é concebido a partir de um reducionismo fático. Isso é uma questão de controle democrático das decisões.

Assim, qualquer questão jurídica estará em constante diálogo com a relevante circunstância de que a nova redação do art. 212 do CPP – aqui utilizado como exemplo privilegiado – é/será o elemento mínimo para ingressar no caminho da história institucional dos institutos relacionados à produção da prova e ao modelo de como obtê-la (note-se: se a tradição do direito brasileiro se encaminha para o lado contrário, como quer, por exemplo, Luís Flávio Gomes, então ela deve ser alterada sob pena de sacrificarmos a conquista histórica de uma garantia que, transcende, inclusive, os limites do pensamento jurídico brasileiro). Refira-se, *ad agumentandum tantum,* que, se o texto do artigo 212, com sua nova redação, viesse para reforçar o sistema inquisitivo, *com certeza uma adequada jurisdição constitucional o afastaria por inconstitucionalidade.*

Portanto, deve haver um cuidado com o manejo da teoria do direito e da hermenêutica jurídica. Olhando para a decisão do STJ antes referida, é de se pensar em que momento o direito legislado deve ser obedecido e quais as razões pelas quais fica tão fácil afastar até mesmo – quando interessa – a assim denominada "literalidade da lei",[9] mormente quando isso é feito com base em

---

[9] A problemática relativa à "literalidade" já foi explicitada no início do presente texto. É irrelevante discutirmos a "literalidade", até porque esbarraríamos na seguinte questão: devemos sempre buscar o conteúdo "literal"? Ou somente quando nos interessa? E o que é isto – a literalidade? O que é isto – o texto jurídico? Em face da vagueza e da ambiguidade que cerca a linguagem,de que modo é possível sustentar o discurso jurídico numa pretensa literalidade? Há que se ter claro que isso é um problema afeto ao exegetismo, que separava lei e direito. O conteúdo de um texto jurídico está na literalidade e além dela (e, também nos silêncios produzidos pelo texto). Nesta quadra da história, lutamos para incluir na lei (texto jurídico) as promessas incumpridas (até aqui) da modernidade. Parece que já alcançamos muitos avanços. Consequentemente, segurarmo-nos nos limites semân-

métodos de interpretação elaborados por Savigny (no caso em tela, foi o método sistemático) ainda no século XIX e para o direito privado. Indago: juristas críticos (pós-positivistas?) seriam (são?) aqueles que "buscam valores" que estariam "debaixo" da "letra da lei" (sendo, assim, pós-exegéticos) ou aqueles que, baseados na Constituição, lançam mão de "literalidade da lei" para preservar direitos fundamentais? A propósito: seria uma atitude "crítica" a manutenção de alguém preso (denegando-se, assim, a ordem de *habeas corpus*) com "fundamento" no princípio (*sic*) da confiança do juiz da causa, ignorando os requisitos da prisão preventiva previstas na "literalidade" do art. 312 do CPP? Como se viu, é necessário compreender os limites e os compromissos hermenêuticos que exsurgem do paradigma do Estado Democrático de Direito. *O positivismo é bem mais complexo do que a antiga discussão "lei versus direito"*... Ou seja, nem tudo que parece, é...!

5. A fetichização do discurso e o discurso da fetichização: a dogmática jurídica, o discurso jurídico e a interpretação da lei – ainda a "estandardização do direito" ou "o que estamos ensinando aos nossos alunos"?

Insisto na importância da relação entre o modo-de-fazer-Direito e a concepção de Estado vigente/dominante. Isto porque a inefetividade de inúmeros dispositivos constitucionais e a constante redefinição das conquistas sociais através de interpretações despistadoras/redefinitórias feitas pelos Tribunais brasileiros têm uma direta relação com o modelo de hermenêutica jurídica que informa a atividade interpretativa da comunidade jurídica.

Esse hiato (hermenêutico) entre a concepção de direito vigorante no modelo de Estado Liberal e no Estado democrático de Direito e a (consequente) crise de paradigma de dupla face (crise do paradigma liberal-individualista-normativista e crise dos paradigmas epistemológico-subjetivista da filosofia da consciência e objetivista-aristotélico-tomista), retratam a incapacidade histórica da dogmática

---

ticos é um modo de resguardarmos uma legalidade que, agora, *já não é uma simples legalidade*, mas, sim, uma legalidade constitucional. Não há dúvidas de que um texto jurídico possui múltiplos sentidos, se estes forem aferidos no plano de uma analítica da linguagem, no nível meramente apofântico. Mas mesmo esses sentidos – na maioria das vezes multifacetados – também possuem limitações produzidas pela linguagem instituída por uma dada tradição. Mas, o que efetivamente produzirá a resposta acerca do sentido do texto é a faticidade, uma vez que não existem conceitos sem coisas, por assim dizer. É no plano da dupla estrutura da linguagem, isto é, da dobra da linguagem (nível apofântico e nível hermenêutico) é que se dá o sentido. De forma exemplificativa: a defesa da dita "literalidade" da nova redação do art. 212 do CPP torna-se um mecanismo relevantíssimo contra interpretações despistadoras. E o que "sustentará" essa literalidade? O princípio acusatório albergado pela Constituição. Eis o papel dos princípios, pois. De outra banda, a (e qualquer) "literalidade" será "derrubada" em face de outro vetor de sentido, no caso, a Constituição. Por exemplo, a proibição de progressão de regime nos crimes hediondos (contida em lei) poderia ser sustentada na sua "literalidade"? A resposta é *não,* em face de sua inconstitucionalidade. Portanto, somente poderemos discutir "literalidades" se estivermos conscientes da situação hermenêutica que ocupamos: o constitucionalismo do Estado Democrático de Direito. E nos lembrarmos que a discussão sintático-semântica ficou para trás. Para a hermenêutica de cariz filosófico é irrelevante discutir simplesmente "textos", pela simples razão de que, como já bem lembrava Gadamer, "textos são eventos" ou, como diz Stein, "textos são fatos". Não há "conceitos" sem "coisas"!

jurídica em lidar com os problemas decorrentes de uma sociedade díspar/excludente como a brasileira.

Do que foi dito, penso que, sem modificar o nosso modo de compreender o mundo, sem superar o esquema sujeito-objeto, sem superar a cultura manualesca que assola e domina o imaginário dos juristas, sem superar a discricionariedade positivista e a falsa impressão de que são críticas as determinadas posturas subjetivistas-axiologistas que desconsideram o texto (inclusive da Constituição), parece temerário falar no resgate do papel transformador do direito, entendido como aquele que exsurge do papel dirigente e compromissório da Constituição.

Disso tudo é possível extrair a seguinte assertiva: ou se acaba com a estandardização do direito ou ela acaba com o que resta da ciência jurídica.[10] Afinal, passados tantos anos e em pleno paradigma do Estado Democrático de Direito, do giro linguístico e do neoconstitucionalismo,

a) ainda não se construiu um modelo de ensino que "supere" a leitura de leis e códigos comentados (na maioria das vezes, reproduzindo conceitos lexicográficos e sem nenhuma sofisticação teórica);

b) a doutrina, a cada dia, doutrina menos, estando dominada por produções que buscam, nos repositórios jurisprudenciais, ementas que descrevem, de forma muito breve, o conceito do texto enquanto "enunciado linguístico": uma simples decisão de tribunal vira referência – plenipotenciária – para a atribuição de sentido do texto, perdendo-se a especificidade da situação concreta que a gerou; em muitos casos, interpretam-se as leis e os códigos com base em julgados anteriores à Constituição, o que faz com que determinados dispositivos, mesmo que sob um novo fundamento de validade, sejam interpretados de acordo com a ordem jurídica anterior; a doutrina especializada em comentários de legislação não tem efetuado uma filtragem hermenêutico-constitucional dos Códigos e leis, com o que casos nítidos de aplicação direta da Constituição acabam soçobrando em face de legislação produzida há mais de cinquenta anos, como foi o caso da presença (obrigatória) do advogado no interrogatório do acusado, a qual a doutrina e os tribunais resistiram até o advento da lei no ano de 2004.

c) até mesmo em determinados setores da pós-graduação *stricto sensu* (mestrado e doutorado) continua-se a fazer descrições de leis e casos (há dissertações e teses tratando de temáticas monográficas, mais apropriadas para cursos de especialização, para dizer o menos) – a maior parte desvinculada das linhas de pesquisa dos cursos, como, *v. g.*, limitação de fim de semana na lei de execução penal, cheque pré-datado, saídas temporárias na lei de execução penal, inquérito

---

[10] É evidente que estou me referindo à cotidianidade das práticas jurídicas, representado pelo universo das centenas de faculdades de direito, os inúmeros cursos de preparação para concursos e a operacionalidade do direito *massificada e sufocada pelo excesso de processos e pela desfuncionalidade do sistema processual*. Despiciendo registrar a importância da crescente produção teórica (também em qualidade) ocorrida nos últimos anos, mormente no campo do direito constitucional, fruto principalmente da expansão da pós-graduação *stricto sensu* (há, hoje, 72 programas de mestrado e 22 programas de doutorado em funcionamento). Essa benéfica influência já se faz notar nas decisões judiciais, proporcionando relevantes avanços doutrinários e jurisprudenciais.

policial, recurso de ofício, perda de bagagem em transporte aéreo, sistema postal, análise jurídica do lixo, o papel do oficial de justiça, o papel do árbitro, suspensão condicional da pena em ação penal privada, embargos infringentes, embargos declaratórios, união homossexual (em um Programa de Pós-Graduação que trata de meio ambiente), embargos de execução, agravo de instrumento, exceção de pré- -executividade, infanticídio, além de uma tese que, em pleno Estado Democrático de Direito, arrasa com o poder constituinte e uma outra que propõe a "inversão do ônus da prova penal" em crimes do colarinho branco, etc.;

d) por outro lado, nem sequer conseguimos elaborar um novo modelo de provas de concursos públicos,[11] continuando com a tradicional múltipla escolha – espaço (indispensável) para personagens fictícios como Caio, Tício e Mévio – e com questões dissertativas sobre casos jurídicos (no mais das vezes, sem qualquer sentido "prático") ou sobre conceitualizações jurídicas;

e) o modelo de decisão judicial continua o mesmo há mais de um século: a fundamentação restringe-se à citação da lei, da súmula ou do verbete, problemática que se agrava com a institucionalização da súmula vinculante. Daí a (correta) exigência de Dworkin: uma "responsabilidade política" dos juízes. Os juízes têm a obrigação de justificar suas decisões, porque com elas afetam os direitos fundamentais e sociais, além da relevante circunstância de que, no Estado Democrático de Direito, a adequada justificação da decisão constitui-se em um direito fundamental. O sentido da obrigação de fundamentar as decisões previsto no art. 93, IX, da Constituição do Brasil implica, necessariamente, a justificação dessas decisões.

f) um dos indicadores da prevalência das posturas positivistas – e, portanto, da discricionariedade judicial que lhe é inerente – está no escandaloso número de embargos de declaração propostos diariamente no Brasil. Ora, uma decisão bem fundamentada/justificada (nos termos de uma resposta correta-adequada-à- -Constituição, a partir da exigência da máxima justificação) não poderia demandar "esclarecimentos" acerca da *holding* ou do *dictum* da decisão. Os embargos de declaração – e acrescente-se, aqui, o absurdo representado pelos "embargos de pré-questionamento" (*sic*) – demonstram a irracionalidade positivista do sistema jurídico;

g) registre-se o componente simbólico (lembremos Lacan e Castoriadis) desse problema: somos provavelmente o único país do mundo que mantém um "recurso" (embargos declaratórios) para compelir um juiz ou tribunal a fundamentar (explicitamente) aquilo que decidiu, muito embora a própria Constituição determine que todas as decisões sejam – obrigatoriamente – fundamentadas. Ora,

---

[11] O Conselho Nacional de Justiça editou resolução determinando que os concursos para magistrados passassem a exigir conhecimentos denominados de "formação humanista". Para a filosofia do direito, são indicados Kelsen, Reale e Ross. Para a área da interpretação (hermenêutica), o "carro chefe" é Recaséns Siches. Veja-se: não é estranhável que os autores selecionados/indicados sejam todos positivistas, desde Kelsen, um positivista normativista, a Alf Ross, um positivista fático (espécie de pai do realismo jurídico), chegando a um axiologista como Recaséns Siches, jusfilósofo cuja doutrina se mostra incompatível com os avanços da teoria do direito na contemporaneidade. Assim, onde pode estar o avanço, pode também estar o retrocesso.

parece óbvio que uma decisão carente de adequada (e necessária) fundamentação não enseja embargos de declaração. É, sim, nula; írrita, nenhuma.

h) as decisões devem estar justificadas, e tal justificação deve ser feita a partir da invocação de razões e oferecendo argumentos de caráter jurídico, como bem assinala David Ordónez Solís.[12] O limite mais importante das decisões judiciais reside precisamente na necessidade da motivação/justificação do que foi dito. O juiz, por exemplo, deve expor as razões que lhe conduziram a eleger uma solução determinada em sua tarefa de dirimir conflitos. A motivação/justificação está vinculada ao direito à efetiva intervenção do juiz, ao direito dos cidadãos a obter uma tutela judicial, sendo que, por esta razão, o Tribunal Europeu de Direitos Humanos considera que a motivação integra-se ao direito fundamental a um processo equitativo, de modo que "as decisões judiciais devem indicar de maneira suficiente os motivos em que se fundam. A extensão deste dever pode variar segundo a natureza da decisão e deve ser analisada à luz das circunstâncias de cada caso particular".[13]

Daí a necessidade de ultrapassar o "modo-positivista-de-fundamentar" as decisões (perceptível no cotidiano das práticas dos tribunais, do mais baixo ao mais alto); é necessário justificar – fenômeno que ocorre no plano da aplicação – detalhadamente o que está sendo decidido. Portanto, jamais uma decisão pode ser do tipo "Defiro, com base na lei x ou da súmula y", valendo lembrar que esse problema ficará agravado com a institucionalização das súmulas vinculantes introduzidas pela EC 45/04. Para tanto, basta ver decisão do Supremo Tribunal Federal, entendendo como válida decisão que se restringe à invocação de jurisprudência pacífica corroborada posteriormente em enunciado de súmula. Segundo o STF, nesse caso, não se aplica a exigência contida no art. 93, IX, da Constituição (Ag.Reg. no RE 359.106-1-PR). Veja-se o problema decorrente do entendimento do que é fundamentação/justificação/motivação de uma decisão: para o Supremo Tribunal Federal, basta a citação do enunciado sumular, que é, assim, alçado à categoria de "conceito abstrato", com caráter de universalidade, "mantendo-se" no sistema à revelia de qualquer situação concreta (reduz-se, pois, a problemática relacionada aos discursos jurídicos aos *discursos sobre a validade*). No referido acórdão, o Tribunal decidiu que não só a decisão que apenas cita a súmula é legítima, como o recurso deve ser dirigido contra a fundamentação dos precedentes em que se alicerça a súmula. Essa tese desborda daquilo que deve ser entendido como jurisprudência e sua consolidação. Além disso, fica a pergunta: se uma decisão que apenas cita a lei é nula, por qual razão uma que cite apenas uma súmula não o é?

Para além da crise aqui denunciada e procurando permanecer fiel às coisas mesmas, à intersubjetividade, ao mundo prático, à faticidade, à busca da cons-

---

[12] Cf. ORDÓNEZ SOLÍS, David. *Derecho y Política*. Navarra: Aranzadi, 2004, pp. 98 e segs.

[13] Sentenças de 9.12.1994 – TEDH 1994, 4, Ruiz Torija e Hiro Balani-ES, §§ 27 e 29; de 19.02.1998 – TEDH 1998,3, Higgins e outros –Fr, § 42; e de 21.01.99 – TEDH 1999,1, Garcia Ruiz-ES. No mesmo sentido, ressalte-se a posição do Tribunal Constitucional da Espanha (sentença 20/2003, de 10 de febrero).

trução de um "comportamento constitucional" já referido anteriormente, torna--se necessário superar as diversas posturas que ainda percebem o direito a partir de *hipóteses, categorias (enunciados assertóricos), de construções imaginárias ou de quaisquer outras herdadas da tradição filosófica de índole metafísica* (Villalibre).

Mais do que isso, é necessário apostar na preservação do acentuado grau de autonomia conquistado pelo direito no paradigma instituído a partir do segundo pós-guerra.

Mais do que sustentáculo do Estado Democrático de Direito, a preservação do acentuado grau de autonomia conquistado pelo direito é a sua própria condição de possibilidade, unindo, conteudisticamente, a visão interna e a visão externa do direito. Trata-se, também, de uma "garantia contra o poder contramajoritário" (segundo Guastini, as denominadas "garantias *contra* o Poder Judiciário"), abarcando o princípio de legalidade na jurisdição (que, no Estado Democrático de Direito, passa a ser o princípio da constitucionalidade).

Parece não haver dúvida de que o direito exsurgido do paradigma do Estado Democrático de Direito deve ser compreendido no contexto de uma crescente autonomização, alcançada diante dos fracassos da falta de controle *da e sobre* a política (aqui compreendida também a economia). A Constituição, nos moldes construídos no interior daquilo que denominamos de constitucionalismo social e compromissório é, assim, a manifestação desse (acentuado) grau de autonomia do direito, devendo ser entendido como a sua dimensão autônoma face às outras dimensões com ele intercambiáveis, como, por exemplo, a política, a economia e a moral (e aqui há que se ter especial atenção, uma vez que a moral tem sido utilizada como a *porta de entrada* dos discursos adjudicadores com pretensões corretivas do direito, levando consigo a política e a *análise econômica do direito*; é nesse contexto em que deve ser vista a "retomada" da moral pelo direito, a partir daquilo que Habermas tão bem denomina de co-originariedade). Essa autonomização dá-se no contexto histórico do século XX, tendo atingido o seu auge com a elaboração das Constituições do segundo pós-guerra.

Trata-se de uma autonomia entendida como ordem de validade, representada pela força normativa de um direito produzido democraticamente e que institucionaliza (ess)as outras dimensões com ele intercambiáveis (portanto, a autonomia do direito não emerge apenas na sua perspectiva jurisprudencial; há algo que se coloca como condição de possibilidade ante essa perspectiva jurisprudencial: a Constituição entendida no seu todo principiológico). Em outras palavras, sustentado no paradigma do Estado Democrático Constitucional, o direito, para não ser solapado pela economia, pela política e pela moral (para ficar apenas nessas três dimensões), adquire uma autonomia que, antes de tudo, funciona como uma blindagem contra as próprias dimensões que o engendra(ra)m. Isso significa assumir que a Constituição (afinal, qualquer hermenêutica constitucional que se faça – seja a partir de Dworkin, Gadamer ou Habermas – só tem sentido no contexto do paradigma do Estado Democrático de Direito) –, ao contrário do que se possa pensar, não remete para uma limitação do direito (e de seu grau de autonomia), mas, sim, *para o fortalecimento de sua autonomia.* Por isso, a Constituição não é um documento meramente "político" (declarativo, pessoal, partidarista), que conteria um finalismo político-social, do qual o direito seria um instrumento, mas, sim, é o seu conteúdo jurídico que institucionaliza os campos com ela intercambiáveis, como a política, a economia e a moral. Portanto, a Constituição é o fundamento normativo; não, evidentemente, no sentido de *fundamentum inconcussum absolutum veritatis,* e, sim, no sentido hermenêutico, com o que se pode dizer que a autonomia do direito passa a ser a sua própria condição de possibilidade. Mas isso não pode significar que o jurídico seja aquilo que a jurisdição diga que é. Se assim se admitir, corre-se o risco de suprimir a democracia, *substituindo-se a onipresença da vontade geral pelo governo dos juízes.* Ou seja, a autonomia do direito é exatamente o elemento que se coloca no entremeio desses dois polos.

Refira-se, ainda, numa palavra final, que, se os "predadores" exógenos do direito estão nesses três polos de tensão (política, moral e economia), os juristas devem voltar os olhos para o enfrentamento dos "predadores" endógenos que fragilizam cotidianamente o direito, tais como o protagonismo judicial, o discricionarismo positivista, o inquisitivismo (processo penal), a carência de um dever de fundamentação (cujo sintoma maior é a institucionalização dos embargos declaratórios), a transformação dos julgamentos colegiados em decisões monocráticas, a maioria baseada em "jurisprudência dominante" cujo DNA não vem demonstrado, a estandardização das decisões (que passam a substituir a fundamentação/justificação por enunciados assertóricos), o *panprincipiologismo,* transformado em uma espécie de terceiro turno do processo constituinte e paraíso do decisionismo/pragmatismo/axiologismo, o crescimento da relativização da coisa julgada, para citar apenas alguns dos fatores de enfraquecimento da autonomia do direito (poder-se-ia acrescentar, ainda, a indústria de cursinhos e a produção indiscriminada de "baixa literatura", que acaba convalidando uma espécie de "círculo vicioso" entre o que se ensina nos cursinhos e o que se pergunta nos concursos, além do agravamento da crise do ensino jurídico).

Referências

CARNAP, Rudolf. *The logical syntax of language.* London: Routledge & Kegan Paul, 1971.

——. *Der logische aufbau der welt.* Hamburg: Felix Meiner, 1961.

DWORKIN, Ronald. *Law's Empire.* Londres: Fontana Press, 1986.

——. *Taking Rights Seriously.* Cambridge: Harvard University Press, 1977.

——. *Uma Questão de Princípio.* São Paulo: Martins Fontes, 2001.

FERRAJOLI, Luigi. *Derecho y Razón: Teoría del garantismo penal.* Madrid: Editorial Trotta, 1995.

GADAMER, Hans-Georg. *Wahrheit und Methode:* Ergänzungen Register. Hermeneutik II. Tübingen: Mohr, 1990.

——. *Wahrheit und Methode:* Grundzüge einer philosophischen Hermeneutik. I. Tübingen: Mohr, 1990.

HABERMAS, Jürgen. Urbanisierung der Heideggerschen Provinz Laudatio auf Hans-Georg Gadamer. In: Das Erbe Hegels. *Zwei Reden aus Anlass der Verleichung des Hegel-Preises 1979.* Frankfurt am Main: Suhrkamp Verlag, 1979.

——. *Facticidad y validez.* Madrid: Trotta, 1998.

HART, Herbert. *O conceito de Direito*. 2. ed. Lisboa: Fundação Calouste Gulbenkian, 1994.

HEIDEGGER, Martin. *Sein und Zeit*. Siebzehnte Auflage. Tübingen: Max Niemayer Verlag, 1993.

ORDÓNEZ SOLIS, David. *Derecho y Política*. Navarra: Aranzadi, 2004.

ROSA, Alexandre M. da; LINHARES, José Manuel Aroso. *Diálogos com a Law and Economics*. Rio de Janeiro: Lumem Juris, 2008.

STRECK, Lenio Luiz. *Hermenêutica Jurídica e(m) Crise*. 8. ed. Porto Alegre: Livraria do Advogado, 2009.

———. *Verdade e Consenso*. 3. ed. Rio de Janeiro: Lumen Juris, 2009.

STRECK, Maria Luiza S. *Direito Penal e Constituição*: A face oculta da proteção dos direitos fundamentais. Porto Alegre: Livraria do Advogado, 2009.

— X —

Semiótica e diálogo em Tércio Sampaio Ferraz Jr.[1]

LEONEL SEVERO ROCHA[2]

Sumário: Introdução; 1. Antecedentes: Miguel Reale e o Culturalismo; 2. A semiótica jurídica no Brasil; 3. Ferraz Jr. e a nova retórica; 4. Perspectivas atuais da semiótica aplicada à teoria do direito; 5. A ciência do direito e a pragmática em Ferraz Jr.; Referências.

Introdução

Este ensaio pretende abordar a obra de Tércio Sampaio Ferraz Jr. em relação ao seu conceito pragmático de Direito e suas contribuições em comparação com as diferentes perspectivas existentes sobre a Semiótica.

O objetivo é realizar um breve histórico das condições epistemológicas que permitiram o desenvolvimento da obra de Ferraz Jr.,[3] principalmente a influência da Teoria Tridimensional do Direito de Miguel Reale e da Tópica-Retórica de Theodor Viehweg, relidos pela racionalidade material weberiana, a noção de trabalho em Hanna Arendt[4] e a teoria da dogmática jurídica alemã. No entanto, usaremos como fio condutor de nosso texto, a sua relação pioneira com a Semiótica Jurídica e a Retórica.

Assim sendo, abordaremos, em primeiro lugar, rapidamente, algumas das teses de Miguel Reale e do Culturalismo Jurídico para a delimitação do campo teórico da Filosofia do Direito no Brasil (1). Em um segundo lugar, analisaremos a Semiótica Jurídica no Brasil (2). Nessa perspectiva, podemos afirmar que a Semiótica foi adotada como uma das matrizes teóricas privilegiadas para

---

[1] Em 1975, quando iniciei meu curso de Direito na UFSM, tive a oportunidade de ler o livro a "Ciência do Direito", de Ferraz Jr. Este livro, assim como "El Derecho y su Linguage", de Luis Alberto Warat, influenciou decisivamente o meu interesse sobre a Filosofia do Direito.

[2] Dr. EHESS – Paris-França e Pós-Dr. UNILECCE – Itália. Ex-Professor Titular da UFSC. Professor Titular da UNISINOS. Pesquisador do CNPq.

[3] Evidentemente, não se trata de uma análise detalhada, mas simplesmente um apanhado de algumas influências contextuais que um observador pode apontar à distância.

[4] A influência de Celso Lafer foi determinante para que Ferraz Jr. estudasse e valorizasse esta autora. Nas palavras do próprio Ferraz Jr., em entrevista concedida ao periódico Teoria do Direito Podcast: "Eu diria que eu aprendi a ler e a dar importância a Hannah Arendt graças a ele [Celso Laffer]". (SGARBI e STRUCHINER, 2009).

a investigação jurídica. Em terceiro lugar, abordaremos a obra de Ferraz Jr. e a Nova Retórica (3). A Nova Retórica permite que Tércio Ferraz Jr. introduza uma importante ligação com os procedimentos, assim como com a teoria dos atos de fala. Em quarto lugar, analisaremos as perspectivas atuais da Semiótica aplicada à Teoria do Direito (4). Examinaremos, por conseguinte, a Ciência do Direito e a Pragmática em Ferraz Jr. (5). O grande diferencial, nesse sentido, é que a Ciência do Direito se exerce, para Ferraz Jr., enquanto pensamento tecnológico: enquanto teoria da norma, teoria da interpretação e teoria da decisão jurídica.

Nessa linha de ideias, apontaremos, portanto, algumas questões chaves para a compreensão da obra de Tércio Ferraz Jr. Não obstante, o tema que consideramos mais importante a ser apontado neste texto, é a perspicaz noção de Ferraz Jr. acerca das relações de produção do sentido a partir de uma hermenêutica voltada ao diálogo e ao estudo da violência simbólica.

1. Antecedentes: Miguel Reale[5] e o Culturalismo

A Escola de Direito de São Paulo sempre teve marcante influência no pensamento jurídico brasileiro. No século passado, o filósofo do Direito mais importante foi Miguel Reale.[6] Este autor sempre manteve a tradição do Culturalismo Jurídico brasileiro. O Culturalismo originou-se na Escola do Recife. Inclusive, em inúmeras vezes, Reale referiu-se a ela, pois para ele, a "denominada Escola de Recife, da mesma maneira que o positivismo, constitui um centro criador de novas ideias, que procura criticar o pensamento monárquico, mais em nível epistemológico do que político, durante a metade final do século XIX (...) e início do século XX". (ROCHA, 2007a, p. 194).

Os principais expoentes da Escola de Recife foram Tobias Barreto, Silvio Romero e Clóvis Beviláqua. Tobias Barreto foi um dos fundadores do chamado "culturalismo" no Brasil, o que o afastou da perspectiva sociológica.

Miguel Reale, segundo nossa interpretação, lia Tobias Barreto a partir do neokantismo, desde uma relação entre *ser, dever-ser e cultura*. Porém, Reale redefiniu a questão de forma categórica, estabelecendo a identidade do Direito fundada em uma *ontognoseologia,* onde o Direito adquire a sua unidade tridimensionalmente. Daí a famosa concepção do Direito como constituído por *fato, valor e norma*. O valor na linha de Nicolai Hartmann, como sendo o sentido necessário de justiça do Direito. Nessa perspectiva, Reale (2009, p. 705) se apro-

---

[5] Conforme Celso Lafer, que substituiu Miguel Reale na Cátedra de Filosofia do Direito da USP, "en la reflexión de REALE, el valor fuente ordenador de todos los valores en el mundo de la Política es el valor de la persona humana. Una expresión de las más significativas en el campo jurídico-político de este valor se tradujo en la positivación de los derechos humanos. (LAFER, 2006, p. 401).

[6] Miguel Reale foi orientador da tese de doutorado em Direito de Tércio Sampaio Ferraz Jr, intitulada *O Conceito de Sistema no Direito*, defendida na USP em 1970. Este jurista, que formou gerações, teve em Tércio Sampaio Ferraz Jr., um dos seus melhores alunos, pois constituiu-se mais do que um discípulo; tornou-se alguém que repensou as bases da teoria tridimensional a partir da semiótica.

xima de Hartmann, enfatizando o caráter integrante próprio dos valores, que se exige que se compenetrem.

João Maurício Adeodato,[7] vale destacar, contrapõe-se à ontologia de Nicolai Hartmann em sua obra "Filosofia do Direito" (2009). O estudo da obra de Hartmann, para Adeodato, é um ponto de partida sólido para compreender--se este tipo de filosofia: a filosofia *ontológica*. É certo, do mesmo modo, que Hartmann "fala também de uma ontologia tão equivocada quanto a 'moda subjetivista' que combate. Só que sua teoria e essa 'velha ontologia' têm muito em comum" (Adeodato, 2009, p. 8).

Não obstante, para Miguel Reale (1977, p. 13), "vem da noite dos tempos a intuição misteriosa e profunda do liame da justiça com o tempo. Foi sobre o signo ambivalente da deusa Têmis, fonte de equidade, e da rigorosa *Diké*, senhora das penas merecidas, que os homens formaram a ideia primordial do justo, convertendo em mito, em divina potestade, a compreensão obscura que brotava do âmago de sua própria experiência espiritual".[8]

Do mesmo modo, Miguel Reale (2009, p. 699) entende que a filosofia nasce "do amor do saber e da exigência da universalidade". Já o Direito, é "uma realidade histórico-cultural tridimensional de natureza bilateral atributiva". Para Reale (2009, p. 703), não se pode reduzir o Direito a simples condicionalidade lógico-transcendental, com a qual Kant exprimiu o dualismo fundamental de sua época; nem a uma condicionalidade sociológica à maneira de Jhering (...) porque só pode e deve ser visto em termos de condicionalidade histórico-axiológica, visando a uma ordem social justa.

É importante observar que Miguel Reale se inspira em uma matriz teórica neo-hegeliana e fiel à tradição filosófica. Porém, um dos aspectos que não lhe atraiu de maneira marcante foi análise da linguagem jurídica a partir da semiótica.[9] Para os fins de nosso estudo, somos obrigados a passar pela denominada ponte de sentido estabelecida entre Gadamer e o giro linguístico. Porém, acentuando, conforme nossa conhecida preferência, a Semiótica.

2. A semiótica jurídica no Brasil

Há pouco tempo, mais precisamente a partir da década de setenta, iniciaram os estudos de Semiótica Jurídica no Brasil. Antes de aprofundarmos um pouco mais nossas observações sobre as principais fontes, vamos examinar brevemente a problemática da hermenêutica jurídica desenvolvida pela dogmática jurídica brasileira, antes da concretização de pesquisas voltadas à linguagem do Direito.

---

[7] Um dos orientandos contemporâneos de Miguel Reale, que sob sua batuta elaborou uma excelente tese sobre Hartmann.

[8] Neste livro, Miguel Reale levanta aspectos importantes da experiência jurídica brasileira, notadamente sobre o culturalismo na Escola de Recife.

[9] Embora Miguel Reale fale de semiótica jurídica no seu livro sobre Filosofia do Direito.

A conduta metodológica interpretativa dominante na hermenêutica dogmática tradicional estava voltada, sobretudo, para o problema da aplicação (interpretação) da lei pelos juízes, na qual o ato interpretativo das normas gerais, nos casos concretos de produção das normas individuais, era visto como uma ação isolada do juiz. Nesta perspectiva, a interpretação da lei é considerada como um silogismo no qual incumbira ao juiz adaptar o fato normativo ao conteúdo significativo preexistente na moldura legal. Nesta ótica, a lei teria sempre um sentido preciso. Isto é, na linguagem semiológica teria sempre uma denotação pura, restando ao juiz poucas opções interpretativas autônomas.

Esta concepção hermenêutica foi cristalizada na obra de Carlos Maximiliano (1984), que defendia a interpretação rigorosa das leis. Neste sentido, é necessário recordar-se, ainda no Império, a afirmação lapidar de Pimenta Bueno: "as leis não servem pela sua exata e rigorosa aplicação". Assim, na linha dominante da hermenêutica brasileira, "interpretar a lei é determinar seu sentido objetivo, fixando as suas consequências" (Pimenta Bueno *in* Rocha, 2007a).

Em nossa opinião a problemática da hermenêutica jurídica teria muito a ganhar se adotasse de forma mais contundente o padrão metodológico da Semiótica, pois só assim poder-se-ia aprofundar todo o arsenal linguístico do discurso jurídico. As modernas correntes realistas (neoconstitucionalistas) de interpretação da lei, que pregam a adoção pelo juiz de uma postura fundada na equidade, na hermenêutica sociológica, em oposição ao dogmatismo do formalismo, fundado no legalismo, pecam por não utilizarem plenamente o instrumental semiológico.[10] Existe toda uma gama de técnicas redefinitórias dos sentidos da lei que ainda não foram utilizadas eficazmente.

De toda maneira, esta questão tem sido bastante reestudada, desde os trabalhos de Herbert Hart, principalmente em seu livro *O Conceito de Direito* (1994), que vê o Direito como uma união de regras primárias e secundárias, quando este autor comenta a existência de uma "textura aberta" no Direito, a qual permitiria um contato do sistema jurídico com a sociedade, sem romper-se totalmente com o paradigma legal.

Estas reflexões sobre a linguagem, que ainda não marcaram a prática jurídica de maneira mais sistemática, têm sua origem em três fontes principais.

A primeira destas fontes é a Lógica Jurídica. Os estudos da Lógica Jurídica, originados principalmente pela obra do amigo de Wittgenstein, Von Wright (*An Essay in Modal Logic*, de 1951) e pelos trabalhos de Georges Kalinowski (*Introduction à la Logique Juridique*, de 1965 e *Études de Logique Déontique*, de 1972), foram introduzidos no Brasil por vários juristas. Em destaque, pode-se citar Lourival Vilanova (*As Estruturas Lógicas e o Sistema do Direito Positivo*, de 1977), que sublinha a necessidade de que se elaborem estudos linguísticos do Direito a fim de que se encontrem as suas formas lógicas. Como afirma Husserl (1983), as investigações lógicas ligam-se à linguagem como ponto de apoio,

---

[10] Uma exceção, nesse contexto, tem sido a obra de Lenio Streck (2002).

senão como objetivo, mas como meio de chegar a seu próprio objeto. A experiência da linguagem é o ponto de partida para a experiência das estruturas lógicas. Neste sentido, Vilanova (mesmo observando que a lógica é somente um dos níveis possíveis da análise do Direito – pois este autor influenciado por Miguel Reale, afirma que o direito possui também níveis axiológicos) se associa às teses que identificam ciência e linguagem, como havia pregado o Círculo de Viena.

A segunda fonte de estudos semiológicos que pretendemos tratar é aquela engendrada sob a influência da Escola Analítica de Buenos Aires. Esta escola, como se sabe, procurou projetar ao máximo as contribuições do neopositivismo lógico sobre o direito. Isto foi feito principalmente a partir da análise da Teoria Pura do Direito de Hans Kelsen (1994). Contudo, com o esgotamento da problemática do Círculo de Viena para os estudos do direito, em razão de sua omissão dos aspectos históricos e políticos do direito, a Escola Analítica de Buenos Aires dividiu-se em várias tendências: de um lado, ficaram os juristas que mantiveram a tradição neopositivistas, principalmente, enfatizando-se os estudos da lógica; de outro lado, ficaram os juristas que pouco a pouco, a partir dos estudos da Filosofia da Linguagem Ordinária e da epistemologia francesa contemporânea (Bachelard, Barthes, Foucault, Lyotard...) começaram a apontar os problemas políticos da linguagem jurídica – alguns membros deste grupo iriam unir-se aos movimentos dos juristas críticos, influenciados por Althusser e Gramsci, relidos por Miaille. Foram os juristas deste segundo grupo, mais crítico, que lançaram no Brasil o debate sobre a Semiologia Jurídica. Em especial gostaríamos de citar Luís Alberto Warat (1979; 1995), que chegou a criar na pós-graduação em Direito da UFSC a disciplina de "Teoria da Argumentação Jurídica".

A terceira fonte foi a Nova Retórica. Esta, a partir da linha de Theodor Viehweg e da análise sistêmica de Niklas Luhmann, foi introduzida de maneira um tanto notável por Tércio Sampaio Ferraz Junior (1977; 1997).

3. Ferraz Jr. e a nova retórica

Para Ferraz Jr., o caráter persuasivo, retórico do discurso jurídico, centrado, sobretudo, no nível pragmático da Semiologia, é de uma grande importância para a definição da cientificidade. A Ciência do Direito teria, para Ferraz Jr., como objeto, a "decidibilidade". O saber científico seria uma atividade que utilizaria os diferentes modelos teóricos do Direito (analítico, hermenêutico e empírico) combinados, tendo como critério de base a sua função heurística, visando a problemática da decidibilidade (e não aquele da decisão concreta). Para Ferraz Jr, a decidibilidade é um problema, e não uma solução; uma questão aberta, e não um critério fechado, dominado por aporias como aquelas da justiça, da utilidade, da certeza, da legitimidade, da eficácia, da legalidade, etc. a arquitetônica jurídica (combinatória de modelos), depende da maneira de colocar problemas (1977, p.108).

Semiótica e diálogo em Tércio Sampaio Ferraz Jr.

A Nova Retórica permite que Tércio introduza com Luhmann uma importante ligação com os procedimentos, assim como com a teoria dos atos de fala. Ora, as concepções baseadas na construção de proposições axiomatizantes das linguagens foram contestadas por várias correntes teóricas contemporâneas. Duas das posturas que as criticaram, procurando acentuar a importância da análise contextual para a explicitação do sentido dos signos, foram justamente a Filosofia da Linguagem Ordinária (inspirada no segundo Wittgenstein[11] – Investigações Filosóficas) e a Nova Retórica.

A Filosofia da Linguagem Ordinária procurou demonstrar, contrariamente ao Círculo de Viena, que o objeto da Semiótica deveria ser a análise das imprecisões significativas originadas nas distintas significações expressas pelas intenções dos emissores e receptores na comunicação. Tal postura deveria então investigar as ambiguidades e vaguezas dos discursos a partir de suas funções pragmáticas (diretivas, emotivas e informativas). Entretanto, pode-se dizer, resumindo-se esta atitude, que ela não chegou a ultrapassar no seu estudo das incertezas significativas, um certo psicologismo, no sentido de que se reduziu exageradamente à relação emissor-receptor.

Os Novos Retóricos, por seu lado, como Perelman (1970)[12] e Viehweg (1986), também criticam a redução da Semiótica aos níveis da sintaxe e da semântica, a partir de um retorno a Aristóteles para recuperar-se a noção de "Tópica". Na tópica, Aristóteles explica que existem raciocínios demonstrativos, baseados na ideia de verdade, e raciocínios persuasivos, baseados na verossimilhança. Os raciocínios persuasivos se articulariam desde uma cadeia de argumentação tópica, constituída por pontos de vista geralmente aceitos, os "topoi". Os *topoi* seriam uma espécie de elementos calibradores dos processos argumentativos. No entanto, assim como a Filosofia da Linguagem ordinária, os Novos Retóricos também não ultrapassaram certo sentido psicologista na análise dos discursos.[13]

Viehweg (2008), em seu famoso capítulo 7, sobre tópica e axiomática, defende a perspectiva de que a ciência do Direito é tópica. Porém, ao contrário da tentativa frustrada de Leibniz, que procurava controlar a estrutura da tópica de maneira científica, Viehweg afirma que o contexto jurídico total não pode ser um sistema em sentido lógico. Por isso Viehweg (2008, p. 115) propõe que o aspecto mais importante na análise do Direito dever ser o diálogo e suas relações com o aspecto ético.

Com isso, em Viehweg (2008, p. 116), estão descritos os passos específicos para a discussão da *ars inveniendi* no âmbito de uma argumentação teorética de-

---

[11] O primeiro Wittgenstein, que influenciou o neopositivismo, escreveu o clássico Tractatus Logico-Philosophicus (1961).

[12] Hoje em dia a obra de Perelman foi retomada e ampliada por François Ost. Para tanto, ver: OST (2004).

[13] Em outra perspectiva, que não nos interessa analisar no momento, a Teoria do Direito americana elaborou uma visão do Direito interpretado a partir da Literatura. Como exemplo, o livro de POSNER (1998). No Brasil, surgiram correntes hermenêuticas que, a partir de Hans-Georg Gadamer, enfatizam a hermenêutica jurídica. Ver, nesse sentido, STRECK (2006).

senvolvida retoricamente. Ela parece com outra junção se apropriada ao modelo de pensamento até agora não alterado na investigação dos fundamentos jurídico--científicos, em sua essência.

Outra vertente contemporânea que igualmente está revisando as contribuições da Semiótica do início do século é a *Lógica Deôntica*, que tem procurado elaborar, não sem muitas dificuldades, análises lógicas dos discursos do Direito e da Moral.

Muito importante também é a análise dos "Atos de Fala", proposta por Austin e Searle, que valoriza os "Atos Revolucionários" da comunicação. Austin, como se sabe, distingue entre Ato Locucionário, Ato Ilocucionário e Perlocucionário.[14] Por outro lado, uma tendência relevante (entre tantas outras), que existe hoje nos Estados Unidos, é a de Richard Posner (2008), que recoloca a discussão da interpretação do sentido do Direito como sendo um *"judicial cosmopolitanism"*, que, evidentemente, não trabalharemos aqui. Também não nos interessa, nesse momento, analisar a Teoria da Ação Comunicativa de Habermas. Se quiséssemos discutir questões políticas relacionadas com a democracia na atualidade, levaríamos em consideração a obra sobre a exclusão social e a dignidade de Martha Nussbaum, *"The Frontiers of Justice"* (2006).

4. Perspectivas atuais da semiótica aplicada à teoria do direito

Para bem delimitarmos nossa proposta, pretendemos partir da oposição entre Filosofia Analítica e Filosofia Pragmática (Filosofia da Linguagem Ordinária). A Filosofia Analítica e a Filosofia Pragmática localizam-se no movimento que introduziu a linguagem como a grande matriz epistemológica para a reflexão filosófica, contribuindo decisivamente para as atuais discussões entre a Teoria da Ação Comunicativa e as Teorias de Fundamentação Neokantiana. Para tal, recorreu-se, inicialmente, ao chamado Neopositivismo Lógico que procurou construir uma ciência da linguagem, vista como padrão de racionalidade para o conhecimento científico. Assim sendo, a Filosofia pragmática, que radicaliza o contexto discursivo, nada mais é do que uma vertente de cunho mais crítico da Filosofia Analítica.

Porém, antes de tudo, para uma melhor compreensão desta temática, optamos metodologicamente por adotarmos na exposição a perspectiva tridimensional do direito, culturalista, neo-kantiana, marco da Filosofia do Direito de Miguel Reale (Teoria Tridimensional do Direito), na versão aprofundada pela Análise Sistêmica e pela Semiótica (Ferraz Jr., 1988) e, para citar o caso espanhol, de Gregorio Robles (1984), além de trabalhos anteriores de nossa autoria com Luís Alberto Warat (1995).

---

[14] Muitos destes temas foram por nós melhor desenvolvidos no texto elaborado para Universidade de Coimbra, durante nossa estada como professor visitante em 2006, intitulado: Da Epistemologia Jurídica Normativista ao Construtivismo Sistêmico. Coimbra: Boletim da Faculdade de Direito, Stvdia Ivridica, 90, Ad Honorem – 3, 2007.

Para tanto, precisamos explicitar novamente, os três níveis que tradicionalmente constituem a linguagem: o nível da sintaxe, cujo objeto é o estudo da estrutura formal da linguagem, por meio da análise lógico-linguística; o nível da semântica, que pretende averiguar o sentido das proposições, vislumbrando as relações do discurso com a realidade; e o nível pragmático, cuja finalidade é investigar o uso das preferências linguísticas.

Deste modo, embora a Filosofia Analítica seja caracterizada, *lato sensu*, pela preocupação com a linguagem em geral, pode-se dizer que, *stricto sensu*, ela se reduz ao nível da sintaxe (embora correspondência empírica seja exigida pela analítica jurídica), enquanto que a Filosofia Pragmática dividir-se-ia entre os níveis da semântica e da Pragmática.

Nesta perspectiva, a Filosofia Analítica encontrou o seu desdobramento na Teoria do Direito, através da análise lógico-formal do direito. Esta visão vai desde o normativismo kelseniano, passando por Bobbio, até as tentativas de elaboração de lógicas jurídicas, das quais foram pioneiros Von Wright e Kalinowski. Esta linha, na América Latina, é muito representativa na Argentina, notadamente, com os trabalhos de Alchurrón e Buligyn, bem como Vernengo. Este último procurando, hoje em dia, juntamente com Newton da Costa, elaborar uma lógica paraconsistente para o Direito.

A Filosofia Pragmática, por sua vez, teria dois enfoques, segundo o nível da linguagem:

a) em nível semântico: estaria voltada à análise dos conteúdos de sentido das proposições, colocando o problema da interpretação, típico, da teoria da Dogmática Jurídica (da dogmática hermenêutica, como diria Ferraz Jr.);

b) em nível da pragmática, propriamente dita, indagando sobre a linguagem utilizada nos processos de decisão, correspondendo a teoria da Decisão Jurídica (ou dogmática da decisão, para Ferraz Jr.).

A Filosofia Analítica do Direito possui um vasto leque de aplicações. O projeto de construção de uma linguagem rigorosa, para a Ciência do Direito foi adaptado ao Direito principalmente por Hans Kelsen (1994) e por Norberto Bobbio (Ciência do Direito e Análise da Linguagem, 1950). Estes autores podem ser considerados neopositivistas, pois postulam uma Ciência do Direito alicerçada em proposições normativas que descrevem sistematicamente o objeto direito. Trata-se de uma Metateoria do Direito, que, ao contrário do positivismo legalista, dominante na tradição jurídica (que confunde lei e direito), propõe uma Ciência do Direito como uma meta-linguagem distinta do seu objeto.

Este paradigma do rigor foi a grande proposta metodológica da Filosofia Analítica para a Ciência do Direito. O Neopositivismo seria a metodologia a ser aplicada à Teoria do Direito. Neste sentido, a discussão introdutória a problemática da Teoria do Direito, deve ser precedida de uma introdução ao neopositivismo, função da Epistemologia Jurídica. Para Bobbio, isto implicaria numa "Teoria da

Reconstrução Hermenêutica das Regras", isto é, traduzir na linguagem normal dos juristas, a linguagem original do legislador.

A Filosofia Analítica do Direito teria assim dois campos de atuação a serem agilizados respectivamente pela "Teoria do Sistema Jurídico" e pela "Teoria das Regras Jurídicas". A Teoria do Sistema Jurídico trata de estrutura interna e das relações entre as regras. Tema da dinâmica jurídica em Kelsen e da Teoria do Ordenamento em Bobbio. A teoria das Regras Jurídicas trataria, por sua vez, da Teoria dos Conceitos Fundamentais. Kelsen aborda esta temática em sua estática jurídica.

A lógica aplicada a Filosofia Analítica do Direito, com vistas a uma Teoria do Direito, seria então a Lógica Deôntica (Von Wright).

Como expoentes da Filosofia Pragmática-Semântica no Direito, temos bons exemplos no direito anglo-saxão, principalmente, com as obras de Herbert Hart (1994), Joseph Raz (1978) e Ronald Dworkin (1986), que discutem a importância do reconhecimento, como já apontara Hobbes, para a legitimidade e justificação do direito. Graças a hermenêutica filosófica estes autores têm conseguido superar a antiga tensão entre a dogmática jurídica e a sociologia, colocando os textos (a enunciação) como o centro das discussões.

Como já salientamos, a Filosofia Analítica, baseada nos trabalhos de Wittgenstein (Investigações Filosóficas) que redefinem a ênfase no rigor (Bobbio) e na pureza linguísticas por abordagens que privilegiam os contextos e funções das imprecisões dos discursos.

Por sua vez, a Filosofia Pragmática do direito tem se destacado em dois planos, pois as decisões podem ser extra-sistemáticas e infrassistemáticas. A primeira, nas democracias, é o objeto do poder constituinte. A segunda, intrassistemática, é o objeto dos órgãos da ordem jurídica (legislador, juiz, funcionários, etc.) e dos cidadãos (autonomia de vontade). Implica um procedimento e, portanto, a Teoria da Decisão está ligada a Teoria do Procedimento. Neste particular é de suma importância a Teoria do Direito de Niklas Luhmann (2002).

Estes dois planos estão ligados aos processos de criação e aplicação do direito. Sendo uma tarefa técnica (técnica jurídica), voltada à aplicação do criado à realidade. Se deixarmos de lado a criação jurídica dos cidadãos, pode-se dizer que a linguagem "normal" dos juristas, dependendo de seu agir em relação aos fins, geralmente é dividida:

a) Linguagem do Legislador: Constituinte e Ordinário;

b) Linguagem dos Órgãos Jurisdicionais e Administrativos: Juiz e Funcionários;

c) Linguagem das Partes nos Processos de Decisão: Partidos Políticos, Promotores, Advogados.

A linguagem do legislador e a linguagem dos órgãos criam direito, enquanto que a linguagem das partes é uma linguagem mais coadjuvante da decisão.

Semiótica e diálogo em Tércio Sampaio Ferraz Jr.

Por sua vez, a linguagem do legislador é a linguagem da decisão abstrata e geral dirigida a ordenar o Estado, sendo objeto da Teoria da Legislação. Já a linguagem do juiz, é a linguagem da decisão concreta, dirigida a particularizar o conteúdo da decisão abstrata contatando-a com a realidade, constituindo objeto da Técnica da Decisão, pois é aí que se conclui todo o processo decisório.

A linguagem do advogado não cria a decisão, ainda que contribua a ela representando uma das partes: é um ponto de vista dentro do diálogo que constitui o processo. Seu objetivo não é decidir, mas convencer. Daí ser objeto da Retórica Jurídica, tema desenvolvido pela Teoria da Argumentação. De toda maneira, a procura da lógica adequada para Técnica decisória subjaz a toda Teoria da Decisão Jurídica. Assim, desde uma crítica a técnica tradicional do positivismo legalista e de seus métodos de interpretação, reivindica-se, ao contrário, uma perspectiva tópica, dando-se o destaque devido ao pensamento aporético, em busca da reabilitação da razão prática.

5. A ciência do direito e a pragmática em Ferraz Jr.

Este autor, fiel à tradição da Filosofia do Direito, sente uma profunda atração pela questão da justiça. No livro *O Que é Filosofia do Direito?* (2004), Ferraz Jr. responde a pergunta que sempre inquietou Miguel Reale, de uma maneira surpreendente. Para ele, a resposta vai "do perguntador infantil e ao neurótico filosofante" (2004, p. 107), isto é, só se pode responder de um jeito: filosofando (Ferraz Jr., 2004, p. 120).

Igualmente, para as finalidades de nosso texto, importa ressaltar as imbricações entre a Ciência e a Decisão. O campo temático da concepção de Ciência do Direito (Ferraz Jr., 1977), em Ferraz Jr, é a decidibilidade. Com esta ênfase pragmática, para ele existem três modelos de Ciência do Direito.

O primeiro modelo é o analítico, que encara a decidibilidade como uma relação hipotética entre conflito e decisões. Neste caso, para ele, a ciência do Direito aparece como sistematização de regras para obtenção de decisões possíveis (Ferraz Jr., 1977, p. 47-48).

O segundo modelo analisa a decidibilidade a partir da ideia de que existe uma relação entre a hipótese de conflito e a hipótese de decisão, tendo em vista o seu sentido. A ciência do Direito seria uma atividade interpretativa voltada à compreensão do comportamento. Assim, trata-se de um modelo *hermenêutico*.

Já o terceiro modelo, encara a decidibilidade como busca das condições de possibilidade de uma decisão hipotética para um conflito hipotético. Este modelo é chamado por Tércio de *empírico*.

Por tudo isso, para Tércio, a Ciência do Direito se exerce enquanto pensamento tecnológico: enquanto teoria da norma, teoria da interpretação e teoria da decisão jurídica (Ferraz Jr., 1977, p. 49).

No livro *Teoria da Norma Jurídica* (1978), dedicado ao seu mestre Theodor Viehweg, Ferraz Jr. propõe-se a realizar uma pragmática da comunicação jurídico-normativa – ainda que, para ele, tal empresa seja demasiado audaciosa e arriscada, uma vez que a própria noção de pragmática é deveras imprecisa (1978, p. 1).

Nessa perspectiva, propõe Tércio uma modelo de pragmática do Discurso Jurídico. O ponto central deste trabalho (Ferraz Jr., 1997) é o discurso jurídico, contudo, em uma perspectiva específica. Para Tércio, "a operação racional do discurso, constitui um campo problemático de extraordinária importância para a compreensão das diferentes formas do discurso humano". (1997, p. XI). Deve--se, assim, tratar do "discurso, como discussão", procurando "formular as linhas gerais de um esquema comunicativo que nos permita entender o discurso como "ação linguística" (1997, p. XI).

Trata-se de um tema ainda atual no cenário do debate jurídico contemporâneo, um campo de estudo já preparado anteriormente pelo trabalho de autores como Luis Alberto Warat e Chaïm Perelman, no sentido de uma "lógica material" para a racionalidade jurídica.

A pragmática trata-se de uma disciplina que, através da contribuição cruzada de diversos ramos do saber, como as teorias filosóficas da linguagem e da comunicação, da Lógica Formal, da Psicologia, da Sociologia, da Retórica, da Cibernética, da Teoria da Organização, da Teoria dos Sistemas, vem ocupando cada vez mais o espaço vazio entre as análises semânticas e sintáticas da comunicação verbal (Ferraz Jr., 1978, p. 1).

A ambição de Tércio nessa obra não é propor uma análise exaustiva da própria pragmática, mas limitar-se a um modelo de sentido meramente operacional, tendo em vista a investigação do discurso normativo. "Este modelo enquadra-se numa espécie de linguística do diálogo, mais que numa teoria do uso dos sinais, mas sem atingir as dimensões transcendentais propostas por Habermas e Apel" (Ferraz Jr., 1978, p. 4).

Os instrumentos dos quais se utiliza Ferraz Jr., levam-nos também à pragmática no seu sentido de teoria do ato de fala, unindo-se propositadamente as noções de discurso e de diálogo. Pode-se, assim, afirmar que o modelo operacional proposto por Ferraz Jr., ocupa-se primordialmente dos aspectos comportamentais da relação discursiva, tendo como centro diretor da análise o chamado princípio da interação, ou seja, pretende ocupar-se do ato de falar enquanto uma relação entre emissor e receptor na medida em que é mediada por signos linguísticos (Ferraz Jr., 1978, p. 4).

As relações entre Direito e Linguagem, são também objeto da atenção de Tércio Ferraz Jr. nessa importante obra. Nesse sentido, vale lembrar que nos ocupamos de reflexões como essa com Warat já na década oitenta (1995). Para Ferraz Jr., a propositura de um modelo linguístico-pragmático para a análise da norma jurídica revela uma questão preliminar de natureza metodológica (Ferraz Jr., 1978, p. 5).

Não é a intenção de Ferraz Jr. definir o Direito e seu método de investigação, mas, apenas, a de propor um modelo capaz de examiná-lo num dos seus aspectos de manifestação. A proposta do autor, nesse sentido, é a de tratar o Direito do seu ângulo normativo (sem afirmar que o Direito se reduz a norma) e encarar a norma do ponto de vista linguístico-pragmático – sem afirmar que a norma jurídica tenha apenas esta dimensão (Ferraz Jr., 1978, p. 5).

Para Ferraz Jr., a relação entre Direito e Linguagem[15] pode ser encarada dos seguintes modos:

a) pode-se dizer que o Direito, enquanto fenômeno empírico, tem uma linguagem, usando-se a palavra linguagem indistintamente para aquilo que os linguistas chamam de língua e discurso;

b) invertendo-se a fórmula, podemos falar em *direito da linguagem*, caso em que, ao contrário, esta aparece como objeto das disciplinas jurídicas, pois se trata aqui de questões referentes à própria disciplinação da língua, não no seu sentido lógico ou gramatical, mas jusnormativo, como a linguagem processual protocolar, etc.

c) finalmente, falamos, num terceiro sentido, do *direito enquanto linguagem*, num relacionamento que assimila o direito à linguagem; neste último caso, estamos diante de uma tese filosófica – tese da intranscendentalidade da linguagem – que vai afirmar, de modo geral, que o jurista, em todas suas atividades (legislação, jurisdição, teorização) não transcende jamais os limites da língua (Ferraz Jr., 1978, p. 6).

Ferraz Jr. assume uma posição intermediária, pois, para ele, nenhum destes três modos deve ser aceito em sua completude. Por exemplo, na terceira possibilidade (c), Tércio aceita limitadamente que o fenômeno jurídico tem, basicamente, um sentido comunicacional, que nos coloca sempre no nível da análise linguística. Assim, a opção pela possibilidade (c) é epistemológica e não ontológica, no sentido de que, ao pretender-se o tratamento da norma como linguagem, se o faz por necessidade operacional, sem fazer-se, com isso, qualquer afirmação sobre a essência do Direito. Da segunda possibilidade (b), aceitamos, apenas como

---

[15] Ferraz Jr. (FERRAZ JR., 1997.) analisa o discurso jurídico acentuando três aspectos fundamentais: *1) Discurso Judicial* – entendendo-o como aquele que ocorre entre juízes, promotores, advogados, procuradores, partes processuais, contratantes, etc. Ferraz Jr. aproxima em seu trabalho estudos originários da Sociologia do Direito, lógica e linguísticas, em uma analise das estruturas discursivas no universo jurídico, assim como, modos de argumentação e persuasão nas formas de produção jurídica (decisão jurídica, contratos, etc.). "Essa concepção discurso enquanto *produção* de pensamento e não enquanto instrumento linguístico de expressão de coisa pensadas exige uma análise da sua estrutura, sem, é claro, o desmembramento isolado dos momentos semióticos, pois os atravessa e, de certo modo, os constitui" (p. x). Ferraz Jr. procura distinguir esse modo discursivo do discurso da Ciência do Direito. *2) O problema da norma tomada como Discurso* – onde Ferraz Jr. analisa a relação pragmática entre o emissor e o receptor da regra jurídica, as formas como se utiliza aspectos valorativos e ideológicos como estratégia para se obter a submissão do receptor. *3) O velho problema da Ciência do Direito:* onde procura-se um critério, a partir da pragmática, "para distinguir a doutrina jurídica do parecer e das ciências empíricas do Direito como a Sociologia, Psicologia, Antropologia Jurídica, etc.".

material de trabalho, o modo como o Direito disciplina a linguagem. A posição de Tércio parece, assim, mais se aproximar da primeira possibilidade (a); isto é verdade, mas num sentido limitado. Isto porque Ferraz Jr., pretende não realizar um estudo linguístico, mas *ao nível linguístico*, o que é diferente (Ferraz Jr., 1978, p. 7).

Ora, para Ferraz Jr. (1978, p. 10), "ao predicarmos 'isto é uma norma', estamos sempre nos referindo materialmente a uma proposição ou a um tipo de proposição" (Ferraz Jr., 1978, p. 9). A tese de Tércio Ferraz Jr. é: "normas jurídicas são fatos linguísticos, ainda que não exclusivamente linguagem".

Em ultima análise, a intenção de Ferraz Jr., é propor, em linhas gerais, uma visão da norma jurídica do ângulo da pragmática. Note-se que o fato de Tércio privilegiar este aspecto não significa que há um menosprezo a semântica e a sintaxe, mas apenas que encara-se a norma como fato linguístico, incorporando a dimensão lúdica. Ademais, Ferraz Jr. também acredita que as características pragmáticas da norma são fundamentais para o seu entendimento, no sentido de que uma análise semântica e sintática dificilmente conseguem descrevê-la.

No entanto, o aspecto mais relevante que queremosressaltar, neste momento, como fechamento de nosso raciocínio, é a relação que Ferraz Jr. faz entre Interpretação Jurídica e Poder de Violência Simbólica (Ferraz Jr., 2008).

Para Tércio, a dogmática hermenêutica se relaciona com a ideia de que a língua é um sistema de signos e relações conforme regras, ou seja, "é um conjunto formado por um repertório (os símbolos) e uma estrutura (as regras de relacionamento)" (Ferraz Jr., 2008, p. 238).

Assim, para Ferraz Jr., a produção de sentido do Direito tem como um de seus fatores preponderantes a violência simbólica. "O poder de violência simbólica se exerce por paráfrases que acrescem a força normativa das relações de autoridade, liderança e reputação conforme decodificações consoante com um código forte ou um código fraco, onde é possível, didaticamente, distinguir tipos básicos de interpretação: a especificadora, a restritiva e a extensiva" (Ferraz Jr., 2008, p. 252).

Neste momento, Tércio, citando Viehweg, diz que a decisão jurídica pode ser vista como uma discussão racional, cujo terreno imediato é um problema ou um conjunto. "O pensamento jurídico de onde emerge a decisão deve ser assim entendido basicamente como discussão de problemas" (Ferraz Jr., 2008, p. 300).

Contudo, Ferraz Jr, desde Nicolai Hartmann, "distingue entre problema e sistema. Problema, define, é toda questão que, aparentemente, permite mais de uma resposta e que pressupõe, necessariamente, uma compreensão preliminar e provisória em virtude da qual algo aparece como questão que deve ser levada a sério e para a qual se procura solução. Sendo, por sua vez, sistema, conexão de princípios e derivações, deve-se, então, dizer que o problema se insere num sistema, com o fito de encontrar nele a sua solução. A correlação íntima entre ambos não esconde, entretanto, a possibilidade de se acentuar outro pólo da relação, de que se seguem dois tipos fundamentais de pensamento: pensamento problemático e sistemático. A diferença entre eles localiza-se na precedência concedida, ou ao problema, ou ao sistema no próprio processo do pensar" (FERRAZ JR., 2008, p. 300).

Finalmente, a obra de Ferraz Jr. pode ser resumida nas palavras contidas no emblemático símbolo da Faculdade de Direito de Lisboa, local onde Tércio Ferraz Jr. elaborou seu livro *Introdução ao Estudo do Direito*: "honeste vivere, altervm non laedere, svvm cviqve tribvere".

Referências

ADEODATO, João Maurício. *Filosofia do Direito*. Uma crítica à Verdade na Ética e na Ciência. 4ª edição. São Paulo: Saraiva, 2009.

ALVES, Alaôr Caffé; LAFER, Celso; GRAU, Eros R.; COMPARATO, Fábio Konder; TELLES JR., Goffredo da; FERRAZ JR., Tércio S. *O que é a Filosofia do Direito?* São Paulo: Barueri: Manole, 2004.

APEL, Karl-Otto. *El Camino del Pensamiento de Charles S. Peirce*. Madrid: Visor (Colección La Balsa de la Medusa), 1997.

CARNAP, Rudolf. *The Logical Syntax of Language*. Chicago: Open Court, 1934 (1ª ed.).

DWORKIN, Ronald M. *Law's Empire*. Cambridge: The Belknap, 1986.

FERRAZ JR. Tercio Sampaio. *Direito, Retórica e comunicação*: subsídios para uma pragmática dos discursos jurídicos. São Paulo: Saraiva. 1997.

FERRAZ JR., Tércio Sampaio. *A Ciência do Direito*. 1ª Edição. Coleção Universitária de Ciências Humanas. São Paulo: Atlas, 1977.

——. *Introdução ao Estudo do Direito*. Técnica, Decisão, Dominação. 6ª edição, revista e ampliada. São Paulo: Atlas, 2008.

——. *Teoria da Norma Jurídica*: ensaio de pragmática da comunicação normativa. 1ª Edição. Rio de Janeiro: Forense, 1978.

HART, H. L. A. *O Conceito de Direito*. 2. ed. Lisboa: Fundação Calouste Gulbenkian, 1994.

HUSSERL, Edmund. *La Crise delle Scienze Europee e la Fenomelogia Transcendentale*. Lovanio: Il Saggitore, 1983.

JUNG, C. G. *Interpretação Psicológica do Dogma da Trindade*. 5ª edição. Petrópolis: Vozes, 1999.

KELSEN, Hans. *Teoria Pura do Direito*. 4. ed. São Paulo: Martins Fontes, 1994.

LAFER, Celso. Un Homenaje a Miguel Reale (1910-2006). *DOXA*, Cuadernos de Filosofía del Derecho, 29 (2006).

LUHMANN, Niklas, *El Derecho de la Sociedad*. Trad. Javier Torres Nafarrate. México: Universidade Iberoamericana/ Colección Teoria Social. 2002.

MAXIMILIANO, Carlos. *Hermenêutica e Aplicação do Direito*. Rio de Janeiro: Forense, 1984.

NUSSBAUM, Martha C. *The Frontiers of Justice*. Cambridge: Harvard University Press, 2006.

OST, François. *Raconter la Loi*. Aux Sources de L'imaginaire jurídique. Paris: Odile Jacob, 2004.

PEIRCE, Charles Sanders. *Semiótica e Filosofia*. São Paulo: Cultrix/Ed. da USP, 1979.

——. *Semiótica*. 3ª Edição. São Paulo: Perspectiva, 2003, p. 46.

PERELMAN, Chaïm. *Le Champ de L'argumentation*. Bruxelles: Presses Universitaires de Bruxelles, 1970.

POSNER, Richard A. *How Judges Think*. Cambridge: Harvard University Press, 2008.

——. *Law and Literature*. Cambridge: Harvard University Press, 1998.

RAZ, Joseph. *The Concept of a Legal System:* An introduction to the theory of legal system. 1. ed. Oxford: Oxford University, 1978.

REALE, Miguel. *Filosofia do Direito*. 20ª edição. 7ª tiragem. São Paulo: Saraiva, 2009.

——. *Horizontes do Direito e da História*. 2ª edição revista e aumentada. São Paulo: Saraiva, 1977.

ROCHA, Leonel Severo. Da Epistemologia Jurídica Normativista ao Construtivismo Sistêmico. Coimbra: *Boletim da Faculdade de Direito*, Stvdia Ivridica, 90, Ad Honorem – 3, 2007b.

——. Uma Observação Histórica do Nascimento da Sociologia do Direito no Brasil. In: *Revista da AJURIS*. Ano XXXIV – Nº 107, set. De 2007. Porto Alegre: AJURIS, 2007a.

SAUSSURE, Ferdinand. *Cours de Linguistique Générale*. Édition préparée par Tullio de Mauro. Paris: Payot, 1985.

SGARBI, Adrian e STRUCHINER, Noel. *Teoria do Direito Podcast*. Projeto PUC-Rio Aberta. N. 07/2009.

STRECK, Lenio Luis. *Jurisdição Constitucional e Hermenêutica*. Uma nova crítica do Direito. Porto Alegre: Livraria do Advogado, 2002.

——. *Verdade e Consenso*. Constituição, Hermenêutica e Teorias Discursivas. Rio de Janeiro: Lumen Juris, 2006.

VIEHWEG, Theodor. *Tópica e Jurisprudência:* uma contribuição à investigação dos fundamentos jurídico-científicos. Tradução da 5ª edição alemã, revista e ampl. De Kelly Susane Alflen da Silva. Porto Alegre: SAFE, 2008.

WARAT, Luis Alberto. *A Definição Jurídica*. Porto Alegre: Atrium, 1977.

——. *Mitos e Teorias na Interpretação da Lei*. Porto Alegre: Síntese, 1979.

——; ROCHA, Leonel Severo. *O Direito e sua Linguagem. 2ª* versão. Porto Alegre: SAFE, 1995.

WITTGENSTEIN, L. *Tractatus Logico-Philosophicus*. Paris: Gallimard, 1961.

— XI —

A matriz da análise econômica do direito para além do "eficientismo"

LUCIANO BENETTI TIMM[1]

Sumário: Introdução; I. Os fundamentos da TCT e TCS; A) A teoria dos custos de transação; B) Teoria do custo social; II. A teoria das instituições; A) Instituições e os custos de transação; B) Instituições e organizações; III. Assimetria de informações; Referências.

Introdução

A ciência evolui a partir do conflito de teorias e paradigmas. Um paradigma é substituído quando uma nova maneira dominante de pensar os problemas, não resolvidos pelo paradigma vigente, e um novo método para solucioná-los, superam outros.[2] Este processo também ocorre na "Ciência" do Direito (ou doutrina jurídica). Quando passa a existir uma confluência de ideias sobre os conceitos e os problemas a serem abordados pelo Direito, bem como a melhor forma de lidar com os mesmos, pode-se dizer que houve a consolidação de um paradigma jurídico. Frequentemente, diferentes paradigmas jurídicos colidirão e, então, um deles tornar-se-á o dominante; pequenas mudanças e ajustes aperfeiçoarão o paradigma. Quando as respostas para os problemas surgidos não são encontradas dentro do paradigma vigente, paradigmas alternativos surgirão e desafiarão os paradigmas predominantes. Há quem denomine esse processo de conflito de "ideologias",[3] outros o descrevem como um "choque de discursos",[4] ou, ainda, disputas de poder entre os *players* de um "campo".[5] Alguns autores ainda referem

---

[1] Professor do PPGD da UNISINOS. Pesquisador de Pós-Doutorado na Universidade de Berkeley, Califórnia. Professor Visitante do Programa de Pós-Graduação da Faculdade de Direito da USP na disciplina de Instituições de Direito e Economia em 2010.

[2] KUHN, Thomas. *A estrutura das revoluções científicas*. São Paulo: Perspectiva, 1982.

[3] DUMONT, Louis. "Essais sur l'individualisme – une perspective anthropologique sur l'idéologie moderne". Paris, Éditions du Seuil, 1983, p. 263. "Ideologias", segundo Dumont, são um corpo de idéias e valores compartilhados em uma sociedade, conforme a sua representação no pensamento expresso de alguns autores e que poderia ser exposto por tipos ideais".

[4] LACLAU, Ernesto. *New reflections on the revolution of our time*. Londres: Verso, 1990.

[5] Particularmente neste ponto, interessante é a obra de Dezalay & Garth, no tocante à globalização e a dominação de escritórios de advocacia norte-americanos no direito comercial internacional e, no Brasil, o trabalho de Engelman. Ver DEZALAY, Yves & GARTH, Bryant. The confrontation between the big five and big law: turf battles and ethical debates as contests for professional credibility. In *Law and Social Inquiry*, vol. 29.

como matrizes teóricas.[6] Esse é o pano de fundo deste ensaio, mas não seu objeto de análise.

O presente artigo versa sobre eventuais contribuições da Ciência Econômica para a Ciência Jurídica, no intuito de oferecer subsídios para a discussão acerca dos paradigmas da doutrina jurídica, ou seja, disputas internas da "Ciência" Jurídica ou conflitos acerca de como os juristas caracterizam e interpretam o Direito. Para aclarar a minha posição, assumo que haja diferença entre o Direito (como sinônimo de Sistema Jurídico, i.e., conjunto de princípios e regras originados da legislação e da jurisprudência) e a "Ciência" do Direito (a maneira pela qual os princípios e as regras são interpretados e caracterizados pela doutrina jurídica).[7] O que se discute neste artigo são eventuais cooperações entre dois campos científicos.

Naturalmente, a aludida separação entre Direito e "Ciência" é, tão somente, metodológica, de forma a perceber melhor e mais precisamente o objeto de estudo. No mundo real do "campo jurídico", pode-se observar interconexões entre a Ciência do Direito e o Direito (Sistema Jurídico), uma vez que as teorias jurídicas dominantes têm o condão de influenciar as decisões judiciais. Quando se tem os problemas distributivos e sociais resolvidos de acordo com o Direito posto, e não pela via da autotutela, é de se esperar que as disputas políticas e econômicas sejam transmudadas em disputas jurídicas. Por essa razão, a doutrina jurídica pode ser encarregada de tarefa muito mais ambiciosa do que simplesmente reproduzir ou proscrever o Direito com neutralidade. Entretanto, não se debaterá aqui questões de neutralidade, interesses pessoais e disputas de poder no "campo jurídico". Nesse sentido, admitir-se-á que a modificação nas regras jurídicas e nos princípios, via Poder Legislativo, enseja o conflito de paradigmas, vez que haverá disputas doutrinárias acerca da maneira pela qual as normas devem ser interpretadas e construídas pelos tribunais (pelo menos no sistema da *Civil Law*, como é o caso brasileiro).

Ainda, assumir-se-á que o Direito, entendido como conjunto de regras e princípios (lei no papel – *law on the books*), distingue-se da lei vista como um

---

2004, p. 615; DEZALAY, Yves & GARTH, Bryant. Merchants of law as moral entrepreneurs: constructing international justice from the competition for transnational business disputes. In *Law and Social Inquiry*, vol. 29. 1995, p. 27; DEZALAY, Yves et al. Global restructuring and the law: studies of the internationalization of legal fields and the creation of transnational arenas. In *Case Western Reserve Law Review*, vol. 44, 1994, p. 407. ENGELMANN, Fabiano. *Sociologia do campo jurídico: juristas e usos do direito*. Porto Alegre: Sergio Antonio Fabris, 2005.

[6] ROCHA, Leonel. Três Matrizes da Teoria Jurídica. In: *Epistemologia Jurídica e Democracia*. São Leopoldo: UNISINOS, 2005.

[7] Isso é muito bem observado por Luhmann, em sua *Teoria dos Sistemas*. O Direito é um subsistema da sociedade, e a Ciência é outro, não se podendo confundir estes dois subsistemas sociais. O Direito é o subsistema que tem por código o lícito/ilícito ou o permitido/proibido, ao passo que a Ciência é a esfera do verdadeiro ou falso. A doutrina jurídica não compõe o corpo legal. Vale dizer, os juristas não legislam. O Parlamento, os juízes e, às vezes, a apropria sociedade, pelos usos e costumes, produzem leis. Niklas Luhmann, *The Unity of the Legal System*. *In* "Autopoietic Law: A New Approach to Law and Society". Org. Gunther Teubner. Florença, Berlin, Walter de Gruyter, 1988, p. 242 e ss. Evito aqui a infindável discussão sobre se, em última análise, as doutrinas são, de fato, ciência ou não, em razão da falta de objeto ou de leis para respaldá-las. Vamos assumir que o Direito é uma ciência normativa, tal como proposto por Kelsen, em KELSEN, Hans. *Pure Theory of Law*. Berkeley: UC Berkeley press, 1967. Caso algum leitor tenha qualquer problema em digerir isto, o uso de vírgulas entre a palavra ciência poderá facilitar.

fenômeno social ou como um artefato social (*law in action*).[8] Tendo em vista este último sentido, as *hard social sciences*[9] estão melhor equipadas, metodologicamente, do que a "Ciência" do Direito para constatar o que é o Direito como um fato.[10] A "Ciência" do Direito e os juristas são mais treinados e precisos para a análise das normas jurídicas e tendem a valer-se das *hard social sciences* (a descrição e observância dos fatos).[11] A separação entre Direito e fatos traz vantagens metodológicas para a melhor compreensão dos paradigmas em conflito. No entanto, asseverar que o Direito difere dos simples fatos não significa dizer que aquele seja independente destes. O mesmo vale para a "Ciência" do Direito e as *hard social sciences*. Os diversos campos do conhecimento devem aprender uns com os outros (embora a Biologia seja diferente da Química, ambas devem interagir para que a Medicina possa superar as doenças) –, este é o ensejo para a interdisciplinaridade (assim como Direito e Sociedade, Direito e Economia, História do Direito, Direito e Antropologia, Filosofia Jurídica).

O escopo deste ensaio, como dito, é trazer contribuições da Ciência Econômica recente para a teoria jurídica. Mais especificamente, serão explorados temas essenciais para a Ciência Jurídica que são a Teoria dos Custos de Transação (TCT) e do Custo Social (TCS) de Ronald Coase (Seção I), a Teoria das Instituições de Douglas North (Seção II) e a Teoria da Assimetria de Informações de Stigler e Akerlof (Seção III). Todos estes temas se interconectam e levam a Análise Econômica do Direito (AED)[12] para além do debate da eficiência (normalmente associada à Posner).

Em comum entre estes autores, pelo que se pode construir daí um paradigma científico, está o princípio de que as regras jurídicas estabelecem um sistema de incentivos para o comportamento dos agentes econômicos no mercado, tendo um papel relevante na definição de estratégias de ação de cada um.

---

[8] TIMM, Luciano Benetti; COOTER, Robert D; SCHAEFER, B. O problema da desconfiança recíproca. *The Latin American and Caribbean Jornal of Legal Studies*, v. 1. 2006, Berkeley Electronic Press, http://services. bepress.com/lacjls/vol1/iss1/. Acess in November, the 15th. of 2007.

[9] Trata-se de um neologismo por mim criado a fim de separar as ciências normativas, como é o Direito, das ciências descritivas, como a Economia, a Política e a Sociologia. Há quem não acredite que o Direito seja uma ciência; outros não acreditam que as ciências humanas não sejam descritivas. Inobstante, tal discussão não é relevante para o meu argumento.

[10] Isso é tão verdadeiro que em qualquer grande tradição jurídica é possível obter um título de pós-graduação em Direito sem ter de estudar metodologia científica em profundidade.

[11] Ver, por exemplo, Kelsen, citado *supra*, e HART, H.L.A. *The concept of law*. 2nd ed. Oxford: Oxford University Press, 1997.

[12] A Análise Econômica do Direito, ou Direito e Economia, consiste em utilizar ferramentas da Ciência Econômica para a compreensão de institutos jurídicos e também para a busca da solução de problemas legais e regulatórios. Os seus modelos trabalham fundamentalmente com a teoria da ação econômica baseada na escassez de recursos e na necessidade de sua alocação eficiente numa determinada sociedade e na concepção das regras jurídicas como mecanismos de "preço", criando incentivos (negativos ou positivos) aos indivíduos e empresas integrantes de uma sociedade para se comportarem de uma determinada maneira. Para obter extensa bibliografia sobre o tema, ver: TIMM, Luciano Benetti. *Direito e Economia*. 2. ed. Porto Alegre: Livraria do Advogado, 2008.

Nesse sentido, como existem várias tendências e diversos métodos de abordagem dentro da AED, vale destacar que tanto Douglass North como Ronald Coase são autores considerados neoinstitucionalistas, responsáveis por dar novas formas a então Teoria Neoclássica, isto é, a teoria que sustenta a ideia de que os agentes e as relações de oferta e demanda são os únicos responsáveis por alcançar os melhores níveis de maximização do bem-estar da sociedade, independentemente do contexto, das regras e do ambiente social.

Ronald Coase em muito colaborou com essa mudança. A partir de seu seminal artigo *The Nature of the Firm*, destacado por muitos como o marco inicial do movimento *Law and Economics*, iniciou-se o desenvolvimento do que se conveniou chamar de Teoria dos Custos de Transação. O autor chama atenção para o fato de que existem custos inerentes às operações no mercado. Nesse sentido, como se verá mais profundamente a seguir, Coase utiliza-se da "firma" para demonstrar que custos são esses e esclarecer como esses custos podem ser reduzidos (ou aumentados pelo Direito).

Douglass North, por sua vez, a partir da visão de que as relações de mercado envolvem custos e de que as instituições formais e informais exercem papel de suma importância para o desenvolvimento da economia, disserta sobre o papel das instituições junto a essa realidade de mercado.

Finalmente, Akerlof e Stigler levam a fundo um dos principais problemas ou das falhas de mercado, que é a assimetria de informações, ou seja, o desnível informacional entre os agentes envolvidos numa transação. É papel do Estado e da sua regulação diminuir esse desequilíbrio de informações.

Desse modo, percebe-se que o trabalho não parte do marco teórico dos trabalhos tradicionais de dogmática jurídica, que, normalmente, têm como objeto a norma jurídica. Um trabalho focado apenas na produção e na interpretação de regras jurídicas não explica a importância das regras sobre o comportamento dos indivíduos e das empresas, nem oferece instrumentos para descrever porque determinadas normas são necessárias e, sobretudo, não traz subsídios para predizer o comportamento dos agentes à luz dos incentivos gerados pelo ordenamento jurídico. A teoria jurídica dogmática, embora importante, corre o risco de criar um "fetiche legal", no sentido de que, para melhorar a realidade social, bastaria uma alteração legal ou a proposição de um projeto de lei. Ocorre que, como demonstra Coase, por vezes, as normas legais criam exagerados custos de transação para os agentes econômicos. E, por outras vezes, as leis não são eficazes e aplicáveis (*law on the books,* e não *law in action*, nos dizeres de Cooter, já citado em rodapé).

I. Os fundamentos da TCT e TCS

A) A teoria dos custos de transação

R. Coase, em seu artigo entitulado *The Nature of the Firm,* de 1937, apresenta ao mundo um novo conceito de "firma". A partir da análise de sua estrutura e do contexto de mercado em que ela existe, buscou justificar sua implantação, explicar a dinâmica entre as "firmas" e, da mesma forma, das relações existentes entre os indivíduos dentro dessa nova estrutura.

Ressalta diversas possibilidades que explicariam a sua existência, mas indica, conforme demonstra o trecho a seguir, os custos das relações de mercado como uma das mais importantes razões para sua implantação: "A principal razão do porque é rentável estabelecer uma firma parece ser o fato de que existem custos inerentes à utilização do mecanismo de preços".[13]

Ao contrário do que sugeriram os economistas neoclássicos, através do quadro ideal do mercado de concorrência perfeita e, por conseguinte, da sua autor-regulação a partir da demanda e da oferta, Coase traz a noção da existência dos custos nas relações entre os agentes econômicos. Vai além, salientando a noção de que tais custos eram levados em conta quando das tomadas de decisões entre os agentes de mercado.[14] Armando C. Pinheiro sustenta que o custo de transação é o principal elemento motivador da teoria Neoinstitucionalista.[15]

Coase discorre acerca do custo de acesso às informações, quando trata do custo para se saber o que os preços realmente representam. Sustenta que existem métodos para esses custos serem reduzidos, mas não eliminados, uma vez que devem surgir indivíduos que passarão a comercializá-las.[16]

O desenvolvimento do conceito de "firma" a partir da constatação dos custos de transação levou Coase a apresentar quais motivos poderiam levar ao aumento ou à redução do tamanho da firma. Nesse sentido, trabalha o conceito de custo marginal e de ponto máximo de eficiência da firma, salientando que, em certas situações, é mais lucrativo que as transações sejam feitas no próprio sistema de preços de mercado do que dentro da firma. No entanto, segundo o mesmo autor, o surgimento de firmas ocorreria para reduzir custos de transação no mercado.[17]

As "firmas", ou sociedades empresariais, como se diria no jargão jurídico-dogmático, são, portanto, essenciais à atividade econômica, porque reduzem fricções no mercado, gerando eficiência.

Conclui que existem custos de transação tanto no sistema de preços desenvolvido pelo mercado como também na estrutura das firmas, mas que os custos provenientes da organização das "firmas" devem ser menores do que os custos das mesmas transações no âmbito do sistema de preços; caso contrário, estar-se-ia diante de um resultado ineficiente e, portanto, dever-se-ia transacionar de outra forma, menos custosa.

---

[13] No original (COASE, Ronald H. The nature of the Firm. *Economica*, v. 4, n. 16. Londres: New Series, 1937. p. 4): *"The main reason why it is profitable to establish a firm would seem to be that there is a cost of using the price mechanism"*.

[14] COASE, Ronald H. The nature of the Firm. *Economica*, v. 4, n. 16. Londres: New Series, 1937. p. 5.

[15] PINHEIRO, Armando Castelar; SADDI, Jairo. *Direito, Economia e Mercados*. Rio de Janeiro: Elsevier, 2005. p. 62.

[16] COASE, Ronald H. The nature of the Firm. *Economica*, v. 4, n. 16. Londres: New Series, 1937. p. 4.

[17] Idem, ibidem, p. 6-7.

Armando C. Pinheiro destaca que uma das princípais contribuições da constatação dos custos de transação é a conclusão de que a presença dos custos pode refletir na alteração das decisões dos consumidores e empresas que antes eram consideradas como ótimas.[18]

O mesmo R. COASE, na obra *O problema do custo social,* publicada em 1960, em que disserta sobre os custos sociais provenientes da utilização de direitos pelos indivíduos, apresenta interessante passagem tratando dos custos de transação:

> De modo a realizar as transações, necessita-se descobrir quem é a outra parte com a qual se deseja negociar, informar as pessoas acerca da disposição de negociar e em que termos, conduzir as negociações em direção à barganha, formular o contrato, empreender meios de inspeção para se assegurar que os termos do contrato estão sendo cumpridos, e assim por diante. Tais operações são, geralmente, extremamente custosas, suficientemente custosas para evitar a ocorrência de transações que seriam levadas a cabo em um mundo em que o sistema de preços funcionasse sem custos.[19]

No trecho acima transcrito, o autor revela a preocupação existente com relação aos custos de transação no mundo real e sistematiza sua TCT para englobar custos de negociação e custos de execução dos contratos. Afirma que esses custos podem-se tornar excessivos e servir de desestímulo para que as transações ocorram de maneira saudável (ou seja, resistências ou fricções ao modelo de concorrência perfeita).

Nesse diapasão, adaptando essa teoria ao caso brasileiro, sustenta André Franco Montoro Filho que, no Brasil, esses custos são demasiadamente elevados, sendo os elementos formalidade e informalidade os responsáveis, em grande parte, por sua existência. O primeiro é caracterizado pela burocracia excessiva e, consequentemente, pela ineficiência, e o segundo é considerado responsável por criar ambientes de incerteza quanto as relações do mercado. Esse quadro reflete-se diretamente no desenvolvimento econômico do País.[20]

A percepção de que as instituições importam e que a conformação das regras formais e informais de uma determinada sociedade pode influenciar a atividade econômica redirecionam o interesse da Ciência Econômica para o Direito – aqui entendido como o conjunto de princípios e regras estatais e sociais reconhecidas pelos órgãos de produção normativa (cortes de justiça, agências reguladoras, instituições de assentamentos de práticas e usos mercantis). Nesse contexto, a ordem jurídica passa a ser percebida como tendo papel fundamental junto ao mercado e ao desenvolvimento econômico, servindo para reduzir ou minimizar os custos das transações.[21]

Na segurança jurídica, está inserida a noção de que os custos e riscos das transações podem ser calculados pelos agentes (ainda que dotados de racionali-

---

[18] PINHEIRO, Armando Castelar; SADDI, Jairo. *Direito, Economia e Mercados.* Rio de Janeiro: Elsevier, 2005. p. 64.

[19] COASE, Ronald. O Problema do Custo Social. *Journal of Law and Economics*, 1960. p. 6.

[20] FRANCO MONTORO FILHO, André. *Direito e Economia.* São Paulo: Saraiva, 2008. p. 9.

[21] Idem, ibidem, p. 9.

dade limitada), dando margem para os indivíduos envolvidos avaliarem quais os reais efeitos dos atos tomados em suas transações. Ela possibilita que os agentes se organizem na busca pelo resultado mais eficiente. É o caso dos empréstimos, onde as taxas de juros dependem, dentre outras coisas, das garantias recebidas pelo credor, se as garantias forem boas, a taxa de juros será mais baixa, por outro lado, se as garantias forem ruins, a taxa de juros será mais alta.[22]

Fica, então, patente, dentro desse quadro teórico, que um sistema eficiente e previsível de registro da atividade empresarial é fundamental para a sua atividade. Um sistema de registro lento, burocrático e ineficiente tende a aumentar os custos de transação das empresas, porque aumentam os custos de informação, de monitoramento e de barganha. Isso criaria incentivos para a atividade econômica informal, para a corrupção, dificultando a organização das "firmas" (sociedades emprasariais).

Daí advém o estímulo do Banco Mundial e de outros órgãos multilaterais e domésticos para que sejam tomadas medidas de racionalização, dentre outros, do registro e da autorização de empresas nos países, simplificando o seu funcionamento. O racional subjacente a isso é que essa facilitação registral tenderá a estimular negócios.

Nessa toada, Douglass North, por sua vez, sustenta que o custo total de produção consiste na soma daqueles custos que envolvem a formação do produto com aqueles que provêm diretamente das transações.[23]

Afirma o mesmo autor que nem Coase nem os demais autores que trataram dos custos de transação chegaram a definir, de forma precisa, o que realmente representam esses custos dentro das transações.[24] Traz a noção de que os produtos transacionados são o resultado de um conjunto de utilidades buscadas pelas partes contratantes e que, da mesma forma, são necessários diversos recursos para medir esses objetos de desejo das partes.[25]

Os objetos das transações, portanto, têm inúmeros atributos, e sua utilidade deve variar entre os agentes. Cada indivíduo tem a sua percepção quanto aos valores disponibilizados pelos produtos transacionados.[26]

Tendo isso por base, o autor sustenta: "Os custos de informação envolvidos na definição do nível individual de atributos dado a cada unidade transacionada representam o custo desse aspecto da transação".[27]

---

[22] FRANCO MONTORO FILHO, André. *Direito e Economia*. São Paulo: Editora Saraiva, 2008, p. 15.

[23] NORTH, Douglas. *Institutions, Institutional Change and Economic Performance*. Cambridge: University Press, 1990. p. 28.

[24] Idem, ibidem, p. 28.

[25] Idem, ibidem, p. 29.

[26] Idem, ibidem, p. 29.

[27] No original (NORTH, Douglas. Op. cit., p. 29): *"The information costs in ascertaining the level of individual attributes of each unit exchange underlie the costliness of this aspect of transaction"*.

A partir da passagem transcrita acima, percebe-se que o custo para se ter acesso às informações que dizem respeito ao grau de utilidade dado por cada indivíduo aos elementos que formam o produto, objeto da transação, é um dos formadores dos custos de transação aqui trabalhados.

Douglass North ressalta que, mesmo que os indivíduos envolvidos tenham o mesmo objetivo com o produto, ainda devem existir custos envolvendo a busca por informações quanto às características das unidades transacionadas.[28]

Dando seguimento à ideia de que a busca por informações se reflete diretamente na existência e, por vezes, no aumento ou na redução dos custos de transação, o mesmo autor agrega a ideia da existência de assimetrias informacionais entre os agentes relacionados com as transações.[29]

Dessa noção, surgem as hipóteses em que os agentes podem fazer uso da retenção ou da divulgação das informações conforme lhe for mais conveniente, ou melhor, de acordo com o comportamento que possibilitar a maximização do seu bem-estar. O indivíduo pode utilizar-se da mentira, da trapaça e do roubo para atingir maiores níveis de ganhos do que aqueles que atingiria sem que essas atitudes fossem tomadas.[30]

A partir do momento em que não estão claras as características e as preferências dos agentes participantes da negociação, busca-se, através dos diferentes meios disponíveis, conhecer mais esses indivíduos e, consequentemente, depositar mais forças para que o acordado durante a transação seja efetivamente cumprido. É nesse ponto que surgem os meios impositivos.[31]

Em seu livro, Douglas North afirma que "Imposição pode surgir com a retaliação da segunda parte envolvida na transação. Também pode ser resultado da imposição de códigos de conduta, ou de sanções sociais, ou, ainda, da coerção de terceiros (Estado)".[32]

Nas situações em que não exista previsão de nenhum tipo de imposição das acima indicadas, a incerteza deve prevalecer, e os custos de transação devem refleti-la de alguma forma. Os valores referentes à incerteza são inseridos nos custos de transação como sendo prêmio de risco, e o autor esclarece que o tamanho desse prêmio serve como desestímulo para as transações mais complexas, limitando o crescimento da economia como um todo.[33]

Percebe-se que o conceito de custo de transação é demasiadamente amplo e que ele está presente durante boa parte da interação dos agentes do mercado. Por

---

[28] NORTH, Douglas. Op. cit., p. 29.

[29] Idem, ibidem, p. 30.

[30] Idem, ibidem, p. 30.

[31] Idem, ibidem, p. 32.

[32] No original (NORTH, Douglas. Op. cit., p. 33): *"Enforcement can come from second-party retaliation. It also can result from internally enforced codes of conduct or by societal sanctions or a coercive third party (the state)"*.

[33] Idem, ibidem, p. 33.

vezes, faz-se necessário que essas relações de mercado recebam a participação de instituições ou, como bem esclarece Douglass North, de uma terceira parte, para que o equilíbrio seja estabelecido.[34]

B) Teoria do custo social

Como já ressaltado em momento anterior, Coase também trabalha a questão relativa aos custos sociais. Em seu artigo *O problema do custo social*, o autor discute a questão do tratamento que deve ser dado para as situações nas quais existe uma produção de dano por um agente sobre outro, sendo este outro um agente sem relação com a atividade danosa.[35]

O autor sustenta que, nesses casos, antes da imposição que determine o fim do dano, ou até mesmo a responsabilização ao agente pelo dano causado, se deve realizar uma análise mais apurada dos elementos que deram causa e que foram afetados por ele. Essa análise torna-se necessária na medida em que se deseja determinar corretamente quem deve deter o direito de cometer o dano sobre o outro, a partir dos incentivos que a ordem jurídica gera para o comportamento das partes em situações de mercado.[36]

Nota-se que a análise não tem por objetivo acabar com a produção do dano, mas, sim, buscar esclarecer quais os elementos dentre os fatos (deter o direito de praticar atividade danosa ou garantir o direito aos afetados) acabariam por causar os danos mais sérios.[37] Essa análise deve ser feita a partir dos valores de tudo aquilo que é obtido através do ato danoso, bem como de tudo aquilo que se sacrifica para obtê-lo.[38]

Conforme esclarece passagem do artigo supramencionado:

> O problema a ser enfrentado quando se está diante de atividades que causam efeitos danosos não é o de simplesmente coibir os responsáveis pelos mesmos. O que tem de ser observado é se o ganho com a não produção do dano é maior do que a perda sofrida alhures como resultado da proibição da atividade danosa.[39]

Colocado o problema jurídico nesses termos mais amplos do que estritamente quem tem direito a alguma indenização e em quais condições, mas, sim, quem e por que alguém deve indenizar, pode-se perceber o problema relacional das relações jurídicas e de suas implicações sociais.

A bem da verdade, segundo Coase, num mundo ideal sem custos de transação, o Direito seria indiferente para a alocação eficiente dos recursos, pois as par-

---

[34] NORTH, Douglas. *Institutions, Institutional Change and Economic Performance.* Cambridge: University Press, 1990. p.. 35.

[35] COASE, Ronald. O problema do custo social. *Journal of Law and Economics,* 1960. p. 1-2.

[36] Idem, ibidem, p. 1-2.

[37] Idem, ibidem, p. 15.

[38] Idem, ibidem, p. 2.

[39] Idem, ibidem, p. 10.

tes poderiam barganhar em torno das regras jurídicas, chegando a uma solução socialmente ótima. Mas, num mundo real de custos de transação, as regras e os princípios jurídicos acabam afetando a alocação de recursos, por estabelecerem bases de negociação para as partes sobre seus direitos.

Por exemplo, se a ordem jurídica determinar que um criador de gado não indenize seu vizinho que planta milho, isso certamente afetará a disposição das partes para negociar, sendo o custo desse agricultor de milho para evitar o dano (construindo a cerca ou indenizando o criador de gado para que se abstenha de sua atividade econômica) a margem de negociação das partes. Dessa forma, o agricultor estará disposto a construir a cerca ou indenizar o vizinho pela não criação de gado até o limite do ganho econômico de sua atividade produtiva.

Nesse sentido, tem-se que o custo social de exercer o direito é sempre a perda sofrida pela sociedade em decorrência do exercício desse direito. Portanto, é necessário ter-se em mente que a alteração de arranjos sociais deve acarretar o aperfeiçoamento de certos aspectos e, da mesma forma, se refletir na perda ou na redução de outros e que todos esses aspectos devem ser levados em consideração quando da sua definição ou alteração.[40]

Dessa forma, as opções jurídicas geram efeitos de "segunda ordem", e não apenas efeitos jurídicos. Vale dizer, as regras jurídicas não são desprovidas de implicação econômica. Elas podem estabelecer incentivos adequados ou inadequados. No último caso, o Direito estará provocando um aumento do custo social, podendo dificultar, ou até mesmo inviabilizar, algumas atividades econômicas.

Portanto, exemplificativamente falando, as regras sobre direito societário em geral e especificamente acerca de registro empresarial igualmente afetam o comportamento dos agentes de mercado, e opções ineficientes tenderão a acarretar um aumento do custo social.

II. A teoria das instituições

A) Instituições e os custos de transação

Douglass North chama atenção para o fato de que, em qualquer estrutura onde existam direitos de propriedade, os custos de transação devem ser positivos. Nesse sentido, ressalta que esses custos têm-se alterado no decorrer da história e que variam de acordo com o papel desenvolvido pelas instituições na proteção desses direitos de propriedade.

As instituições necessárias para estimular as transações de mercado variam em complexidade, sendo diferentes para aquelas transações que envolvem pequenos problemas e para aquelas que exigem maior complexidade.

---

[40] COASE, Ronald. O problema do custo social. *Journal of Law and Economics,* 1960. p. 19.

Vale destacar, antes de mais nada, que as instituições são as regras do jogo.[41] As instituições que definem as oportunidades dos indivíduos são um complexo de restrições formais e informais, que, por sua vez, devem refletir o custo de dimensão e imposição dos elementos envolvidos nas transações.[42]

As instituições constituem elemento básico para a fabricação dos produtos a partir das matérias-primas e da mão de obra, assim como também são responsáveis por definir e proteger os direitos de propriedade. Ao deterem tamanha participação no desenvolvimento da atividade de produção, deve-se assumir que as instituições estão diretamente relacionadas aos custos de transação e, consequentemente, aos custos de produção.[43]

North, em seu livro, a partir do exemplo da compra de um imóvel, ilustra perfeitamente o papel desenvolvido pelas instituições em meio às transações de mercado. Destaca que são as instituições que determinam quanto irá custar a transação do imóvel. O custo será o resultado da medida de quanto vale os atributos legais e físicos que estão sendo transacionados, somados aos custos de acompanhamento e imposição de cumprimento do acordo e do valor da incerteza que existe por parte da assimetria de informações.[44]

Para utilidade do vendedor, o que importa são o preço, os termos do contrato e o efetivo cumprimento do que foi estabelecido no contrato. Por outro lado, o comprador deve-se importar com as questões legais de transferência do imóvel, se as dimensões do imóvel que está adquirindo estão corretas, a questão referente à manutenção da casa, as características dos vizinhos, as dívidas que por ventura possam existir com o imóvel, as possibilidades de perda do objeto adquirido e outras situações que devem variar de indivíduo para indivíduo, conforme o grau de importância dado por cada um.[45]

Conforme deixa claro em passagem do seu livro, Douglass North afirma que os custos de transação são, em parte, custos de mercado, como taxas, seguros e crédito, e, em outra parte, são custos com o tempo que as partes devem gastar com a procura e a arrecadação de informações essenciais.[46]

As instituições, segundo o mesmo autor, que atuam junto ao caso aqui retratado consistem, primeiro, nas regras legais do local onde foi efetuada a transação, que tratam sobre a definição dos direitos de propriedade, sobre a restrição dos direitos que podem ser transferidos e sobre todos aqueles que possam, de alguma forma, influenciar os custos de transação apresentados na situação. Igualmente importante são as regras informais, que, por vezes, apresentam elementos que

---

[41] NORTH, Douglas. *Institutions, Institutional Change and Economic Performance*. Cambridge: University Press, 1990. p. 1.

[42] Idem, ibidem, p. 67-68.

[43] Idem, ibidem, p. 61-62.

[44] Idem, ibidem, p. 62.

[45] Idem, ibidem, p. 62-63.

[46] Idem, ibidem, p. 62.

suplementam e reforçam as regras formais, é o caso das regras que impõem condutas à vizinhança, delineando, de certa forma, o convívio entre vizinhos.[47]

Segundo o autor: "[...] o custo de transacionar reflete todo o complexo de instituições – formal e informal – que fazem a economia [...]".[48]

Pode-se concluir que a estrutura institucional desenvolve papel de grande importância na *performance* da economia. É ela a responsável por delimitar os pontos pelos quais as interações econômicas devem-se desenvolver, sendo, por vezes, capazes de reduzir ou aumentar os custos de transação do mercado.

No caso dos países em desenvolvimento, além da estrutura formal que faz parte desses países, existem também setores informais que acabam promovendo estruturas de mercado sem as salvaguardas existentes na estrutura formal do mercado. Nos quadros onde prevalece a estrutura informal, os custos de mercado acabam sendo muito elevados, muitas vezes tornando inviável a interação entre os agentes.[49]

Ademais, Douglass North conclui, a partir da comparação entre Estados de indústria avançada com países ditos em desenvolvimento, que a estrutura institucional é um ponto-chave para o relativo sucesso de suas economias.[50]

B) Instituições e organizações

Conforme já comentado no decorrer do trabalho, as instituições formam a estrutura necessária para que ocorram as interações entre os seres humanos, sendo seu papel delimitar o que é proibido ser feito e, também, quais os limites que devem ser respeitados.[51]

As organizações (dentre elas, as empresas), assim como as instituições, são as estruturas onde as interações dos indivíduos tomam forma.[52] Tem-se que elas surgem a partir das oportunidades existentes em meio às imposições feitas pelas instituições e pelo próprio mercado, destarte, North sustenta que as organizações podem tomar formas políticas, econômicas e escolares.[53]

Ao tratar das organizações, North esclarece: "Elas são grupos de indivíduos unidos por um propósito comum, a fim de atingir determinados objetivos".[54]

---

[47] NORTH, Douglas. *Institutions, Institutional Change and Economic Performance*. Cambridge: University Press, 1990. p. 63.

[48] No original (Idem, ibidem, p. 66): "[...] *the cost of transacting reflects the overall complex of institutions — formal and informal — that make up an economy* [...]".

[49] idem, ibidem, p. 67.

[50] Idem, ibidem, p. 69.

[51] Idem, ibidem, p. 4.

[52] Idem, ibidem, p. 4.

[53] Idem, ibidem, p. 5.

[54] No original (Idem, ibidem, p. 5): "*They are groups of individuals bound by some common purpose to achieve objectives*".

Ademais, as organizações desenvolvem-se a partir da influência que sofrem da estrutura formada pelas instituições. Interessante é a analogia feita por North entre a estrutura de um time de esporte, uma organização, e o papel desenvolvido pelas instituições, regras de conduta dos times em geral. A partir daí, sustenta que as estratégias tomadas pelas equipes vão depender da eficiência de monitoramento e do nível de punição ao qual são submetidas as equipes, de forma que poderão assumir atitudes mais violentas e intimidadoras ou não.[55]

É necessário ter em mente que, por mais parecidas que possam parecer, organizações e instituições possuem objetivos diferentes. As instituições devem definir as regras pelas quais os indivíduos irão relacionar-se; por outro lado, as organizações objetivam atingir seu melhor desempenho a partir do conjunto de regras impostas pela estrutura.[56]

Em passagem de seu livro, North destaca algumas das características comuns dos países considerados em desenvolvimento. Segundo demonstra, a estrutura estabelecida nesses lugares não promove a atividade produtiva e acaba por criar empecilhos ao seu desenvolvimento. Segue interessante trecho sobre o assunto:

> Nos países considerados de Terceiro Mundo, [...] a esmagadora maioria das oportunidades disponibilizadas pelas instituições aos empreendedores políticos e econômicos estimula o exercício da atividade redistributiva, em detrimento das atividades produtivas; como resultado, tem-se a criação de monopólios ao invés da implantação de condições competitivas, o que termina por restringir as oportunidades, quando se deveria expandi-las. [...] As organizações desenvolvidas a partir dessa estrutura institucional tornam-se eficientes em tornar a sociedade improdutiva e, por consequência, as instituições básicas ainda menos incentivadoras das atividades produtivas.[57]

O autor esclarece a dinâmica entre as instituições e as organizações desses países e, dessa forma, retrata o reflexo causado pela primeira sobre a segunda. A estrutura institucional não proporciona e não estimula o desenvolvimento de organizações saudáveis, de maneira que o próprio desenvolvimento Institucional acaba sendo prejudicado.

É válido ressaltar o fato de "[...] como as organizações evoluem, elas alteram as instituições".[58]

Desse modo, pode-se supor que as empresas, como qualquer organização, se amoldam e se adaptam aos incentivos dados pelo sistema jurídico. Assim, um sistema ineficiente e inadequado de registro empresarial tende a estimular exageradamente a informalidade, a corrupção para "agilizar" os procedimentos, a falta

---

[55] NORTH, Douglas. *Institutions, Institutional Change and Economic Performance*. Cambridge: University Press, 1990. p. 4.

[56] Idem, ibidem, p. 4.

[57] No original (Idem, ibiden, p. 9): *"The oportunity for political and economic entrepreneurs [...] overwhelmingly favor activities that promote redistributive rather than productive activity, that create monopolies rather than competitive conditions, and that restrict opportunities rather than expand them. [...] The organizations that develop in this institutional framework will become more efficient — but more efficient at making the society even more unproductive and the basic institutional structure even less conducive to productive activity".*

[58] No original (Idem, ibidem, p. 7): *"[...] as the organizations evolve, they alter the institutions".*

de isonomia e a "privatização" de espaços públicos. Ao passo que um sistema ágil e eficiente facilitaria a formalização, o registro e a atividade empresarial como um todo.

III. Assimetria de informações

Conforme já comentado, a assimetria de informações faz parte da complexidade que marca a estrutura de mercado até aqui trabalhada. Os agentes de mercado não atuam, no mais das vezes, em ambientes ideais de concorrência perfeita e, portanto, de irrestrito acesso à informação. Quando há falhas nas estruturas de mercado, existem "caixas pretas", e não há perfeita circulação de informação. O próprio à informação não é isento de custo (de obtenção) para as partes.

Informação é poder e, portanto, um recurso essencial aos agentes econômicos (e aos países). Mas o tema era negligenciado pela Economia Neoclássica. Eis a grande novidade do trabalho de Stigler, ou seja, a de trazer os problemas associados à informação para o campo da Teoria Econômica. A partir de Stigler, o custo da informação e do julgamento da qualidade das mercadorias e dos serviços negociados no mercado não poderia mais ser negligenciado.[59]

É justamente por essa falha de mercado que Akerlof[60] enxerga dificuldade para se desenvolver um mercado de automóveis usados ("seminovos") de alta qualidade – o que os norte-americanos denominam *peaches* – ao contrário do de automóveis de má qualidade – *lemmons*. Não é por outro motivo que ele vê florescerem as franquias e as marcas (sobretudo à beira de estradas dos Estados Unidos), como mecanismos redutores de assimetria informacional sobre qualidade de produtos.

Nesse sentido, Yazbek esclarece que o acesso à informação é uma das mais importantes formas para que seja reduzida a insegurança dos agentes.[61]

As informações não são disponibilizadas de forma igualitária entre todos os agentes de mercado, e a falta de informação cria impedimentos para que o equilíbrio de mercado possa ser atingido.[62] Em outras palavras, o difícil acesso à informação sobre as condições em que os agentes atuam acarreta a formação de custos de transação.[63]

Tendo em vista que o acesso às informações acontece de forma diferente pelos agentes, seja pela distinta fonte que concede as informações, seja também

---

[59] STIGLER, George. The Economics of Information. *Journal of Political Economy,* v. 69, p. 213 *et seq.,* 1961.

[60] AKERLOF, George. The Market for Lemmons: qualitative uncercanty and the market mechanism. *Quarterly Journal of Economics,* v. 84, p. 488 et seq., 1970.

[61] YAZBEK ,Otavio. *Regulação do mercado financeiro e de capitais.* Rio de Janeiro: Elsevier Editora, 2007, p. 42.

[62] Idem, ibidem, p. 43.

[63] Idem, ibidem, p. 42.

pela qualidade e pela quantidade das mesmas, torna-se inevitável o surgimento de assimetrias informacionais.[64]

A existência de assimetrias informacionais proporciona reflexos nas relações de mercado. Yazbek, na esteira da Economia da Informação e dos autores supracitados, direciona sua atenção para os casos do *principal-agent*, do *risco moral,* da *seleção adversa* e da *sinalização.*

No caso do *principal-agent*, existe a contratação de um indivíduo (agente), com o objetivo de que este atue em prol dos contratantes (principal). Essa situação proporciona ao contratado o acesso a informações privilegiadas de interesse dos contratantes, possibilitando, dessa forma, que o *agente* as utilize em benefício próprio, prejudicando os interesses do *principal*, que não detém tais conhecimentos.[65]

O problema do *risco moral* está vinculado às dificuldades advindas do desequilíbrio informacional, em sua maioria, posteriores à assinatura do contrato. Essa preocupação tem grande relação com o caso dos seguros e da dificuldade da seguradora em acompanhar o comportamento do segurado após a assinatura do contrato.[66]

No que diz respeito à *seleção adversa*, o centro do problema é o uso das informações privilegiadas com o intuito de beneficiar-se no momento da contratação.[67]

O valor fixado pelas empresas de seguro como prêmio representa um conjunto de características gerais dos agentes. Tendo em vista que, no grande grupo, existem pessoas que não devem encaixar-se nesse perfil, devem aparecer indivíduos que optam por não aderir ao prêmio, por concluírem que suas atitudes não refletem os valores cobrados pelo mercado. Da mesma forma, outros indivíduos devem aparecer por concluírem que são ideais os valores cobrados, quando comparados com as suas características pessoais. O resultado dessa estrutura é o fato de que apenas os indivíduos que realmente são expostos aos riscos devem buscar a cobertura do seguro, isso representa a *seleção adversa*.[68]

Cooter chama atenção para a existência da assimetria informacional e de seus reflexos nos planos de seguro:

> Vamos assumir, como parece razoável, que, na maioria dos casos, os indivíduos sabem melhor onde estão seus verdadeiros riscos do que a própria companhia de seguros. Por exemplo, o segurado é quem sabe se bebe muito e fuma na cama, ou se ele pretende matar sua esposa, de quem é a apólice de seguros em que ele foi recentemente nomeado o beneficiário principal. Sendo assim, então, a

---

[64] YAZBEK ,Otavio. *Regulação do mercado financeiro e de capitais.* Rio de Janeiro: Elsevier Editora, 2007, p. 43.

[65] Idem, ibidem, p. 43.

[66] YAZBEK ,Otavio. *Regulação do mercado financeiro e de capitais.* Rio de Janeiro: Elsevier Editora, 2007. p. 44.

[67] Idem, ibidem, p. 45.

[68] COOTER, Robert. *Law and Economics.* 3. ed. Massachusetts: Addison Wesley Longman, 2000. p. 51.

assimetria de informações deve induzir apenas pessoas realmente arriscadas a contratar seguros e indivíduos de baixo risco a não contratarem nenhum.[69]

Yazbek associa o *risco moral* à expressão, em inglês, *hidden action* e a questão relativa à *seleção adversa* à expressão *hidden knowledge*. Ademais, sustenta que os dois fenômenos podem aparecer de forma combinada, sendo que o primeiro tem por característica o vínculo a relações individuais; e a segunda, a geração de efeitos para o mercado como um todo.[70]

Por fim, a *sinalização* caracteriza-se pelo fato de que as informações detidas pelos agentes podem ser divulgadas, por vontade própria, através de propagandas e arranjos contratuais, de forma involuntária, por meio de tomada de decisão, ou até mesmo por imposição de dispositivos da legislação.[71]

A aplicação desse referencial teórico ao sistema de registro empresarial parece claro. O DNRC e as JCE têm o papel de, em servindo de publicidade para os atos constitutivos de empresas, dar acesso à informação sobre as sociedades que realizam negócios e sobre a relação entre os sócios, o capital social da empresa e tudo mais que interessar aos agentes econômicos, reduzindo os riscos de abusos praticados no mercado por sócios ou mesmo por pseudorrepresentantes da sociedade. Em uma palavra, o sistema de registro reduz assimetria informacional e aumenta o nível de informação no mercado sobre seus agentes econômicos, dando certo atestado de "regularidade" da constituição do negócio.

Exemplificativamente, essa teoria explica muito da última crise financeira internacional de 2008, motivada por inadequada regulação bancária, incapaz de tratar de temas como assimetria de informações (ativos "tóxicos"), risco moral (bônus de executivos), etc.

Referências

AKERLOF, George. The Market for Lemmons: qualitative uncercanty and the market mechanism. *Quarterly Journal of Economics*, v. 84, 1970.

COASE, Ronald H. The nature of the Firm. *Economica*, v. 4, n. 16. Londres: New Series, 1937.

——. O problema do custo social. *Journal of Law and Economics,* 1960.

COOTER, Robert. *Law and Economics*. 3. ed. Massachusetts: Addison Wesley Longman, 2000.

DEZALAY, Yves; GARTH, Bryant. The confrontation between the big five and big law: turf battles and ethical debates as contests for professional credibility. In *Law and Social Inquiry*, vol. 29. 2004.

—— *et al.* Global restructuring and the law: studies of the internationalization of legal fields and the creation of transnational arenas. In *Case Western Reserve Law Review*, vol. 44, 1994.

---

[69] No original (COOTER, Robert. *Law and Economics*. 3. ed. Massachusetts: Addison Wesley Longman, 2000. p. 51): "Let us assume, as seems, reasonable, that in many cases that the individuals know better than the insurency company what their true risks are. For example, the insured alone may know that he drinks heavily and smokes in bed or that he is intending to murder his spouse, in whose insurance policy he has just been named principal beneficiary. If so, then that asymmetrical information may induce only high-risk people to purchase insurance and low risk people to purchase none".

[70] YAZBEK, Otavio. *Regulação do mercado financeiro e de capitais*. Rio de Janeiro: Elsevier Editora, 2007. p. 45.

[71] Idem, ibídem, p. 46.

DUMONT, Louis. "Essais sur l'individualisme – une perspective anthropologique sur l'idéologie moderne". Paris, Éditions du Seuil, 1983.

ENGELMANN, Fabiano. *Sociologia do campo jurídico*: juristas e usos do direito. Porto Alegre: Sergio Antonio Fabris, 2005.

FRANCO MONTORO FILHO, André. *Direito e Economia*. São Paulo: Saraiva, 2008.

HART, H.L.A. *The concept of law*. 2nd ed. Oxford: Oxford University Press, 1997.

KELSEN, Hans. *Pure Theory of Law*. Berkeley: UC Berkeley Press, 1967.

KUHN, Thomas. *A estrutura das revoluções científicas*. São Paulo: Perspectiva, 1982.

LACLAU, Ernesto. New reflections on the revolution of our time. Londres: Verso, 1990.

LUHMANN, Niklas. *The Unity of the Legal System. In* "Autopoietic Law: A New Approach to Law and Society". Org. Gunther Teubner. Florença, Berlin, Walter de Gruyter, 1988.

NORTH, Douglas. *Institutions, Institutional Change and Economic Performance*. Cambridge: University Press, 1990.

PINHEIRO, Armando Castelar; SADDI, Jairo. *Direito, Economia e Mercados*. Rio de Janeiro: Elsevier, 2005.

ROCHA, Leonel. Três Matrizes da Teoria Jurídica. In: *Epistemologia Jurídica e Democracia*. São Leopoldo: UNISINOS, 2005.

STIGLER, George. The Economics of Information. *Journal of Political Economy*, v. 69, 1961.

TIMM, Luciano Benetti. *Direito e Economia*. 2. ed. Porto Alegre: Livraria do Advogado, 2008.

——; COOTER, Robert D; SCHAEFER, B. O problema da desconfiança recíproca. *The Latin American and Caribbean Jornal of Legal Studies*, v. 1. 2006, Berkeley Electronic Press, http://services.bepress.com/lacjls/vol1/iss1/. Acess in November, the 15th. of 2007.

YAZBEK ,Otavio. *Regulação do mercado financeiro e de capitais*. Rio de Janeiro: Elsevier, 2007, p. 42.

YVES & GARTH, Bryant. Merchants of law as moral entrepreneurs: constructing international justice from the competition for transnational business disputes. In *Law and Social Inquiry*, vol. 29. 1995.

A matriz da análise econômica do direito para além do "eficientismo"

— XII —

O (o)caso concreto: a problemática decidenda pode ser subsumida em teses jurídicas abstratas?

MAURICIO MARTINS REIS

O rumo das recentes alterações legislativas processuais no direito brasileiro[1] tem construído sofisticados instrumentos em benefício do positivismo jurídico.[2] A consideração do caso concreto, neste passo, está condecorada sob o invólucro da representatividade, quando alguns processos são escolhidos para serem apreciados na sua pretensão recursal em nome de outros milhares repetitivos de idêntica controvérsia, todos eles relacionados a uma suposta questão abstrata de direito. Esta sofisticação teórica positivista adere ao fundamento jurídico hermenêutico de crítica às generalizações prescritivas vinculantes, todavia, excepcionando esta ilusória objetividade em nome de fictícios critérios que remontam à diferença ontológica entre texto e norma (sentido) dos dispositivos normativos.

A cisão entre discursos de aplicação e de fundamentação aponta para duas premissas subjacentes no sentido de sobrelevar o princípio da segurança jurídica e o da efetividade na prestação jurisdicional para efeito de combater aquele sintomático "estado de natureza hermenêutico" ultimado em decisões arraigadas de arbitrariedade. Uma delas é a de supor que o discurso de aplicação apenas se manifesta diante da insuficiência dos critérios arranjados no discurso preliminar, o de fundamentação, quando, ainda assim, a decisão possível se supõe legitimada na medida e de acordo com a extensão dos parâmetros objetivos conferidos pelo ordenamento jurídico.[3] A outra premissa consolida a fungi-

---

[1] Notadamente as Leis 11.277/06, 11.417/08, 11.418/08 e 11.672/08.

[2] São características permanentes do positivismo jurídico: a identificação normativista do Direito com a lei (o Direito consiste na legalidade posta pelo Estado), a lógica mecânica (formalismo) na aplicação do Direito, por intermédio de regras claras e evidentes, com critérios de uniformidade para os casos de lacunas e antinomias e a separação estanque (forte) dos poderes evidenciada na submissão do juiz ao legislador (para tanto, vide: BARZOTTO, Luis Fernando. *O positivismo jurídico contemporâneo*. São Leopoldo: Unisinos, 1999).

[3] Jürgen Habermas acompanha a classificação adotada por Klaus Günther para distinguir os discursos de fundamentação (ou justificação) dos discursos de aplicação, pelo fato de não identificar eventual colisão de normas no ato de interpretar o direito como uma contradição no ordenamento jurídico, tendente ao questionamento de validade de uma delas, concorrente no caso concreto, porquanto a interpretação reivindica especificidade típica no âmbito de uma situação individualizada, onde está em jogo a prioridade de adequação da norma apropriada, vencida a outra neste confronto, embora remanesça *prima facie* (em princípio) também incidente para ulteriores repercussões incidentes. Ao se proceder ao minucioso detalhamento da situação, o conflito de dispositivos

bilidade das circunstâncias concretas entre quadros fáticos que, muito embora singulares do ponto de vista existencial, são suscetíveis de alargamento por via de valorações capazes de fazer atender um determinado gênero de variados casos. Os novos requisitos formais para o exame de mérito dos recursos especial e extraordinário, nesse passo, institucionalizam concomitantemente a profissão de fé do positivismo jurídico, tanto ao realçarem a importância do método dedutivo, quando a escolha por amostragem recai no reducionismo plural de individualidades concretas tidas por idênticas no índice categorial geral, quanto ao sufragarem a autonomia da interpretação abstrata do direito (discursos de fundamentação), a qual, uma vez realizada, acopla-se de cima a baixo naqueles gêneros conceituais.

Ambos os pressupostos, então, atendem especificamente à missão dos tribunais superiores, quando se institucionaliza a correspondente finalidade destes em padronizar a interpretação do estrito direito. Com isto, ditos tribunais conformam-se ao reclamo do que Carlos Alberto Alvaro de Oliveira denomina de função "nomifilácica", qual seja, a de render "um método comparativo das decisões postas em confronto, a reclamar a congruência dos contornos fáticos e a semelhança dos elementos jurídicos da causa, de modo a exigir do tribunal de revisão, no exercício de sua alta tarefa, um pronunciamento que se preste para uniformizar a aplicação do direito quando surgir divergência na interpretação do direito".[4] Contudo, esta função, substantivada na palavra "nomofilaquia", tanto pode encampar, matizada nos valores consagrados para a defesa da legalidade, o processo de identificar o sentido objetivo ou abstrato da norma jurídica, quanto a competência de fiscalizar a própria aplicação judicial em vista do dispositivo legal ora incidente.[5]

A consequência nefasta – e juridicamente reprovável – de decisões arbitrárias, seja pela insuficiência (ou inexistência) de fundamentos de fato e de direito, seja pela equívoca interpretação dos preceitos normativos relacionados ao deslinde do feito, quer ainda pela anômala configuração probatória dos fatos que se apresentam constituídos no processo, merece ser pensada em patamar isonômico e proporcional ao risco de sua desmesurada incidência: a fiscalização no próprio caso concreto, e não através de mecanismos que asfixiam o geral para impedir a via do particular. Assim sendo, as reformas processuais não podem combater o inegável anacronismo e a prejudicial morosidade da máquina judiciária suprimindo o constitucional (e substantivo) direito de acesso à justiça, de modo a objetivar

---

válidos *prima facie* torna-se vencível pela sua aparência, eis que a aplicação delimita com eficiência a norma adequada àquele específico caso (HABERMAS, Jürgen. *Direito e democracia: entre facticidade e validade.* Rio de Janeiro: Tempo Brasileiro, 1997, p. 270-276).

[4] A semelhança no dissídio jurisprudencial para efeitos de recurso especial e embargos de divergência e a lógica. *In Meios de Impugnação ao Julgado Civil. Estudos em homenagem a José Carlos Barbosa Moreira.* Rio de Janeiro: Forense, 2007, p. 130-131.

[5] TARUFFO, Michele. *El vértice ambíguo. Ensayos sobre la Casación civil.* Lima: Palestra Editores, 2005, p. 14-15.

as controvérsias de acordo com uma organização categorial pura, deformando as pretensões existenciais em direitos subjetivos conceituais.[6]

A hermenêutica filosófica assenta diretrizes inequivocamente jurídicas no respaldo da filosofia de Hans-Georg Gadamer ao momento da aplicação, ou seja, ao instante em que o texto se converte em norma concretizada para a resolução do conflito de interesses consagrado no embate processual. Em sua monumental obra, *Verdade e Método*, Gadamer afirma, até em implícita ironia, que a lei "não quer ser entendida historicamente", se é que de alguma vontade esta usufrui em termos de revelação.[7] A compreensão adequada dos textos normativos, portanto, implica a sua atual e revigorante compreensão, "em cada situação concreta de uma maneira nova e distinta", porquanto "compreender é sempre aplicar".[8] Prossegue o filósofo asseverando a natural insuficiência da lei tomada em si mesma, pela congênita deficiência de uma aplicação simples (abstrata), ao ignorar a situação hermenêutica onde se encontra o intérprete; que a interpretação seja uma tarefa prática não a transmuda para uma operação arbitrária.[9]

Certamente o paradigma racionalista do esclarecimento precursor da Modernidade, legado patente desde René Descartes através do seu cogito em alcançar verdades inconcussas, ou seja, as fundantes certezas responsáveis por alicerçar com segurança o edifício do conhecimento, exerce domínio sobre a compreensão do direito e das respectivas funções. Em verdade, o direito resulta atacado já na pretensão de uniformizar as ciências humanas de acordo com a lógica estável e padrão das ciências empírico-matemáticas, reduto do saber exaurido no procedimento da explicação. Mais especificamente, a missão dos tribunais superiores, desde o século XVIII com o nascimento do liberalismo, está comprometida nesta reduzida bitola de cogência interpretativa, seja em prol da defesa abstrata do sentido da lei, seja com o almejo de padronizar a jurisprudência.[10]

Nos dias de hoje, no franco reconhecimento de que nem mesmo as ciências empírico-matemáticas gozam de autonomia a ponto de acondicionarem verdades absolutas capazes de sua formalização, erigiu-se a pressuposto de axioma a finalidade de se tornarem estáveis e idênticas as expectativas articuladas pelas ciências humanas, como sói acontecer com o universo jurídico. Se efetivamente

---

[6] Para Ovídio Baptista da Silva, o objeto da decisão judicial nunca se restringe ao direito regulado nos códigos, um julgamento sobre puras normas: "Somos levados, em virtude de uma consolidada formação cultural, a supor que a sentença nos reconheça um direito subjetivo, tal como ele está abstratamente descrito na norma legal". (A *Jurisdictio* Romana e a Jurisdição Moderna. In *Jurisdição, direito material e processo*. Rio de Janeiro: Forense, 2008, p. 275).

[7] Petrópolis: Vozes, 1999, versão brasileira, p. 461.

[8] *Verdade e Método*, p. 461.

[9] Idem, p. 487.

[10] Thomas Hobbes transplanta para as ciências humanas as formulações cartesianas sobre a importância da unidade e do método, bem com os postulados de Galileu acerca da centralidade e do movimento, ao endossar, destarte, o modelo matemático de expressão do racionalismo jurídico, segundo o qual se adota um parâmetro de configuração estritamente dedutivo, de caráter mecânico de estrita subsunção (para tanto, vide: MARTINS-COSTA, Judith. *A Boa-Fé no Direito Privado*. São Paulo: Revista dos Tribunais, 200, p. 133-155; BAPTISTA DA SILVA, Ovídio. *Processo e Ideologia*. Rio de Janeiro: Forense, 2004, p. 67-87).

a filosofia do século XX consagrou a indisponibilidade de cerceamento teórico dos fundamentos transcendentais, aqueles que encontram as condições de possibilidade das proposições formuladas fora do estrito âmbito de racionalidade procedimental, construiu-se ao mesmo tempo o alarme do relativismo histórico, do fugidio escape do objeto analisado sob a premissa de que a ausência deste rigor cognitivo e estrutural ameaça a bandeira do conhecimento.

O problema está, contudo, em se pensarem categoriais diversos – ciências humanas e matemáticas – através de filtros remanescentes de um paradigma tributário deste semblante da uniformidade. Nas palavras de Gadamer, o que se encontra à base do problema do relativismo é a mantença do conceito de verdade científica e a correlata objetividade perseguida na extensão integral de seu espectro de atuação.[11] O relativismo apenas se mostra para uma compreensão antiquada de linguagem segundo a qual, no cenário da interpretação jurídica, a lei atende a unívoco significado, cujo teor merece ser revelado a partir da capa de sentido contida em seu conteúdo, quando muito na utilização de expedientes metodológicos a descobrirem as intenções ali expressas ou ressoantes. O capital ponto de partida do questionamento hermenêutico gadameriano ao modo de pensar filológico está em atrelar a linguagem ao diálogo, uma copertença que não se coaduna a uma determinada consciência subjetiva, mas se identifica com um processo de ir e vir semelhante ao que se verifica na retórica.[12]

E neste diálogo acontece a compreensão, menos um método para se apropriar do objeto eleito, nesta aludida lógica de domínio (ou servidão) em vista da norma que se aliena na sua formação textual, senão a explicitação da própria conexão ou sincretismo entre sujeito e objeto, especialmente na unitária compleição do processo hermenêutico entre compreender, interpretar e aplicar.[13] Nas palavras de Ernildo Stein, há de se ter em conta no bojo das ciências humanas – em especial as ciências sociais aplicadas, assim o enfatizamos – uma dupla hermenêutica, a hermenêutica de superfície e outra de profundidade.[14] A hermenêutica dita de superfície consiste naquele desdobramento de relativa e aparente objetividade, onde transparecem as certezas inequívocas, contexto claramente suscetível de ser hipertrofiado por conta desta superficial apreensão do texto enquanto problema de inteligibilidade semântica. Contudo, ao nos apegarmos ao âmago dos textos jurídicos, isto é, à sua intrínseca decidibilidade, percebe-se a complexidade da interpretação jurídica assentada nesta ulterior rede de relações estabelecida com o propósito de aplicação diante do mundo vivido. Neste sentido de concretização das normas jurídicas pela sua *applicatio*, repercute o círculo hermenêutico, cujas

---

[11] *Hermenêutica em Retrospectiva. Hermenêutica e a filosofia prática.* Petrópolis: Vozes, 2007, p. 57.

[12] Idem, p. 50.

[13] GADAMER, Hans-Georg. *Verdade e Método.* Petrópolis: Vozes, 1999, p. 460.

[14] *Mundo vivido: das vicissitudes e dos usos de um conceito de fenomenologia.* Porto Alegre: EDIPUCRS, 2004, p. 171.

feições decisivas não apontam para uma metodologia apta a conferir um princípio norteador dos critérios para a decisão.[15]

Existem distinções teóricas pertinentes ao tema da repercussão do direito no processo hermenêutico da prática judicial, afetas ao cerne do relacionamento entre texto e sentido do texto e, com este, à dicotomia valorativa entre a vontade do legislador e a criação jurisprudencial do direito. Uma delas é o estabelecimento de focos distintos para a concretização e para a aplicação, sendo aquela a vertente de resolução da hipotética norma de decisão para o caso concreto (ou regime jurídico da decisão), despida de realização pelos órgãos judiciais, e esta a derradeira e efetiva resposta oficial dotada de normatividade para pôr termo às controvérsias em debate.[16] Nada obstante referida distinção traduzir didaticamente – em termos objetivos – a epistemologia da decisão, inclusive colhendo frutos para bem enfatizar o problema da dependência constitutiva da interpretação jurídica em vista do caso sob julgamento, a gênese da concepção gadameriana na esteira de que o compreender antepara o aplicar (sendo este a condição de possibilidade daquele para bem traduzir a própria interpretação) sintetiza o caráter secundário desta abertura, porquanto a aplicação pressupõe concretização em valia recíproca. Ademais, dizer que a concretização ainda não pressupõe o aplicar das normas jurídicas poderia inclinar procedência ao desiderato histórico de o direito ser interpretado em tese, ou mesmo apoiar o alvitre de repercussões hipotéticas condensadoras de um fechamento operacional em nome de uma limitação consagrada sob os limites textuais ou teleológicos dos preceitos legais.

Em realidade, a ideologia como pressuposto axiológico que preside o sistema brasileiro de recursos é caudatária desta convicção iluminista de que "o legislador possa produzir um texto com tal simplicidade e transparência capaz de gerar univocidade de sentido".[17] Ao mesmo tempo, como demonstrativo desta adesão rasa ao normativismo, o pressuposto da literalidade exigido para a comprovação do requisito de violação da lei acompanha o direito brasileiro desde as fontes lusitanas medievais, quando discerniam-se as sentenças existentes ("algumas") das inexistentes ("nenhumas") por violação a direito expresso (Ordenações Afonsinas, Título 78).[18] A figura do Chanceler desde Afonso Henriques (1142) provia a inspeção do texto da lei, e a decisão contrária ao direito dito expresso era submetida à deliberação da Mesa da Relação a que o ato pertencia.

Os assentos da monarquia absoluta de Portugal, oriundos da Casa da Suplicação ou Mesa Grande, aportam, neste histórico de contumaz homologia entre a lei e o direito, a manifestação interpretativa do direito em tese, com o almejo de prover a inteligência geral e perpétua da norma jurídica. Pela Lei da Boa

---

[15] *Mundo vivido: das vicissitudes e dos usos de um conceito de fenomenologia.* Porto Alegre: EDIPUCRS, 2004, p. 185.

[16] TAVARES, André Ramos. *Fronteiras da Hermenêutica Constitucional.* São Paulo: Método, 2006, p. 57-84.

[17] BAPTISTA DA SILVA, Ovídio. *Processo e Ideologia.* Rio de Janeiro: Forense, 2004, p. 255.

[18] MIRANDA, Pontes de. *Tratado da ação rescisória das sentenças e de outras decisões.* Rio de Janeiro: Forense, 1976, p. 100-106

Razão, de 1769, só os assentos da Casa da Suplicação adquiriam autoridade vinculante, embora reinasse a possibilidade de os assentos das Relações subalternas adquirirem valor autêntico, uma vez confirmados pela Casa da Suplicação.[19] No direito estrangeiro proliferam exemplos congêneres em aplauso ao ideário iluminista de razão cartesiana, explicitadores de um perfil rigorosamente matemático-mecânico da interpretação jurídica, a partir do qual a função judicial consistiria tão só num raciocínio silogístico.[20]

Destes antecedentes condicionadores do espelhamento entre a lei e o direito, cuja ideologia restringe o desempenho dos órgãos judiciais colegiados como meros intérpretes da vontade abstrata da lei, numa função flagrantemente subalterna incompatível com o próprio sentido da jurisdição, é possível contrastar, nos dias de hoje, um novo fenômeno motivador desta tendência legislativa em uniformizar a jurisprudência.[21] Se na genealogia dos institutos em berço lusitano era explícita a influência da interpretação autêntica, na pressuposição de que a norma jurídica carregaria consigo unívoco significado, reproduzido fielmente por juízos de certeza, atualmente a força motriz para justificar tantos obstáculos processuais ao exame do caso concreto possui carga negativa, ou seja, sua existência está firmada mais pelo receio dos riscos – possíveis, e não efetivos – do recurso aos princípios e à ponderação no ato interpretativo.[22]

Os critérios normativos de adequação para o problema da aplicação das normas jurídicas – e, por conseguinte, a delimitação mais ou menos flexível de fronteiras entre os discursos de fundamentação e os discursos de aplicação – redundam contrapostos conforme o modelo que se adote. Por exemplo, é já por demais conhecido o conflito entre Habermas e Alexy quanto à tipologia dos princípios constitucionais, tidos pelo primeiro como mandamentos de caráter deontológico, cuja eventual colisão encerra a necessidade de escolher aquela norma jurídica, dentre as aplicáveis *prima facie*, que melhor se ajusta à situação de aplicação; em oposição, Alexy condecora aos princípios estatuto equivalente a

---

[19] SILVA, Nuno J. Espinosa Gomes da. *História do direito português*. Lisboa: Fundação Calouste Gulbenkian, 2000.

[20] José Afonso da Silva dá conta das disposições legislativas características dos diplomas francês, italiano, alemão, português, espanhol e argentino (*Do recurso extraordinário no direito processual brasileiro*. São Paulo: Revista dos Tribunais, 1963, p. 184-188).

[21] Os assentos portugueses, por exemplo, implicam modelos, análogos a figuras semelhantemente funcionais do passado, de determinação judicial do direito, a imporem, com a lógica vinculante de norma jurídica, determinado sentido formulado para o futuro com o propósito de encerrar algum conflito de jurisprudência. Tais formatos semelhantes aos assentos, tanto em caráter formal ou mesmo substancial, encontram-se expostos em CASTANHEIRA NEVES, António. *O instituto dos "assentos" e a função dos supremos tribunais*. Coimbra: Editora Coimbra, 1983, p. 6-22.

[22] Jorge Reis Novais exemplifica este receio pela boca de autores que referem a o risco da substituição do Estado de Direito pelo Estado da ponderação, especificamente diante da consagração deste expediente interpretativo no direito público, generalizada nos últimos cinquenta anos. Dentre outros alegados perigos estão o subjetivismo, a arbitrariedade, a transferência ilegítima de poderes do legislador para o juiz, a dissolução dos controles típicos do Estado de Direito, a corrosão da força normativa da Constituição, tirania dos valores e fórmula vazia, "de tudo a ponderação de bens no domínio dos direitos fundamentais tem sido, e com argumentos de peso, acusada" (*As restrições aos direitos fundamentais não expressamente autorizadas pela Constituição*. Coimbra: Coimbra Editora, 2003, p. 640).

valores, ou seja, mandados de otimização de estrutura teleológica, de onde se segue que a aplicação poderá ser pautada pelo princípio da proporcionalidade, ponderando o peso das normas eventualmente colidentes.[23] Para todos os efeitos aqui realçados, Alexy prestigia uma interação de regras e princípios na ordem jurídica a ponto de amaciar a rigidez habermasiana no trato da interpretação jurídica, mesmo com a diretriz cunhada por Klaus Günther (não se trata apenas de escolher o preceito jurídico que melhor descreva a situação *sub judice*), além de flexibilizar a distinção lógica entre regras e princípios proposta por Dworkin.[24]

Este alarde do "exacerbado axiologismo" merece ser visto com ressalvas, porquanto nem toda a concepção hermenêutica – como aquela adotada com esteio na filosofia de Gadamer – adota uma tese frágil, volátil ou maleável acerca da interpretação jurídica, em especial na indiferente atribuição de sentido dos preceitos legais para concretizar valores insólitos atrelados a dispersas preferências (como pudemos constatar nos exemplos dados no início do texto).[25] Esta indiferença representa o elemento nuclear da arbitrariedade, cujas indiscerníveis nuances podem apontar para qualquer resultado, sem rastreabilidade convincente e razoável de fundamentação. Mas o que se não conta por trás de alarme supostamente eivado de boas razões consiste no acatamento de uma outra modalidade de indiferença, aquela imbricada na cisão e comunicabilidade decrescente vinculan-

---

[23] VELASCO, Marina. Habermas, Alexy e a razão prática kantiana. *In Direito, Moral, Política e Religião nas Sociedades Pluralistas*. Rio de Janeiro: Tempo Brasileiro, 2006.

[24] A interação de regras e princípios em Alexy, retomando a orientação principiológica de Dworkin, "tanto se verifica por força da possibilidade de os princípios se constituírem, no caso concreto, em exceções às regras, como se verifica, logo, no momento de criação da regra, com a inclusão de conceitos vagos ou indeterminados no seu enunciado normativo ou o apelo a valorações ou ponderações incompatíveis com um caráter meramente subsuntivo da respectiva aplicação aos casos concretos" (NOVAIS, Jorge Reis. *As restrições aos direitos fundamentais não expressamente autorizadas pela Constituição*. Coimbra: Coimbra Editora, 2003, p. 328). Neste sentido, embora a concepção alexyana seja alegadamente procedimentalista, inclusive no manejo de métricas e hierarquias abstratas, não se pode descurar de a sua pretensão, preferível à tese de Habermas/Günther, de encontrar a resposta correta situar-se além da mera evidência da norma adequada aplicável ao caso concreto. Ou seja, a interpretação jurídica não se conforma, evidenciada a colidência entre normas jurídicas (sejam regras ou princípios, de ordem constitucional ou infraconstitucional) para a solução do caso decidendo, à mera descoberta do dispositivo adequado tendente a, mediante subsunção, repercutir o melhor resultado, a melhor decisão. Melhor aplicar não significa, portanto, para todos os casos, encontrar a norma adequada enquanto texto, mas enquanto interpretação (*applicatio*). Em Alexy encontramos a viabilidade conjectural de, mesmo rechaçando a sua proposta formal de ponderação mediante a abstrata estimativa de pesos às normas em conflito, acomodar a aplicação dos princípios para a justa composição do conflito (especialmente quando em xeque direitos fundamentais), a fim de serem obtidas as respostas constitucionalmente adequadas ou hermeneuticamente corretas. Nada obstante, parece forçoso reconhecer que dita viabilidade resulta limitada, por certo, despedindo-se já nos portões de ingresso da filosofia de Alexy, em virtude da teoria argumentativa por ele proposta reluzir "a partir de fórmulas aptas a realizar o que ele denomina de ponderação de princípios" (STRECK, Lenio Luiz. *Verdade e Consenso*. Rio de Janeiro: Lumen Juris, 2007, p. 388).

[25] Neste sentido as críticas endereçadas a Luiz Guilherme Marinoni por força de uma alegada adesão à jurisprudência dos valores, quando o processualista reivindica o direito fundamental à tutela jurisdicional efetiva por força, dentre outras técnicas, do princípio da proporcionalidade: "Não podemos concordar com Marinoni, que busca a legitimidade das decisões judiciais em critérios pautados argumentativamente (racionalmente??) na proporcionalidade, pois temos aí um 'exacerbado axiologismo' que termina por inviabilizar (fulminar) uma teoria que aqui desejamos construir para o acesso à Justiça qualitativamente adequado ao estado Democrático de Direito" (FERNANDES, Bernardo Gonçalves; PEDRON, Flávio Quinaud. *O Poder Judiciário e(m) crise*. Rio de Janeiro: Lumen Juris, 2008, p. 166-167).

te entre legislação e texto constitucional: interpreta-se a Constituição conforme o direito ordinário, porque as normas infraconstitucionais concretizam, per si, as matérias não reguladas ou insuficientemente descritas pela Constituição. Neste sentido, um princípio constitucional, intrinsecamente aberto, uma vez isento de repercussão reguladora no direito comum, não poderia prosperar mediante interpretação judicial, senão apenas na congenialidade legislativa reprodutora dos correspondentes desdobramentos, todos unívocos e lineares no plano de sua ulterior aplicação.

A possibilidade de outras interpretações característica da epistemologia hermenêutica consiste na variável potencial que não pode ser confundida com a simetria interpretativa, vale dizer, como se uma interpretação pudesse ser preterida, indiferentemente, a outra, com o intuito de escusar a responsabilidade do operador. O vezo da discricionariedade administrativa, operável na órbita da alternativa ou intensidade com as quais se pretende atender à indisponível finalidade constitucional justificadora daquela prerrogativa, também não pode ser escudado ao extremo de se poder dizer que uma opção é equivalente à outra. Nas contundentes linhas de Celso Antônio Bandeira de Mello, torna-se inadiável remontar a noção mais corrente acerca da discricionariedade, a qual supõe "que dentre as alternativas comportadas pela norma em abstrato, quaisquer delas são de indiferente aplicação no caso concreto".[26]

É no itinerário da própria realização constitutiva do direito – sua aplicação – que se deflagra a resposta adequada ao caso, quando se escancaram particularidades diferenciadoras da abstrata previsão normativa ou da contemporânea jurisprudência até ali assentada. Não é por outro motivo que a processualística mais apurada noticia a necessidade de a fundamentação proclamar, além dos pressupostos de inclinação por uma das teses esposadas no debate, dos motivos que levaram o julgador a desconsiderar a pretensão esgrimida.[27]

A ponderação, tomada no gadameriano sentido de interpretar consoante a problemática e concreta aplicação,[28] desviada, portanto, de uma diretriz metodo-

---

[26] *Discricionariedade e controle jurisdicional*. São Paulo: Malheiros, 2001, p. 16. Não por outro motivo existem autores que não identificam a discricionariedade com a arbitrariedade, porque não acatam o decisionismo positivista ínsito à determinada concepção do que seja discricionário, cabendo mencionar Ovídio Baptista da Silva (por exemplo, em Questão de fato em recurso extraordinário. *In Meios de Impugnação ao Julgado Civil. Estudos em homenagem a José Carlos Barbosa Moreira.*. Rio de Janeiro: Forense, p. 501-502) e Castanheira Neves (O problema da discricionariedade. *In Digesta*. Volume 1. Coimbra: Coimbra Editora, 1995, p. 539).

[27] A partir das lições de Taruffo, Ovídio Baptista da Silva afirma ser insuficiente a fundamentação judicial que se presta, apenas, a analisar a versão tomada por favorável: "o direito ao contraditório não se esgota na faculdade de ser ouvido e produzir alegações e provas, perante o tribunal, mas compreende, antes de mais nada, o direito de ver alegações e provas produzidas pelo sucumbente examinadas e, além disso, rejeitadas com argumentos racionalmente convincentes" (*Jurisdição, direito material e processo*. Rio de Janeiro: Forense, 2008, p. 153-154).

[28] Conforme Gadamer, parafraseando Karl Engisch, a tarefa da interpretação implica concretizar a lei em cada caso, na especificidade de sua aplicação. Exatamente porque está sujeito à lei, em face de uma complementação do direito sujeita à fundamentação concreta para legitimar novos sentidos, o intérprete (juiz) não poderá incorrer em abusos ou desconstruções desenfreadas (livres). Para o filósofo, "na idéia de uma ordem judicial supõe-se o fato de que a sentença do juiz não surja de arbitrariedades imprevisíveis, mas de uma ponderação justa do

lógica orquestrada por etapas ou métodos conducentes a um suposto resultado legítimo, assim, pode ser tida como inevitável, e não é o fato de inexistir um "ponderômetro" aferidor de corretas respostas que poderá impedir o alcance de necessária fiscalização e controle de desmesuradas ou arbitrárias decisões no manejo da *applicatio*, compatível com os limites da jurisdição em termos fundamentadores.[29] Até mesmo porque o recurso aos métodos jurídicos tradicionais, sem o reconhecimento da dimensão ontológica do caso concreto para efeito de ratificar um diverso entrelaçamento entre regra e princípio – não resguarda ou imuniza o inevitável – porque interpretativo – impasse acerca da melhor (adequada ou correta) aplicação das normas jurídicas.

A recepção destes pressupostos reducionistas assenta bases no próprio vislumbre quanto ao papel a ser desempenhado pelas Cortes Supremas, basicamente com a disseminação europeia, durante as reformas processuais do século XIX, com esteio preponderante no modelo francês, de dois eixos axiológicos fundamentais: a distinção entre juízo de fato e juízo de direito, além do requisito maiúsculo de violação à lei em tese. Em particular a incidência deste último configurou o motivo típico de soerguimento do instituto da cassação e, por conseguinte, de proliferação dos tribunais que se encarregavam de o realizar em caráter estrito. A finalidade fundamental do efetivo funcionamento da cassação radica em uniformizar a jurisprudência, porém, à custa de determinados procedimentos supostamente indispensáveis para o êxito deste desiderato.

Um dos mais nefastos procedimentos, o qual encerra, em verdade, uma ideologia circular viciosa típica do positivismo de tintas mais fortes, consiste na correta (na acepção de exata) interpretação das normas jurídicas, para o fito de propiciar a uniformidade na interpretação das leis. Quer perseguindo inteligência de cunho gramatical, quer oferecendo unívoca interpretação a partir de um conjunto de julgados semelhantes, ambas as expressões veiculam força de abstração coercitiva, como se a uniformidade almejada conseguisse fazer desprender a interpretação da aplicação, a norma (sentido) do texto. A circularidade viciada re-

---

conjunto"; prossegue, dizendo que "a pessoa que se tenha aprofundado em toda a concreção da situação estará em condições de realizar essa ponderação justa" (*Verdade e Método*. Petrópolis: Editora Vozes, 1999, p. 489).

[29] García Amado formula uma série de objeções ao novo constitucionalismo, principalmente no debate travado com Prieto Sanchís, uma delas afeta à ponderação – tida aqui menos como um repositório de fórmulas abstratas ao viés procedimentalista, senão naquela já alegada nascente gadameriana (a ponderação como prudência interpretativa) –, quando seria destituída de racionalidade e suscetível de apreciações subjetivas tendenciosas. Inexistindo aparelho para fazer as vezes de um "ponderômetro", acatar-se-ia um modelo, positivista, cujo partido aponta para uma relação mecanicamente trinária no tocante à interpretação jurídica e ao relacionamento entre as leis e a Constituição: ou o texto constitucional normatizou determinado assunto, tratando-o em mandamentos proibitivos, obrigatórios ou permissivos, ou não o fez, ou, ainda, o fez de modo insuficiente a ponto de se permitirem interpretações a respeito da existência e da intensidade de alegado tratamento. Para Amado, as duas últimas hipóteses não poderiam acarretar qualquer influxo hermenêutico decorrente do texto constitucional, numa inequívoca aversão ao modelo de princípios do constitucionalismo contemporâneo, cabendo ao legislador ordinário contemplar – e esgotar – as possibilidades de concretização dos mandamentos contidos no Texto Maior, a denotar a prioridade do postulado de interpretação da Constituição conforme o texto infraconstitucional em face do princípio da interpretação conforme a Constituição (para uma contundente análise do debate entre estes dois autores, consultar PULIDO, Carlos Bernal. Refutación y defensa del neoconstitucionalismo. *In* *Teoria del neoconstitucionalismo*. Madrid: Editorial Trotta, 2007, p. 289-325).

sulta na incoerente (e interessada) via de interpretar a lei em tese – ou mesmo em hipótese, como se houvesse a possibilidade de a concretude ser subsumida à força de cogitações teóricas – em vista da necessidade de variados casos empreenderem divergentes interpretações, não obrigatoriamente por decorrência de alguma incongruência debitada tão só do preceito normativo invocado, senão da própria concretização jurisdicional (*applicatio*) diferenciadora de tantos casos.

Não fosse a cassação torniquete de Procusto em tomar por tábula rasa ou ponto de partida inconteste a compreensão do fenômeno jurídico ao limite da subordinação objetiva quanto ao conhecimento da lei enquanto texto, substituindo o componente hermenêutico pelo discurso prevalentemente apofântico, não se vislumbraria regime alternativo capaz de, com semelhante eficácia, e com muito melhor prudência, alcançar o coerente desenvolvimento do direito. Tal é o caso do regime da terceira instância ou instituto da revisão. A diferença significativa e elementar entre o princípio da cassação e o da revisão está em oportunizar ou obstaculizar o surgimento do "novo" (leia-se, possibilidades de sentido adequadas à efetiva prestação jurisdicional), tanto como força sincrônica de aplicação devidamente diversa para situações carregadas de invulgar especificidade, quanto como mola propulsora diacrônica diante da própria evolução jurisprudencial. E, ao se observarem no Brasil tanto as reformas processuais de última monta, quanto os mecanismos hermenêuticos de vinculação, não se pode negar especial e veloz tendência ao paradigma da cassação.

A vertente metodológica das Cortes de Cassação apela, assim, a métodos explicativos de perfil notoriamente matemático, sobressaindo categorias univocamente fixadas no interior de um cânone comprometido ainda com a relação sujeito e objeto. Ocorre, portanto, um distanciamento inequívoco do direito em relação às ciências humanas, lugar privilegiado da instância da compreensão, ligada às decisões e às ações humanas, cuja movibilidade transborda referências apriorísticas voltadas ao recorte de significados estanques, fixos e abstratos, desconectados ao mundo vivido de onde brota a diferença ontológica do universo existencial humano.[30] A cassação se legitima, portanto, sob uma falsa suposição de que a dessintonia jurisprudencial possa derivar apenas da diversidade de interpretações do sentido abstrato da lei. Enunciado o direito nesta redoma de objetividade genérica (e genética) de cunho antecipatório, toda e qualquer divergência de juízo seria fruto de uma reprovável deturpação do sentido abstrato e preliminarmente fixado dos dispositivos aplicáveis, e jamais de uma diversa ponderação (interpretação) do contexto peculiar aos casos, pois o sentido dos critérios normativos aplicáveis seria previamente alicerçado independentemente daquelas circunstâncias, em face das quais determinado sentido ou repercussão adjudicadora resplandece para efeito de aplicação concreta, na esteira da indivisibilidade hermenêutica entre compreender, interpretar e aplicar. Ou seja, a competência dos magistrados adstringe-se a apenas decidir sobre os fatos e compreender o

---

[30] Vide exemplarmente a específica racionalidade das ciências humanas, conforme STEIN, Ernildo. *Racionalidade e Existência*. Ijuí: Editora Unijuí, 2008.

significado abstrato, determinado em sede de oficialidade autêntica no âmbito de exclusiva vontade, do ordenamento positivo.

Entender, portanto, a exata observância das leis à luz de um vigor referencial firmado na correta interpretação das normas jurídicas per si consideradas, ou seja, abstratamente condecoradas em unívoca expressão, supõe abraçar a primazia metodológica da hermenêutica, destinada a definir o significado próprio dos textos normativos. Isto porque a hermenêutica metodológica almeja extrair o sentido como se esse fosse seu objeto exclusivo, desvinculando o procedimento interpretativo da *applicatio*, como se o selo da validade – tão merecidamente caro ao filtro do sistema jurídico – fosse assegurado por uma pretensa postura de neutralidade, calcada nesta perseguida estrita e exata observância dos preceitos legais. Em outros termos, metodologicamente preponderada, "a hermenêutica reduz sua atividade e validade ao nível do *logos apofântico*, em detrimento do ainda-não-dito".[31]

Ovídio Baptista da Silva assevera ponto de incomensurável valia quando entrelaça coerentemente a abertura interpretativa necessária para a devida aplicação do direito às não menos importantes barreiras combatentes de um descuidado ou exacerbado voluntarismo judicial.[32] O processualista gaúcho relata em uma de suas últimas obras a suposta contradição – havida e alegada com esteio em uma compreensão superficial – de quem reconhece a função criadora da jurisprudência e, ao mesmo tempo, a sua submissão ao direito material. Não se trata, assim, de uma ambivalência contraditória conducente a um ou outro extremo: ou se admite a função criadora como emanada ontologicamente (e, portanto, indiferentemente) da jurisdição, ou se submete a parâmetros apriorísticos de uma justiça apenas reveladora ou declaratória de uma vontade preexistente. O reconhecimento da função criadora da jurisprudência, de se sublinhar, não se coaduna a ser limitada por freios metafísicos de abstração dissonante ao caso decidendo (como a literalidade dos dispositivos legais, o engessamento dos precedentes *tout court*, a insurreição de métodos teleológicos e gramaticais de interpretação), senão numa transitividade (condicionalidade) ao direito material para efeito de se alcançar a resposta correta ou constitucionalmente adequada.

Direito material tido sobretudo no aspecto de sua conformação decisória, sem considerar a igualmente importante realização do agir, do verbo, sonegado ao particular por força da instituição estatal, vislumbrado explicitamente nesta

---

[31] ROHDEN, Luiz. *Interfaces da hermenêutica*. Caxias do Sul: EDUCS, 2008, p. 42. O autor responde com peculiar acuidade e insofismável fundamento às provocações de Manfredo Araújo de Oliveira, o prefaciador de respectiva publicação, para quem o penhor da verdade recai sobremaneira na relação lógica da fundamentação, cuja figuração e procedência ocorre no interior de si mesma (a lógica pressupõe lógica e somente lógica), não se focando em pressupostos arbitrários (supostamente tolerados pela predominância, na hermenêutica filosófica, da constituição de sentido, e não tanto da validade do sentido constituído). Segundo Rohden, dirigindo palavra ao seu interlocutor, não teria ele incorrido numa contradição performativa ao aceitar, por um lado, o diálogo infinito para debater seu texto e, ao tentar impor, por outro, a objetividade da lógica imune ao diálogo: "Manfredo paradoxalmente a recoloca [a lógica] no seu devido lugar histórico e contingente, corroborando a perspectiva que eu e Gadamer defendemos" (p. 28).

[32] *Jurisdição, direito material e processo*. Rio de Janeiro: Forense, 2007, p. 221.

instância concretizadora através dos princípios, quando estes, fundamentadamente utilizados, otimizam uma resposta mais adequada ao reclamo (alegação) da parte vencedora, nada obstante propiciarem muitas vezes uma construção aditiva em vista das fontes legais de nosso sistema romano-germânico. Dito em linhas curtas, a categoria do direito material pode ser reputada genuinamente hermenêutica ao enlaçar a força criativa da jurisprudência com a legitimidade decisória de uma fundamentação que, vista apenas na repercussão do caso concreto (e jamais antes, ou em tese), não se limita a revelar a vontade da lei, mas a genuinamente decidir.

A vinculação aos textos jurídicos, conforme a hipótese interpretativa suposta no sistema processual de modo a assegurar a uniformidade de jurisprudência, pode tanto ser hermética, ao pressupor sempre existente e vinculante uma interpretação exata e objetivamente revelada da norma jurídica, quanto hermenêutica (em sentido materialmente concretizador, e não metodológico em princípio), de modo a privilegiar a aplicação da lei ao caso concreto, suscetível de controle *ex post* ao estilo da revisão judicial. Numa concepção a interpretação correta é prévia e abstratamente considerada; noutra, a segunda, ela é construída mediante *applicatio*, ao consentir determinada interpretação adequada ao caso concreto. Nesta a uniformidade é possível mediante diálogo entre os precedentes e os julgamentos novos, porque a correta interpretação da lei depende de sua aplicação ao caso decidendo; por outro lado, a vertente hermética obtém dita homogeneidade com força autoritária, tolhendo outras possíveis interpretações da mesma norma jurídica.

Par e passo, o sistema de cassação e, mais especificamente, as reformas processuais de filtragem recursal direcionada aos tribunais superiores, não carrega necessariamente a genética de uma nomofilaquia formalista em prol da defesa dos textos jurídicos em tese, com o objetivo de salvaguardar o *ius constitutionis* à força de um modelo de solução exata através de critérios (métodos) gerais de interpretação. Em outro norte, privilegiando a tutela do *ius litigatoris,* a nomofilaquia adere a soluções interpretativas que melhor se adaptem às peculiaridades do caso concreto, numa justa aplicação da lei.[33] Pertinente, assim, a emblemática referência de Michele Taruffo para predicar o panorama e as idiossincrasias do regime da cassação, quando aduz a efetiva crise de identidade por que invariavelmente passou dito instituto, desregulado entre dois polos nomifiláticos extremos, cada qual explicitador de uma específica teoria da interpretação: ora a identificação abstrata do exato conteúdo das leis em prol do seu fiel cumprimento, ora o controle, em termos de conformidade hermenêutica, da aplicação das normas jurídicas no caso concreto pelas decisões judiciais.

A tradição do direito luso-brasileiro encampou, assim, desde muitos séculos, o ideário de uniformizar a jurisprudência com base na firme convicção iluminista de que as funções de garantir a unidade do ordenamento jurídico e de uniformizar

---

[33] TARUFFO, Michele. *El vértice ambiguo*. Lima: Palestra Editores, 2005, p. 131-133.

a interpretação das leis implicavam consequência natural de separar o direito do fato, conferindo à lei em tese entendimento único tributário da inigualável qualidade da certeza. O revigorado instituto dos assentos no direito português, tão bem combatido durante sua vigência por Castanheira Neves devido à congênita e material inconstitucionalidade em face do manto normativo de que se supõe depender o Estado Democrático de Direito,[34] incorre em variados efeitos comprometedores, tal qual todo e qualquer mecanismo de índole generalizante, ao núcleo da atividade jurisdicional.[35] Dito núcleo está assentado na concreta aplicação do direito, cujo reconhecimento hermenêutico assenta-se em bases inegavelmente de ordem prática, não discerníveis *a priori* em formulações abstratas de caráter teórico, lógico ou cognitivo. A prescrição de uma solução geral e definitiva para todas as situações alegadamente iguais, emitida a partir de um caso concreto (ou de um conjunto deles) de onde se assegura a generalização formal do seu *decisum*, como se encerrando o sentido unívoco para o preceito legal ora invocado, compromete a dimensão axiológica da jurisdicionalidade, indelevelmente atrelada à resolução dos problemas jurídicos na sua dimensão concreta.[36]

A Lei n. 11.672/2008, para tomá-la em especial objeto de crítica, promove duas demasiadas, porque autoritárias, generalizações, cada qual em oponibilidade vertical oposta uma relação à outra. Do particular ao geral, cria-se a ficção, monocrática na figura do Presidente do tribunal *a quo*, de que as plurais controvérsias atinentes à interpretação do direito ordinário podem ser reduzidas a teses estanques, representativas de todos os recursos nos quais a respectiva problemática resultar alegada e fundamentada. Do geral ao particular, ao identificar jurisprudência firmada sobre determinado assunto, o Superior Tribunal de Justiça, também na individuação monocrática do relator, poderá assumir como definitivas as razões ora invocadas naquelas reiteradas decisões, reconhecendo serem todos os futuros processos relacionados ao tema em causa manifestações repetitivas (idênticas) de uma interpretação já definida como autêntica. Nas duas situações, o direito é elevado a foro de oficialidade objetiva, suscetível de ser meramente reproduzido em intenções unívocas, e não interpretado diante das repercussões concretas.

---

[34] António Castanheira Neves debruçou-se em percuciente estudo dedicado à demonstração da inconstitucionalidade do instituto dos assentos, mais tarde confirmada pelo Tribunal Constitucional Português (conforme *Comentário ao Acórdão n° 810/93 do Tribunal Constitucional*, Coimbra: Coimbra Editora, 1994).

[35] Através dos assentos determinava-se o entendimento do preceito jurídico *in thesi*, sem enveredar para o julgamento do caso concreto. Castanheira Neves leciona que a coincidência do instituto vigente em Portugal até 1996 com os assentos da Casa de Suplicação, criados no século XVIII, não se limita à dimensão linguística, mas compreende um liame teleológico-institucional (*O instituto dos "assentos" e a função dos supremos tribunais*. Coimbra: Editora Coimbra, 1983, p. 626). No ano de 1832, a Casa da Suplicação foi substituída pelo Supremo Tribunal de Justiça e, diante de novas controvérsias sobre a aplicação do direito vigente em vista de dissídios jurisprudenciais naquela Corte, instituiu-se, na primeira metade do século XX, mecanismo vinculante similar ao dos originais assentos.

[36] CASTANHEIRA NEVES, António. *O instituto dos "assentos" e a função dos supremos tribunais*. Coimbra: Editora Coimbra, 1983, p. 355.

O direito fundamental à resposta correta (entendida como *applicatio*),[37] consectário dos princípios constitucionais do devido processo legal e do substancial acesso à justiça, passa, assim, a ser marginalizado e violado por uma espécie de revigoramento do positivismo jurídico, quando reformas processuais desse teor institucionalizam decrépito modelo interpretativo baseado na determinação abstrata dos significados dos textos jurídicos. Tal panorama fortalece, destarte, os modelos procedimentais da argumentação jurídica, aptos a condecorarem previsibilidade meramente assertórica com forte na ideologia da univocidade de sentido (identificação entre texto e norma).

Interessante notar que a histórica intenção de uniformidade quanto ao sentido de compreensão dos textos jurídicos – e a correlata necessidade de conferir-lhes atributo de autoridade e consequente vinculação –, pressupõe, nesta intencionalidade de ornamentar o desígnio de equiparação entre o direito e as ciências exatas, a inerente possibilidade de interpretações discrepantes, não do texto abstrato das leis, sequer da vinculação pura e simples dos precedentes, mas de cada nova situação concreta, limítrofe e justificadora de diverso sentido.[38] Outra importante contradição (velada) do discurso estritamente apofântico encarnado pelos tribunais no tocante à função das Supremas Cortes, chancelando a compreensão do direito como *locus* carente de compreensão hermenêutica, é desmentida por uma rigorosa análise dos cânones dogmáticos ínsitos aos expedientes recursais de (suposto) estrito direito. Os pressupostos típicos de separação absoluta entre fato e direito, bem como o de que as normas jurídicas encerram exclusivo e unívoco significado, legitimam uma prática incoerente com a teoria: tais cânones informam que nossos tribunais superiores "tratem constantemente de questões relativas à prova, no preciso instante em que proclamam que não o fazem, porque sua missão seria exclusivamente velar pela aplicação correta do 'direito', sem imiscuirem-se nas 'questões de fato'".[39]

Não sem matrizes fundantes o constitucionalismo contemporâneo passou a aderir à força normativa dos princípios como instância de repercussão hermenêutica efetiva, característica de uma nova cultura das fontes de direito e da própria interpretação, a que os estudiosos não cansam de aludir pelo menos duas facetas

---

[37] STRECK, Lenio Luiz. *Verdade e Consenso*. Rio de Janeiro: Lumen Juris, 2007, p. 309.

[38] É a conclusão de Ovídio Baptista da Silva com supedâneo nas lições de Giuseppe Borrè (Súmula n. 343 em questões constitucionais. *In Sentença e coisa julgada*. Rio de Janeiro: Forense, 2003, p. 365).

[39] BAPTISTA DA SILVA, Ovídio. Questão de fato em recurso extraordinário. *In Meios de Impugnação ao Julgado Civil. Estudos em homenagem a José Carlos Barbosa Moreira*. Rio de Janeiro: Forense, p. 498. Em observação posterior, amparado nos modelos de legislações estrangeiras, o autor sugere três hipóteses para o cabimento do recurso extraordinário: são elas a falta de motivação dos julgados, a motivação insuficiente e a motivação contraditória. Nelas se vislumbra o zelo comum, de índole hermenêutica, para coibir defeitos graves de fundamentação, a justificar o controle das decisões arbitrárias, sem fazer incorrer as cortes supremas em uma abrangente terceira instância. Ao afirmar, em arremate, que a adequada fundamentação das decisões judiciais é dispositivo valioso para a redução do número de recursos (p. 503), cuja violação implica indiscutível violação da Constituição ou de alguma norma de natureza infraconstitucional (p. 501), é possível aqui antever mediata compatibilidade para com a possibilidade de se obter a resposta correta, entendida aqui mediante a devida fundamentação tão só incidente na *applicatio* (tese da resposta correta ou constitucionalmente adequada de acordo com STRECK, Lenio Luiz. *Verdade e Consenso*. Rio de Janeiro: Lumen Juris, 2007, p. 333).

das mais contundentes: mais princípios do que regras e mais ponderação do que subsunção.[40] Em movimento oposto, o positivismo jurídico sedimentou na ode à arbitrariedade o argumento prioritário a favor de expedientes vinculantes e uniformizadores a serem adotados em sede processual. Embora seja prudente não olvidar as variadas facetas do positivismo e do constitucionalismo,[41] prioritária é a tarefa de enfatizar o dito antagonismo na espécie peculiar da interpretação jurídica, quando o primeiro consubstancia primazia aos enunciados linguísticos, àquilo que os textos supostamente dizem em si mesmos, nada importando saber – como se possível – a correlata derivação hermenêutica pelos intérpretes, muito menos, como assegura e defende o segundo, pretensa filtragem quanto à adjudicação de sentido conforme os direitos e conteúdos consagrados no Texto Maior.

As pegadas positivistas no direito brasileiro, a cuja trilha se continua acatando sob o genérico – e vazio – argumento da segurança jurídica, tão suscetível de abusos quanto à aberta conjectura do caso concreto, já foram devidamente criticadas desde há muito, em virtude do apego iluminista à fria letra da lei.[42] Ora, se os textos legais absolutamente deflagram evidente capa de sentido, traduzindo infalivelmente a passagem prática de sua realização reguladora do aspecto gramatical para o normativo – sendo esta última instância a ambiência genuína e peculiar da autonomia do direito na sua reivindicável manifestação jurisprudencial, consoante nos ensina o jusfilósofo português Castanheira Neves[43] –, a tarefa elementar da jurisprudência adstringe-se à revelação da vontade exclusiva da lei. Assegurar o justo cumprimento da ordem jurídica seria, por precedência ao valor

---

[40] Por todos, MENDES, Gilmar Ferreira; COELHO, Inocêncio Mártires; BRANCO, Paulo Gustavo Gonet. *Curso de Direito Constitucional*. São Paulo: Saraiva, 2007, p. 120.

[41] Em marcante estudo sobre as variantes significativas do positivismo jurídico, obra referencial, por todos: BOBBIO, Norberto. *O Positivismo Jurídico*. São Paulo: Ícone, 1995.

[42] Pontes de Miranda, a esse respeito, bem ilustra sua inconformidade ao questionar o automático acatamento de recurso extraordinário, por força de alegada decisão contrária à letra de tratado ou lei federal (artigo 101, III, a, da Constituição de 1967), em virtude de questão que foi resolvida contra a literalidade, e não se permitir o recurso no caso de haver, erradamente, prestigiado a inépcia do significado literal (*Comentários à Constituição de 1967. Volume IV*. São Paulo: Revista dos Tribunais, 1967, p. 131). Mais tarde, criticando aquele dispositivo constitucional, já inserto nas Cartas anteriores de 1946 e 1934, aduz que "a literalidade não é um 'absoluto'; o senso literal não é um só, nem unívoco; há dois, três, ou mais sensos literais, e dizer que somente se pode interpor o recurso extraordinário do que contravém à 'letra' da lei é ignorar que a letra das leis é forma, como toda palavra humana, que só se pode contravir com uma proposição a outra proposição, portanto ao conteúdo de uma letra de lei, ao conteúdo de disposição literal" (p. 132).

[43] O paradigma da jurisdição próprio do jurisprudencialismo, segundo nos alerta Castanheira Neves, revela-se como alternativa recusadora de modelos epistêmicos extremos imersos ora em autonomia formal e alienada (normativismo legalista), ora em instrumentalismo extrapolado (funcionalismo), cujo paradigma aponta para o conceito de juízo, o qual não se identifica com um qualquer raciocínio ou procedimento, sequer com modelos de cariz lógico. Consiste o juízo em "uma racional conexão e passagem de certas proposições ou posições a outras proposições ou posições num sentido intencional e materialmente justificado ou fundamentante, em referência ao contexto de pressuposição significante de numa situação comunicativa e em termos de essa conexão racional se oferecer nessa situação comunicativa como concludentemente inovadora", à base de resolução de uma controvérsia prática, compatível com interpretações divergentes sobre o mesmo alegado caso, "mediante uma ponderação argumentativa racionalmente orientada que conduz, por isso mesmo, a uma solução comunicativamente fundada" (Entre o "legislador", a "sociedade" e o "juiz" ou entre "sistema", "função" e "problema" – Modelos actualmente alternativos da realização do direito. *In Estudos Jurídicos de Coimbra*. Curitiba: Juruá Editora, 2007, p. 265).

O (o)caso concreto: a problemática decidenda pode ser subsumida em teses jurídicas abstratas?

segurança e estabilidade, conferir isonômicos tratamentos por conta de igual critério estabelecido pelas fontes de direito.

Quaisquer divergências na aplicação dos dispositivos legais para efeito de julgar os casos sob apreciação do Poder Judiciário seriam suscetíveis de uniformização, seja natural – pelo encaixe semântico de subsunção do fato ao direito – ou provocada, através da nomeação de determinada interpretação autêntica dominante (e vinculante) pelos tribunais superiores. Ilustrativa, por exemplo, a concepção, reinante e pacífica durante longos anos na jurisprudência do Supremo Tribunal Federal, antes do advento da Constituição de 1988, no sentido de que a interpretação dos dispositivos legais não ensejava cabimento de recurso extraordinário, a não ser em caso de divergência ou na hipótese de afronta à tese da lei.[44] Isto posto, a interpretação ali evidenciada – e até os presentes dias disseminada – ultima-se como mecânica e autômata exegese reprodutiva, nas lindes de uma estrita racionalidade argumentativa, tautológica a ponto de guarnecer os seus fundamentos em uma suposta neutralidade objetiva calcada na dimensão analítico--linguística.[45]

A lei que agiliza o julgamento dos recursos repetitivos não pode, portanto, sempre e automaticamente deflagrar equação matemática no sentido de que a multiplicidade de recursos especiais com fundamento em idêntica questão de direito merece ser eliminada mediante consenso acerca da exata e uniforme interpretação do dispositivo legal ora invocado nesta reprovável divergência jurisprudencial. Em contrapartida, a abstrata admissão de múltiplas respostas para o mesmo texto normativo também aponta para o sintoma do formal conceitualismo da norma jurídica, na qual estariam contidas todas as possíveis hipóteses de aplicação, conforme maior ou menor abertura do enunciado, subjugando a aplicação à filologia, ao tornar o discurso de aplicação subalterno do discurso de fundamentação.[46] O cerne da celeuma remonta à inflexível carga vinculante emanada dos tribunais de estrito direito, ao encontrarem a interpretação exata conforme critérios gerais dedutivos, uma vez assente a premissa, já historicamente presente nas legislações de vários países, de justaposição entre lei e direito, entre texto e norma, entre interpretação e aplicação.

Nem tanto ao céu, nem tanto à terra. O postulado da resposta correta incide para cada caso concreto, cuja adequação poderá ser uniforme para tantos outros casos, não de modo impeditivo ou acoplador-representacional, senão mediante

---

[44] José Afonso da Silva colaciona a lição do Ministro da Suprema Corte brasileira à época, Orosimbo Nonato, para quem o recurso extraordinário somente poderia ser admitido, em casos de interpretação, quando, sob o pretexto de interpretar, resulta "tratada a lei na sua literalidade" (*Do recurso extraordinário no direito processual brasileiro*. São Paulo: Revista dos Tribunais, 1963, p. 180).

[45] BRONZE, Fernando José. Argumentação jurídica: o domínio do risco ou o risco dominado? *In Boletim da Faculdade de Direito de Coimbra*. Vol. LXXVI, 2000, p. 16.

[46] Ou, noutras palavras, desonerando o juiz (intérprete) da tarefa de elaboração dos discursos de fundamentação (STRECK, Lenio Luiz. A Constituição (ainda) dirigente e o direito fundamental à obtenção de respostas corretas. *In 20 anos de constitucionalismo democrático. E agora?* Porto Alegre: Instituto de Hermenêutica Jurídica, 2008, p. 294)

fundamentação argumentativa julgada de precedente a precedente, sem fazer desaparecer a incidência do novo através de generalizações metafísicas. É a insistida deveniência da normatividade jurídica a ratificar a justeza prático-argumentativa de uma dada decisão, confirmada *a posteriori* na sua própria resolução, quando explicitado o sentido jurídico na articulação com o problema sob exame.[47] Ao revés, sonega-se a razão prática do direito pelo incurso de opções metodológicas avalizadoras de um critério de validade exorbitantemente formal, em detrimento do caso concreto, cuja aparição hoje sói acontecer sob o emblema de prévias significações gramaticais ou por meio de apriorísticos conglomerados de fato (*fattispecie*) a encerrar o concreto no núcleo de significado da norma jurídica.

Mesmo assim, a persistência de recursos ou novas ações de fundamento já inepto pela iterativa jurisprudência, sintoma cultural tipicamente brasileiro de declínio da força simbólica de coerência e integridade no sistema judiciário, merecerá ser tratada por intermédio da adoção de mecanismos direcionadores, como as súmulas, por exemplo, quando às partes se convoca a necessidade de argumentar o caráter diferenciado das suas respectivas situações, encetando tratamento jurídico diverso das diretrizes, vinculantes ou não vinculantes, até ali institucionalizadas.[48]

Entretanto, no Brasil, as novas leis processuais, e mesmo interpretações pacificadas nos tribunais de cúpula, intentam reprimir o risco de ocorrência de arbitrárias, ou mesmo dissonantes, interpretações mediante autoritária e coercitiva redução do fenômeno jurídico às repercussões sinalagmáticas dos textos legais. De modo irônico, mas em justificado tom premonitório factível diante desta hodierna tendência, podemos apostar em medidas tão intensas quanto autorizadoras do poder futuro de escrivães capazes de impedir o advogado de ingressar com a causa ou mesmo a impedi-lo de ingressar ao balcão do sodalício.[49]

Nada obstante, existem meandros e cadafalsos do próprio sistema jurídico denunciadores da inerente condição hermenêutica e prática do direito, qualidade esta insuscetível de automáticas subsunções por intermédio de fictas categorias gerais, intencionalmente avassaladoras abstratas (verticais) da emergência de respostas corretas de nascente concreta (horizontal). Veja-se, por exemplo, a reda-

---

[47] Com forte nas lições de Castanheira Neves, Fernando José Bronze sobreleva a indisponibilidade (não redutibilidade) do caso-problema no bojo do discurso jurídico (metodológico e argumentativo), não tangível antecipadamente por verdades teoréticas aportadas por força de silogismos, senão por "uma razoabilidade prática da solução de uma intersubjetivamente controvérsia concreta" (Argumentação jurídica: o domínio do risco ou o risco dominado? *In Boletim da Faculdade de Direito de Coimbra.* Vol. LXXVI, 2000, p. 24).

[48] "A resposta correta à luz da hermenêutica (filosófica) será a resposta 'hermeneuticamente correta' para aquele caso, que exsurge na síntese hermenêutica da *applicatio*. Essa resposta propiciada pela hermenêutica deverá, a toda evidência, estar justificada (...) no plano de uma argumentação racional, o que demonstra que, se a hermenêutica não pode ser confundida com a teoria da argumentação, não prescinde, entretanto, de uma argumentação adequada (...)" (STRECK, Lenio Luiz. A Constituição (ainda) dirigente e o direito fundamental à obtenção de respostas corretas. *In 20 anos de constitucionalismo democrático. E agora?* Porto Alegre: Instituto de Hermenêutica Jurídica, 2008, p. 300).

[49] As provocações, procedentes, provêm de STRECK, Lenio Luiz. A Constituição (ainda) dirigente e o direito fundamental à obtenção de respostas corretas. *In 20 anos de constitucionalismo democrático. E agora?* Porto Alegre: Instituto de Hermenêutica Jurídica, 2008, p. 307.

ção de súmulas vinculantes cujo conteúdo aponta para a excepcionalidade dos casos concretos, os quais assumem o comprometimento de inovação interpretativa ao sentido proposto pelo verbete jurisprudencial.[50] Por outro lado, a Resolução n. 8 do Superior Tribunal de Justiça, em seu artigo 3º, pronuncia a possibilidade de o relator do recurso especial, antes do julgamento, solicitar informações aos tribunais recorridos a respeito da controvérsia, cabendo-lhe autorizar, ante a relevância da matéria, a manifestação escrita de pessoas e entidades interessadas no feito no prazo de quinze dias. Tanto a excepcionalidade do primeiro exemplo, quanto a complexidade da controvérsia e a importância do tema ali invocado, no segundo, demonstram a universalidade do problema hermenêutico a infirmar qualquer tentativa – indelevelmente vã – de sufragar a interpretação jurídica sob os auspícios de equações.

Ao lograr e defender a prudência de um regime eclético de "liberdade jurisdicional justificada" para os tribunais superiores, mormente para o Supremo Tribunal, Castanheira Neves endossa esta necessária ambivalência, reciprocamente controlável, entre duas funções específicas: a independência com o controle e a orientação superiores, a abertura problemática com a estabilidade e a continuidade.[51] Nestes moldes, sem abrir mão de sua natureza genuinamente jurisdicional, mesmo não incorporando competências dignas de uma terceira instância, sequer recaindo numa engessada adjudicação prescritiva, os tribunais supremos merecem ser convocados a atuar jurisdicionalmente, no anseio de uma constituição jurisprudencial do direito, no foco de uma institucional índole normativo-jurídica de relevo transdecisória.[52]

---

[50] Não deixa de ser interessante, para não dizer contraditória, a admissão institucional de que as súmulas vinculam na estrita dependência de conformidade dos seus fundamentos aos casos futuros para os quais aponta a pretensão de uniformidade hermenêutica. Com a adoção da Súmula Vinculante n. 1, assentou-se, com extremo acerto, de valia ímpar aos postulados da hermenêutica filosófica ou da normativa essencial concreção da interpretação jurídica, a necessidade de se ponderar, antes de automática adjudicação de resultado, as circunstâncias do caso concreto. Vale dizer, a súmula vinculante resulta num texto jurídico, passível de motivação – de indispensável justificação interpretativa – quanto a eventual incidência para situações eventualmente albergadas em seu enunciado. Não se pode pensar a súmula, conquanto sua aptidão vinculadora em termos legislativos, através de um paradigma encerrado na subsunção metafísica própria do modelo positivista, segundo o qual realizamos simplórias exegeses, em busca da vontade da lei ou mesmo do legislador. Eis a redação da primeira súmula vinculante: "Ofende a garantia constitucional do ato jurídico perfeito a decisão que, sem ponderar as circunstâncias do caso concreto, desconsidera a validez e a eficácia de acordo constante de termo de adesão instituído pela Lei Complementar 110/2001".

[51] *O instituto dos "assentos" e a função dos supremos tribunais.* Coimbra: Editora Coimbra, 1983, p. 670.

[52] Idem, p. 675.

— XIII —

A possibilidade da democracia e os seus limites na sociedade atual

SANDRA REGINA MARTINI VIAL[1]

Sumário: Introdução; Parte I – Resultados e discussão; A. Radores do legislativo; B – Operadores jurídicos; C – Organizações não governamentais; Parte II – Análise do discurso do sujeito coletivo das perguntas comuns aos três atores entrevistados; Considerações finais.

Introdução

Caracterizar a democracia não é um processo fácil, pois, por um lado, temos na América Latina processos recentes de abertura democrática – que já apresentam sérios problemas e riscos de se tornarem cada vez menos democráticos – e, por outro, temos exemplos europeus, nos quais podemos questionar o nível de democracia, como é o caso da Itália, onde se realiza parte de nossa pesquisa. A relação da democracia com o Poder Judiciário é ainda mais complexa, pois a democracia implica que todos os sistemas sociais operem com fundamentos democráticos. O Judiciário não foi construído no Brasil com esses pressupostos; historicamente sabemos que o Judiciário representou os interesses de uma minoria e somente a partir dos anos 80 podemos ver uma lenta – ainda que significativa – mudança. Falar em democracia significa ousar na possibilidade de transformação de todas as instituições e de todos os sistemas sociais, pois não podemos nos esquecer da principal característica da atual sociedade, apresentada por Niklas Luhmann,[2] sobre a qual ele afirma que, independente do conceito de sociedade que adotarmos, existe somente uma sociedade: *a sociedad mundial [...] es difícil*

---

[1] Doutora em Direito, Evoluzione dei Sistemi Giuridici e Nuovi Diritti, Università Degli Studi di Lecce e pós-doutora em Direito, Università degli studi di Roma Tre. É professora da Universidade do Vale do Rio dos Sinos, da Fundação do Ministério Público, da Scuola Dottorale Internazionale Tullio Ascarelli e professora visitante da Università Degli Studi di Salerno. É diretora da Escola de Saúde Pública do Rio Grande do Sul, membro do Conselho Superior da Fundação de Amparo à Pesquisa do Estado do Rio Grande do Sul (FAPERGS). Esse artigo é um desdobramento do projeto Democracia e formas de inclusão e exclusão na sociedade contemporânea, desenvolvido no Programa de Pós-Graduação em Direito da Unisinos, com o fomento do CNPq e da FAPERGS. Essa pesquisa conta com a colaboração do Dr. Giancarlo Corsi (Unviersidade de Modena e Reggio Emilia), Raúl Zamorano Farias (Universidade Nacional do México), Gabrielle Kölling (bolsista Capes) e das bolsistas de iniciação científica Jordana Camargo e Roberta Casagrande.

[2] LUHMANN, Niklas. *El derecho de la sociedad.* México: Universidad Iberoamericana, 2002. p. 648-649.

negar los entrelazamientos en el ámbito mundial de todos los sistemas funcionales.

Nessa sociedade mundial, os processos de inclusão e exclusão acentuam-se, e a necessidade de uma democracia mundial é ainda mais evidente, uma vez que democracia significa redução das grandes desigualdades (que marcaram o século anterior e continuam a marcar esse novo século). Nesta mesma linha Ferrajoli, estuda a necessidade de um governo mundial, ou em instâncias administrativas mundiais. Ainda com Avelãs Neto,[3] observamos que a civilização das desigualdades, poderá ser transformada somente através de uma sociedade mundial que respeite os pressupostos básicos da democracia. Apesar das críticas apresentadas pelo referido autor, ele conclui o texto dizendo:

> [...] Mas, apesar das profundas contradições deste nosso tempo (tempo de grandes esperanças e de desespero), cremos ter razões para acreditar que podemos viver num mundo de cooperação e de solidariedade, num mundo capaz de responder satisfatoriamente às necessidades fundamentais de todos os habitantes do planeta.

A proposta desse artigo é apresentar resultados parciais da pesquisa sobre democracia, na qual fazemos um estudo comparativo entre as realidades brasileira, mexicana e italiana. Traremos os dados da pesquisa empírica realizada no Brasil entre 2009-2010, com os quais mostraremos como diversos operadores sociais entrevistados entendem a democracia, seus avanços e retrocessos.

Sabemos que a possibilidade da democracia se dá através da própria democracia, ou seja, só podemos pedir mais democracia porque vivemos em um processo democrático. Isso não significa que em países onde a democracia ainda não existe não seja possível reclamar por ela; porém, são processos mais complicados, justamente porque o nível de complexidade em todos os setores é baixo, onde as possibilidades de decisão estão reduzidas a representantes tradicionais. Nos casos brasileiro e mexicano, podemos falar em uma democracia jovem, mas existente, embora saibamos que teremos uma democracia mais efetiva quando a distribuição de renda apresentar outros indicadores e quando a população tiver acesso aos bens e serviços básicos para a sobrevivência. Até que isso ocorra, continuaremos com uma democracia frágil.

Os dados são realmente alarmantes: ao mesmo tempo em que o Brasil, por exemplo, é a sétima economia mundial, temos uma distribuição de renda que se aproxima dos países mais pobres. Já a situação mexicana apresenta outros indicadores;[4] no caso italiano, temos indicadores de distribuição de renda mais equilibrados, o que não significa que não exista, na Itália, uma periferia. Assim, confirmamos os pressupostos da teoria de base dessa pesquisa – teoria sistêmica – que trata de sociedade mundial e para a qual cada país tem seu centro e sua periferia. Encontramos muitas *Itálias e Méxicos* no Brasil, assim como na Itália nos deparamos com vários *Brasis e Méxicos*. Isso, mais uma vez, desvela a pa-

---

[3] AVELÃS NUNES, António José, *Neoliberalismo, Capitalismo e Democracia*. Coimbra: 2003, p. 53–55.

[4] O índice GIN do Brasil é de 0, 531 e o do México é de 0, 461, conforme o ranking da ONU.

radoxalidade da sociedade atual, especialmente quando se trata de processos de inclusão e exclusão social.

Já na situação onde os níveis de complexidade social existentes são baixos, com poucos indicadores democráticos, torna-se difícil pensar/reclamar democracia. Nesses casos, a democracia é um desejo, um sonho, algo sempre distante. Essas duas perspectivas levam-nos para outras indagações: será a democracia o único *remédio* para a segurança e para a estabilidade das nações? Será uma *arma* contra as guerras? Quais são os democratas modernos? Para onde está andando a América Latina? Observamos que, a partir dos anos 80, temos um novo momento político no nosso continente. Não temos dúvidas de que uma forte abertura do sistema político tem contribuído para novas possibilidades de organização política; porém, nos indagamos sobre o risco de termos democracia sem democratas.

Nossa pesquisa partiu do pressuposto de que a democracia é possível, em sociedades diferenciadas funcionalmente, na qual cada sistema social tem sua função específica, mas, ao atritar-se com outro sistema, produz mais diferença e, consequentemente, maior independência. Essa autonomia do sistema não significa isolamento, mas possibilidades maiores de evolução, pois somente um sistema social autônomo poderá contribuir para elevar o nível de democracia. Ao mesmo tempo, essa autonomia deve ser alcançada pelos demais sistemas sociais. A sociologia, desse ponto de vista, trata de três revoluções que caracterizam a modernidade:[5] a educativa, com a educação em massa; a revolução econômica, com a industrialização; e a revolução política, com os processos de democratização. Em outras palavras: somente quando esses subsistemas diferenciam-se plenamente e alcançam a autonomia é que podem desenvolver sua própria complexidade e evoluir. Democracia, nessa perspectiva, não significa justiça social, igualdade, liberdade. Democracia só é uma política quando o vértice organizativo e decisional (Estado e Parlamento) consegue operar com o código governo/oposição, de modo a criar constantemente incerteza sobre quem vencerá as próximas eleições, ou seja, democracia significa, sobretudo, que "mesmo as melhores ideias sempre tem outras alternativas", como afirmava Niklas Luhmann.

No projeto de pesquisa, nos questionamos: "De que modo analisar as particularidades da democracia na sociedade contemporânea como estrutura de um sistema político que foi se diferenciando ao longo do processo evolutivo? E como esse processo pode ser descrito?". Essa foi a preocupação norteadora da pesquisa: como descrever aquilo que vivenciamos e/ou aquilo que gostaríamos de vivenciar. Outro enfoque que não deixamos à margem na nossa investigação foi o que definimos como questionamento final: "Qual é o espaço em que se (re)produz a democracia nesta sociedade central e periférica ao mesmo tempo?".[6]

---

[5] PARSONS, Talcott. The Evolution of Societies. Prentice-Hall, *Englewood Cliffs* (NJ) 1977.

[6] Essas indagações são oriundas do projeto de pesquisa ao qual esse artigo é vinculado: "Democracia e formas de inclusão-exclusão política nos sistemas políticos brasileiro, mexicano e italiano", desenvolvido na Universidade do Vale do Rio dos Sinos, Unisinos, com o fomento do CNPq e da FAPERGS.

Com esse referencial teórico-metodológico, apresentaremos esse estudo em duas partes: a primeira diz respeito à metodologia utilizada , aos resultados e à discussão da pesquisa empírica; na segunda parte, destacaremos outros aspectos relevantes que apareceram e nos induziram a aprofundar teoricamente o estudo, como as questões do acesso ao Poder Judiciário e à democracia, o papel dos sistemas do direito, da política e das instituições na efetivação da democracia.

Parte I – Resultados e discussão

A entrevista ocorreu em dois momentos. Em geral, os entrevistados solicitaram o questionário e depois marcaram a data da entrevista. De modo geral, não tivemos grandes dificuldades para contatar e informar os entrevistados sobre os objetivos da pesquisa, bem como para receber assinado o termo de consentimento para o uso das informações.

Tentaremos responder as indagações norteadoras da pesquisa através das respostas dos nossos entrevistados. Para tal análise, utilizar-se-á a técnica de pesquisa do DSC – Discurso do Sujeito Coletivo.[7] Essa técnica de pesquisa permite--nos fazer uma síntese e unificação dos discursos, permite uma organização dos dados qualitativos[8] sem perder a originalidade.[9] Entretanto, utilizar essa técnica de pesquisa faz-nos assumir a postura de não neutralidade, o que não significa ausência de cientificidade, mas um maior compromisso com a própria. Escolher essa técnica implica assumir riscos; na formulação do discurso do sujeito coletivo, outro investigador poderia formular discursos diversos dos formulados nessa pesquisa. Em outros termos, vamos apresentar o nosso olhar, conforme Michel Radon:[10]

> Nosso olhar sobre a realidade determina a própria realidade, mas somos livres para perceber o universo... Nossos conhecimentos, por mais extensos que aparentemente sejam, ainda são uma frágil balsa num oceano de desconhecimento. O que nos traz o conhecimento? Para que o utilizamos? Simplesmente para entender o incompreensível, ou para fazer uso do que se aprende relacionando-o com nossa intersubjetividade, pois o olhar do observador modifica o que é observado.

---

[7] O método utilizado nesta pesquisa foi o discurso do sujeito coletivo. Conforme apresenta Lefevre: O Discurso do Sujeito Coletivo ou DSC é isso: um discurso síntese elaborado com pedaços de discursos de sentido semelhante reunidos num só discurso. Tendo como fundamento a teoria da Representação Social e seus pressupostos sociológicos, o DSC é uma técnica de tabulação e organização de dados qualitativos que resolve um dos grandes impasses da pesquisa qualitativa na medida em que permite, através de procedimentos sistemáticos e padronizados, agregar depoimentos sem reduzi-los a quantidades. LEFEVRE, F; LEFEVRE A M. C. *Depoimentos e Discursos – uma proposta de análise em pesquisa social*. Brasília: Líber Livro Editora, 2005. p. 25.

[8] Cumpre destacar a ponderação de Lefevre sobre A *"ligação direta"*: realidade-teoria – a metodologia qualitativa (em suas diversas variantes técnicas) seria basicamente aquilo que toca a relação texto/contexto, entendendo-se por texto os dados primários quase puros ou diretos e por contexto o chamado "referencial teórico" de análise dos dados. LEFEVRE, Fernando; LEFEVRE, Ana Maria. A *"ligação direta" e as representações sociais*. Disponível em: http://www.ipdsc.com.br/scp/download.php?downid=44. Acesso em 11/09/2010.

[9] Essa técnica já foi usada na elaboração do artigo publicado no anuário do Programa de Pós-Graduação em Direito da Unisinos, como resultado parcial da pesquisa. Ver: VIAL, Sandra. Do direito ao direito à saúde. In: *Constituição, Sistemas Sociais e Hermenêutica*. Porto Alegre: Livraria do Advogado, 2010. p. 187-216.

[10] RADON, Michel. O território do olhar. In: NILOLESCU, Basarab [et. al] (Org). *Educação e Transdisciplinaridade*. Brasília: UNESCO, 2000. p. 27.

O método do discurso do sujeito coletivo, aliado às contribuições da Teoria Sistêmica, permite-nos olhar a realidade através da construção dos discursos realizados, porém estamos sempre atentos para o paradoxo de que quem analisa, ao mesmo tempo é analisado; quem pesquisa é, ao mesmo tempo, pesquisado. Também sabemos da impossibilidade da separação sujeito-objeto; estamos cientes de que as pesquisas qualitativas têm trazido importantes contribuições ao aprofundarem os temas pesquisados e garantirem a cientificidade, mas não têm a mesma preocupação das pesquisas quantitativas, que mostram dados. O autor do método DSC propõe:

> Como então fazer para que, numa escala coletiva, o pensamento possa, respeitando os padrões mínimos de cientificidade (transparência dos procedimentos, reprodutibilidade, "falsibilidade", etc.), se expressar com autonomia tendo, ao mesmo tempo, sua natureza essencialmente discursiva preservada? Será evidentemente preciso, antes de mais nada, categorizar os pensamentos individuais, ou seja, reuni-los em conjuntos de pensamentos semelhantes, já que sem o estabelecimento de classes e padrões, dados sobre coletividades (no caso pensamentos de coletividades) permaneceriam simples acúmulo de dados individuais.[11]

A pesquisa empírica[12] na área do direito é necessária, pois ela tem contribuído de maneira significativa para que se pense o direito além dos aspectos formalistas-dogmáticos, bem como evidencia a necessidade de uma visão transdisciplinar. A forma de realizar as entrevistas foi *trabalhosa*, na medida em que não existe, de forma geral, disponibilidade das pessoas em responder questionários, ou dedicar tempo para entrevistas. A todos os operadores, fizemos pelo menos duas visitas antes de marcar o horário da entrevista; alguns solicitaram conhecer o questionário, o que fizemos, porém solicitamos que, após a leitura do questionário, a entrevista deveria ser realizada em, no máximo, três dias, o que de fato ocorreu nos casos em que houve esta solicitação.

Nosso estudo ocupou-se de três categorias:

a) **Operadores do legislativo**: para garantir a pluralidade de percepções, entrevistamos sempre o parlamentar mais antigo e o mais jovem de cada partido político. Durante a entrevista com esse segmento, em alguns momentos, os parlamentares solicitavam informações dos seus assessores, mas nada que interferisse na qualidade do discurso das respostas, pois os questionamentos eram a respeito de números de projetos apresentados ou de funcionários do gabinete, dados que, na nossa perspectiva, não alteram as respostas das questões qualitativas.

---

[11]LEFEVRE; Fernando; LEFEVRE; Ana Maria. *O resgate do pensamento coletivo exige método próprio, mas este método tem que ser um método.* Disponível em: http://www.ipdsc.com.br/scp/download.php?downid=44. Acesso em 11/09/2010.

[12] A pesquisa empírica é de suma importância para o mundo jurídico, quando se tem em vista sua integração com as demais ciências sociais. Entretanto, a formação tradicional é quase nula em termos de qualificar o bacharel para o diálogo com outras áreas, como economia e sociologia. Os agentes possíveis para reversão desta situação são os docentes, que podem difundir os métodos e técnicas. A pesquisa empírica requer prática constante, bem como investimentos altos. Mais do que conhecer algumas técnicas, ela requer integração ao processo cognitivo da atividade acadêmica, ou seja, é necessário conjugá-la com o debate teórico. VERONESE, Alexandre. *O problema da pesquisa empírica e sua baixa integração na área de direito: uma perspectiva brasileira da avaliação dos cursos de pós-graduação do Rio deJaneiro.* Disponível em: http://www.conpedi. org.br/manaus/arquivos/anais/bh/alexandre_veronese2.pdf. Acesso em 04/09/2010.

Vários indicadores foram pensados para selecionar os deputados, porém foi adotado o critério que garantiu a pluralidade regional, a questão de sexo, de idade. Sabemos que outros critérios poderiam ser utilizados, mas utilizamos o critério de entrevistar, o mais antigo e mais novo em cada partido, pois através desse critério contemplamos outros indicadores. Note-se que, assim como temos deputados com mais de 30 anos no mesmo partido, também encontramos deputados com menos de um ano no partido.

b) Operadores do Judiciário: nesse segmento, entrevistamos procuradores, promotores, juízes estaduais e federais, desembargadores, procuradores do estado, delegados de polícia e defensores públicos. Com essa categoria, a realização da entrevista foi muito tranquila, pois grande parte dos operadores desse grupo já conheciam a equipe de pesquisa. Mesmo assim, encaminhamos os questionários e depois retornamos para a aplicação das entrevistas. A seleção dos entrevistados foi realizada obedecendo o critério de operadores que tivessem algum envolvimento em ações que auxiliam na efetivação dos direitos sociais e ou que defendessem direitos humanos. Novamente cabe destacar que esses critérios poderiam ser questionados, porém, para responder aos nossos objetivos, foi fundamental essa postura metodológica.

c) Operadores de Organizações Não Governamentais: nessa categoria, realizamos, em média, três visitas antes da realização da entrevista. Tivemos um certo nível de dificuldade, pois alguns endereços, telefones e e-mails não correspondiam; em outros casos, fomos pessoalmente apresentar o projeto da pesquisa, depois deixamos o questionário, que passou por reunião de diretoria para avaliarem a pertinência das entrevistas. Cumpre destacar que, nas ONG's, a operacionalização da realização da pesquisa foi diversa, pois várias instituições solicitaram o questionário antecipadamente, para passá-lo ao conselho gestor, pois só mediante autorização desse seria possível que a entrevista fosse concedida. Ainda assim, a regra foi idêntica à aplicada aos demais operadores: mandamos o questionário e solicitamos fazer a entrevista três dias após a entrega do questionário. As ONGs selecionadas para as entrevistas seguiram o critério da pluralidade e diversidade de ações, mas todas deveriam atuar no sentido da efetivação de direitos sociais. Entrevistamos instituições ligadas à saúde, aos idosos, aos direitos da mulher, aos direitos sociais.

Analisaremos as questões por categorias, trazendo sempre o discurso do sujeito coletivo, pois cada grupo teve questões diferentes, com apenas duas questões comuns a todos os operadores, que aparecerão no final da análise de cada categoria. Nossa discussão iniciará com questões quantitativas de cada categoria.

A. Radores do legislativo

Os entrevistados desse grupo refletem o quadro parlamentar brasileiro, no qual o tempo de vida pública, muitas vezes, é próximo ao tempo de vida partidária.

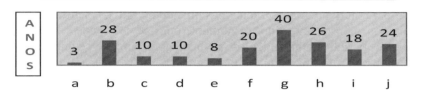

Fonte: Projeto de pesquisa "Democracia – inclusão/exclusão política nos sistemas políticos italiano, brasileiro e mexicano, coordenado pela professora Dra. Sandra Vial, desenvolvido na Unisinos, com fomento do CNPq e da FAPERGS. O gráfico representa parte dos resultados da fase empírica da pesquisa, que foi composta de entrevistas com os atores do sistema do direito, do sistema político e do terceiro setor.

Como se pode observar, temos parlamentares nos dois extremos, ou com pouco tempo ou com 40 anos de mandato, por exemplo. Na média, os nossos entrevistados seguem a regra nacional. Porém, o fator idade, que no início da pesquisa pensávamos que poderia ser significativo não foi, pois as respostas são muito próximas; também foi difícil identificar posições de extrema esquerda ou de extrema direita. As questões relevantes para eles giram sempre em torno de saúde, educação, segurança e trabalho.

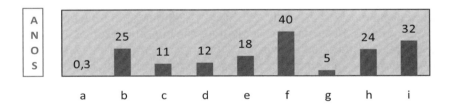

Fonte: Projeto de pesquisa "Democracia – inclusão/exclusão política nos sistemas políticos italiano, brasileiro e mexicano, coordenado pela professora Dra. Sandra Vial, desenvolvido na Unisinos, com fomento do CNPq e da FAPERGS. O gráfico representa parte dos resultados da fase empírica da pesquisa, que foi composta de entrevistas com os atores do sistema do direito, do sistema político e do terceiro setor.

Podemos observar que esse quadro é diferente do período anterior. Tivemos dois parlamentares que estão no atual partido há apenas 3 meses e há 40 anos;

outros 32, 25 e 24 anos, o que releva uma fidelidade partidária por um lado e, por outro, a mobilidade. É interessante observar este dado, pois revela como os políticos mudam de partido em função de interesses privados e não coletivos, já que os eleitores não têm nenhuma participação nessa decisão. De qualquer forma, todos operadores dessa categoria trazem a questão da participação social como importante para efetivar a democracia, mas quando de fato os eleitores deveriam ser consultados, não são chamados exatamente por quem defende esta *participação*. Para esses períodos mais longos de permanência, percebe-se que a atividade política tornou-se profissão; além disso, é significativo o número de políticos que ou são filhos de outros políticos ou preparam seus filhos para os substituírem.

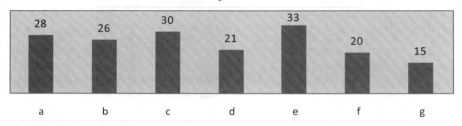

Fonte: Projeto de pesquisa "Democracia – inclusão/exclusão política nos sistemas políticos italiano, brasileiro e mexicano, coordenado pela professora Dra. Sandra Vial, desenvolvido na Unisinos, com fomento do CNPq e da FAPERGS. O gráfico representa parte dos resultados da fase empírica da pesquisa, que foi composta de entrevistas com os atores do sistema do direito, do sistema político e do terceiro setor.

Como podemos observar, a produção dos parlamentares em termos de elaboração e projetos de lei é alta. Na pesquisa, não investigamos a qualidade dos projetos, só a quantidade; porém, pesquisando os projetos apresentados, vimos que eles seguem os eixos da saúde, educação e segurança, ou seja, poucos são os projetos inovadores. Esses dados quantitativos são importantes; mas a pesquisa se interessa pelas questões qualitativas, nas quais os parlamentares – assim como as demais categorias – apresentam sugestões, críticas. Aparecem, em alguns casos, contradições com as próprias respostas e, em outros casos, novas possibilidades; por isso a técnica do DSC é oportuna. A seguir apresentaremos esses dados.

Identificação de projetos do partido político a longo prazo:

> [...] temos como foco educação e desenvolvimento de setores como agricultura. [...] A luta pela transformação da sociedade [...] igualdade entre todos os homens e mulheres [...] construção de uma sociedade mais justa, fraterna e solidária.

Vemos nesse discurso questões gerais e não identificamos diferenças entre os mais antigos e os mais jovens parlamentares. Possivelmente essa questão será respondida da mesma forma em outras realidades. Todos querem uma sociedade mais justa, fraterna, mas dificilmente identificam como ou através de que projetos isso é possível. Observamos que esse discurso traz pouco de novo ou surpreendente, apresenta apenas a forma banal da função de um partido político, sem dar conta do seu importante papel, pois é exatamente a partir do sistema da política que se pode implementar vários direitos sociais. A política tem claramente a função de tomar decisões vinculantes. É pensando na definição sistêmica de política e sua relação com o poder, que identificamos, em alguns casos, a transferência da função originária para um discurso *ideológico e ...*:

> La politica è strettamente associata al possesso e all'utilizzo del potere, che permette di realizzarne la funzione. Ciò non significa che tutte le comunicazioni politiche siano uso o minaccia di uso del potere, bensì che un sistema politico si forma, differenzia e autonomizza soltanto a partire della identificabilità di un potere capace di motivare ad accettare decisione vincolanti. Il medium potere ed il sistema politico si differenziano simultaneamente: così come la funzione politica richiede potere, il potere si stabilizza solo nell'ambito di un sistema politico.[13]

Em outros termos: o poder necessita do sistema da política para sua estabilização, a qual só é possível porque a política é um sistema social diferenciado funcionalmente, que opera a partir do seu código e que está aberto para os influxos que vêm de fora, os quais deverão ser processualizados, quando for o caso, pelo código interno da política.

Qual a principal demanda dos seus eleitores?

> [...] projetos nas áreas da educação/saúde e agricultura. [...] reivindicações de categorias. [...] Questões de ordem pessoal. [...] transporte e emprego. Atendimentos sociais, emprego [...] demandas de assuntos públicos, magistério, segurança, funcionalismo. [...] A busca da justiça social. [...] Segurança [...] Demandas junto ao governo do Estado e governo federal.

Note-se que os eleitores buscam nos parlamentares tudo aquilo que não conseguem resolver, de questões gerais a, sobretudo, questões de ordem pessoal. Em outros termos: exigem dos políticos aquilo que prometeram nos períodos eleitorais e que, no cotidiano, não conseguem dar conta. Todas as promessas feitas são cobradas do mesmo modo como são prometidas, e a expectativa de quem demanda é realmente a frustração; quando alguma solicitação é atendida, torna-se moeda de troca para as próximas eleições.

Quais são as dificuldades e necessidades enfrentadas para o cumprimento de suas metas?

> [...] a burocracia [...] Crise financeira no Estado. [...] As dificuldades são os trâmites regimentais. Morosidade do serviço público [...] pouco comprometimento dos poderes executivos [...] Parlamento não tem poder decisório, que pertence ao executivo.

Observamos, através dessas respostas, que as dificuldades estão sempre nos outros, destacando o papel da burocracia como um dos principais dificultadores para a efetivação de suas metas. Ora, é exatamente a burocracia reclamada pelos políticos que eles próprios reforçam. Mais do que isso, é necessário usar a burocracia para acabar com a própria burocracia. Também observamos nesse

---

[13]CORSI, Giancarlo; ESPOSITO, Elena; BARALDI, Claudio. *Glosario sobre la teoría social de Niklas Luhmann.* Trad. Miguel Pérez y Carlos Villalobos. México: Anthropos Editorial del Hombre, 1996. p. 175.

discurso a ideia de que *não há suficiente poder decisional.* Isso é contraditório, pois o sistema da política tem a função de tomar decisões que são coletivamente vinculantes. Além disso, quando eles propõem, colocam-se como defensores da transformação social, uma transformação possível, que vem sendo proposta de eleição em eleição. É exatamente neste ponto que está a fragilidade da nossa democracia, que defende a *participação social,* mas não se cria, ao mesmo tempo, espaços eficazes para esta participação.

Já trabalhou ou trabalha em parceria com algum outro grupo?

[...] Programa Agente de Comunidade, que resgata a cidadania das pessoas [...] condição para a consolidação da democracia [...] junto com a sociedade, nas comissões, nas comunidades [...] Círculo de amigos [...] Com movimentos sociais organizados. Diversos grupos, partidos, fóruns, associações e entidades em geral [...] orçamento participativo [...] Movimento político pela unidade, movimento gaúcho pelo trânsito seguro, conselhos tutelares [...] Entidades dos servidores, sindicatos de trabalhadores.

Todos os parlamentares trabalham com alguma parceria. Interessante que um dos parlamentares destaca que trabalhou conjuntamente com os Agentes Comunitários de Saúde, os quais não são rede ou parceria, conforme a questão respondida por eles. O que observamos é a disponibilidade para contar com apoios e, possivelmente, transformá-los em votos. Vemos também que existe, no discurso, muita disponibilidade de transformação social, muito desejo de uma cidadania qualificada e envolvimento dos parlamentares com movimentos sociais. Quando vemos o elenco de atividades desenvolvidas com *outros grupos,* vemos apenas um elenco, sem identificar trabalhos significativos em rede.

Dentro do seu âmbito de atuação existe algum setor da sociedade no qual as decisões do Estado não chega?

[...] Sim, pessoas de classes mais baixas de instrução e salário. [...] Aquelas que não se mobilizam não tem bons projetos e a qual o estado não prioriza [...] as vilas populares [...] minorias (negros, indígenas, etc.) [...] população pobre.

Na percepção dos parlamentares, o Estado está distante dos pobres, das minorias. Esperávamos, nessa questão, que esses operadores também se referissem ao papel que eles vêm desenvolvendo para aproximar o cidadão do Estado, mas, como em outras questões, a *culpa* sempre é dos outros. Note-se que os parlamentares não se consideram Estado; o difícil é identificar o que são, ou até o que pensam ser! Parece-nos que é exatamente nesses segmentos que as decisões do Estado aparecem claramente, ainda que não explicitamente, mas essa é a face da política pública que temos, esta é a face da sétima economia mundial. Quando esses segmentos aparecem, são sempre apresentados como *beneficiários* de algum programa social e nunca como atores do processo de construção da sociedade brasileira. Os negros e os indígenas ainda estão longe de serem valorizados pelas importantes contribuições que deram e continuam dando para a formação da cultura brasileira.

Fale do nível de democracia do Brasil:

Um país em evolução intelectual [...] Falta cultura política, acesso à informação política e instrumentos para a sociedade [...] É uma democracia nova [...] Falta de participação da população [...] nas decisões [...] O estágio atual reflete a necessidade de sua ampliação e aprofundamento, com a inclusão de maiores contingentes populares [...] O nível de democracia no Brasil tem melhorado no decorrer dos anos, mas está longe do ideal [...]

Nessa questão, os operadores do sistema legislativo foram muito prolixos, mas continuam direcionando para outras esferas a responsabilidade pela ausência de democracia. De modo geral, eles concordam dizendo que nossa democracia é ainda muito jovem, que ainda falta participação da população, que o déficit democrático está presente. Também esboçam um discurso de democracia ideal. Os entrevistados, constantemente, focam a questão da participação. Esse termo tomará força após os anos 60, com o aparecimento de vários movimentos sociais e sindicais, conforme Arnaud:[14]

[...] A visão substantiva do exercício da democracia, que não deveria restringir-se ao momento do voto, e a reivindicação pela democratização das instituições, nas quais as opiniões eram formadas, são contribuições da teoria da democracia participativa. Esta concepção procura orientar a formação de uma democracia mais sólida, na qual haja participação direta e efetiva do cidadão em processo decisório, no poder local e na distribuição de recursos públicos, reportando-se continuamente ao caráter educativo desta atuação.

Interessante observar que reclamam da falta de cultura política, sem perceberem que os maiores responsáveis por esse fato são os próprios políticos, pois, além de não contribuírem para o amadurecimento da democracia, repassam a cultura de uma democracia eleitoral. Tudo ainda centrado na possibilidade de votar e ser votado. É exatamente por isso que temos, no cenário brasileiro, vários políticos folclóricos, e outros que continuam apresentando propostas nada adequadas; é por isso que alguns modelos centralizadores ganham forma na América Latina.

Em pleno século XXI é inadmissível que as figuras carismáticas continuem tendo espaço. Não apenas tendo-o, mas utilizando esse espaço, ou seja, a coisa pública como privada, exatamente o que ocorria no período da descoberta do Brasil, quando *el rey* utilizava as terras brasileiras como se fossem o seu jardim.

Fatores que dificultam a efetivação da democracia:

A centralização do poder por parte de algumas autoridades políticas. Pouca instrumentalização e informação da população [...] Desrespeito a lei, falta de ética, moral e principalmente o zelo pela coisa pública [...] corrupção atrapalha [...] A falta de conscientização da sociedade com a importância do voto [...] falta de participação da população ao exercer cidadania.

Os elementos que obstaculizam a democracia novamente estão em outro lugar. É como se o legislativo não tivesse parte nesse assunto; falaram com regularidade da centralização das decisões, da população com pouca informação, da corrupção e também da *falta de conscientização da sociedade*. Isso chama a aten-

---

[14] ARNAUD, André-Jean. *Dicionário da globalização*. Rio de Janeiro: Lumem Juris, 2006. p. 123.

ção porque eles reproduzem falas do senso comum, dizendo que a sociedade não sabe, não conhece; porém, eles não se incluem nessa mesma sociedade, dizendo inclusive que a população não participa. Aqui podemos retomar as reflexões de Friedrich Müller:[15] quem é o Povo?

> [...] não está em pauta, em primeiro lugar, trabalhar o conceito de povo como tal. Está em pauta levar o povo a sério como uma realidade. Precisamente isso impede continuar tratando a democracia *somente* em termos de técnica de representação e legislação, bem como continuar compreendendo "kratein", que então se deve referir ao povo efetivo, *somente* do ponto de vista do direito da dominação.
>
> Por causa de "one man one vote", de uma afirmação que não é nenhuma norma superior sem alternativas, ao povo ativo e o povo enquanto instância de atribuição deve ser aproximado na medida do possível em termos de *política* constitucional [...].

A percepção da população quanto ao fato de os ocupantes de cargos políticos contribui para a democracia?

Para essa questão, temos três níveis de respostas:

> Sim, uma vez que os ocupantes dos cargos são um reflexo da representação dessa população.
> Nem sempre! O que existe na política é o reflexo da sociedade. Quando o eleitor escolhe mal, tem um custo muito alto. [...] voto mais consciente e qualificado [...]
> Não contribui, pois afasta a população do processo.

Note-se que, mais uma vez, os parlamentares referem-se à questão da sociedade como algo abstrato. No primeiro grupo de resposta, temos a ideia da contribuição, mas destacam que são *um reflexo da população;* no segundo grupo, deixam dúvidas, mas do mesmo modo que no primeiro bloco de respostas, vamos ter a *tal sociedade* como responsável; já o terceiro é mais crítico, dizendo que não há contribuição. Quando um parlamentar informa que a percepção da população é negativa, temos sérios problemas para a efetivação da democracia.

As instituições brasileiras apresentam-se como frágeis para a efetivação da democracia? Por quê?

> [...] as instituições estão se aprimorando, o STF prendeu um governador [...] evoluímos muito nesse sentido, mas é gradual. As instituições não são frágeis. O sistema é que é frágil [...] a democracia brasileira é jovem. Apesar desse pouco tempo [...] vem se formando um grande arcabouço institucional voltado à defesa dos direitos e garantias sociais individuais e coletivos, que apesar de necessitar de amplas e radicais reformas vem se robustecendo ao longo dos anos.

Aqui os parlamentares mostram que as instituições ainda estão aprendendo a democracia, citando como exemplo o fato de que *finalmente um político foi para a cadeia*, mas destacam a fragilidade das instituições em vários aspectos. Essa questão está relacionada com o nível de democracia que temos e a que queremos. Note-se que a fragilidade está exatamente na *fortaleza* da democracia; mais uma vez, o que combatem é o que precisam efetivar.

---

[15]MÜLLER, Friedrich. *Quem é o povo?* A questão fundamental da democracia. Trad. Peter Naumann. São Paulo: Max Limonad, 2003. p. 113.

B – Operadores jurídicos

Os operadores jurídicos entrevistados estão nos cargos de 8 a 30 anos, ou seja, todos têm um período significativo na função. Para nossa pesquisa, esse fato é importante na medida em que, no grupo anterior de políticos, entrevistamos sempre o parlamentar mais jovem e o mais antigo por partido.

Há quanto tempo exerce a função?

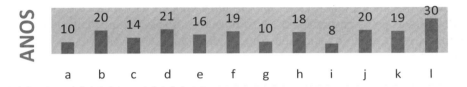

Fonte: Projeto de pesquisa "Democracia – inclusão/exclusão política nos sistemas políticos italiano, brasileiro e mexicano, coordenado pela professora Dra. Sandra Vial, desenvolvido na Unisinos, com fomento do CNPq e da FAPERGS. O gráfico representa parte dos resultados da fase empírica da pesquisa, que foi composta de entrevistas com os atores do sistema do direito, do sistema político e do terceiro setor.

As decisões do Judiciário e as contribuições para a efetivação da democracia:

> Acredito que quanto mais os processos judiciais se tornarem participativos e [...] houver outros espaços de soluções conflitos, possibilitados pelo próprio Judiciário, será exercida a democracia com o fortalecimento da cidadania. Assegurando os direitos fundamentais do cidadão. As decisões [...] auxiliam no processo de efetivação da democracia quando elas contribuem para dar eficácia às leis constitucionais e as leis que favorecem a cidadania [...] As decisões são instrumentos de controle do poder público. É um espaço de participação. Através de decisões que garantam a participação do povo nas atividades políticas, da efetivação de Direitos [...] e de ações que combatam o abuso praticado pelo poder estatal, pelo poder econômico ou pelos meios de comunicação [...] Há um processo [...] novo [...] de participação do judiciário [...]

Certamente todas as decisões tomadas na sociedade auxiliam ou impedem o avanço da democracia. Os operadores do direito têm sim um papel importante, especialmente em função da crescente judicialização de várias demandas sociais. Essa questão vem sendo muito explorada, pois vivemos um processo de inflação do e no Judiciário. As questões que chegam até *as portas do judiciário* nem sempre são questões complexas que necessitam da intervenção do sistema do direito, mas com a crescente demanda, foram criadas algumas expressões que tentam explicar esse fenômeno: a *judicialização da política e a politização do judiciário*. Alguns autores[16] apresentam preocupações com esse rumo de judicialização e

---

[16] Dentre esses: CAMPILONGO, Celso Fernandes. *Política, sistema político e decisão judicial*. São Paulo: Max Limonad, 2002. p. 45.

politização, pois pode *acarretar o aumento da produção de danos imprevisíveis e irreversíveis, que o leque de possibilidades da estrutura política poderia ter evitado.*

Advertem ainda para a importância da participação e da cidadania e mostram que através de uma participação qualificada é possível a efetivação dos direitos, ou seja, os operadores do direito reconhecem seu papel, mas, assim como os operadores do legislativo, dirigem para a sociedade uma parte dessa responsabilidade. Assim como os operadores do legislativo, também os operadores jurídicos referem-se à questão da participação, algumas vezes, de modo banal, no sentido de que nem sempre podemos pensar que é possível uma participação em algumas instâncias, que esse *espaço de participação* não aparece bem definido e delimitado pelos entrevistados. Nos discursos que estamos analisando, a participação vem sendo relacionada com a cidadania, com o controle social, maior inclusão, com a efetivação de direitos, etc.

Fatores que dificultam a efetivação da democracia:

[...] A desigualdade social [...] A própria questão do assistencialismo e a falta de qualidade na educação [...] que vejo como os mais significativos, são de duas índoles: a) Econômicos – Não existe democracia onde há desigualdade de renda; b) Culturais – O Brasil é um país que pelo processo histórico passou mais tempo em regimes não democráticos do que propriamente democráticos, isso deixa uma herança cultural nas instituições e na própria memória da população[...] Primeiro é a dependência sócio econômica gerada pela extrema desigualdade que existe no país. Segundo é a existência de vícios anti-republicanos, como o proselitismo, o nepotismo, a existência dos chamados "currais eleitorais", praticas existencialistas e populistas[...] globalização financeira, herança do patrimônio político e a falta de compreensão de um Constitucionalismo democrático por parte do operador do direito [...] O f ator principal é a falta de educação. A partir daí a pessoa cria a consciência cidadã de preservação do espaço público como algo que vem em benefício da sociedade e não como um meio de retirar a sua liberdade [...] A falta de cumprimento das políticas publicas de proteção social [...] Clientelismo, paternalismo, populismo, demagogia, impunidade, tolerância, corrupção, "jeitinho", burocracia [...]

Nessa e em outras questões, observamos que nossos entrevistados desse grupo aprofundaram-nas, deram respostas mais longas e mais complexas que os operadores do sistema legislativo, indo além de questões como a pobreza e a desigualdade social, trazendo para a discussão o não cumprimento das políticas públicas, o fenômeno da globalização. Embora tenhamos uma pluralidade de respostas, todos veem a importância de uma participação cidadã como fator limitador para a efetivação da democracia.

A democracia somente apresenta pontos positivos?

[...] a democracia é o melhor de todos os regimes, não é perfeita, pois não existe regime perfeito, mas a democracia é o que mais defende e garante os direitos fundamentais [...]apresenta positivos e negativos. Os positivos estão mais ligados à ideologia que constrói o processo de participação popular e de decisões coletivas. Do ponto de vista ideal é impossível viver em uma sociedade que não respeite os princípios democráticos básicos. Um dos pontos negativos a serem apontados é que a democracia pode legitimar decisões que não correspondem a uma justiça mais adequada, por que nem sempre a vontade da maioria constitui uma resposta justa para determinado situação, por exemplo, os interesses de grupos minoritários vulnerabilizados por questões sociais, econômicas e culturais[...]A pior democracia é melhor do que a ditadura, pois há sempre a possibilidade de reverter situações não favoráveis[...]

A democracia é, para esse grupo, o melhor regime, ainda que falte muito para sua efetivação plena, pois é somente através da democracia que temos mais democracia. Os operadores do direito colocam também os cuidados que são necessários para que esse regime não tome decisões que legitimem uma justiça inadequada. Em todas as respostas, vemos a defesa da democracia, o que também podemos observar em várias teorias contemporâneas. Pensar nas questões apontadas pelos entrevistados implica a reflexão sobre qual democracia estamos falando, conforme Sola:[17]

[...] como situar-se ante a questão da reforma do estado – e ante a questão democrática – a partir de teorias e de receituários com pretensões universalistas, e por isso abstratos, válidos indistintamente para países e regiões tão diversas? De qual democracia se fala, da democracia possível, política e economicamente viável, ou daquela a que aspiram as sociedades envolvidas; ou ainda aquela desejável pelo sujeito da oração? (Quão credenciado e por quem?)

Evidentemente os entrevistados trazem questões gerais, do tipo *a pior democracia é melhor do que a ditadura*, sem apresentar uma preocupação maior com o tipo de democracia possível, com o que se faz em nome da democracia e da ocidentalização do mundo. A mesma autora – Lourdes Sola – conclui o artigo citado com oportunas reflexões sobre a ressignificação da democracia, abordando a necessidade de avaliar as democracias existentes e suas efetivas características democráticas, como se dá a relação Estado e sociedade, entre outros aspectos. Destaca ainda a importância de apreendermos com os processos democráticos na América Latina. Para ela:[18]

[...] a ressignificação do termo democracia deriva da necessidade de explicar as razões do hiato entre as características observadas das democracias realmente existentes de um lado; e, de outro, critérios de desempenho que integram, em um determinado mix, a dimensão prescritiva que é inerente ao termo democracia.

Formas de ampliar a participação da população nas decisões jurídicas:

[...] Não são todas decisões jurídicas das quais a população pode participar, por se tratar de decisões técnico-jurídicas. Porém aquilo que cabe à população, seria necessário mais informação para a população[...]Fazendo com que as políticas de proteção social cheguem a ela, tornando-a mais autônoma.[...]Pela melhor qualificação dos operadores jurídicos mais próximos da população[...] Através de um sistema de direito processual mais flexível e aberto a participações e pela inclusão das ações coletivas[...]O povo outorgou ao Estado a função julgadora. Esse foi um avanço da civilização. O que antes se resolvia por embates pessoais passou-se a nomear um terceiro para resolver conflitos [...]

Essa é uma questão muito complexa, pois sabemos que não é a população que toma as decisões jurídicas; porém, existem decisões nas quais a participação do cidadão, através de audiências públicas, pode ser oportuna. Passada a onda po-

---

[17] SOLA, Lourdes. Reformas do Estado para qual democracia? In: *Sociedade e Estado em transformação*. PEREIRA, L. C. B.; WILHEIM, J; SOLA, Lourdes (orgs). São Paulo: Editora Unesp, 2001. p. 23.

[18] Ibidem, p. 49.

pulista, vemos que os operadores do direito questionam a participação social nas decisões, mas continuam afirmando que é através dela que teremos a efetivação de políticas públicas. Identificam inclusive formas e locais onde a população poderia ter algum tipo de participação. Também, em muitos casos também as ações coletivas podem diminuir o déficit democrático ou mesmo aumentar o acesso ao Judiciário.

C – Organizações não governamentais

As organizações não governamentais, ao lado de outras instituições como sindicatos, clubes e movimentos sociais organizados constituem importante canal para a efetivação de políticas públicas. Foi por esse motivo que incluímos na pesquisa empírica esse segmento. As respostas obtidas foram interessantes e aparecem sistematizadas também através do discurso do sujeito coletivo.

De que modo as ações dessa ONG auxiliam no processo de efetivação do conceito de democracia?

> [...] Quando buscamos políticas públicas que democratizem o acesso a justiça [...] informamos as pessoas sobre seus direitos [...] contribuir para ampliar a participação social [...]

Nos últimos anos, muito se tem falado sobre o papel do terceiro setor, sua importância para a efetivação da democracia. Diante das mudanças ocorridas na sociedade atual e diante da inércia do Estado em algumas frentes (desregulação estatal), faz-se necessário que a própria sociedade se organize, e é nesse cenário que o terceiro setor ganha espaço, na condição de ter um compromisso social e político com a comunidade,[19] muitas vezes de cunho concretizador de direitos. Porém, o papel do Estado não pode ser fragilizado ou transferido para outros setores. Importante são as reflexões de Adam Przeworski:[20]

> As dificuldades para fazer respeitar a lei universalmente podem não ser devidas à estrutura organizacional do Estado, mas às condições sociais e econômicas com as quais o Estado se defronta. Talvez numa sociedade com alto padrão de desigualdade, nenhuma instituição estatal possa fazer respeitar suas leis de forma universal mesmo na presença de mecanismos institucionais verticais e/ou horizontais bem desenhados e estruturados. Assim, a reforma das instituições estatais, mesmo se amplamente concebida, como no caso brasileiro, não somente em termos administrativos, como também em termos políticos, pode não ser suficiente para superar as desigualdades políticas na presença de grandes desigualdades economias e sociais.

O que pode potencializar as ações desenvolvidas pela ONG para a realização das atividades ou necessidades futuras?

> [...] Desenvolver um plano de sustentabilidade [...] Bons parceiros [...] Engajamento da população [...] Bons parceiros [...] Engajamento da população [...]

---

[19] CABRAL, Heloísa Helena de Souza. *Terceiro Setor* – Gestão e controle social. São Paulo: Saraiva, 2007.

[20] PRZEWORSKI, Adam. O Estado e o cidadão. In: *Sociedade e Estado em transformação.* PEREIRA, L. C. B.; WILHEIM, J; SOLA, Lourdes (orgs). São Paulo: Editora Unesp, 2001. p. 325.

O setor entrevistado que mais refletiu sobre a possibilidade e a efetividade de redes foi esse. As ONG's atuam muito no sentido de cooperação e colaboração; as atividades desenvolvidas em rede são importantes para a potencialização das ações das ONG's. Elas falam também da participação social como determinante para a efetivação da democracia. Observamos que as ONG's muitas vezes desenvolvem suas atividades contando com o apoio de vários segmentos, mas é preciso recordar que as formas de organização que caracterizam o *ethos* moderno são os espaços para tomada de decisões. Parece óbvio que qualquer impulso para uma maior participação da sociedade nas decisões que têm a ver com modelos reais de poder político, se não tem como suporte uma estrutura organizacional, torna-se retórico e até demagógico, além de potencializar nos fatos as decisões de grupos particulares com respeito ao tipo de democracia que convém nos lugares. Sobretudo, quando os conceitos como democracia se homologam mecanicamente com a ideia de participação ou governabilidade.

Você conhece algum trabalho de rede, ou já está afiliado a outros órgãos de rede? Qual?

Sim [...] rede de Educação Jurídica Popular, Rede Feminista de Saúde, CLADEM, Jornadas pelo Direito ao Aborto, Rede de Homens pela Equidade de Gênero, Observatório Lei Maria da Penha, Observatório Mercosul de Direitos Humanos[...]rede de saúde e de assistência municipal[...]rede Feminista de Saúde, RSMLAC[...]Participamos dos Fóruns e Conselhos, desenvolvendo ações em redes articuladas[...]Fundação Nacional da APAE[...]PPV, Brasil sem grades, CLIP[...]

Os entrevistados mostram e relatam como resolvem as questões que são demandadas através das mais diferentes redes, as quais ultrapassam os limites do Estado-Nação. O que podemos observar é que o movimento de globalização é realmente bastante importante para o fortalecimento das instituições e para a consolidação de redes. As possibilidades de comunicação ampliam-se e, dessa maneira, o papel dessas instituições toma nova forma, ou seja, a globalização também pode ter como pressuposto a paz e a solidariedade global, e isso pode se tornar realidade a partir da atuação dessas instituições, conforme Arnaud:[21]

As organizações não-governamentais constituem reflexo do crescente processo de democratização no âmbito interno e internacional. Invocam a reinvenção da sociedade civil, na voz plural dos diversos movimentos sociais, que apresentam demandas e reivindicações próprias. No contexto da globalização, de um lado, há o fortalecimento dos mecanismos de comunicação global entre as organizações não-governamentais, a partir de uma rede cada vez mais densa de entrelaçamentos. Por outro lado, no cenário da globalização há a afirmação de lutas democráticas transnacionais, a partir de um internacionalismo solidário e de uma democracia cosmopolita, que propõe uma globalização contra-hegemônica.

São exatamente esses pressupostos que movem as ONGs entrevistadas, ou seja, a possibilidade de construir redes de inclusão social, e é por isso que focam a participação, ainda que o conceito de participação não seja absolutamente claro.

O Brasil é um país democrático? Explique.

Sim [...] é democrático politicamente, mas não socialmente, em função das profundas desigualdades sociais e econômicas [...] mas precisa ampliar a participação da população [...]

---

[21] ARNAUD, *Op cit.*, p. 328.

Interessante que os entrevistados tratam de uma democracia não completa. Ela está presente em termos eleitorais, mas não sob a perspectiva social, das políticas públicas. Ferrajoli fala da democracia formal e substancial, ou melhor a democracia constitucional, no Estado moderno, que se configura como um paradigma complexo que inclui duas dimensões:

- *dimensão formal* (política), que atenda os princípios da soberania popular (vontade popular), como método de regras procedimentais que asseguram a representatividade popular relativo ao sufrágio universal e o princípio da maioria.

- *dimensão substancial*, vinculada à realização dos direitos fundamentais pelo Estado, que fazem parte da essência da democracia, cujas decisões devem obedecer os *limites* [o que é proibido] e os *vínculos* [o que é obrigatório].

Exige-se que as decisões políticas sejam vinculadas àquelas necessidades, àquelas imunidades e àqueles poderes de todos, calcados nos direitos fundamentais e que formam a essência da democracia. Esses *vínculos* são normas substanciais que dizem respeito ao conteúdo das decisões políticas (o que confronta a ideia de democracia como mero método de regras procedimentais que asseguram a representatividade popular relativo ao sufrágio universal e ao princípio da maioria).

Os entrevistados também reforçam as *profundas* desigualdades sociais com elementos que impossibilitam a democracia plena, mas continuam trazendo a questão da participação da população. É o que já tratamos anteriormente, mas reforçamos, pois a ideia que se tem sobre democracia, está relacionada com as organizações que temos – ou não temos – e, em função disso, quando temos organizações frágeis estruturalmente, elas se orientam por uma lógica patrimonial (ex. máfia, coronelismo, caudilhismo), favorecendo crescente insatisfação e desconfiança em relação às expectativas com o sistema da política e do direito, sobretudo em função das chamadas democracias eleitorais, em que a participação parece iniciar e terminar com o voto.

Nesse sentido, a ideia de democracia é usada para cobrir diferentes conceitos e modos de operação que levam à permanente reclamação da participação, reclamação de exclusão frente à burocracia, e, logicamente, geração de organizações para lutar contra essas mesmas formas de exclusão. Organizações que, não obstante, são regradas por essas lógicas de frágil estruturação e cuja operação está definida pelo personalismo ou patrimonialismo.

Quais são os principais objetivos da ONG?

[...] diminuir as vulnerabilidades sociais [...] Contribuir para o fortalecimento da gestão democrática [...] Fortalecer organizações de base comunitária [...] Socialização de informações alternativas [...] Diminuir a criminalidade através de políticas públicas de anti-violência e planejamento familiar [...] Promover, desenvolver, e articular ações nas áreas da saúde, educação e assistência social para pessoas com deficiência intelectual [...]

Esse discurso fala por si, ou seja, embora na questão abaixo os entrevistados digam que as ONGs não substituem o Estado, o que observamos através dos próprios discursos é que eles cumprem uma função de Estado. Além de atuarem em áreas específicas, eles propõem também uma articulação em rede, envolvendo os diversos setores governamentais.

Em todas as entrevistas, vemos respostas positivas, mas com ressalvas, ou seja: é evidente que a democracia implica processos participativos, em redução das desigualdades sociais, na possibilidade de votar, na liberdade. Além disso, nossos entrevistados desse segmento reforçam a importância do Judiciário, Executivo e Legislativo para a garantia da democracia. Reconhecem, no trabalho que desenvolvem, uma forma importante de contribuir para que se tenha uma sociedade efetivamente democrática. Nesse quesito, as ONG's foram precisas: suas contribuições vão desde o acesso à informação até o fortalecimento das instituições estatais. Revelam a importância da formação da cidadania e a gestão da cidade: a *ONG trabalha para que o governo cumpra seu papel.* Isso fica claro no DSC das ONG's quando indagadas se elas substituem a função do Estado? Por quê? Veja-se o que dizem: [...] Não, apenas auxiliam [...] As ONGs devem atuar em ações complementares às do Estado [...]

Parte II – Análise do discurso do sujeito coletivo das perguntas comuns aos três atores entrevistados

Qual o papel do sistema da política para a efetivação da democracia?

Para o ator legislativo, essa questão é vista do seguinte modo:

Promover a participação popular na política e a inclusão social [...] Purificar os partidos, bem como modificar as regras das eleições [...] fiscalização da máquina pública [...] O atual estágio da democracia brasileira aproxima-se de seu esgotamento [...] São necessárias grandes reformas [...]

Percebe-se que o destaque da resposta é para a participação popular, bem como para uma profunda reforma no modelo democrático, exacerbando a necessidade de transformações profundas no âmbito da legislação eleitoral, com o intuito de "limpar, purificar" os partidos políticos. A participação popular é condição de possibilidade para a efetivação da democracia, é um processo de construção.

Já para os operadores do direito, a ideia é distinta:

[...] o fortalecimento dos partidos políticos, sindicatos e entidades em geral da vida civil [...] estabelecer no país uma política clara de educação e formação de cidadania [...]

No discurso do ator jurídico, percebe-se uma forte inclinação para o fortalecimento da sociedade civil na vida política, seja por meio dos partidos políticos, seja pelas instituições da vida civil, mas, em ambas as situações, o intuito é o mesmo: fortalecer a democracia. No entanto, para que haja tal fortalecimento, é necessário fomentar a educação, pois sem ela não há como falar em uma participação social consciente. Resta o questionamento: como um cidadão que não sabe sequer ler ou escrever vai conseguir de fato participar, e de modo ativo, na concretização da sua própria cidadania? Resta claro que o investimento na área da educação é condição essencial para a efetivação da democracia e cabe, também, ao legislativo priorizar isso.

Para o terceiro setor, temos a seguinte perspectiva:

[...] Conservar as instituições democráticas [...]

Nota-se que a resposta dada foi muito simples por um lado e, por outro, enfatizam a necessidade de instituições democráticas para garantir a própria democracia. Assim como as ONG's, os operadores políticos têm o dever de dialogar de forma clara e transparente com a população. A política deve concretizar os projetos que foram escolhidos por meio do sufrágio, conservando, dessa maneira, as instituições tidas como democráticas, pois só haverá uma real democracia quando aquilo que motivou a escolha dos agentes políticos pela população for concretizado.[22]

Qual o papel do sistema do direito para a efetivação da democracia?

Para o ator legislativo, temos o seguinte DSC:

Fazer valer a lei. Criar mecanismos de participação das pessoas, tanto nas decisões políticas como na fiscalização das ações dos Poderes [...] Exigir o cumprimento das leis e transparência e impessoalidade [...] para quem ocupa cargos políticos [...]

Nota-se que há certa dose de ingenuidade e um retorno ao formalismo, pois na resposta "fazer valer a lei" percebe-se que a pretensão de que a lei resolve tudo ainda é existente. A ideia de produzir leis para resolver os problemas da sociedade é uma falácia normativa ou até mesmo formalista; é, pois, um retrocesso. É notório que o direito, por si só, não dá conta da concretude dessas leis, bem como o legislativo também não alcança esse êxito sozinho: é necessário diálogo e atuação intersetorial. A participação popular, na perspectiva desse segmento, assume um papel especial, ou seja, o papel de fiscalização das ações dos poderes públicos. Há, também, uma preocupação ética com a atividade do agente político, na medida em que aparecem nitidamente, no discurso, a transparência e a impessoalidade nas ações. Assim, na política, deve prevalecer o interesse público e não o interesse pessoal ou de um determinado grupo, pois o próprio modelo no qual nossa democracia está assentada é o representativo. Essa representação deve ser do povo e não de "interesses" pessoais.

Para os operadores do direito, temos o seguinte quadro:

[...] se, por sistema do direito, compreendermos o conjunto de direitos fundamentais [...] as instituições encarregadas da efetivação desses direitos [...]Funcionam como um agente garantidor da própria democracia[...]

A compreensão de direito como sistema que abarca direitos fundamentais é, talvez, uma perspectiva diversa daquela que se pretendeu na pergunta, mas é

---

[22] BARBOSA, Maria Nazaré Lins. *Instituições democráticas e o terceiro setor no Brasil.* Disponível em: http://www2.oabsp.org.br/asp/comissoes/terceiro_setor/artigos/pop06.htm. Acesso em: 07/09/2010.

necessária para expressar a ideia do discurso dos operadores do direito: agente garantidor da democracia. Dessa forma, concretizar a democracia é também concretizar direitos fundamentais. Não é possível falar em democracia se sequer conseguimos ter direitos mínimos efetivados. Nesse sentido, é oportuna a consideração de Ferrajoli[23] acerca dos direitos fundamentais:

> Se un diritto fondamentale è rivendicato da taluni, allora esso è rivendicato per tutti. È sulla base di questa solidarietà, conseguente all'universalità e all'indivisibilità dei diritti fondamentali, che si sviluppano l'amor proprio, cioè il senso della propria identità di persona e di cittadino, insieme, il riconoscimento degli altri come uguali.

O reconhecimento e a concretização dos direitos fundamentais são condição de possibilidade para falar-se em democracia, são direitos essenciais à pessoa humana. É, também, concretizar a cidadania.

Já no ator terceiro setor, tem-se o seguinte:

> [...]Assegurar a garantia dos direitos[...]

O discurso das ONG's sobre o papel do direito para a efetivação da democracia é muito simples, mas abrange um assunto muito complexo. As ONGs assumem, muitas vezes, o dever de fazer valer os direitos dos hipossuficientes, papel esse que deveria ser do Estado. O direito assume uma posição de efetivação dos direitos, de fazer valer aquilo que o legislador determina como lei, tudo que é positivado, mas o sistema do direito assume um papel nem sempre tão pacífico, que é quando os direitos não são respeitados, quando é necessário fazer valer as formas de garantir esses direito, de garantir uma sociedade democrática e justa.

Considerações finais

A percepção de que a democracia é um valor universal, que, segundo Amartya Sem,[24] herdamos do século anterior, diz muito, assim como todas as observações habermasianas sobre democracia, em especial no texto o Ocidente dividido (2005), no qual o autor alerta para a divisão do ocidente a partir do *perigo do terrorismo internacional* e do desrespeito aos Direitos Internacionais por alguns países centrais. Especialmente quando trata dos direitos dos cidadãos do mundo em uma sociedade cosmopolita. Para Habermas,[25] a noção de cosmopolitismo é muito mais ambiciosa.

---

[23] FERRAJOLI, Luigi. *Principia iuris*. Teoria del diritto e della democracia. Teoria della democrazia. v. 2. Editori Laterza: Roma-Bari, 2007. p. 64 " Se um direito fundamental é reivindicado para alguns, então esse é reivindicado para todos. E com base nesta solidariedade, conseguinte a universalidade e a indivisibilidade dos direitos fundamentais, que se desenvolvem através do amor próprio, isto é o sentido da própria identidade dos cidadãos, junto ao reconhecimento dos outros como iguais". Tradução livre.

[24] SEN, Amartya. *Globalizzazione e Libertà*. Milano, Arnoldo Mondadori Editore S.p.A., 2003.

[25] HABERMAS, Jürgen. *L' Occidente diviso*. Tradução: M. Carpitella. Roma: Laterza, 2005. p. 117. Veja-se o que o autor diz a respeito: [...]perché traspone dal piano nazionale a quello internazionale la positivizzazione dei diritti civili e di quelli umani. Il nucleo innovativo di quest'idea sta nella conseguenza rappresentata della conversione del diritto degli Stati in un diritto cosmopolitico in quanto diritto di individui [...].

As reflexões que apresenta o entrevistado são relevantes, pois encaminham para a necessidade da construção de uma sociedade capaz de dar conta da sua alta complexidade, na qual a democracia é possível e, portanto a possibilidade da efetivação de uma sociedade mais solidária e/ou fraterna como propõe, por exemplo, Eligio Resta, é real. Pensar em outra sociedade só é possível a partir da própria sociedade. Outros autores, como Nadia Urbinati, fazem outro tipo de observação sobre a possibilidade da democracia cosmopolita ser democrática. A autora propõe uma reflexão crítica, sobretudo, sobre o projeto de governo global.[26]

Entretanto, o que é e como se pode refletir sobre o conceito de democracia? Democracia não é o domínio do povo sobre o povo. Não é autorreferência consubstanciada no conceito de domínio. Não é tampouco a superação do domínio, a anulação do poder pelo poder. Em uma linguagem teórica vinculada ao domínio, essa é a única possibilidade de expressar a autorreferência; e isso poderia ser também o motivo pelo qual a palavra "democracia" tem sobrevivido. A suposição de que o povo possa governar-se assim mesmo é, sem embargo, teoricamente improvável.

Um dos problemas que se mostra evidente nas respostas dos entrevistados é o acesso ao direito a ter direitos. Em regiões como Brasil, México e boa parte da Itália – assim como de outros países fundadores da União Europeia –, temos uma diferenciação social muito forte, com isso as formas de exclusão se acentuam, pois fica difícil para as Organizações proverem a todos, acesso igual e universal, as oportunidades institucionais apresentam-se do mesmo modo que o processo paradoxal de exclusão, ou ainda, mais preocupante são as vias de inclusão social que ocorrem através, não da inclusão propriamente dita, mas da exclusão social. O processo de acesso aos direitos não se dá de modo automático, muitas vezes o sistema do direito á chamado a dar resposta que, não raras vezes está preparado para dar, mas tem que decidir. As decisões tomadas – mesmo as não decididas – implicam vínculos com o futuro na medida em que obrigam outros sistemas a implementar tais medidas, que para o agravamento da situação, nem sempre são coletivamente vinculantes, reforçando a velha prática de decidir indivudualmente questões coletivas. Entre esses, também se torna paradoxal a possibilidade de acessar os canais jurídicos para tutelar o interesse de todos.

No âmbito jurídico, insiste-se, com frequência, sobre o fato de que os tribunais e as instituições administrativas devam garantir a certeza do direito. De

---

[26] Cumpre destacar o que o autor enfatiza sobre o tema: "A minha objeção, motivada a parte de premissas democráticas, que colocou em dúvida a necessidade e o desejo de transformar o mundo em um espaço político unificado. Os teóricos da democracia cosmopolita não se limitam a solicitar democracia 'no interior' e 'entre' os Estados; muito mais radicalmente, esse a entendeu como necessária para constituir um corpo político planetário dotado do poder de legislar, de administrar e de intervir militarmente" La mia obiezione, mossa a partire dai premesse democratiche, mette in dubbio la necessita e la desiderabilità di transformare il mondo in um spazio político unificato. I teorici della democrazia cosmopolitica non si limitano a chiedere democrazia 'al interno' e 'tra' gli Stati; molto piu radicalmente, essi La ritengono necessária per costruire un corpo politico planetário dotato Del potere di legiferare, di amminstrare e di intervenire/coatare militarmente", (URBINATI, Nadia. La democrazia cosmopolitica può essere democrática? In: *Globalizzazione e diritti futuri*. FISTETTI, R. F. [et al.]. Roma: Manifestolibri, 2004. p.305.)

fato, supõe-se que somente a atividade decisional é garantida; a população pode esperar qualquer coisa como justiça ou também simplesmente tutela jurídica. A suposição, naturalmente, é sensata, todavia não leva em consideração um aspecto insidioso típico de zonas com fortes desigualdades sociais.

Quando falamos de certeza do direito, não podemos entender qualquer coisa como a certeza de uma decisão justa e nem mesmo a certeza de uma decisão correta. O termo "certeza" pode referir-se exclusivamente ao fato de que as decisões são tomadas, mas não à sua qualidade. Um tribunal, em outras palavras, funciona quando decide, mas não quando é justo.

Ora, o problema é que os procedimentos administrativos e judiciais são programados para evitar que qualquer fator não diretamente pertinente ao caso em estudo (causa, conflito, crimes ou outros) possa influenciar de qualquer modo a decisão. Os procedimentos, em outros termos, são extremamente seletivos, porque somente assim podem construir incerteza a respeito de como se decidirá. A certeza do direito pressupõe incerteza sobre quem terá razão e quem não tem razão na causa.[27]

É exatamente por isso que o direito aterroriza sempre quem está envolvido em qualquer disputa, aterroriza, sobretudo, quem está convencido de ter razão. Para o juiz, não pode ter nenhuma relevância a razão de uma das partes, mas para quem vive em contextos de marginalidade, talvez não haja instrumentos ou recursos para gerir um procedimento judiciário, e essa imparcialidade dos órgãos judicantes pode se tornar um forte fator de desmotivação. Isso explica porque as camadas mais baixas da sociedade preferem, muitas vezes, recorrer às formas locais de jurisdição, confiando no conhecimento, parentesco, contatos pessoais e recorrendo a figuras particularmente *importantes* (chefes, caciques). Esperando que essa *rede* possa ser levada em consideração, especialmente aqueles fatores que no Tribunal são neutralizados (como, por exemplo, as relações de familiaridade, visibilidade social ou grau de inserção social na comunidade local).

Falar da participação no âmbito jurídico é tão compreensível quanto inútil. É por isso que, nas entrevistas realizadas, aponta-se constantemente para a possibilidade de recorrer a mediadores, então a possibilidade de compor os conflitos de maneira extra-judiciária, mas legal, ou de favorecer questões coletivas e não ações individuais, são formas para minimizar aquele obstáculo muito grande, que ocorre exatamente porque o direito *quer e deve* garantir a certeza da decisão.

De modo geral, observamos, nas entrevistas, uma contínua referência à participação; deseja-se que os cidadãos participem mais da vida pública e da discussão política e entende-se que a participação é um fator que caracteriza a democracia. Na realidade, a correlação entre participação e democracia não é tão imediata. Nos países considerados mais estáveis do ponto de vista político democrático, a participação (como, por exemplo, nas eleições) é muito baixa e tende a reduzir sempre mais. É possível *concorda*r que isso não seja uma coisa positiva,

---

[27] LUHMANN, Niklas. *Das Recht der Gesellschaft.* Frankfurt: Suhrkamp, 1993.

A possibilidade da democracia e os seus limites na sociedade atual

mas, por outro lado, não se coloca em dúvida a democracia norte-americana, alemã ou a canadense somente porque o percentual de cidadãos votantes é baixo ou pela falta de ativismo político.

Percebe-se, então, que a insistência na questão da participação por parte dos entrevistados de todos os grupos é um reflexo do problema da exclusão social. Provavelmente é a dramaticidade desse problema que leva a entender a participação como um fator decisivo para a vida política brasileira. Assim, pensa-se que há de se fazer tudo para acessar a vida pública, facilitar a comunicação, formar e difundir ideias coletivas.

Porém, também aqui observamos um aspecto contraditório, senão paradoxal, que devemos evidenciar: os instrumentos que podem ser utilizados para favorecer a participação são relativamente poucos: associação, partidos, instituições de mediação e de comunicação pública e outras formas do mesmo gênero. Ou seja, as administrações podem intervir na opinião pública somente mediante suas organizações e podem esperar mudanças de certas situações somente através de recursos organizativos. Porém, a forma organizacional é sempre uma forma muito seletiva: nem todos podem fazer parte e não podem decidir como desejam. Existem programas (relativamente precisos) e pessoas com as quais se devem justificar.

Então, por muitos aspectos, a política pode utilizar somente aqueles instrumentos que gostaria de eliminar: é possível lutar contra a burocracia somente com a burocracia; ao mesmo tempo, pode-se tornar flexível uma estrutura organizativa, mas com a condição de aceitar o risco de uma menor transparência.

Talvez não seja por acaso que as zonas mais difíceis do ponto de vista social, onde a política mostra características peculiares, onde muitas vezes, nota-se pouca alteração no vértice (como por exemplo: PRI no México, na DC na Itália e no PMDB no Brasil). Temos uma forte personalização da discussão pública, pouca legitimação dos órgãos administrativos e baixa especificação funcional – e exatamente nesses contextos que se reclama maior participação!

— XIV —

O solipsismo jurídico e o (des)controle das políticas públicas

TÊMIS LIMBERGER

Sumário: 1. Introdução; 2. A necessidade de ressignificar o Estado Democrático de Direito, após a maioridade da CF; 2.1. Política pública como mandato de Estado, e não de governo; 2.2. Do Estado dirigista ao Estado estrategista; 2.3. A fuga do direito administrativo compromete a estrutura dos controles clássicos do Estado; 2.4. A figura da rede tende a substituir a figura da pirâmide; 3. As transformações do direito; 3.1. Questão do mínimo existencial *versus* custos; 3.2. Burocratização das estruturas; 3.3. Audiência Pública nº 4 do STF; 3.4. Crítica e proposição de outros critérios: a importância das ações coletivas; 4. A democracia e a impossibilidade de subsistência do solipsismo jurídico.

1. Introdução

Existem inúmeras demandas judiciais que envolvem o direito à saúde no Brasil, mas isto significa que existe um controle judicial da política pública que envolve o direito à saúde? Não, trata-se de duas assertivas distintas. De um lado, o Poder Judiciário tem recebido diversas ações que pleiteiam medicamentos, leitos em hospital, etc. Estas demandas, quando foi editada a Constituição cidadã, serviram como mecanismo de pressão para alavancar a questão que envolve a implementação dos direitos sociais, porém não significam um controle judicial sobre as políticas públicas.

Este debate, a princípio, serviu para trazer ao judiciário atos que não eram revistos sob o manto do dogma da discricionariedade administrativa. Atualmente, porém, é uma apreciação pontual de determinado caso – microjustiça – que, geralmente, desborda dos parâmetros constitucionais e não interfere nas questões mais abrangentes. São decisões, por vezes, descontextualizadas e calcadas no subjetivismo judicial, o denominado solipsismo jurídico.[1] Estas manifestações ao invés de alavancar a resolução do problema acabam por atravancá-lo.

Política pública envolve definição e estatuição de programas governamentais que servem para implementar os comandos constitucionais, principalmente, no que diz respeito aos direitos fundamentais. As políticas públicas se constituem

---

[1] STRECK, Lenio Luiz. *O que é isto* – decido conforme minha consciência. Porto Alegre: Livraria do Advogado, 2010, p. 104.

a partir de programas de Estado e são desenvolvidas por ações governamentais, que envolvem os poderes legislativo e executivo, principalmente.

No Brasil, por uma distorção, a implementação dos direitos sociais saiu da órbita dos Poderes Legislativo e executivo e migrou para o Poder Judiciário. É sabido que o juiz não pode se furtar a decidir demandas que lhe são propostas, mas isto, por vezes, acaba por distorcer dispositivos orçamentários, fazendo com que se atue mais na parte curativa do que preventiva, que remédios ainda não comprovados sejam prescritos e se privilegie as ações individuais em detrimento das ações coletivas.

Para análise da questão, faz-se necessário delimitar o conceito de política pública e o que se entende por controle jurisdicional, a fim de constatar se existe o aludido controle judicial sobre as políticas públicas.

2. A necessidade de ressignificar o Estado Democrático de Direito, após a maioridade da CF

A CF, em seu artigo 1°, enuncia que o Brasil é uma República Federativa constituída sob a forma de Estado Democrático de Direito, mas qual é este significado, passados quase 22 anos de promulgação da CF, no cenário interno e sujeito às interferências internacionais?

Chevallier estatui que para o estudo do estado pós-moderno é imprescindível a análise a partir de três vetores – Estado, direito e democracia. Essa tríade conceitual sofreu uma modificação, que é visível na análise conceitual de forma isolada e no seu aspecto relacional da tríade conceitual com as questões atinentes ao direito à saúde, que serão analisadas.[2]

2.1. Política pública como mandato de Estado, e não de governo

O conceito de política pública é oriundo da ciência política e da administração pública, mas a sua utilização hoje é corrente no direito. A política pública não é uma ação isolada, mas uma atuação que se comunica com as esferas social, estatal e internacional.

O debate a respeito da política pública se intensifica, a partir das constituições que passam a se ocupar dos direitos sociais. O constitucionalismo social inaugurado pelas constituições Mexicana (1917), de Weimer (1919) e no Brasil (1934) no início do século XX, não morreu, mas na aurora do século XXI, necessita reformular o seu conteúdo, em face das mudanças ocorridas no perfil do Estado.

Konrad Hesse aponta as especificidades dos direitos sociais, que tem uma estrutura distinta dos direitos de liberdade e de igualdade, pois requerem algo mais para sua efetividade. Necessitam ações do Estado que visem realizar o con-

---

[2] CHEVALLIER, Jacques. *O Estado Pós-moderno*. Belo Horizonte: Fórum, 2009

teúdo neles contido. O Poder Legislativo desempenha um papel importante para determinar o conteúdo do que é invocável. Em princípio, tais direitos fundamentais sociais não possuem o caráter de direitos subjetivos individuais.[3]

Assim, o conceito de direito público subjetivo que tão bem serviu na época de sua formulação, tinha como contexto o Estado Liberal, e, portanto, direitos com conteúdo individual, não se ajusta à problemática e complexidade atual.[4]

As políticas públicas se constituem a partir das ações de Estado ou de Governo? As políticas públicas devem explicitar os comandos constitucionais e embora tenham coloridos e formas de implementação próprios de cada gestão governamental devem seguir as políticas de Estado, até como forma de dar prosseguimento e assegurar a realização dos direitos estatuídos pela Constituição. Não se trata de qualquer escolha, mas daquela oriunda do texto constitucional.

Para Cassese, a fixação de quaisquer atividades de controle sobre o desempenho da administração não pode ser tomada como ponto de partida para execução de políticas públicas senão estiverem apoiadas pelo parlamento, e submetidas à orientação de seus principais gestores administrativos.[5]

Visando a formular um conceito de política pública que possa servir ao direito, Bucci frisa a importância do processo ou do conjunto de ações, que está presente tanto na literatura norte-americana, quanto francesa. Deste modo: "política pública é o programa de ação governamental que resulta de um processo ou conjunto de processos juridicamente regulados – processo eleitoral, processo de planejamento, processo de governo, processo orçamentário, processo legislativo, processo administrativo, processo judicial – visando coordenar os meios à disposição do Estado e das atividades privadas, para a realização de objetivos socialmente relevantes e politicamente determinados. Como tipo ideal, a política pública deve visar a realização de objetivos definidos, expressando a seleção de prioridades, a reserva de meios necessários à sua consecução e o intervalo de tempo em se espera o atingimento dos resultados".[6]

Deste modo, quando há interposição de uma demanda individual, apesar da importância que isto significa para o proponente, não se trata efetivamente da fiscalização de política pública pelo poder judiciário, mas de apreciação de parte do processo.

---

[3] HESSE, Konrad. *Significado de los derechos fundamentales*, *in* Manual de Derecho Constitucional. Madrid: Marsial Pons, 1996, p. 98.

[4] JELLINEK, Georg. *System der Subjektiven öffentlichen recht, zweite durchgesehene und vermehrte, anastischer neudruck der ausgabe von 1905*, Tübigen, 1919, p. 86 e segs.

[5] CASSESE, Sabino. *Trattato di Diritto Amministrativo*. Milano: Dott. A . Giuffrè Editore, 2003, p. 1364. Tradução livre da autora. "il controllo—sia esso esercitato ab interno o ab externo — non puo` che assumere come « punto di partenza » le politiche pubbliche finanziate dal Parlamento (dai parlamenti) e rimesse all'attuazione delle amministrazioni, sotto la guida (le direttive) dei loro responsabili di vertice e con la responsabilita` di gestione dei dirigenti".

[6] BUCCI, Maria Paula Dallari. *O conceito de política pública em direito in Políticas públicas: reflexões sobre o conceito jurídico* (org.). São Paulo: Saraiva, 2006, p. 39.

Bercovici ressalta a importância da participação social e sua integração com o direito administrativo, nas fases da formulação, decisão e execução das políticas públicas. "Bem-estar coletivo e justiça social, enquanto objetivos da atividade da Administração Pública cumpridos por meio do arranjo de políticas públicas, são indissociavelmente ligados à transparência da atuação administrativa, à ampla controlabilidade dessa atuação e, enfim, à participação dos agentes sociais direta ou indiretamente interessados no cumprimento daqueles supremos desígnios".[7]

O controle das políticas públicas está relacionado com o processo na fase inicial de estatuição, escolha e execução, bem como à transparência a respeito dos recursos utilizados. Não se trata de ação pontual a respeito de determinado assunto, mas uma atuação do Estado contendo início, meio e fim.

2.2. Do Estado dirigista ao Estado estrategista

Com relação ao Estado, apesar de apresentar importante evolução e modificação nos tempos ditos de pós-modernidade, ainda é a melhor forma de organização de vida comunitária que o mundo ocidental conseguiu construir. Veja-se o episódio recente da crise imobiliária nos EUA, ocorrida em 2008, em país de economia tipicamente liberal capitalista, onde o governo tomou medidas intervencionistas como forma de assegurar que a crise não se alastrasse ainda mais. Por outro lado, no Brasil, a economia ficou destituída de maiores abalos porque a União reduziu IPI sobre eletrodomésticos, carros, etc, garantindo o consumo, numa nítida manifestação de regulação da atividade econômica da iniciativa privada, prevista no artigo 174, *caput*, da CF.

De outro lado, os EUA buscam uma forma de assegurar a saúde na rede pública. No Brasil, o SUS com algumas imperfeições, constitui-se em um sistema que vem buscando a sua evolução e aprimoramento. Deste modo, apesar do momento de transformação em que se encontra o Estado, não se prescinde dele e em momentos de dificuldade é chamado a resolver conflitos no âmbito individual, coletivo ou de empresas que se ocupam da atividade econômica. Assim, em tempos nos quais o individualismo é exacerbado, configura-se importante buscar os contornos que assegurem o perfil atualizado do Estado, voltado aos compromissos de atender às demandas da população.

Em que pese a insustentabilidade do Estado-Providência, assiste-se à migração do modelo do Estado dirigista ao Estado estrategista. Chevallier identifica duas causas para isso:

1°) o dirigismo econômico ocorreu não somente nos países socialistas, mas também em muitos países europeus, como por exemplo, a França.

A partir da década de 1980 começa o movimento de desregulamentação que coincide com a época das privatizações.

---

[7] BERCOVICI, Gilberto. *Planejamento e políticas públicas: por uma nova compreensão do papel do Estado, in Políticas públicas: reflexões sobre o conceito jurídico* (org.). São Paulo: Saraiva, 2006, p.176.

2°) o fim da concepção que erigia o Estado em motor de desenvolvimento econômico não significa que ele tenha perdido toda a capacidade de ação. Este redimensionamento das funções econômicas do Estado não deve eliminar ou descuidar a proteção dos direitos sociais.[8]

O Estado não pode ser banalizado e tampouco os direitos fundamentais. Os preceitos constantes na Constituição são eficazes (art. 5°, § 1°), por isso a necessidade de implementação de políticas públicas para concretizar os direitos sociais. Arendt adverte a respeito, a maldade humana é horrenda, mas ainda mais temível é a banalização do mal.[9] Assim, o desrespeito aos direitos sociais é um perigo, mas ainda mais temível é a banalização do não cumprimento dos direitos sociais, sobremaneira aqueles que são tidos como motores para o desenvolvimento do Estado Democrático de Direito Brasileiro, que são a educação e a saúde. Estes contém porcentuais obrigatórios de investimento por parte do poder público, apontados pela constituição. As denominadas verbas carimbadas, em virtude dos montantes definidos constitucionalmente para educação (art.212, CF) e saúde (art. 198, § 2°, CF). Se a Constituição assegura parcelas de investimento é necessário que sejam obedecidos prioritariamente.

2.3. A fuga do direito administrativo compromete a estrutura dos controles clássicos do Estado

A partir da década de 1980, a política da Ministra Thatcher na Inglaterra conduziu à privatização do setor público. No Brasil, durante o governo do presidente Fernando Henrique Cardoso os serviços que eram prestados pelo Estado são transferidos à iniciativa privada. O direito administrativo que havia se estruturado, a partir da noção de serviço público no século XIX, e com controles específicos experimenta a denominada fuga do direito administrativo em direção ao direito privado.[10]

A responsabilização dos gestores públicos a partir da Lei de Responsabilidade Fiscal n° 101/2000 – LRF – é uma tendência no Brasil e em outros países do mundo, como ocorreu inicialmente na Grã-Bretanha, Estados Unidos, Austrália e Nova Zelândia, e, posteriormente, na Europa Continental e Canadá.[11] O controle da gestão fiscal seja por meio dos controles: judicial, administrativo, do Tribunal de Contas ou social é uma tendência atual. A transparência na Administração Pública é uma exigência da democracia que induz o seu alargamento com a continuidade do processo democrático. A LRF propugna a transparência na administração pública. É comum a discussão a respeito de ser a transparência um novo

---

[8] CHEVALLIER, *Op. cit.,* p. 74/5.

[9] ARENDT, Hannah. *Eichmann em Jerusalém: um relato sobre a banalidade do mal.* São Paulo: Cia das Letras, 1999, p. 274.

[10] FLEINER, Fritz. *Institutionem des Verwaltungsrechts,* 8ª ed., 1928, p. 326, *apud* MIR PUIGELAT.

[11] ABRUCIO, F. Luiz. *O impacto do modelo gerencial na Administração Pública: Um breve estudo sobre a experiência internacional recente.* Brasília: Cadernos ENAP; n. 10, p. 1997.

princípio ou não. A transparência possui uma dupla face, por um lado decorre do dever de publicidade que possui a administração pública, art. 37, *caput*, CF. Por outro, está o direito à informação que possui o cidadão (art. 5º, XXXIII, CF). Deste modo, a transparência origina-se, a partir do direito à informação do cidadão, que deve encontrar sua resposta no dever de publicidade da administração pública. A transparência é uma via de mão dupla, não se constituindo em um novo princípio.

Não basta que a informação esteja publicizada, é necessário que ela tenha um conteúdo capaz de realmente contribuir para a (in)formação da cidadania. Deste modo, evolui-se do simples cumprimento do dispositivo legal de publicar os números referentes à gestão fiscal para exigir que sejam claros. Foi realizado estudo, a fim de avaliar critérios como a disponibilidade de dados e a facilidade de acesso, verificando estes itens no governo federal e nos governos estaduais. A ONG Contas Abertas publicou a primeira edição do Índice de Transparência. O indicador objetiva incentivar a competição por maior transparência administrativa entre os estados e municípios com mais de 100 mil habitantes, examina desde a frequência das atualizações até a facilidade de interação com o internauta. Constata-se que a informação está disponível, mas não esclarece o cidadão a respeito dos dados da gestão fiscal.[12] Vai-se além da publicação dos dados atinentes à gestão fiscal para se exigir que os mesmos tenham uma comunicação acessível. Quando a população acessa os dados atinentes à gestão fiscal e promove o seu acompanhamento, está-se diante do controle social.

2.4. A figura da rede tende a substituir a figura da pirâmide

É de Adolf Merkl a expressão estrutura escalonada da ordem jurídica.[13] Tal denominação também foi utilizada por Hans Kelsen e ganhou notoriedade quando discorre a respeito da estrutura escalonada da ordem jurídica, iniciando a teoria a respeito da Constituição. Kelsen nunca escreveu sobre a estrutura piramidal da ordem jurídica, aonde no vértice estaria a Constituição. Esta é uma representação feita, ou seja, uma interpretação a partir de sua teoria.[14] Passado um século, com a modificação das relações sociais, a perda da importância do território como elemento constitutivo do Estado, a partir da derrocada do Estado-Nação, as fronteiras perderam a importância que já tiveram com o chamado mundo globalizado, daí a noção de rede, cunhada a partir do advento da Internet.

Os típicos elementos do Estado: povo, território e poder (soberano), apontados por Jellinek,[15] não mais subsistem.

---

[12] Lista das Contas Abertas. *Zero Hora*, Porto Alegre, 15 jul. 2010. Política. p.14.

[13] MERKL, Adolf. *Teoria General Del Derecho Administrativo*, México: Ed. Nacional, [s.a.] p. 208.

[14] KELSEN, Hans. Teoria Pura do Direito. São Paulo: Martins Fontes, 1985.

[15] JELLINEK, Georg. *Teoria General del Estado*. 2ª ed. [reimp. de la 2ª ed. Alemana (1905) editada por Ed. Albatros en el año 1954], Buenos Aires: Julio César Ed., 2005, p. 495-625

Neste contexto, a cibercultura dá forma a um novo tipo de universalidade: "o universal sem totalidade",[16] que pode estabelecer uma nova forma de articulação das relações. Daí não há universalidade pelo simples fato de ser planetário, mas por permitir uma nova forma de interação que não seja vertical, mas da conexão em rede.

A Internet esvazia a importância do conceito clássico de território, propiciando que as limitações geográficas sejam superadas no *ciber* espaço. A noção de soberania também perde sua importância, diante da economia globalizada e da força conferida aos tratados internacionais.

Daí a importância de um diálogo dos setores comprometidos com a saúde. O fortalecimento da via administrativa e a troca de informação por internet, que é o mais ágil atualmente. Poder-se-ia perguntar a respeito da acessibilidade. É crescente o acesso à internet no Brasil, sendo cerca de 46,1% da população.[17]

Deste modo, o controle social das políticas públicas referentes à saúde reclama dados de fácil compreensão para cotejar o fiel cumprimento das disposições orçamentárias. A LRF foi concebida a partir da noção de *accountability*, do direito anglo-saxão. Os objetivos da LRF são a contenção do déficit fiscal, o estabelecimento de uma política tributária nacional e a transparência na gestão fiscal.

Pérez Luño ressalta a importância de uma cidadania eletrônica ou cibercidadania, responsável e eticamente comprometida com a utilização das novas tecnologias, no sentido de um acesso mais democrático da informação.[18]

Assim, o acompanhamento orçamentário disponível em rede, oportuniza à cidadania o conhecimento dos dados a respeito do cumprimento ou não por parte do poder público do estatuído pela lei.

3. As transformações do direito

3.1. Questão do mínimo existencial versus custos

Pode-se agregar em dois grandes grupos os argumentos para implementação dos direitos sociais, que levam em consideração prioritariamente a necessidade de eficácia do direito social e por outro, a obediência ao orçamento. De um lado está Ingo W. Sarlet que recupera a noção de "reserva do possível", com a origem

---

[16] LÉVY, Pierre. *Cibercultura*, 2ª ed. 5ª reimpressão, São Paulo: Ed. 34, 2005, p. 119.

[17] Pesquisa encomendada pela Secretaria de Comunicação da Presidência (Secom) mostra que atualmente 46,1% da população maior de 16 anos costuma acessar a internet no País. Desses, a maioria (66,5%) acessa a rede em suas próprias casas, enquanto 25,8% têm acesso por meio de lan houses e outros 23,3%, do trabalho. Quase metade dos internautas (47,7%) costuma ler jornais, blogs ou notícias pela internet. (...) Sul, Sudeste e Centro-Oeste são as regiões com os percentuais mais elevados de acesso a internet – sempre superiores a 45%, sendo que no Sul chega a 48,3%, a maior do País. Já a região Nordeste tem a menor proporção (37,5%), enquanto, no Norte, o número é de 39,1%. Disponível em http://ultimosegundo.ig.com.br/brasil/acessar+internet+e+ha bito+para+461+da+populacao+diz+pesquisa/n1237670587732.html , acesso em 26/08/2010.

[18] LUÑO, Pérez. *Ciberciudadanía ou ciudadanía.com?* Barcelona: Gedisa Ed., 2003, p.101

na Alemanha no início de 1970. A efetividade dos direitos sociais a prestações materiais estaria sob a reserva das capacidades financeiras do Estado, uma vez que seriam patrocinados pelos cofres públicos. Assim, "a prestação reclamada deve corresponder aquilo que o indivíduo pode razoavelmente exigir da sociedade". Neste contexto, a reserva do possível se constitui em um limite jurídico e fático dos direitos fundamentais, mas também pode atuar, como garantidora dos direitos fundamentais. Deste modo, a reserva do possível não é elemento integrante dos direitos fundamentais. A reserva do possível e o mínimo existencial devem balizar a eficácia e a efetividade do direito à saúde.[19]

Outra abordagem da questão dos limites para cumprimento dos direitos fundamentais é oferecida, a partir das disposições de natureza orçamentária. Para Ricardo Lobo Torres "o Judiciário pode determinar a entrega das prestações positivas, eis que tais direitos fundamentais não se encontram sob a discricionariedade da Administração ou do Legislativo, mas se compreendem nas garantias institucionais da liberdade, na estrutura dos serviços essenciais e na organização de estabelecimentos públicos (hospitais, clínicas, escolas primárias, etc)." Por outro lado, a superação da omissão do legislador ou da lacuna orçamentária deve ser realizada por instrumentos orçamentários e jamais à margem das regras constitucionais que regulam a lei de meios.[20] Reconhecendo as limitações orçamentárias para o cumprimento dos direitos fundamentais, bem como pontuando a cultura antiorçamentária existente no Brasil.[21]

A obediência aos dispositivos orçamentários permite o cumprimento das políticas públicas respeitando as escolhas feitas pelo legislador, a partir da legitimidade da democracia representativa. Em um segundo momento, leva à implementação da execução, no seu aspecto macro, pelo executivo.

Pode-se, também apontar como obstáculos à concretização dos direitos sociais a burocratização excessiva das estruturas, e o não diálogo entre os poderes e as instituições.

3.2. Burocratização das estruturas

A burocratização das estruturas que afasta o cidadão da Máquina Pública é um dos problemas do país, que ocasiona o denominado patrimonialismo estatal. O Brasil, passados mais de 200 anos de história política, ainda não se livrou do ranço do patrimonialismo, da pessoalidade nas relações entre administrador e administrado.

---

[19] SARLET, Ingo W. *Reserva do Possível, mínimo existencial e direito à saúde: algumas aproximações In Direitos fundamentais: orçamento e "reserva do possível"* SARLET, Ingo W. (org.), 2ª ed., 2010, p. 29-37.

[20] TORRES, Ricardo Lobo. *O mínimo existencial, os direitos sociais e os desafios de natureza orçamentária.* In: SARLET, Ingo Wolfgang; TIMM, Luciano Betti (Org.). *Direitos fundamentais, orçamento e reserva do possível.* Porto Alegre: Livraria do Advogado, 2008, p. 63-78, p.76/7.

[21] AMARAL, Gustavo, e MELO, Danielle. *Há direitos acima dos orçamentos?, in Direitos Fundamentais, Orçamento e "Reserva do Possível".* SARLET, Ingo W. (Org.). Porto Alegre: Livraria do Advogado Editora, 2008, p. 79/99.

O conceito de burocracia no Brasil é entendido com sentido depreciativo, qual seja, algo que emperra, dificulta. Desgarrou-se do seu conceito original proposto por Max Weber. Em sua proposição de Estado-Racional, Weber[22] busca expungir o caráter político-partidário com as características de objetividade-neutralidade da estrutura burocrática, a fim de prestar o serviço público de uma maneira técnica, sem os favorecimentos da pessoalidade. O Estado racional encontra seus alicerces na burocracia profissional e no direito racional. Os funcionários de carreira devem garantir a prestação do serviço público independente das forças partidárias que se modificam periodicamente. Assim, visa-se assegurar a prestação do serviço público de maneira continuada sem as oscilações que, por vezes, ocorrem na política.

A filósofa que também se ocupou de estudar a burocracia foi Hannah Arendt. A autora, porém parte do contexto do nazismo ocorrido na Alemanha e da perseguição aos judeus para questionar as estruturas burocráticas que formam instâncias das quais o indivíduo se sente isolado para a execução de decisões, ou seja, é desvinculado do todo e atua como peça de uma engrenagem, estando imune à responsabilização final pela parte da decisão tomada, que ajudou a construir o todo.

Deste modo, para Weber a noção de burocracia é positiva, pois serve para livrar a administração de casuísmos, enquanto para Arendt é vista como algo que desvincula o sujeito da tomada das decisões. O gigantismo da máquina estatal impessoaliza as relações, faz com que se sinta somente uma peça da engrenagem e toma decisões de forma comodamente irrefletida, como forma de se salvaguardar da responsabilidade das suas atitudes que compõem o resultado final.

A administração deve trabalhar a impessoalidade como forma de garantir a implementação da democracia. A racionalidade pura não existe. O Estado é composto por cidadãos com toda a sua carga de subjetividade e emoções. Esta subjetividade individual tem de ser equilibrada com a objetividade buscada pelo Estado. O balizamento das soluções coletivas como forma de atender a todos, e não somente a alguns. A formulação de políticas públicas que envolvam as demandas da coletividade e não os pleitos individuais. É importante que o agente público entenda que a adesão ao cumprimento de uma escolha da administração é importante à sociedade. Configura-se também, relevante que os servidores e os cidadãos se sintam partícipes da construção do modelo democrático brasileiro.

Perspicaz na percepção dos elementos formadores da cultura brasileira foi Sérgio Buarque de Holanda.[23] O Estado não é uma ampliação do círculo familiar e, ainda menos, uma integração de certos agrupamentos, de vontades particularistas, de que a família é o melhor exemplo. Estado e família pertencem a ordens diferentes em essência. No Brasil, desde a colonização, estruturou-se o modelo

---

[22] WEBER, Max. *Economia y Sociedad*. 1ª reimpressão argentina. México: Fondo de Cultura Econômica, 1992.

[23] HOLANDA, Sérgio Buarque de. *Raízes do Brasil*. São Paulo: Cia das Letras, 2006, p. 153.

O solipsismo jurídico e o (des)controle das políticas públicas

patriarcal de família, em imensas áreas rurais e no início da formação das cidades. Nesta perspectiva, os detentores de posições políticas estratégicas convenientemente não tinham os domínios do público e do privado. A "cordialidade" é desvirtuada do seu sentido original (do latim *cordiale*, que vem do coração) e vista como um problema nacional. A cordialidade é a excessiva aproximação nas relações pessoais, como forma de burlar os pressupostos distintos que vigoram na esfera pública e privada. Não basta fazer o trabalho bem feito, é importante fazer relações pessoais para lograr os propósitos no espaço público.

Faoro estatui a respeito dos Donos do poder que as estruturas burocráticas no Brasil não serviram para a prestação dos serviços públicos, mas para a criação de cargos e privilégios. Este fenômeno é denominado – patrimonialismo, cuja característica é fechar-se sobre si próprio com o estamento, de caráter burocrático. Burocracia não no sentido moderno de organização racional, mas da apropriação do cargo por parte do funcionário. Assim, o servidor não está no cargo para prestar um serviço público, mas sente-se dono do cargo. O estamento, enquanto cargo administrativo, configura-se o governo de uma minoria. Este segmento se apropria do cargo, sem a preocupação do que seria a presumível vontade do povo.[24] Assim, o servidor não está no cargo para prestar um serviço público, mas sente-se dono do cargo.

O populismo, o clientelismo e a corrupção implicam o uso de fundos públicos: no caso do populismo clientelista, os fundos são usados para assegurar a boa vontade daqueles grupos e comunidades que se beneficiam dos gastos públicos; no caso da corrupção, os fundos são apropriados privativamente. O clientelismo também envolve o uso de fundos públicos, mas de forma indireta: os políticos engajados nas práticas clientelistas não roubam, mas utilizam os recursos do Estado para promover as suas carreiras pessoais – fisiologismo.[25] A ausência de soluções macro no âmbito dos três poderes reforça a estrutura burocratizada e que mantém o populismo clientelista.

Assim, o executivo quando não cumpre as determinações que lhe são impostas pelo orçamento, deixa margem aos políticos para conceder "uma ajuda" ao eleitor quando necessita de um remédio ou leito hospitalar. Sai-se da perspectiva objetiva de cumprimento da lei e vai-se ao subjetivismo.

Da mesma forma, o legislativo quando não edita as leis que são necessárias à distribuição de competências e repartição dos gastos orçamentários, também contribui para o patrimonialismo estatal. Deixa de agir sobre as estruturas impessoalizadas da administração e se volta para a solução casuística do eleitor que vai ao gabinete do vereador ou deputado estadual para solicitar algum favor. É exemplo de tal prática a Emenda nº 29/2000 que determinou a vinculação e estabeleceu a base de cálculo de porcentuais mínimos, mas ainda não foi regulamentada, apesar

---

[24] FAORO, Raymundo. *Os donos do poder: formação do patronato político brasileiro*, 15ª ed., São Paulo: Globo, 2000, p. 84, 88/9.

[25] BRESSER-PEREIRA, Luiz Carlos. *Crise Econômica e Reforma do Estado no Brasil – para uma nova interpretação da América Latina*. São Paulo: Ed 34, 1996, p. 172.

de já haver transcorrido uma década. O projeto de lei complementar n° 306/2008 prevê a aplicação mínima do porcentual de 15% da receita dos municípios e 12% dos Estados, conforme art. 77 DCT. O projeto muda a referência do cálculo, de despesa para receita e do PIB para receita corrente bruta.

O Poder Judiciário quando julga a demanda daquele que pleiteia determinado medicamento, tampouco auxilia na resolução da solução no âmbito "macro". Os juízes têm o dever de prestar a tutela jurisdicional a teor do que dispõe o art. 5°, XXXV, CF, mas acabam agindo em um determinado momento pontual, na maioria das vezes, em ações individuais, o que reforça a tomada de decisões solepsistas, sem critérios previamente estabelecidos. Atuam na omissão, na maioria dos casos. Geralmente, os momentos anteriores da formulação da política pública escolha, execução e finais do controle das políticas públicas, ficam à margem. Veja-se, a propósito, a audiência pública n° 4 realizada pelo STF, que é extremamente importante, pois dialogou com diversos setores da sociedade. Porém, da elaboração dos critérios, percebe-se que o foco continua sendo as ações individuais, sem a preocupação no âmbito macro, que é o coletivo.

3.3. Audiência Pública n° 4 do STF

Depois de ouvir os depoimentos prestados na audiência pública convocada pela Presidência do STF para redimensionar a judicialização do direito à saúde no Brasil, o Min. Gilmar Mendes[26] destacou alguns pontos importantes. Deve ser considerada a existência ou não, de política estatal que abranja a prestação de saúde pleiteada pela parte. Ao deferir uma prestação de saúde incluída entre as políticas sociais e econômicas formuladas pelo SUS, o Judiciário não está criando política pública, mas apenas determinando o seu cumprimento.

Caso a prestação de saúde não estiver entre as políticas do SUS, é importante distinguir se a não prestação decorre de uma omissão legislativa ou administrativa, de uma decisão administrativa de não fornecê-la ou de uma vedação legal à sua dispensação. Há de se observar a necessidade de registro do medicamento na Agência Nacional de Vigilância Sanitária (ANVISA), além da exigência de exame judicial das razões que levaram o SUS a não fornecer a prestação desejada.

Relativo ao tratamento, deve ser privilegiado o tratamento fornecido pelo SUS em detrimento de opção diversa escolhida pelo paciente, sempre que não for comprovada a ineficácia ou a impropriedade da política de saúde existente. Essa conclusão não afasta a possibilidade de o Poder Judiciário ou a própria Administração, decidir que medida diferente da custeada pelo SUS, deve ser fornecida a determinada pessoa que, por razões específicas de seu organismo, comprove que o tratamento fornecido não é eficaz no seu caso. Há necessidade de revisão periódica dos protocolos existentes e de elaboração de novos protocolos.

---

[26] MENDES, Gilmar. *Vide* www.stf.gov.br Os dados foram utilizados na análise de Suspensões de Tutela Antecipada (STA s) 175, 178 e 244, em 21/9/2009. Acesso em 26/10/2009.

3.4. Crítica e proposição de outros critérios: a importância das ações coletivas

Além dos critérios propostos é importante construir outros como forma de agregar ao debate, que diz respeito às demandas a serem veiculadas para inclusão de um novo tratamento ou medicamento.

Primeiramente, a formulação de políticas públicas cabe aos Poderes Legislativo e Executivo, uma vez que estas opções se constituem em uma decorrência da democracia representativa e, por vezes, participativa. Nos casos de ineficiência ou omissão na execução de políticas públicas, cabe a intervenção judicial. Aí se apresentam algumas situações. O judiciário está autorizado a intervir, quando o poder público não fizer o aporte exigido constitucionalmente à área da saúde, em conformidade com o art. 198, §2º, CF.

Pode-se então perguntar: quais as ações mais adequadas para conduzir à implementação das políticas públicas? Considerando-se as demandas de cunho individual e coletivo. Estas últimas não suscitam dúvidas. A indagação diz respeito às ações individuais, prestam-se estas para estatuir políticas públicas? É sabido que o art. 5º, XXXV, CF consagra o acesso à justiça de forma ampla e irrestrita. Deste modo, não se pode impedir o acesso, mas a concessão de medicamentos não previstos como essenciais, demanda uma atenção para a sua decisão. O art. 196 da CF conjuga o direito à saúde a políticas sociais e econômicas, para que seja possível assegurar a universalidade das prestações e preservar a autonomia dos cidadãos, independente do seu acesso maior ou menor do Poder Judiciário. "Presume-se que Legislativo e Executivo, ao elaborarem as listas referidas, avaliaram, em primeiro lugar, as necessidades prioritárias a serem supridas e os recursos disponíveis, (...)".[27] Por serem precedidas de amplo debate é que se faz esta presunção, que não é absoluta, mas pode ser relativizada considerando o fato de que não esteja atualizada ou que as circunstâncias do caso autorizem o sopesar de circunstâncias particulares.

Esta presunção é decorrência de um argumento democrático. Os recursos obtidos para o fornecimento dos medicamentos são obtidos pelos tributos suportados pela população. Desta forma, os representantes eleitos pelo processo democrático devem estabelecer quais são as prioridades na atual conjuntura. Pode ser simpático o argumento de ampla concessão de qualquer medicamento, porém isto é falacioso, pois os recursos orçamentários são limitados em qualquer país, não é possível pretender fazer tudo a qualquer gasto. O argumento de que os recursos públicos são mal utilizados e, por vezes, desviados, não é cabível nesta discussão, embora seja necessária a devida responsabilização na órbita da improbidade administrativa. Como os recursos são limitados não se pode pretender o pagamento de um medicamento, por vezes com valor altíssimo, não testado suficientemente,

---

[27] BARROSO, Luís Roberto. *Da falta de efetividade à judicialização excessiva: direito à saúde, fornecimento gratuito de medicamentos e parâmetros para a atuação judicial.* p. 28, Disponível em: http: www.lrbarroso. com.br/pt/noticias.medicamentos.pdf. Acesso em: 29/8/2008.

em prol de uma lista estatuída a partir dos critérios legais e de implementação do executivo.

O foro mais propício para discutir a inclusão ou exclusão de algum medicamento é por via das ações coletivas, com legitimados ativos representativos e que permitem um amplo debate a respeito das prioridades, que são estabelecidas tendo em conta as peculiaridades de cada país e implementadas pelo Ministério da Saúde. Por isso, importante a decisão proferida pela Ministra Ellen Gracie na SS 3073/RN[28] em que considerou inadequado fornecer medicamento que não constava da lista do Programa de Dispensação em Caráter Excepcional do Ministério da Saúde. A Ministra enfatizou que o Estado do RN, não estava se negando à prestação dos serviços à saúde e que decisões casuísticas, ao desconsiderarem as políticas públicas definidas pelo Poder Executivo, tendem a desorganizar a atuação administrativa, comprometendo as políticas de saúde ainda incipientes.

O caráter de importância nas ações individuais somente se pode vislumbrar, quando se tornam mecanismo de pressão para implementação das políticas públicas, como aconteceu nos casos dos portadores de vírus HIV,[29] em que o Brasil se constitui em um país com tratamento que é uma referência. Nas primeiras demandas, a contestação do Estado era no sentido de isentar-se de responsabilidade e dizer que se o demandante havia contraído a enfermidade era porque tinha dado causa a isso, numa atitude nitidamente preconceituosa.

As ações coletivas permitem a discussão ampla do arrolamento de algum outro remédio ou tratamento na lista dos essenciais. Veja-se a questão atinente à mudança de sexo.[30] Houve ajuizamento de ação civil pública pedindo a inclusão na tabela do SUS da transgenitalização, que foi julgada procedente. Tal redundou em alteração da posição administrativa, ocasionando a portaria do Ministério da Saúde de nº 1.707/2008, que incorpora a alteração de sexo, como procedimento oferecido pela rede pública.

Três ponderações para que a discussão se trave em âmbito coletivo são apresentadas por Barroso.[31] Por primeiro, a discussão no âmbito coletivo exigirá a análise do contexto em que se situam as políticas públicas; por segundo, evita-se a questão da microjustiça, ou seja, a preocupação do juiz com o deslinde da-

---

[28] STF, DJU 14/2/2007, SS 3073/ RN, Rel. Min. Ellen Gracie.

[29] http:// www.fiocruz.br/aids 20 anos/ linha do tempo. Html. Acesso em 1º/9/2008.

[30] O início foi uma ação civil pública proposta pelo MPF/ RS, que ocasionou a decisão de 2007 do TRF-4 (Tribunal Regional Federal da 4ª Região) em que obrigava o SUS a fazer esse tipo de cirurgia. A decisão do TRF determinava que o governo federal tomasse todas as medidas que possibilitem aos transexuais a realização da cirurgia de mudança de sexo pelo SUS. "Direito Constitucional. Transexualismo. Inclusão na tabela do SUS. Procedimentos médicos de transgenitalização. Princípio da proibição de discriminação por motivo de sexo. Discriminação de gênero. Direitos fundamentais de liberdade, livre desenvolvimento da personalidade, privacidade e à dignidade humana e direito à saúde. Força normativa da Constituição." Rel. Roger Raupp Rios, Processo nº 2001.71.00.026279-9, D.E. 22/08/2007. Disponível em http://www.trf4.jus.br/trf4/jurisjud/resultado_pesquisa. phd Acesso em 6/9/2008.

[31] BARROSO, Luís Roberto. *Da falta de efetividade à judicialização excessiva: direito à saúde, fornecimento gratuito de medicamentos e parâmetros para a atuação judicial.* p.31. Disponível em: http:www.lrbarroso.com. br/pt/noticias.medicamentos.pdf. Acesso em: 29/8/2008.

O solipsismo jurídico e o (des)controle das políticas públicas

quela ação esquecendo-se da macrojustiça, atendimento com recursos limitados a demandas ilimitadas; por terceiro, a decisão proferida em decisão coletiva terá efeitos *erga omnes*, preservando a igualdade e a universalidade do atendimento à população.

Outra crítica que se pode formular à judicialização das políticas públicas,[32] atinente à área da saúde, é a quebra de igualdade, ou seja, aqueles que têm condições de demandar seja por advocacia privada ou defensoria pública têm vantagem, em relação aos que não tem acessibilidade ao Poder Judiciário, seja por falta de informação ou instrumentalização (não instalação de Defensoria Pública em alguns estados).

Destaca-se, também a importância do diálogo entre poderes e instituições. Nas varas da fazenda pública do Rio de Janeiro, que se ocupam da matéria, foram colocados farmacêuticos com o objetivo de auxiliar tecnicamente o juiz, na avaliação de existência ou não de determinado medicamento equivalente na lista do SUS, similar ao solicitado. O diálogo entre os poderes e instituições pode servir como importante canal para resolução dos conflitos, pois apesar de uma separação funcional todos são integrantes da estrutura burocrática do Estado.

Atinente aos medicamentos em experimentação, que não têm a sua eficácia comprovada não podem ser objeto da inclusão em lista, pelo Poder Judiciário. Deve-se, ainda, optar pelo genérico de menor custo, quando houver esta possibilidade.

Nos casos de demanda individual, compreende-se a agonia do cidadão que requer o remédio, da família que passa por uma situação difícil e do magistrado que muitas vezes se encontra em uma decisão entre a vida e a morte, iminente, mas se trava um embate entre as deliberações públicas e privadas e situações de risco em curto e médio prazo. Por exemplo, às vezes se gasta mais na parte curativa do que preventiva. Vejam-se os números que são investidos em saneamento básico e construção de redes potável, comparativamente à saúde.[33] Os primeiros são muito tímidos se comparados aos segundos. E a ausência de investimento em saneamento básico é um foco para disseminar doenças, posteriormente. Então, na premência do momento, descuida-se de uma perspectiva de futuro.

Deste modo, a concessão dos medicamentos não deve se pautar por uma abordagem individual dos problemas sociais, mas pela busca de uma gestão eficiente dos escassos recursos públicos, analisando-se os custos e benefícios, desde o prisma das políticas públicas.

Passados 200 anos de histórica política brasileira e 20 anos da CF/88, a luta não é mais pela codificação de direitos, mas sim pela sua efetividade, por uma

---

[32] VIANNA, Luiz Werneck (Org). *A judicialização da política e das relações sociais no Brasil Rio de Janeiro*: Revan, 1999.

[33] No Estado do Rio de Janeiro foram gastos com os programas de assistência farmacêutica R$ 240.621.568,00, enquanto com o saneamento básico foram investidos R$ 102.960.276,00. Comparando-se as duas quantias, o gasto com saneamento é menos da metade. Disponível em http://www.planejamento.rj.gov.br/orcamentoRJ/2007_LOA.pdf. Acesso em 10/10/2007.

leitura madura que otimize os recursos orçamentários existentes, dos direitos sociais, em geral e do direito à saúde, em particular. O que torna o direito à saúde de maior complexidade para sua efetividade é a sua dependência com outras políticas públicas. A efetividade do direito social à saúde é diretamente relacionado à educação e informação, ambos se situam na esfera preventiva. A população com maior grau de instrução se alimenta melhor e tem mais cuidados com sua saúde. O direito à informação utilizado de uma maneira preventiva propicia o exercício do direito à saúde e também a fiscalização a respeito da execução orçamentária.

A via a ser construída, aponta que os organismos institucionais podem elaborar alternativas de aperfeiçoamento, objetivando a informação recíproca, com o objetivo de melhorar a prestação do direito social à saúde, mediante a racionalização de rotinas e procedimentos, conferindo-lhe uma maior efetividade, bem como a otimização de recursos e sua fiscalização. Enfim, cada um dos atores jurídicos e dos poderes comprometidos no seu papel, trabalhando de uma maneira integrada. O STF, com a audiência nº 4, teve um papel importante por meio do diálogo multidisciplinar com a sociedade, abrindo-se democraticamente à interpretação constitucional. A partir deste debate importantes critérios serão formulados, visando à concretização do direito fundamental à saúde.

4. A democracia e a impossibilidade de subsistência do solipsismo jurídico

A democracia participativa representa um importante avanço para o desenvolvimento do Estado. A administração tornou-se um espaço importante para o fortalecimento da cidadania. O cidadão não esgota a sua participação em relação à deliberação da representação, mas a oportuniza diretamente nos assuntos que se referem ao dia a dia dos serviços públicos. Há uma aproximação da cidadania com a vida pública. Na expressão de Chevallier é a "democracia do quotidiano", que passa pela implicação dos administrados no funcionamento dos serviços com os quais eles estão em contato por ocasião do fornecimento das prestações.[34]

Esta dimensão participativa subverte a lógica com a qual foi concebido o direito administrativo, qual seja, de súdito e administração pública, onde a hierarquia e a subordinação eram elementos importantes.

O cidadão é ator participante e construtor do processo democrático, não se limitando a ser um consumidor passivo dos serviços públicos concedidos.

Neste patamar de deliberação, atinente aos assuntos de saúde tem-se os conselhos estaduais e municipais de saúde. A política de descentralização visa aproximar o cidadão às decisões administrativas que lhe são concernentes. Este fluxo é constituído de organismos para propiciar a participação do administrado nos assuntos de seu interesse. Estas experiências democráticas, no âmbito local, são uma oxigenação para enfrentar o desgaste da democracia representativa. O

---

[34] CHEVALLIER, *Op.cit.* p. 230.

estreito contato do cidadão com os assuntos públicos conduz ao controle social, que é importante à fiscalização das instituições e gastos públicos.

Neste contexto, em que por vezes o executivo não cumpre as disposições orçamentárias, o legislativo não elabora as leis necessárias para cumprimento dos dispositivos constitucionais e o poder judiciário analisa questões pontuais à saúde, faz-se necessário uma refundação dos poderes. Deste modo, são apresentadas algumas sugestões como a de pluralismo ordenado, importante à ideia de cosmopolitismo, a emergência dos atores cívicos e a importância dos direitos humanos em uma verdadeira comunidade a ser construída.[35] Assim, a proposição de Mireille não é destruir o que já foi construído, mas reconstruir a partir da pauta dos direitos fundamentais, levando em conta a pluralidade de forma ordenada, os novos atores, dos quais se pode vislumbrar os Conselhos nos âmbitos estadual e municipal, bem como o controle social.

Importante contribuição a de Lenio Streck, a fim de construir uma teoria da decisão judicial dentro do contorno constitucional. Para o autor, a linguagem é nossa condição de possibilidade de estarmos no mundo. Não nos relacionamos diretamente com os objetos, mas com a linguagem, que é a condição de possibilidade desse relacionamento. (...) A linguagem é o que está dado e, portanto, não pode ser produto de um sujeito solipsista, que constrói o seu próprio objeto de conhecimento.[36]

A proposição apresentada deve ser entendida no contexto de uma democracia sob a égide de uma Constituição compromissória.[37] A fundamentação judicial (art. 93, IX, CF) se constitui em um importante freio para que o juiz ceda e decida conforme sua consciência.

Por isso, a necessidade de que haja a "superação do positivismo no seu principal elemento – a discricionariedade – sustentada no solipsismo do sujeito da modernidade". Para Lenio o problema é filosófico.[38]

Deste modo, as decisões na área da saúde, não podem ser tomadas de forma isolada solepsistas, mas ressignificando o conteúdo a partir do Princípio Constitucional do Estado Democrático de Direito. Para isto, é importante o cumprimento das políticas públicas por parte de todos os poderes constituídos. Devem ser compreendidos os momentos da estatuição, execução e fiscalização, das políticas públicas de forma integrada.

---

[35] MIREILLE, Delmas-Marty. *La refondation des pouvoirs*. Paris: Éditions du Seuil, 2007, p. 253-279.

[36] STRECK, Lenio Luiz. *Op.cit.* p. 17.

[37] STRECK, Lenio Luiz. *Op.cit.* p. 85.

[38] STRECK, Lenio Luiz. *Op.cit.* p. 104.

— XV —

Ética hermenêutica e impasses
da hermenêutica jurídica

VICENTE DE PAULO BARRETTO[1]

Sumário: 1 – Introdução; 2 – Ética hermenêutica crítica em Jesús Conill Sancho; 2.1 – Aristóteles e Kant: uma conciliação ética é possível?; 2.2 – Dificuldades do procedimentalismo ético no universalismo hermenêutico; 3 – Contribuições da ética hermenêutica crítica; 4 – Características principais da ética hermenêutica.

1 – Introdução

Essa comunicação pretende examinar os desafios suscitados pela chamada "ética hermenêutica" no quadro da ética-filosófica e da hermenêutica jurídica. Trata-se de analisar as condições de possibilidade para o estabelecimento de uma fundamentação ético-filosófica de um novo paradigma hermenêutico, apto a lidar com as realidades transformadoras da contemporaneidade.

A hermenêutica originou-se na leitura de textos religiosos, literários e jurídicos, sendo que encontrou no direito a sua mais radical aplicação. Durante o século XIX, ela se tornou uma espécie de filosofia geral, ao considerar a existência humana na sua relação com o mundo como matéria de interpretação. O homem estável, erigido em princípio absoluto, cedeu lugar ao indivíduo envolvido no processo do acontecer existencial e histórico, onde a linguagem, que se expressa através de mensagens sempre e necessariamente abertas à interpretação, constitui o eixo central da estrutura da sociedade.

A hermenêutica contemporânea, no entanto, por se encontrar inserida historicamente na sociedade e na cultura, que abalou os valores e as estruturas que se constituíram em sustentáculos até então da civilização ocidental, considera o homem não mais numa perspectiva transcendente, mas na realidade histórica e plural mutante. Esse processo vivencial obrigou o indivíduo, vivendo numa cultura plural e contraditória, não tendo uma bússola auxiliar que lhe apontasse um norte preciso e seguro, a questionar-se de uma perspectiva propriamente ética.

---

[1] Agradeço a Leonardo Subtil na pesquisa e traduções que se encontram nesta comunicação, sendo que as opiniões expressas no texto são de minha responsabilidade.

Explica-se, assim, a emergência do debate ético na sociedade democrática contemporânea, que independe da fé religiosa, mas que se desenvolve, também, para libertar a cultura da camisa de força do racionalismo.

As limitações da hermenêutica clássica explicitam-se na medida em que, levando-se em conta as características do homem e da sociedade contemporânea, ela não pode mais pretender assumir uma posição transcendental, em virtude da historicidade e da finitude do ser humano. Essas características do ser humano, incorporadas na cultura, irão expressar-se pela mediação de valores, experiências e formas simbólicas. Precisamente, porque deixa de ter em si mesmo uma resposta absoluta e transcendental, o ser humano esgota os critérios de escolha, busca orientações para a ação e, dessa forma, reconhece as exigências de universalidade da ética tradicional.

O processo de superação do déficit crítico da hermenêutica permite que se situe a tentativa de recuperar o próprio papel crítico da filosofia e de tirá-la de uma zona de conformismo moral e político, aprisionada no hermetismo de procedimentos lógico-interpretativos. A libertação desse estado de apatia aponta para a construção de um modelo que nos permita libertar dos artefatos mecanicistas da interpretação dos símbolos e da linguagem, e trazer para a hermenêutica um conteúdo ético. Esse modelo denominado de ética hermenêutica crítica caracteriza-se por ser um procedimento hermenêutico que considera, ao mesmo tempo, o *logos* e a *experiência*, como categorias necessárias para o entendimento dos sistemas simbólicos e normativos da sociedade humana. A ética hermenêutica pretende, assim, superar a insuficiência crítica da interpretação, e, especificamente, servir no caso da interpretação jurídica para a solução dos impasses no quadro do estado democrático de direito, que pressupõe a consideração da manifestação de vontade de um agente moral, de um ser dotado de razão e liberdade.

Para tanto, o projeto da ética hermenêutica propõe-se a examinar a possibilidade de dotar a hermenêutica de um conteúdo ético. Essa possibilidade somente pode tornar-se viável na medida em que se considere a ética a partir de uma perspectiva que contemple a facticidade como condição *sine qua* para a construção de um novo paradigma hermenêutico.

Assim, qual o caminho a ser trilhado a fim de dotar a hermenêutica de uma criticidade ética? A proposta da ética hermenêutica crítica desenvolvida por Jesús Conill Sancho[2] parte dessas constatações empíricas e das possíveis conexões do pensamento kantiano com a hermenêutica gadameriana. Ou seja, uma possível abertura da facticidade à dimensão crítica, apresentando dessa forma um Kant "hermeneutizável".

Entretanto, muitas são as dificuldades filosóficas para o estabelecimento das conexões entre crítica, ética e hermenêutica. Nesse sentido, Jesús Conill Sancho – que se destaca como pioneiro nesse processo de estabelecer um novo paradigma hermenêutico – aponta três obstáculos principais à configuração de uma

---

[2] SANCHO, Jesús Conill (2006). *Ética hermenêutica*. Crítica desde la Facticidad. Madrid: Tecnos.

proposta que estabelecesse os parâmetros lógicos e epistemológicos de uma ética hermenêutica. Esses obstáculos ou dificuldades tem a ver com os fundamentos do projeto de Gadamer e de Heidegger.

A primeira objeção consiste na dificuldade de hermeneutizar Kant, pois Gadamer entende que a *Crítica do Juízo*[3] de Kant constitui um desvio subjetivizador, que impede o estabelecimento de um modelo para o pensamento hermenêutico. A segunda resistência refere-se à filosofia hermenêutica de Heidegger, que parece a muitos incompatível com uma ética moderna, dotada de espírito crítico. Por fim, o terceiro obstáculo situa-se na dificuldade em inserir a ética como uma dimensão central da hermenêutica filosófica de Gadamer, pois, como bem demonstram as duas primeiras partes de *Verdade e Método*,[4] as preocupações com a estética e com a ontologia são os eixos centrais da reflexão gadameriana.

Qual seria então o caminho para a superação dessas três dificuldades adiantadas?

A estratégia central, como sugere Conill Sancho (2006:13) é a de encontrar em Kant um potencial hermenêutico, e, portanto, discordar da interpretação gadameriana de Kant, tendo dois pontos essenciais que permitem estabelecer as bases de uma possível conexão entre a hermenêutica e Kant. Sancho Conill. Propõe que se realize uma leitura diferenciada de Kant, que seja não reducionista,em função de dois textos capitais, quais sejam:

a) Não se deu a devida atenção na análise da *Crítica do Juízo,* ao lado da questão da capacidade de julgar como tal, a nova função da imaginação e uma ideia subjacente de vida;

b) A *Antropologia em sentido pragmático*[5] compreende uma "Estética da liberdade" e uma *Metodologia da razão prática*, que junto com a capacidade de julgar constitui a base de um novo modelo de "aplicação" ética, que se constitui numa "pragmática da liberdade".

Essa possível relação entre Kant e a hermenêutica é pouco explorada e, a obra de Jesús Conill Sancho, procura recuperá-la pela via gadameriana. Como consequência dessa leitura da obra kantiana, propõe uma *ética hermenêutica da facticidade com um novo sentido crítico*, quer dizer, uma teoria hermenêutica da idealidade a partir da facticidade heideggeriana, seguida por Gadamer.

Importante acentuar que a ética hermenêutica de Jesús Conill Sancho estrutura-se como uma espécie de "ética da facticidade", permitindo ampliar e explorar o fundo experiencial de nosso mundo moral, bem como as facticidades históricas e vitais. Além disso, pretende determinar o estatuto da razão que opera nas chamadas "éticas aplicadas", o que torna o projeto de Sancho Conill relevante para a interpretação do ordenamento jurídico do estado democrático de direito.

---

[3] KANT, Immanuel (1951). *Critique of Judgement.* Trad . J.H. Bernard. New York/ London: Hafner Press/ Collier Macmillan Publishers.

[4] GADAMER, Hans-Georg (1996). *Vérité et Méthode.* Trad. Pierre Fruchon. Paris: Éditions du Seuil.

[5] KANT, Immanuel (2004). *Antropología em sentido pragmático.* Trad. José Gaos.Madrid: Alianza Editorial

Nesse contexto, as éticas aplicadas surgem em consequência das exigências do pluralismo da sociedade complexa, sendo que a ética hermenêutica, segundo Jesús Conill Sancho, procura esclarecer o estatuto da razão no seio dessa sociedade e estabelecer o sentido da "ética da responsabilidade" frente aos formalismos e aos procedimentalismos. A análise dessa proposta deve considerar como eixo central a temática dos fundamentos da ética hermenêutica crítica, elaborada especialmente na terceira parte da obra de Sancho Conill acima referida.

Afinal, como se pode chegar a uma hermenêutica crítica, superando as dificuldades que se colocam diante de um projeto de uma ética hermenêutica? Essa pergunta acha-se subjacente a todos os modelos hermenêuticos que procuram se apropriar da dimensão ética o mesmo ocorrendo com a análise de Conill Sancho.

2 – Ética hermenêutica crítica em Jesús Conill Sancho

O estabelecimento de uma ética hermenêutica crítica por Jesús Conill Sancho surge no contexto de uma possível conciliação entre as éticas de Aristóteles e de Kant. Assim, é possível o exercício de uma perspectiva crítica na hermenêutica a partir do trinômio "experiência, vida e história" sem cair nos procedimentalismos éticos?

A ética hermenêutica pretende responder a esse questionamento através de quatro perspectivas ético-filosóficas, que buscam estabelecer as exigências básicas da criticidade, a fim de que se evite o processo de imunização e fechamento da hermenêutica em si mesma, evitando-se, assim, a queda no racionalismo meramente procedimental e instrumental. As referidas perspectivas éticas são as seguintes: 1) *Ética discursiva* (Apel[6] e Habermas[7]); 2) *Ética da alteridade e reconhecimento* (Ricoeur)[8]; 3) *Ética da autenticidade* (Taylor)[9] e 4) *Ética da "pietas"* (Vattimo).[10]

Nesse contexto, a ética hermenêutica traz para os diferentes ramos das ciências sociais uma nova abertura. Isto porque não se reduz a uma simples exigência filosófica – a necessária articulação entre a *facticidade* e a *crítica* –, mas atende o caráter interdisciplinar das éticas aplicadas, tornando-se, como escreve Conill Sancho, um verdadeiro potencial para revisar o estatuto das ciências sociais e históricas, mais conscientes do seu caráter social, vital e histórico. (Conill Sancho, 2006:203).

---

[6] APEL, Karl-Otto (2000). *Transformação da Filosofia.* Trad. Paulo Astor Soethe. São Paulo: Edições Loyola.

[7] HABERMAS, Jürgen (1990). *O Pensamento Pós-Metafísico.* Trad. Flávio Beno Siebeneichler. Rio de Janeiro: Edições Tempo Brasileiro.

[8] RICOEUR, Paul (1990). *Soi – même comme un autre.* Paris: Éditions du Seuil.

[9] TAYLOR, Charles (2004). *Modern Social Imaginaires.* Durham and London : Duke University Press.

[10] VATTIMO, Gianni. (1991). *Éthique de l'interprétation.* Trad. Jacques Rolland. Paris: Éditions de la Découverte.

A seguir, observar-se-á a possível conciliação das éticas de Aristóteles e de Kant, realizada por Jesús Conill Sancho em sua ética hermenêutica, na tentativa de introduzir o elemento crítico em sua matriz.

2.1 – Aristóteles e Kant: uma conciliação ética é possível?

O debate sobre a possibilidade de conciliação entre as éticas de Aristóteles e de Kant remonta à dupla via da hermenêutica gadameriana, que estabelece a vinculação aristotélica entre *phrónesis e êthos* e a união kantiana do formalismo à dialética natural posta na fundamentação da metafísica dos costumes. Em face de tal "aparente" oposição, há como se estabelecer uma síntese entre as duas perspectivas?

Para Jesús Conill Sancho há um paradoxo no estabelecimento de tal síntese, principalmente por duas razões, quais sejam: " 1) a ética de Aristóteles está baseada na noção de *phrónesis*, uma razão prática que está *condicionada* por um *êthos* (costumes, hábitos, leis); 2) a ética de Kant está baseada numa ideia de *razão prática pura*, que é *a priori* e incondicionada." (Sancho, 2006: 204).

Visível, portanto, a aparente oposição na razão prática entre *condicionalidade aristotélica* e a *incondicionalidade kantiana*. Entretanto, há como conciliar *a phrónesis condicionada* aos *a priori incondicionados*? Jesús Conill Sancho menciona que, segundo Gadamer, "[...] poderíamos alcançar certa combinação reconhecendo que a autonomia está sempre condicionada e que a incondicionalidade somente pode abrir-se à razão a partir da condicionalidade." (Sancho, 2006:204).

O que isto quer dizer? Significa que a autodeterminação inteligível da autonomia da razão moral é indiscutível, mas que isso não exclui a condicionalidade empírica de todas as ações e decisões humanas, pois "[...] O reconhecimento da *condicionalidade* humana [...] é compatível com a sublime *incondicionalidade* da lei moral". (Sancho, 2006: 204). A lei moral não exclui, pelo contrário supõe a variedade da experiência humana.

Nesse debate entre condicionalidade e incondicionalidade há um conflito entre as próprias leis ditadas pela razão prática a si mesma e o contexto de deliberação e ação em que nascem e na qual se aplicam (Sancho, 2006: 205). Assim, a incondicionalidade nasce da autodeterminação da razão prática, mas a ação é condicionada pelo *êthos* da razão prática.

Portanto, para Jesús Conill Sancho, é visível o caráter impuro da razão prática humana, pois, como bem argumenta, "[...] segundo Kant, nossa vontade é finita e por isso necessitamos imperativos, ao contrário de uma vontade santa." (Sancho, 2006: 205). Desse modo, a razão pura como única fundamentação das leis universais da razão prática esvaziaria o conteúdo destas, pois dependem deste para serem aplicadas às deliberações morais condicionadas. Em síntese, a "[...]

Ética hermenêutica e impasses da hermenêutica jurídica

razão prática não pode ter conteúdo e seguir sendo pura e, se segue sendo pura, não tem conteúdo". (Sancho, 2006:205).

Jesús Conill Sancho refere que não haveria nenhum problema no fato de uma razão prática condicionada (*phrónesis*) articular uma lei de forma universal, pois somente interferiria no conteúdo e na aplicação de suas leis, não havendo, portanto, conflito entre *condicionado*[11] e *incondicionado*.[12] Assim, o conflito dá--se na razão prática, entre leis incondicionadas (*a* priori) e sua aplicação à ação condicionada. A ética hermenêutica justamente submete o juízo ético a uma regra moral universal, constituindo-se no *médium* necessário entre os *a priori* e a ação, tornando possível revitalizar a ética aristotélica e a crítica do juízo de Kant (Sancho, 2006:206).

Na mesma compreensão acerca da problemática da razão prática, faz-se importante mencionar que a razão prática surge e é exercida no âmbito de um *êthos*, que embora exerça uma tarefa de restrição da liberdade, não a elimina. No fundo, o *êthos* possui uma dimensão que possibilita a liberdade, sendo nesse espaço que Jesús Conill Sancho mostra como existe uma verdadeira simbiose entre o espaço e o exercício moral da liberdade: "[...] a liberdade é inseparável do *êthos: aí se encontra a facticidade histórica da liberdade, como demonstra o fato hermenêutico dos dissidentes em todas as culturas*". (Sancho, 2006:208) [grifo nosso]. Verifica-se, assim, como a facticidade da liberdade é que torna possível uma leitura universalizante em torno de um valor comum que perpassa todas as culturas.

A segunda complementaridade possível entre Aristóteles e Kant, situa-se na dicotomia "liberdade" e "natureza", que se expressa na "dialética natural da razão prática" em Kant. Qual a inter-relação entre esses conceitos?

O ponto comum de observação é de que há uma tendência natural de se adequar as leis do dever aos nossos desejos, às nossas inclinações e idiossincrasias o que tornaria a opção moral frágil e relativizada. Entretanto, escreve Jesús Conill Sancho, essa dialética excludente "[...] *não se pode eliminar completamente*, porque toda reflexão ética está sempre condicionada a nossos desejos e inclinações." (Sancho, 2006:206). E a aceitação desse desafio, que se encontra no cerne da moralidade contemporânea, se constitui no próprio instrumento que irá assegurar a consagração dos valores morais.

A ética hermenêutica crítica insere-se na tentativa de demonstrar que a ideia de pureza da razão prática, na esteira do que diz Gadamer, não determina a totalidade de nosso ser moral somente por demonstrar a incondicionalidade de nosso dever frente aos protestos de nossas inclinações. A ideia de pureza encontra-se embebida pela prática, que a torna viva e objetiva.

Por outro lado, a proximidade entre Aristóteles e Kant irá ocorrer precisamente no contexto da dialética natural "[...] como traço *estrutural da reflexão*

---

[11] Aplica-se somente à localização da deliberação e da ação (SANCHO, 2006:205).

[12] Aplica-se às leis estabelecidas pela razão prática (SANCHO, 2006:205).

ética estabelece um *vínculo* mais claro entre a *ética aristotélica e a kantiana*, porque a "dialética natural" é similar à dialética entre *phrónesis* e o *êthos.*" (Sancho, 2006:206). Além disso, refere Jesús Conill Sancho que a dialética dá-se dentro da razão prática, numa dicotomia entre *consciência moral ordinária (êthos)* e *razão prático-filosófica (criticidade)*.

A conciliação, portanto, entre as éticas de Kant e de Aristóteles pela via gadameriana abre a passagem para uma ética hermenêutica crítica, pois "a razão prática não necessita ser pura para ser crítica", (Sancho, 2006:207), pois ela por si mesma, como manifestação específica de uma vontade racional e livre, constituiu-se em instrumental específico da reflexão ética na sociedade democrática. Assim, não se depende da pureza da razão prática para se ter criticidade frente à dialética natural, pois "[...] mesmo sendo impura, portanto, tampouco exigirá ser restritivamente formal e procedimental, para possibilitar a reflexão crítica no âmbito moral." (Sancho, 2006:207).

2.2 – Dificuldades do procedimentalismo ético no universalismo hermenêutico

A perspectiva hermenêutica de cunho gadameriano afasta-se sobremaneira do procedimentalismo ético. Nessa assertiva, surge uma problemática essencial à hermenêutica: é possível uma reflexão ética e crítica inserida em marco dialógico? Para Jesús Conill Sancho, considerando-se que a reflexão ética já é uma parte da tradição ética, ela não necessita de uma teoria procedimental que seja neutra em relação a todas as tradições éticas. Não somente a reflexão ética-crítica não necessita de uma teoria procedimental, como principalmente ela não pode tê-la. Isto porque como parte da tradição a reflexão crítica encontra-se historicamente, pois as normas constitutivas da reflexão são elas próprias históricas. (Sancho, 2006: 210).

Nesse contexto, a hermenêutica exige uma reflexão ética, assim como a ética crítica exige uma dimensão hermenêutica, podendo apresentar dessa forma perspectivas convergentes. Na ética kantiana, por exemplo, há duas acepções, que dão conta da função do juízo, uma de justificação e fundamentação (ética fundamental) e outra de aplicação (ética aplicada), pois "se a ética quer proporcionar um guia moral para a vida, não pode prescindir do momento aplicador, que presta atenção aos contextos e às conseqüências". (Sancho, 2006: 212). Por outro lado, Jesús Conill Sancho adverte que uma coisa é a distinção entre justificação e aplicação e outra coisa é separá-las, reduzindo a ética somente ao papel de justificação e de fundamentação das normas morais (Sancho, 2006: 212).

No contexto do procedimentalismo ético, preconizado por Apel e Habermas, como inserir o universalismo hermenêutico? Ao ver de Jesús Conill Sancho, não há mais como não pensar em hermeneutizar a ética dialógica de Apel e Habermas, na tentativa de superação do procedimentalismo restritivo e instrumentalista. O debate principal situa-se, portanto, na mediação entre hermenêutica (condicionalidade, historicidade) e crítica (incondicionalidade e universalidade), a fim de compreender "[...] que uma razão prática, condicionada historicamente, é capaz de princípios éticos incondicionados." (Sancho, 2006: 213). Desse modo, a universalidade da validez não depende de uma pureza, mas pode ser histórica e prática e, portanto, impura, sem que com isto perca a sua validade e universalidade.

Jesús Conill Sancho tenta demonstrar, ao final, que a universalidade e a incondicionalidade dos princípios não derivam da pureza da razão e, para tanto, "é suficiente que se mostre que é parte essencial de um modo histórico de vida governado pela razão". (Sancho, 2006: 213). É justamente na condicionalidade histórica que o papel crítico da experiência hermenêutica assume um papel essencial no controle dos perigos do relativismo e na afirmação de um autêntico universalismo hermenêutico.

3 – Contribuições da ética hermenêutica crítica

Podemos, então, elencar algumas contribuições da ética hermenêutica crítica, a partir da faticidade experiencial, para que se possa compreender o fenômeno moral, orientar criticamente a ação e aplicar o sistema de normas jurídicas com a atenção voltada para os seus fundamentos morais, vale dizer, os fundamentos estabelecidos por uma vontade autônoma e, portanto, livre. Destacam-se, no entendimento de Sancho Conill (2006: 281) as seguintes contribuições da ética hermenêutica:

1) *Vivência* numa época de incertezas e de interpretações, que é quando se torna necessário a *práxis* hermenêutica, visto que a interpretação é acontecimento vital e histórico;

2) *Libertação hermenêutica* da objetividade naturalista da vida e da razão, pois é necessária a abertura ao conhecimento científico, mas de maneira não dogmática, que neutralize e prejudique a historicidade experiencial;

3) *Superação hermenêutica* do formalismo e do procedimentalismo mediante a ampliação da experiência moral na vida fática. Torna-se essencial desvelar o essencial na análise da "insondável riqueza da experiência moral na vida fática, a partir das narrativas bíblicas sobre a misericórdia, sobre as vítimas, humilhadas e ofendidas, esperançosas de reabilitação".

4) *Oferecimento de uma analítica hermenêutica de faticidade aberta* (contrafactica), sem a qual seria impossível uma crítica histórica das tradições, dos horizontes axiológicos e de seu significado. Trata-se aqui de recuperar a tradição da genuína experiência ética que se revela, ao mesmo tempo, como sendo uma experiência negativa – opor-se a um determinado valor e comportamento – e uma experiência de abertura – onde novas experiências podem abrir o horizonte para uma solidariedade mais ampla. Deixa então a ética de ser um código dogmático, determinante de comportamentos, e passa a ser o instrumento racional de afirmação da autonomia face ao dogmatismo e, também, da abertura de novas

possibilidades para o ser humano. Somente, assim, a ética deixa de ser estática e dogmática, ou seja, imune à crítica.

5) *Trata-se de uma forma de situar-se no contexto do pluralismo moral seus inevitáveis conflitos.* A resposta proposta para o consequente relativismo do pluralismo moral encontra-se no paradigma do universalismo hermenêutico (não meramente formal e procedimental) por exigência da liberdade através do universalismo hermenêutico, cujas virtualidades interculturais permite que abram novas perspectivas para as possibilidades reais das pessoas em suas diversas situações vitais.

6) *Atenção especial ao processo de formação da pessoa moral*, no fortalecimento dos ideais emancipatórios e das formas de autorrealização responsável, como resultantes da capacidade de julgar reflexiva, cuja função é interpretativa e orientadora;

7) *Ampliação do horizonte de compreensão* dos problemas, com a consciência da existência de fatores não elimináveis e irredutíveis (voz interior, liberdade, sentimentos, consciência, experiência sentido, autenticidade).

4 – Características principais da ética hermenêutica

A ética hermenêutica crítica é composta de 05 (cinco) características principais, que estabelecem os seus parâmetros lógico-argumentativos explicitados a seguir:

1) *Experiência*: propõe uma transformação experiencial da razão pura, não a consagrando como ontológica, mas tornando-a hermenêutica, ao atribuir relevância principal ao papel da *experiência* e/ou *vivência,* e não mais ao *ser*. Esta abertura para a experiência, a partir da facticidade, incorpora noções como: sentido, valor, estrutura, relação, conexão vital, vivência, de tal maneira que emerge uma ética do *logos*, que fornece sentido a uma perspectiva ética da verdade. Em outras palavras, como escreve Conill Sancho, o *logos* sem a dimensão ética não seria *logos*

2) *Humanista*: prolonga a tradição humanista até configurar um humanismo ético hermenêutico. O princípio hermenêutico da liberdade agrega novos conteúdos ao conceito de humanidade, através da noção de formação do homem, dando forma às disposições e capacidades naturais do homem;

3) *Aplicadora*: a hermenêutica descobre diversas formas de aplicação, para além de seu habitual sentido técnico, no deliberacionismo pragmático, no juízo reflexivo, na prudência, na nova casuística e no círculo-hermenêutico, que se requer nas diversas éticas aplicadas (bioética, ética econômica e empresarial, ética do desenvolvimento humano, direito, etc.);

4) *Axiológica*: a hermenêutica ao incorporar a dimensão axiológica da vida, amplia a razão hermenêutica. Os valores são condições de possibilidade para que no fluxo do devir algo tenha significado;

Ética hermenêutica e impasses da hermenêutica jurídica

5) *Eleuteropática*: graças à hermenêutica, a liberdade se entende como uma capacidade da paixão e sentimental, como *pathos* e como poder, que se expressava nas eleutérias, que eram na Grécia Clássica festas da liberdade, celebradas a cada cinco anos em homenagem a Zeus, libertador. A hermenêutica crítica integra certa estética da liberdade e entende esta não somente como eleuteronomia norma da liberdade –, mas também como eleuteropatia – o *pathos* da liberdade. Nessa dupla dimensão da liberdade, estabelece a possível virtude cívica, que é o sustento de um bem entendido aristocratismo republicano, cuja origem se encontra no *thymós*. O progresso moral, portanto, resulta dessa progressiva universalização da pessoa como agente moral, caracterizado por uma vontade que se desdobra em razão e exercício da liberdade e autonomia.

— XVI —

A (re)leitura da teoria do fato jurídico à luz do "diálogo entre as fontes do direito": abrindo espaços no direito privado constitucionalizado para o ingresso de novos direitos provenientes das nanotecnologias

WILSON ENGELMANN[1]

Sumário: 1. Introdução; 2. Da teoria do fato jurídico de Pontes de Miranda ao "diálogo entre as fontes do direito": a necessária superação dos pressupostos (ainda presentes) do positivismo jurídico Kelseniano; 3. Do Direito Civil à constitucionalização do Direito Privado: a abertura do sistema jurídico por meio do "retorno aos sentimentos"; 4. Os novos direitos e as nanotecnologias: os desafios contemporâneos do Direito; Conclusão; Referências.

1. Introdução

A partir da emergência da possibilidade científica de se fazer investigações dentro da escala nanométrica, ou seja, na bilionésima parte de um metro, abrem-se desafios de diversas ordens para as "Ciências Duras" e também para as "Ciências Brandas", onde se localiza o Direito. No contexto assim desenhado, há indicativos que apontam a necessidade de revisar a Teoria do Fato Jurídica proposta por Francisco Cavalcanti Pontes de Miranda, em sua obra intitulada *Tratado de Direito Privado*, onde se verifica a divisão do "mundo jurídico" em três planos: plano da existência, plano da validade e plano da eficácia.

Dentro da análise dogmática alinhavada por Pontes de Miranda, o Direito Privado é estudado a partir destes três planos. No entanto, o pano de fundo que

---

[1] Doutor e Mestre em Direito Público pelo Programa de Pós-Graduação em Direito (Mestrado e Doutorado) da UNISINOS/RS; Professor deste mesmo Programa das atividades: "Direitos Humanos" e "Transformações Jurídicas das Relações Privadas" (Mestrado) e "Os Desafios das Transformações Contemporâneas do Direito Privado" (Doutorado); Professor de Metodologia da Pesquisa Jurídica em diversos Cursos de Especialização em Direito da UNISINOS; Professor de Introdução ao Estudo do Direito do Curso de Graduação em Direito da UNISINOS; Líder do Grupo de Pesquisa *JUSNANO* (CNPq); Orientador de Bolsistas de Iniciação Científica PIBITI/CNPq, PIBIC/CNPq e FAPERGS; Projetos de Pesquisa vinculados: 1) Os Direitos Humanos e o "fascínio da criatividade": em busca de justificativas éticas para a regulamentação das pesquisas e dos resultados com o emprego das nanotecnologias (UNISINOS); 2) Nanotecnologias aplicadas aos alimentos e aos biocombustíveis: reconhecendo os elementos essenciais para o desenvolvimento de indicadores de risco e de marcos regulatórios que resguardem a saúde e o ambiente (Rede Nanobiotec-Brasil/CAPES); Advogado. e-mail: wengelmann@unisinos.br

sustenta a obra, decorrente do momento histórico em que foi produzida, ou seja, pouco antes da metade do Século XX, é fortemente influenciado pelo positivismo jurídico, notadamente na sua vertente legalista. Destarte, torna-se imperioso (re)visitar as categorias pontesianas, visando realinhá-las ao "diálogo entre as fontes do Direito", além de fertilizá-las pelos pressupostos oriundos da constitucionalização do Direito Privado, movimento que, no Brasil, ganha força a partir da Constituição da República de 1988.

A obra de Pontes de Miranda tem o mérito de abordar, com profundidade, o Direito Privado. No entanto, a fim de continuar viva, deverá ser realinhada e adaptada, incorporando os movimentos que o Direito vem sofrendo ao longo da última metade do Século XX e, especialmente, toda a transformação social, científica, econômica e política provocada pela globalização no início do Século XXI.

Todos esses movimentos requerem do Direito respostas inovadoras e sem precedentes, mas que deverão ser planejadas, sob pena de se erigir um mundo nanotecnológico sem a sua participação. Portanto, o problema que orienta a elaboração deste texto pode ser assim delimitado: o "diálogo entre as fontes do Direito" e uma (re)leitura da Teoria do Fato Jurídico de Pontes de Miranda serão a condição de possibilidade para que o Direito faça frente aos desafios da constitucionalização do Direito Privado e os novos direitos lançados pela emergência das nanotecnologias? O trabalho será orientado pelo "método" fenomenológico--hermenêutico, lastreado nos ensinamentos de Martin Heidegger e Hans-Georg Gadamer.

Pretende-se estudar a necessária adequação da análise da Teoria das Fontes do Direito, abrindo-se mão da postura verticalizada, a fim de ser priorizado o diálogo, que exige, necessariamente, uma concepção horizontalizada dos diversos exemplos de normas jurídicas. Com isso, uma análise da Teoria do Fato Jurídico não poderá mais centrar-se numa perspectiva meramente legalista, mas deverá abrir as possibilidades para a valorização de outras formas de expressão do jurídico e avaliar as consequências da constitucionalização do Direito Privado.

No entanto, a (re)leitura da proposta de Pontes de Miranda não se esgota neste texto, mas terá continuidade e aprofundamento em produções científicas posteriores. Por outro lado, não se propõe a sua substituição, mas um realinhamento criativo para conferir à teoria pontesiana mais flexibilidade e abertura, potencializando a produção dos efeitos jurídicos a partir de novos direitos.

2. Da teoria do fato jurídico de Pontes de Miranda ao "diálogo entre as fontes do direito": a necessária superação dos pressupostos (ainda presentes) do positivismo jurídico Kelseniano

Ao se examinar as bases sobre as quais Pontes de Miranda edifica a Teoria do Fato Jurídico são encontrados traços marcantes do positivismo jurídico. No Prefácio do *Tratado de Direito Privado* pode-se ler: "os sistemas jurídicos são *sistemas lógicos*, compostos de proposições que se referem a situações da vida, criadas pelos interesses mais diversos" (Pontes de Miranda, 1954, Tomo I, p. IX). O autor grifa a expressão "sistemas lógicos", dando-lhe a tonalidade de relacionamento categórico de premissas que vão sendo preenchidas pelos fatos sociais, abrindo a distinção entre dois mundos: "mundo fático" e o "mundo jurídico", separados entre si. É a partir dessa visão sistêmica, numa denominada "ordem lógico-científica", que o autor formula os três planos, onde: "primeiro, expusemos o que concerne ao *plano da existência*; depois, o que se refere ao *plano da validade*; finalmente; o que somente pertence ao *plano da eficácia*" (Pontes de Miranda, 1954, Tomo I, p. XX). Nesse escalonamento o fato da vida vai entrando, preenchendo as exigências do suporte fático e recebendo a conformação jurídica, a fim de produzir os efeitos previamente consagrados na regra jurídica. Aí a logicidade do sistema pontesiano.

Há uma grande similitude desta forma de conceber o sistema jurídico com aquela proposta por Hans Kelsen: "(...) os princípios lógicos em geral e o princípio da não contradição em especial podem ser aplicados às proposições jurídicas que descrevem normas de Direito e, assim, indiretamente, também podem ser aplicados às normas jurídicas. (...)". Como decorrência deste aspecto, "(...) o conhecimento do Direito – como todo conhecimento – procura apreender o seu objeto como um todo de sentido e descrevê-lo em proposições isentas de contradição, (...). (Kelsen, 1996, p. 229). A logicidade do sistema jurídico encontra respaldo nesta característica de inexistência de contradição, pois ao Direito cabe apreender o fato social e compará-lo às regras existentes na configuração do mundo jurídico, onde as normas contraditórias deverão ser eliminadas por meio de processos previamente consagrados pelo próprio sistema. Caso exista um suporte fático previamente planejado neste último, o fato social terá condições de produzir os efeitos jurídicos preliminarmente previstos pelo sistema, que é fechado e deverá ser coerente. Essa concatenação pode ser chamada de "silogismo de determinação da consequência jurídica", constituído por: "a premissa maior é constituída por uma proposição jurídica completa e a premissa menor pela subordinação de uma situação de fato concreta, como um 'caso', à previsão da proposição jurídica" (Larenz, 1997, p. 380-1). Pontes de Miranda também comunga desta forma de organização do raciocínio jurídico, projetada no modelo subsuntivo: a premissa maior é a lei, onde o suporte fático está definido; a premissa menor é o fato da vida, a ocorrência no "mundo dos fatos". Assim, quando o fato preenche o suporte que está na premissa menor, a norma (= lei) incide, gerando os efeitos jurídicos definidos.

A regra jurídica é fundamental nesta estrutura lógica de normas e se localiza no material legislativo e jurisprudencial, sendo que o jurista deverá dominar este material, "que constitui o ramo do direito, sobre que disserta, sem deixar de ver e de aprofundar o que provém dos outros ramos e como que perpassa por aquele, a cada momento, e o traspassa, em vários sentidos" (Pontes de Miranda, 1954, Tomo I, p. XI). Há uma preocupação em relacionar o Direito Civil com os outros ramos do Direito. No entanto, além da importância com o suporte fático na construção da sua teoria, Pontes de Miranda assevera que este conceito deverá ser guardado "pelos que querem entender as leis e as operações de interpretação e de julgamento" (Tomo I, p. XI). Para que a proposta possa preservar a sua essência é necessária a exatidão e a precisão dos conceitos, além da "boa escolha e a nitidez deles, bem como o rigor na concepção e formulação das regras jurídicas e no raciocinar-se com elas" (Tomo I, p. XI). Esta caracterização é paradigmática, pois indica a preocupação com a clareza e o rigor das formulações jurídicas, aspectos que deverão também nortear o raciocínio jurídico.

No prefácio à primeira edição de *Teoria Pura do Direito*, publicada em 1934, Hans Kelsen aponta a necessidade de purificar a teoria jurídica, excluindo elementos de política, sociologia e filosofia, a fim de surgir "consciente da sua especificidade porque consciente da legalidade específica de seu objeto" (1996, p. XI). Verifica-se que este é o período em que Pontes de Miranda estava gestando o seu *Tratado* e, por isso, a aproximação de suas ideias com as de Kelsen. O projeto é idêntico, pois a proposta dos *planos* e a caracterização do *suporte fático* também se encontram alicerçadas na perspectiva legalista do Direito e na sua cientificidade, pois um fato social apenas ingressa no mundo jurídico quando se enquadra no suporte fático previamente especificado na lei, no Código.

Segundo Marcos Bernardes de Mello, Pontes de Miranda pode ser considerado um "cientista do direito que primou por uma terminologia precisa e pelo rigor científico no emprego dos termos e dos conceitos jurídicos" (2010, p. 13). O rigor científico também aparece em Kelsen e no mencionado Prefácio, pois a formação do Direito deveria aproximar "os seus resultados do ideal de toda a ciência: objetividade e exatidão" (1996, p. XI). Em ambas as propostas o ideal científico era aquele praticado pelas "Ciências da Natureza" ou as "Ciências Duras". No entanto, este enquadramento não respeitava as especificidades do Direito e das "Ciências Humanas". De qualquer forma, Kelsen tinha consciência desta situação e talvez ela se explicasse, à época, por aspectos intrínsecos de organização das Humanas: "relativamente às ciências sociais falta ainda – e o seu estado pouco evoluído não é das razões que menos concorrem para tal – uma força social que possa contrabalançar os interesses poderosos, (...) (Kelsen, 1996, p. XIV). O cenário atual ainda está numa situação parecida, pois as "Ciências Duras" exercem certo protagonismo na formulação dos pressupostos científicos – bastante marcado no contexto das nanotecnologias.

Todos esses elementos mostram a necessária pureza que o sistema jurídico deverá ostentar, a fim de abrigar a sua interpretação que representa: "interpretar leis é lê-las, entender-lhes e criticar-lhes o texto e revelar-lhes o conteúdo. (...) O que foi publicado é a letra da lei, com suas palavras e frases. Tem-se de interpretar, primeiro, gramaticalmente, (...)" (Tomo I, p. XI e XIII). O positivismo legalista se mostra aqui com mais evidência, pois a interpretação se funda na lei, cujo conteúdo deverá ser revelado. A interpretação em "fatias" se revela com todo o poder. Cabe destacar que a interpretação busca "revelar" o conteúdo da lei, como se ele estivesse adormecido, dando clara indicação de que este deve ser retirado do texto da lei por meio da interpretação. Dentro da hermenêutica filosófica a interpretação não é a revelação do sentido, mas a sua atribuição a partir dos elementos construídos no círculo hermenêutico, formado pelo encadeamento da pré-compreensão, compreensão, interpretação e aplicação do Direito, sempre alimentadas pelo horizonte histórico do intérprete e do texto (Engelmann, 2007, p. 238-9).

Em termos exemplificativos, ao se examinar mais de perto o plano da existência, por exemplo, se verifica que todos os detalhes levantados até o momento ficam caracterizados, ou seja, neste plano "somente se indaga se o fato jurídico existe, quer dizer, se o suporte fático da norma se concretizou suficientemente (= todos os elementos previstos pela norma se realizaram) e, portanto, se ela incidiu" (Mello, 2008, p. XXIII). Os elementos trazidos à análise permitem concluir que somente será considerado fato jurídico aquele fato social que estiver previamente caracterizado (= previsto) como base para o suporte fático. Dito de outra maneira: "o ser fato jurídico e o poder irradiar consequências jurídicas, portanto, constituem, respectivamente, uma qualificação e uma imputação que a norma jurídica faz a fatos da vida por sua relevância para o homem no meio social" (Mello, 2010, p. 19). Se o fato social preenche os requisitos que estão previstos na regra haverá a produção dos efeitos e a sua transformação em fato jurídico.

Tal aspecto é enfatizado por Kelsen no Prefácio à segunda edição da *Teoria Pura do Direito*, publicada em 1960: "o problema da Justiça, enquanto problema valorativo situa-se fora de uma teoria do Direito que se limita à análise do Direito positivo como sendo a realidade jurídica" (1996, p. XVIII). A composição do suporte fático e a incidência da norma jurídica de Pontes de Miranda também excluem a avaliação axiológica da situação, na medida em que se o fato social preencher os requisitos previstos (previamente) pelo suporte fático a norma incide e produz os efeitos; caso contrário, não há incidência e nem efeito jurídico.

A regra jurídica está catalogada com um elemento fundamental na caracterização do Direito, que se entende como um "dever ser", ou seja, que algo deve acontecer, ou que alguém deve conduzir-se de determinada maneira. A conduta que está prevista por uma determinada regra constitui o conteúdo desta regra ou norma jurídica e, portanto, "deve ser". Já a conduta efetiva, ou fática, está na órbita do "ser", podendo ou não corresponder ao conteúdo de uma regra ou norma jurídica (Engelmann, 2001). Portanto, se houver coincidência entre o fato social e a previsão na norma, ocorrerá a incidência e a produção dos efeitos jurídicos.

Outro aspecto a ser destacado está circunscrito à atribuição de obrigatoriedade ou o caráter jurídico de uma regra da conduta humana: este ato sempre estará a cargo de que tenha poder para tanto, ou seja, autorização dada por outra norma jurídica. Kelsen também apresenta essa categorização, quando refere a estrutura escalonada do sistema jurídico, enfatizando acerca de criação do Direito: "(...) uma ordem jurídica é um sistema de normas gerais e individuais que estão ligadas entre si pelo fato de a criação de toda e qualquer norma que pertence a este sistema ser determinada por uma outra norma do sistema e, em última linha, pela sua norma fundamental" (1996, p. 260). Com isso, é destacado que o Direito faz a autorregulação da criação de suas próprias normas, a partir da relação entre normas inferior e superior. Aí está caracterizado o conceito de norma jurídica.

Embora se possa defender – a partir de Pontes de Miranda – que neste conceito não caiba apenas a lei, isso é contrariado pelas seguintes afirmações: "no ordenamento jurídico brasileiro, a técnica legislativa adotou duas espécies de atos que definem o termo inicial da existência das normas jurídicas: a) promulgação e b) publicação". Mais adiante tal aspecto é confirmado quando se aborda o período de *vacatio legis* da norma jurídica que, neste caso, existe, mas não tem vigência (Mello, 2010, p. 25-9). Tal característica se verifica exclusivamente em relação à lei.

Marcadamente distinta é a aceitação, no Direito, do princípio da causalidade: "(a) a norma jurídica é *causa* do fato jurídico e (b) este o é da eficácia jurídica" (Mello, 2010, p. 31). A relação entre causa e efeito é tipicamente a descrição dos fenômenos naturais. Os jurídicos, por sua vez, são organizados pelo princípio da imputação, que caracteriza o enlaçamento dos acontecimentos humanos previstos no Direito com a sua consequência jurídica, que estará ligado pelo *dever ser* próprio dos fenômenos sociais, diferentemente do *ser* característico do mundo da natureza. O próprio Kelsen comunga desta concepção: "a natureza é (...) uma determinada ordem das coisas ou um sistema de elementos que estão ligados uns com os outros como causa e efeito" (1996, p. 85). A ciência social ou as "Ciências Humanas" como um todo estão preocupadas com a conduta humana, onde se aplica o princípio da imputação: "sob determinados pressupostos, fixados pela ordem jurídica, deve efetivar-se um ato de coerção, pela mesma ordem jurídica estabelecido" (1996, p. 86). Com isso, está marcada a distinção. De qualquer sorte, o modo como Pontes de Miranda apresenta a questão relativa ao suporte fático, resta claro que se enquadra mais na imputação que na causalidade. A tentativa de trazer a "causalidade" para o Direito pode ser derivada de outra obra sua intitulada *Sistema de Ciência Positiva do Direito*, escrita em 1922, onde ele "propõe uma análise a partir da física, da geometria, da matemática, mais avançadas, para o Direito, a partir da obra de Augusto Comte" (Rocha e Atz, 2010, p. 420). Portanto, aí se encontra a gênese do modo de conceber a Teoria do Fato Jurídico, projetada de modo fechado e rigoroso a partir de uma previsão na lei. Vale dizer, o suporte fático se aproxima de uma fórmula matemática que deverá ser preenchida no "mundo dos fatos" a fim de ser reconhecido no/pelo "mundo jurídico".

Nesta perspectiva, Pontes de Miranda refere que este último nada mais é do que o mundo dos fatos jurídicos, assim classificados: "a) fatos jurídicos *stricto sensu*; b) fatos jurídicos ilícitos; c) atos-fatos jurídicos; d) atos jurídicos *stricto sensu*; e) negócios jurídicos" (1954, Tomo II, p. 183-4). Tomando-se este plano, é possível constatar que ele pretende abranger todas as possibilidades de ocorrências jurídicas na ordem privada do Direito. Assim, a proposta de releitura da Teoria do Fato Jurídico não está postulando o seu abandono, mas uma readequação e atualização, a fim de albergar os novos direitos que surgem com o movimento científico das nanotecnologias. Embora essa classificação seja fundamental para o Direito, não se pode deixar de constatar que ela não dá conta da rápida evolução social e da emergência de direitos que não cabem nesta "fórmula". Por isso, se exigirá uma nova postura relativa à Teoria do Fato Jurídico.

Neste momento, a tarefa foi levantar alguns aspectos que sustentam esta divisão do "mundo jurídico". O primeiro elemento que será objeto de análise é a parte relativa às fontes do Direito, onde o principal objetivo é aumentar o seu âmbito para além do texto da lei, por meio da orientação projetada pelo "diálogo entre as fontes do Direito". Vale dizer, o Fato Jurídico deverá ser encontrado em suportes fáticos que não estejam necessariamente lastreados em lei.

Para tanto, torna-se interessante constatar, como ponto de partida a esta ampliação, que a "cultura jurídica pós-moderna[2] é caracterizada por quatro fenômenos: a) o pluralismo; b) a comunicação; c) a narração e d) o retorno aos sentimentos" (Jayme, 1996, p. 36). Com tais elementos, se tem um quadro paradigma à análise da Teoria do Fato Jurídico de Pontes Miranda. Dentro da 'comunicação' Erik Jayme localiza a proposta do "diálogo das fontes", cuja denominação será modificada, por se entender mais abrangente, para "diálogo entre as fontes do Direito", já que neste campo é que se dará a movimentação de abertura que interessa aos termos deste trabalho de investigação científica. Dito de outro modo: a partir de um dos elementos – a comunicação – inicia-se a análise da Teoria do Fato Jurídico, focando na necessidade de se incorporar a pluralidade de fontes, em lugar da lei como o único espaço jurídico para a caracterização do suporte fático.

Uma das características da visualização de uma pluralidade de fontes é considerar além da lei no seu sentido mais lato, com ênfase na Constituição da República, os princípios, a jurisprudência – notadamente aquela expressa em Súmulas e, mais recentemente, também as Súmulas Vinculantes, as decisões ju-

---

[2] O termo "pós-modernidade" não encontra uma convergência conceitual na doutrina, dada a dificuldade de se especificar um período temporal. Pelo contrário, são assinaladas algumas características: "Não há como buscar uma verdade que se chama pós-modernidade. Mas há, sim, como colocar em evidência a construção de sentido sobre um processo de *recomposição* de diversos elementos (políticos, econômicos, culturais, religiosos, etc.), que leva à emergência do que se tem chamado hoje de pós-modernidade" (Esperandio, 2007, p. 9). No caso do Direito, se pode dizer que o paradigma da modernidade foi construído "em cima de certezas, dogmas, previsões e crenças herdadas da ideologia ilustrada, modelado pelo influxo das poderosas narrativas utópicas de transformação social, pela excessiva confiança num certo tipo de racionalidade instrumental-formal, e apoiado firmemente na pretensão de aplicação mecânica de concepções abstratas à realidade" (Diniz, 2006, p. 649). Tem-se, assim, o predomínio da razão teórica e a separação entre o "mundo do Direito" e o "mundo dos fatos", aspecto que influenciou Pontes de Miranda. Como este modelo já indica sinais de incapacidade para dar conta dos desafios provocados pelo "desenvolvimento recente das tecnologias da informação, globalização da economia, aceleração das mutações culturais, multiplicação dos fenômenos transculturais, surgimento de novos riscos ambientais em escala planetária, sofisticação recente dos métodos de controle social e desenvolvimento de modos alternativos de regulação" (Diniz, 2006, p. 649), abre-se o necessário espaço para o rompimento de um paradigma, pelo surgimento de novas características. A isso se poderá chamar de pós-modernidade ou simplesmente de contemporaneidade. É nesse contexto que se inscreve a revisão da Teoria do Fato Jurídico proposta por Pontes de Miranda.

diciais projetadas nos acórdãos dos Tribunais – a doutrina, os costumes, os contratos, o poder normativo dos grupos sociais, as decisões oriundas da negociação, mediação e arbitragem, as normas internacionais como o "direito de produção" e a *Lex mercatoria*, os Tratados e Convenções Internacionais, costumes internacionais e os princípios gerais do Direito Internacional. Esse conjunto é que se deverá considerar como a expressão "Fontes do Direito" e é nele que se deverá potencializar o diálogo. Uma Teoria do Fato Jurídico deverá dar conta da juridicidade produzida por este conjunto plural e coordenado de fontes.

O grande desafio é gerar uma teoria que possa identificar os elementos do suporte fático *no Direito* e não apenas *na lei*. Desta maneira, o modelo escalonado em forma de uma pirâmide, como Kelsen vislumbrava a estrutura das fontes, fortemente verticalizada, deverá ser substituído por uma organização horizontalizada das fontes, onde elas sejam dispostas uma ao lado da outra. Portanto, se substitui a hierarquia pelo diálogo, fertilizado pelo filtro de constitucionalidade assegurado pela Constituição da República. O diálogo se propõe numa escala heterogênea, onde se combinam os direitos do homem, a Constituição de cada país, as Convenções Internacionais e os sistemas nacionais (Jayme, 1996, p. 259). O diálogo se dará entre as fontes internas do Direito e as fontes externas do Direito. Haverá um triplo movimento simultâneo: entre as fontes internas, entre as fontes externas e entre as internas e as externas. Esse é o Direito que se apresenta para dar conta dos novos desafios que os humanos estão produzindo.

As diversas vias desses movimentos serão fertilizadas e orientadas pelo retorno aos sentimentos, por meio da valorização dos Direitos Humanos, do elemento humano, da substituição do conteúdo pela forma. Em última análise, pela valorização do Direito Natural como o elemento da tradição que fornece o subsídio substancial à pré-compreensão na construção do círculo hermenêutico, gerando os "Direitos Naturais-Humanos". Portanto, por meio do diálogo entre as fontes do Direito, o suporte fático não estará mais previamente definido na lei, mas se encontrará alojado no seio do sistema jurídico, considerada a pluralidade das normas jurídicas e guiado pelo conteúdo – regras e princípios – inserido na Constituição da República.

O diálogo entre as fontes do Direito será orientado e movimentado no/pelo círculo hermenêutico e alicerçado na linguagem. Além disso, substancialmente alimentado pelo Direito Natural[3] onde o raciocínio prático orienta as necessidades humanas, num contexto permeado pela liberdade na deliberação, permitindo a escolha de exigências que estão além da época "do comportamento que as executa" (Finnis, 1992, p. 137-8). Com isso, estrutura-se o efetivo retorno aos sentimentos, substancializando o principal elemento de construção da (nova) estrutura do suporte fático, que fortalecerá o papel da Constituição da República no cenário do anunciado diálogo entre as fontes do Direito, seja as internas ou as externas.

---

[3] Para aprofundar: ENGELMANN, Wilson. Direito Natural. IN: BARRETTO, Vicente de Paulo (Coord.). *Dicionário de Filosofia Política*. São Leopoldo: Unisinos, 2010.

Tal perspectiva também dará uma resposta à chamada "crise de fontes normativas", apontada por Gustavo Tepedino, onde se juntam: a) a necessidade de uma função promocional do Direito, b) ao processo de descodificação do direito civil, "configurando-se um polissistema, caracterizado por um conjunto crescente de leis tidas como centros de gravidade autônomos e chamados, por conhecida corrente doutrinária, de microssistemas" (2000, p. 5), c) e as normas supranacionais: "formadas por tratados, convenções, pactos internacionais e regulamentos de mercados regionais" (2000, p. 5). Para harmonizar essa pluralidade de fontes do Direito o diálogo entre elas também se apresenta como uma criativa solução, tendo em vista a necessidade de valorização das diversas formas de expressão do jurídico.

Portanto, a proposta aqui desenhada é mais ampla do que aquela planejada por Erik Jayme e trazida para a literatura jurídica nacional por Cláudia Lima Marques, que tinha o seguinte objetivo: "o diálogo das fontes [é] atual e necessário, a permitir a aplicação simultânea, coerente e coordenada das plúrimas fontes legislativas convergentes". E mais do que isso: "'Diálogo' porque há influências recíprocas, 'diálogo' porque há aplicação conjunta das duas normas ao mesmo tempo e ao mesmo caso, seja complementarmente, seja subsidiariamente, seja permitindo a opção voluntária das partes sobre a fonte, (...)" (Marques, 2005, p. 15-6). Esta modalidade de diálogo ainda está centrada no paradigma legalista, onde se procura salvar uma das duas normas que estão em conflito, e sempre em nome da coerência. Tal aspecto é reafirmado, pela mesma autora, em outro momento: "(...) da retirada simples (revogação) de uma das normas em conflito do sistema jurídico ou do 'monólogo' de uma só norma (à comunicar a solução justa), à convivência destas normas, ao 'diálogo' das normas para alcançar a sua *ratio*, a finalidade visada ou 'narrada' em ambas" (Marques, 2004, p. 59). A ideia do "diálogo das fontes" trazida para o Direito Brasileiro acaba sendo muito limitada, pois visualiza o Direito apenas a partir de uma das suas fontes. Portanto, se propõe um efetivo diálogo, que não exige necessariamente apenas a interlocução de duas (di) fontes, mas uma efetiva reordenação das diversas fontes de onde emergem normas jurídicas.

É esse movimento que se pretende investigar (sendo este texto apenas um ponto preliminar no estudo), a fim de servir de base à revisão da Teoria do Fato Jurídico de Pontes de Miranda. Vale dizer, é preciso abrir possibilidades para a emergência dos novos direitos, notadamente aqueles gerados a partir das nanotecnologias, como se verá mais adiante. A partir deles, será essencial projetar o suporte fático suficientemente aberto e flexível e possibilitado em diversas fontes do Direito. Esse o desafio do Direito.

A superação do paradigma positivista – notadamente aquele de raiz legalista – que ainda impera no Direito e que sustenta a Teoria do Fato Jurídico pontesiano, encontra-se intimamente vinculado ao ensino jurídico. Os estudantes dos Cursos de Direito continuam estudando o "esquema" de Pontes de Miranda, apesar de estarem inseridos num contexto que se apresenta como antipositivista. Lenio Luiz Streck faz a seguinte caracterização deste cenário: "o casuísmo didático é a regra do expediente das salas de aula dos Cursos de Direito, e o pragmatismo positivista, o carimbo do cotidiano das decisões. Os juízes decidem com os que doutrinam; os professores falam de sua convivência casuística com os que decidem; os que doutrinam não reconhecem as decisões" (2004, p. 30-1). Portanto, não haverá juristas capazes de perceber as transformações necessárias no Direito se o ensino continuar sendo perspectivado por meio de uma Teoria do Fato Jurídico, planejada no início do século passado por Pontes de Miranda, sem uma devida revisão. De nada adianta se falar em superação da dicotomia entre o Direito Público e o Direito Privado e o diálogo entre as fontes jurídicas – se o Direito Privado ainda é ensinado pela matriz pontesiana, de certo modo afastada das influências e relações do Direito Público – sem a necessária revisão da estrutura meramente legalista.

3. Do Direito Civil à constitucionalização do Direito Privado: a abertura do Sistema Jurídico por meio do "retorno aos sentimentos"

O diálogo entre as fontes do Direito está em sintonia com as transformações que o Direito Civil vem sofrendo, especialmente a partir do momento em que se verifica a superação da dicotomia entre "Direito Privado" e "Direito Público" por meio do movimento de constitucionalização do Direito Privado. Como decorrência desse movimento, surge um "espaço público-social", caracterizando uma resposta à humanidade pessoal e que se coloca além da dimensão da intimidade individual (Cotta, 1980, p. 135). Destarte, se tem a nova dimensão onde ocorrerá o diálogo entre as fontes do Direito e a geração dos elementos de composição do suporte fático para a incidência da norma jurídica capaz de dar a melhor resposta, a mais razoável e não necessariamente a "resposta correta" – tendo em vista as características do caso concreto.

Isso se dá por um simples motivo: "o Direito é um organismo vivo, peculiar, porém, porque não envelhece, nem permanece jovem, pois é contemporâneo à realidade. O Direito é um dinamismo" (Grau, 2006, p. 59). A separação dicotômica esqueceu esta dinamicidade do Direito, provocada pela própria inquietude humana que se produz no organismo social onde as pessoas vivem e convivem. Assim sendo, não se pode planejar a estrutura do Direito apenas por meio do suporte fático legal, que opera a comunicação entre o "mundo dos fatos" e o "mundo jurídico".

Dada essa característica do Direito e a emergência de um espaço alternativo entre o público e o privado, especialmente pela incorporação de vários temas ao texto constitucional, o diálogo entre as fontes do Direito resta fortalecido pela constitucionalização do Direito, onde a Constituição ganha o lugar principal, contendo os princípios éticos fundamentais. Assim, ela deverá ser interpretada evolutivamente, absorvendo as modificações ético-políticas que surgem da comunidade a qual a Constituição pertence (Viola e Zaccaria, 1999, p. 242). Portanto, ao mesmo tempo em que a Constituição renova a relação entre o Direito Público e o Direito Privado, gerando o "espaço público-social"; ela também sofre os reflexos deste novo trânsito jurídico trazido pelo diálogo entre as fontes do Direito.

A construção dos marcos que sustentam a construção do suporte fático encontra no texto constitucional o seu ponto fixo. Portanto, desta forma será reduzida a margem de discricionariedade do magistrado, pois a estruturação da resposta não terá o seu foco apenas na lei, mas na pluralidade levantada pelas diversas fontes do Direito. Dentro deste arcabouço se constrói

> (...) o princípio da legalidade constitucional [que] é um ponto fixo, um caminho obrigatório para o intérprete que pretenda reencontrar uma uniformidade de interpretação, utilizando as potencialidades implícitas no sistema jurídico, no respeito substancial do mesmo e com um renovado positivismo que, não se identificando na simples reverência aos códigos, constitua um possível ponto de confluência metodológica (Perlingieri, 2008, p. 576-7).

A horizontalização das fontes do Direito será desenvolvida por um fluxo que tem passagem obrigatória pela Constituição, como uma espécie de controle de legalidade e legitimidade do suporte fático e da resposta a ser criada para o caso concreto. Portanto, o positivismo legalista será substituído pela valorização do direito positivo, que significa a expressão das fontes do Direito; no lugar da verticalização do escalonamento piramidal das fontes será instalada uma disposição horizontal de todas elas, potencializando o diálogo e a resposta articulada constitucionalmente. Esta localização das fontes, inclusive da Constituição, encontra respaldo no entendimento de Pietro Perlingieri: "apesar de a norma constitucional aparentemente ser utilizada como instrumento hermenêutico de um enunciado ordinário, na realidade ela se torna parte integrante da própria normatividade destinada a regular a concreta relação" (2008, p. 579). A Constituição desce do seu pedestal de cúspide da pirâmide e se mistura às demais normas jurídicas, ocupando o seu papel hermenêutico, sem deixar de lado a sua projeção substancial e normativa.

Dentre as diversas fontes, ganha destaque o papel desempenhado pelos princípios, que acabam sendo os responsáveis pela aproximação e relação entre as diversas normas jurídicas, formando uma verdadeira amálgama normativa dotada de uniformidade. Destacadamente os princípios constitucionais acabam tendo uma função especial no diálogo entre as fontes do Direito, pois focalizarão no momento sistemático o "principal método de controle da atividade interpretativa". Isso se deve ao seguinte aspecto inerente a eles: "não são posteriores ao ordenamento, mas o constituem, dando a ele forma e unidade". Destarte, se caminha à substituição do modelo tradicional hierárquico, em direção a um "conceito policêntrico de sistema" (Viola e Zaccaria, 1999, p. 352). Pela proposta que se está desenhando o lugar mais alto deixa de ser ocupado pela Constituição e seus princípios, localizados no ápice da pirâmide, para uma construção onde os dois ocupam o lugar central nas fontes dispostas uma ao lado da outra, numa bifurcação de forças normativas. No entanto, a sistematicidade do ordenamento jurídico é garantido pelo movimento das fontes, todas elas tendo que vencer o filtro da constitucionalidade, que passará a representar o conformador do suporte fático do Direito Civil constitucionalizado, expresso, doravante, pelo Direito Privado irrigado pelos reflexos do Direito Público.

Com isso, o texto constitucional poderá representar, sem nenhum outro texto, a fonte de uma relação de Direito Civil. Aí a necessária revisão da tradicional Teoria do Fato Jurídico. Desta maneira, "a normativa constitucional não deve ser considerada sempre e somente como mera regra hermenêutica, mas também como norma de comportamento, idônea para incidir [prever os elementos para o suporte fático] sobre o conteúdo das relações entre situações subjetivas, funcionalizando-as aos novos valores" (Perlingieri, 2008, p. 590). A Constituição deverá fazer parte da construção da resposta jurídica ao caso da vida, não apenas como critério hermenêutico e de fiscalização, a fim de garantir a constitucionalidade da decisão, mas como efetivo texto que tenha os elementos necessários para a caracterização do suporte fático e a sua posterior incidência. Com essa iniciativa, se evitará o isolamento da Constituição, que se aproximará do intérprete, "confirmando a unidade do ordenamento e a consequente superação da tradicional contraposição entre público e privado" (Perlingieri, 2008, p. 590). Este é o espaço para o diálogo entre as fontes do Direito, capitaneado pela Constituição na construção de um "espaço público-social".

A justificativa substancial de todo esse movimento de transformação está intimamente vinculada ao retorno do Direito aos sentimentos, na palavra de Erik Jayme, ou seja, no respeito ao valor humano, como essência de toda a construção. De qualquer modo, esse retorno à valorização do humano – que significa o resgate do Direito Natural, especialmente pela leitura que o autor deste texto faz das contribuições de John Finnis – não implica caráter absoluto e nem abstrato, mas "a expressão de uma positividade, síntese e ponderação de princípios diversos, uma escolha não arbitrária deixada àquilo que é contingente, mas indicação prescritiva passada ao crivo dos procedimentos democráticos" (Perlingieri, 2008, p. 593). O diálogo entre as fontes do Direito será o caminho para o entrelaçamento dos Direitos Naturais-Humanos – como a manifestação do horizonte histórico da pré-compreensão – e os princípios constitucionais que movimentará a positividade do espaço público-social, ou seja, o *locus* de nascimento da efetiva constitucionalização do Direito Privado.

Dentro desse contexto, se inscreve a necessária passagem da lei (o Código) ao Direito, a qual representa uma espécie de "processo contínuo" tendente a valorizar "uma atividade hermenêutica que tem como parâmetro privilegiado os valores-guia da Constituição, assumidos pela historicidade e pela totalidade da experiência, (...)" (Perlingieri, 2008a, p. 4). Por esse caminho, se verifica a adoção do "método" fenomenológico-hermenêutico, pois o acontecer hermenêutico da revisão da Teoria do Fato Jurídico se projeta na experiência histórica produzida no/pelo contexto onde se verifica o contínuo processo de modificação do Direito

Privado. No mesmo sentido, a construção do diálogo entre as fontes do Direito, que é legitimado pelo filtro constitucional de passagem obrigatório do movimento circular das normas jurídicas, se substancializa por meio da âncora dos Direitos Naturais-Humanos, que representam um mínimo de "padrões de tratamento aos quais as pessoas fazem jus e que criam uma estrutura moral no interior da qual a política, a administração e a lei do Estado devem operar" (Douzinas, 2010, p. 163). Aí está o sentimento, o valor, o humano, o essencial que o Direito deve guardar e assegurar.

4. Os novos direitos e as nanotecnologias: os desafios contemporâneos do Direito

Por esse percurso é que se justifica a remodelação da teoria pontesiana, pois esse "arsenal" de substancialização não encontra mais o respaldo suficiente na tradicional Teoria do Fato Jurídico, a partir do momento em que se criam direitos inéditos, com contornos pouco específicos no rastro das nanotecnologias. Com este termo se busca caracterizar o trabalho com partículas, materiais e produtos que estão entre 1 e 100 nanômetros aproximadamente: "hoje, nanotecnologia, no uso amplo do termo, refere-se a tecnologias em que produtos apresentam uma dimensão (in)significante, isto é, menos de 1/10 de mícron, cem nanômetros ou cem bilionésimos de metro" (Drexler, 2009, p. 42).

A possibilidade de trabalhar nesta ordem de grandeza se deve ao desenvolvimento científico e tecnológico, pois na natureza muitas coisas sempre aconteceram nesta ordem de pequeneza. Desta forma, a manipulação de átomos e moléculas gera desafios aos humanos, abrindo espaços para a inserção do Direito, dada a possibilidade de criação de direitos e deveres inéditos. O retorno à valorização dos Direitos Naturais-Humanos se apresenta como uma preliminar ética desse desenvolvimento científico, haja vista que os efeitos positivos e negativos serão lançados aos humanos e ao meio ambiente.

Por isso, oportuna a observação de Martin Heidegger:

Os mortais habitam à medida que salvam a terra, tomando-se a palavra salvar em seu antigo sentido (...) não apenas erradicar um perigo. Significa, na verdade: deixar alguma coisa livre em seu próprio vigor. Salvar a terra é mais do que explorá-la ou esgotá-la. Salvar a terra não é assenhorar-se da terra e nem tampouco submeter-se à terra, o que constitui um passo quase imediato para a exploração ilimitada (HEIDEGGER, 2002, p.130).

Dessa forma, se tem os dois pressupostos de atuação das nanotecnologias: de um lado "salvar a terra não é assenhorar-se dela" e, pelo outro, "não submeter-se à terra". Portanto, a criatividade humana que trabalha as possibilidades em escala nanométrica deverá ser desenvolvida a partir de dois pressupostos: os humanos não poderão considerar-se os "donos" da terra, pois são apenas os seus comodatários; mas também não deverão submeter-se a ela e suas forças. Assim, nascerá a necessidade de se encontrar um ponto de equilíbrio – aí o limite – para essa relação entre humanos e o Planeta Terra.

Heidegger apresenta uma situação: "a ponte pende 'com leveza e força' sobre o rio. A ponte não apenas liga margens previamente existentes. É somente na travessia da ponte que as margens surgem como margens. A ponte as deixa repousar de maneira própria uma frente à outra" (Heidegger, 2002, p. 131). Veja-se que tal figura de linguagem se aplica às nanotecnologias, pois as margens – os limites e as respostas jurídicas aos novos direitos – ainda não existem, eis que ainda não se desvelaram por inteiro. Portanto, os princípios constitucionais e os Direitos Naturais-Humanos serão a ponte que unirá as diversas fontes do Direito, produzindo o diálogo e o encaminhamento de respostas razoáveis aos novos direitos que estão sendo desenhados. "A ponte permite ao rio o seu curso ao mesmo tempo em que preserva, para os mortais, um caminho para a sua trajetória e caminhada de terra em terra" (Heidegger, 2002, p. 132). A ponte – os princípios constitucionais e os Direitos Naturais-Humanos – deverá operar a harmonização da natureza (humanizada) – o rio e a mortalidade – e os caminhos que o Direito construirá para favorecer o pleno florescimento humano.

Essa percepção humana das novas encruzilhadas deverá ser enfrentada, pois entre os extremos se projetam novos direitos, que exigirão a regulamentação jurídica, como: a) será que tudo o que viabilizado pela técnica deverá ser colocado à disposição pelas leis do mercado sem nenhum controle moral?; b) "será que o direito a uma herança genética sem manipulação pode ser passível de uma proteção jurídica, ainda que o maior interessado ainda não tenha nascido?" Surgiria, assim, um novo direito subjetivo? Quem será o seu titular?; c) "No caso de uma intervenção terapêutica no embrião, suponhamos que um exame preventivo aponte 30 a 50% de chance de o futuro indivíduo vir a desenvolver um câncer sem cura ainda. Como decidir abortar o embrião ou não?"; d) Como decidir frente ao diagnóstico de doenças futuros? "Extirpar seios em mulheres jovens porque exames genéticos apontam câncer futuro provável?"; e) "Ao decidir adotar um programa de intervenção genética em seu futuro filho, os pais concretizaram suas intenções sem conceder a ele – filho – a possibilidade de uma reconsideração" (Dupas, 2009, p. 65-7); f) haverá um direito de não nascer?;[4] g) os novos riscos gerados a partir das nanotecnologias, mais complexas e sofisticadas, criando novos perigos que atingem não somente as pessoas e bens, mas o meio ambiente; h) o risco serial produzido pela globalização econômica (Viney, 2008, p. 42 *et seq*); i) responsabilidade civil sem culpa, preocupada não com o passado, mas com o futuro, especialmente com o foco nas chamadas futuras gerações: uma responsabilidade precaução; j) questões relativas ao direito da propriedade intelectual; l) o direito à informação; m) direitos na área empresarial, penal, civil, tributária e ambiental. Aqui se tem um pequeno conjunto de novos direitos que já desafiam o Direito.

---

[4] O polêmico Acórdão n° 457, julgado em 17 de novembro de 2000 pela Corte de Cassação francesa, confirmou o direito de uma criança nascida com deficiência figurar como autora, por representação, de ação judicial de reparação de danos proposta em face do médico de sua mãe.
Disponível no sítio da Corte de Cassação francesa: http://www.courdecassation.fr/jurisprudence_publications_documentation_2/bulletin_information_cour_cassation_27/bulletins_information_2000_1245/no_526_1362/ Acesso em 10/09/2010.

Portanto, não poderão ser enfrentadas pela Teoria do Fato Jurídico, nos moldes apresentados por Pontes de Mirada.

Além desse desafio, o Direito está sendo chamado a contribuir na definição de marcos regulatórios relacionados ao atual momento de criação e avaliação das possibilidades e riscos na nano escala. Para tanto, se exigirá que a razão prática oriente o jurídico. No entanto, não apenas ele; também a ética, não uma ética utópica, mas uma ética de responsabilidade com o ser humano e o meio ambiente. Vale dizer, uma responsabilidade que reflita "o *cuidado*, reconhecido como dever, por outro ser, cuidado que, dada a ameaça de sua vulnerabilidade, se converte em 'preocupação'" (Jonas, 1995, p. 357). Por isso, mais do que em nenhum outro momento da história, verifica-se a necessidade da prática da virtude da *phrónesis* perpassar as questões e as respostas que estarão sendo levantadas de hoje para o futuro, sem descuidar de valorizar a aprendizagem oriunda do horizonte histórico da tradição humana já vivenciada no passado.

O "cuidado" faz-se imprescindível na prática da moderação e do equilíbrio próprio do *phrónimos*. A origem histórica dessa postura poderá ser encontrada numa antiga fábula:

> Certa vez, atravessando um rio, "cura" viu um pedaço de terra argilosa: cogitando, tomou um pedaço e começou a lhe dar forma. Enquanto refletia sobre o que criara, interveio Júpiter. A cura pediu-lhe que desse espírito à forma de argila, o que ele fez de bom grado. Como a cura quis então dar seu nome ao que tinha dado forma, Júpiter a proibiu e exigiu que fosse dado o nome. Enquanto 'cura' e Júpiter disputavam sobre o nome, surgiu também a terra (*tellus*) querendo dar o seu nome, uma vez que havia fornecido um pedaço de seu corpo. Os disputantes tomaram Saturno como árbitro. Saturno pronunciou a seguinte decisão, aparentemente equitativa: Tu, Júpiter, por teres dado o espírito, deves receber na morte o espírito e tu, terra, por teres dado o corpo, deves receber o corpo. Como, porém, foi a "cura" quem primeiro o formou, ele deve pertencer à "cura" enquanto viver. Como, no entanto, sobre o nome há disputa, ele deve se chamar 'homo', pois foi feito de *humus* (terra) (HEIDEGGER, 2002, p. 263-264, § 42).

O ser humano, constituído de corpo e espírito, se vê entregue à "cura", cujo um dos significados é o "cuidado". Por isso, que é necessário o exercício do cuidado com o homem e a mulher dada a sua constituição existencial e finita. Nesse particular a relevância da fábula para esse momento, pois nenhum avanço nanotecnológico poderá esquecer esta origem ontológica do ser humano, expressando-se o cuidado com o gênero humano. Portanto, o exercício da *phrónesis* está dirigido justamente para esta dedicação cuidadosa com a essência deste ser humano, o *homo*. Esse relato da fábula expressa o horizonte histórico de respeito com o ser humano, preservando-lhe os seus direitos por essa característica. Esse "cuidado" expressa, portanto, uma ética da responsabilidade, que seja capaz de consolidar a conservação e a proteção do ser humano: "nela tratar-se-ia – para além da responsabilidade moral do indivíduo perante o seu próximo, mesmo até ainda para além da responsabilidade do político no sentido habitual da 'razão de Estado' – de organizar a responsabilidade da humanidade pelas consequência (e consequências secundárias) do seu agir coletivo numa escala planetária" (Apel, 2007, p. 17). Independente da matriz teórica seguida pelo citado autor, essa concepção sobre a ética deverá perpassar o Direito e as normas jurídicas que serão criadas a partir das exigências lançadas pelas nanotecnologias. Com isso, tem-se mais uma justificativa para readequar a Teoria do Fato Jurídico, conformado a partir do diálogo entre as fontes do Direito.

Veja que a produção dos efeitos jurídicos deverá ser perspectivada pelo individual e o coletivo e vice-versa, mas sempre concomitantemente. Aí também a delimitação do espaço público-social que substituirá a visão dicotômica entre o Direito Público e o Direito Privado.

Conclusão

A Teoria do Fato Jurídico de Pontes Miranda pode ser graficamente representada da seguinte forma (adaptado a partir de Mello, 2010, p. 23):

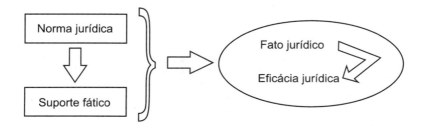

Pelos aspectos vistos, essa concepção do jurídico é insuficiente para dar conta dos novos direitos gerados a partir das nanotecnologias. Destarte, propõe-se um modelo do Direito, como sistema jurídico, onde todas as fontes estejam colocadas verticalmente, de tal modo a facilitar o diálogo entre elas. Portanto, a linha de ideias desenvolvidas neste texto, poderá ser visualizada graficamente da seguinte maneira:

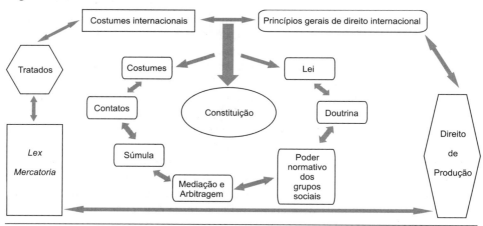

O diálogo entre as fontes se opera por meio de três caminhos: entre as fontes internas e as fontes externas e entre elas. O suporte fático deverá ser formado pelo:

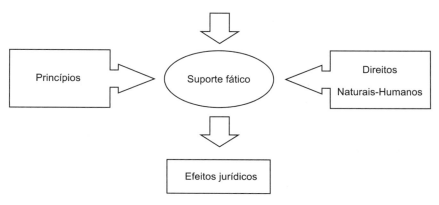

A caracterização do movimento do diálogo deste conjunto das normas jurídicas, amparado pelos princípios e pelos Direitos Naturais-Humanos, que qualificarão a produção dos efeitos jurídicos, correspondendo ao retorno dos sentimentos na produção do jurídico. Tal proposta de Teoria do Fato Jurídico não exclui a possibilidade do suporte fático ser conduzido por uma das fontes do Direito. Cabe destacar, como mencionado anteriormente, que este texto enfrentou apenas preliminarmente um dos aspectos da teoria pontesiana.

A emergência de uma nova proposta à Teoria do Fato Jurídico se faz necessário no Século XXI, dada a expansão em ritmo acelerado dos avanços das pesquisas em nanoescala, ou seja, são pesquisas que descem a uma ordem de tamanho que equivale à bilionésima parte do metro, gerando perspectivas, possibilidades, desafios, riscos e direitos sem precedentes. Até o momento, o ser humano estava construindo coisas de cima para baixo; por meio das nanotecnologias, será possível a construção de baixo para cima, utilizando a automontagem, por meio de moléculas com características específicas, que serão capazes de se associar espontaneamente, produzindo nanoestruturas e nanomateriais.

As nanotecnologias somente conseguirão efetivamente atender às necessidades humanas, se o foco também for direcionado à preservação do meio ambiente, de tal modo que ele permaneça saudável às gerações atuais e futuras, além da preocupação em superar as diferenças científicas, na construção de uma igualdade que esteja baseada no elemento humano. Em atenção a esses desafios, a justificativa ética deverá ser edificada a partir de pressupostos abertos, concretos e evolutivos. Eles poderão ser alcançados pela valorização do horizonte histórico contextualizado a partir da tradição e das experiências humanas já vividas, sejam positivas ou negativas.

O diálogo entre as fontes será mediado pela "palavra". A par disso, Hans--Georg Gadamer assevera que o *logos*, a palavra, torna possível que os homens "se informem mutuamente sobre o que é útil ou prejudicial, o que justo e injusto". E mais, somente pela "capacidade de se comunicar que unicamente os homens podem pensar o comum, isto é, conceitos comuns e, sobretudo aqueles conceitos comuns, pelos quais se torna possível a convivência humana sem assassinatos e homicídios, na forma de uma vida social, de uma constituição política, de uma convivência social articulada na divisão do trabalho" (Gadamer, 2002, p. 173-4, § 146). Essa é condição de possibilidade para que os humanos possam fazer frente aos desafios trazidos pelas nanotecnologias e construir respostas jurídicas para os novos direitos, fertilizadas pelo filtro constitucional, onde, de qualquer modo, todas as normas jurídicas deverão passar, formando uma espécie de controle de legitimidade e legalidade.

Portanto, o problema formulado inicialmente deverá ser respondido positivamente: o Direito somente conseguirá acompanhar o "novo mundo" que está sendo construído pelo conhecimento científico – alavancado pelas nanotecnologias – se tiver iniciativa de revisar os seus postulados, a exemplo da Teoria do Fato Jurídico, abrindo-os para novos desafios e proposições, nem sempre enquadráveis nos moldes jurídicos manejados até o momento.

Dentro da proposta desenvolvida, também será aberto um espaço para a reclassificação dos três planos – plano da existência, plano da validade e plano da eficácia – desenhados por Pontes de Miranda (1954, tomo I, p. XX). Dessa forma, a partir da lição de Gunther Teubner, que formulou três planos de construção do sistema "contrato" (*in* Ribeiro, 2003, p. 11 *et seq*), propõe-se a sua utilização, por analogia, à releitura dos três planos pontesianos para o sistema jurídico, concebido por meio do diálogo entre as fontes do Direito. Portanto, a cada um dos planos da teoria de Pontes de Miranda corresponderá um desdobramento, desenhado por meio da proposta de Gunther Teubner. Não é uma substituição, mas um projeto que busca prolongar as possibilidades de albergar os novos direitos produzidos pelos avanços nanotecnológicos, além da inovação no tocante ao suporte fático e à produção dos efeitos jurídicos.

Planos do "mundo jurídico" formulados por Pontes de Miranda	Planos do sistema jurídico, formulados, por analogia, a partir de Gunther Teubner
1. Plano da existência	1. Plano da interação
2. Plano da validade	2. Plano da instituição
3. Plano da eficácia	3. Plano da sociedade

Os fatos da vida iniciam a sua "tramitação jurídica" pelo plano da existência, onde se verifica que todos os fatos considerados indispensáveis para a convivência social, foram alçados "à categoria de suporte fático da norma jurídica". A única preocupação neste primeiro degrau é aferir se foram preenchidos todos os elementos previstos pelo suporte fático (Pontes de Miranda, 1954, tomo I, p. XX; Mello, 2008, p. XXIII). A ele corresponderá, na nova catalogação, o "plano da interação" onde se verifica o início do diálogo entre as fontes do Direito, produzindo-se a ação e reação do fato da vida com as diversas normas jurídicas, a fim de se verificar qual das normas jurídicas dará uma resposta constitucionalmente mais razoável.

Já no segundo degrau das categorias pontesianas, encontra-se o plano da validade, onde será conferido o grau de atendimento aos elementos do suporte fático, ou seja, o fato jurídico passa por uma triagem, sendo classificado como válido, nulo ou anulável, "conforme haja ou não deficiências nos elementos complementares do suporte fático" (Pontes de Miranda, 1954, tomo I, p. XX; Mello, 2008, p. XXIII). No "plano da instituição" não será descartada a combinação de várias fontes, mas em qualquer situação, sempre por meio da passagem pelo filtro constitucional, buscando-se associar a participação dos princípios e o pleno atendimento aos Direitos Naturais-Humanos, considerados os elementos substanciais da produção dos efeitos. Vale dizer, neste plano ocorrerá a avaliação axiológica das respostas jurídicas possíveis, elegendo-se aquela que melhor consiga atender o chamado núcleo do "retorno aos sentimentos".

No plano da eficácia é o momento da produção dos efeitos jurídicos previamente consagrados na norma jurídica (o texto de lei). Por sua vez, o "plano da sociedade" representa o estágio de aplicação, que não corporifica um momento isolado, mas sinaliza o fecho do círculo hermenêutico iniciado pela pré--compreensão, cujo marco inicial se deu a partir da junção do horizonte histórico do intérprete, do caso concreto e dos pressupostos epistemológicos (princípios constitucionais) do sistema jurídico. No "plano da sociedade" é o momento culminante da *applicatio* onde se promove a abertura e o fechamento do sistema jurídico – num movimento paradoxal – para a corporificação da sua função político-social.

Referências

APEL, Karl-Otto. *Ética e Responsabilidade:* O problema da passagem para a moral pós-convencional. Tradução de Jorge Telles Menezes. Lisboa: Piaget, 2007.

COTTA, Sergio. La dimensione sociale nell'alternativa tra il pubblico e il Privato. In: *Rivista di Diritto Civile*, Edizioni CEDAM: Padova, ano XXVI, v. 26, n. 2, p. 121-36, marzo-aprile 1980.

DINIZ, Antonio Carlos. Pós-modernismo. IN: BARRETTO, Vicente de Paulo (Coord.). *Dicionário de Filosofia do Direito.* São Leopoldo; Rio de Janeiro: Unisinos; Renovar, 2006.

DOUZINAS, Costas. Direitos Humanos. Tradução de Luzia Araújo. IN: Barretto, Vicente de Paulo (Coord.). *Dicionário de Filosofia Política.* São Leopoldo: Unisinos, 2010.

DREXLER, Eric. Os Nanossistemas. Possibilidades e Limites para o Planeta e para a Sociedade. In: NEUTZLING, Inácio e ANDRADE, Paulo Fernando Carneiro de (Orgs.). *Uma Sociedade Pós-Humana:* Possibilidades e limites das nanotecnologias. São Leopoldo: Unisinos, 2009.

DUPAS, Gilberto. Uma Sociedade Pós-Humana? Possibilidades e Riscos da Nanotecnologia. In: NEUTZLING, Inácio e ANDRADE, Paulo Fernando Carneiro de (Orgs.). *Uma Sociedade Pós-Humana:* Possibilidades e limites das nanotecnologias. São Leopoldo: Unisinos, 2009.

ENGELMANN, Wilson. Direito Natural. In: Barretto, Vicente de Paulo (Coord.). *Dicionário de Filosofia Política*. São Leopoldo: Unisinos, 2010.

——. *Direito Natural, Ética e Hermenêutica*. Porto Alegre: Livraria do Advogado, 2007.

——. *Crítica ao Positivismo Jurídico:* princípios, regras e o conceito de Direito. Porto Alegre: Sergio Antonio Fabris Editor, 2001.

ESPERANDIO, Mary Rute Gomes. *Para Entender 'Pós-Modernidade'.* São Leopoldo: Sinodal, 2007.

FINNIS, John Mitchell. Natural Law and Legal Reasoning . In: GEORGE, Robert P. (ed.). *Natural Law Theory:* Contemporary Essays. Oxford: Clarendon Press, 1992.

GADAMER, Hans-Georg. *Verdade e Método II:* Complementos e índice. Tradução de Enio Paulo Giachini. Petrópolis: Vozes, 2002.

GRAU, Eros Roberto. Ensaio e Discurso sobre a Interpretação/Aplicação do Direito. 4. ed. São Paulo: Malheiros, 2006.

HEIDEGGER, Martin. Construir, habitar, pensar. IN: *Ensaios e Conferências*. Tradução de Emmanuel Carneiro Leão, Gilvan Fogel e Marcia Sá Cavalcante Schuback. 2. ed. Petrópolis: Vozes, 2002.

——. *Ser e Tempo.* Tradução de Márcia Sá Cavalcante Schuback. 12. ed. Petrópolis: Vozes, 2002, Parte I.

JAYME, Erik. Cours General de Droit International Prive. In: *Recueil des Cours:* Collected Courses of the Hague Academy of International Law – 1995, Tome 251, Boston: Martinus Nijhoff Publishers, 1996.

JONAS, Hans. *El Principio de Responsabilidad:* Ensayo de una ética para la civilización tecnológica. Tradução de Javier Mª. Fernández Retenaga. Barcelona: Herder, 1995.

KELSEN, Hans. *Teoria Pura do Direito.* Tradução de João Baptista Machado. 5. ed. São Paulo: Martins Fontes, 1996.

LARENZ, Karl. *Metodologia da Ciência do Direito.* Tradução de José Lamego. 3. ed. Lisboa: Fundação Calouste Gulbenkian, 1997.

MARQUES, Cláudia Lima. Três tipos de diálogo entre o Código de Defesa do Consumidor e o Código Civil de 2002: superação das antinomias pelo "Diálogo das Fontes". In: PFEIFFER, Roberto A. C. e PASQUALOTTO, Adalberto (Coords.). *Código de Defesa do Consumidor e o Código Civil de 2002:* Convergências e assimetrias. São Paulo: RT, 2005.

——. Superação das Antinomias pelo Diálogo das Fontes: o modelo brasileiro de coexistência entre o Código de Defesa do Consumidor e o Código Civil de 2002. IN: *Revista de Direito do Consumidor*, São Paulo: RT, v. 51, p. 34-67, jul-set. 2004.

MELLO, Marcos Bernardes de. *Teoria do Fato Jurídico:* Plano da Validade. 8. ed. rev. e atual. São Paulo: Saraiva, 2008.

——. *Teoria do Fato Jurídico:* Plano da Eficácia, 1ª parte. 6. ed. São Paulo: Saraiva, 2010.

PERLINGIERI, Pietro. *O Direito Civil na Legalidade Constitucional.* Tradução de Maria Cristina De Cicco. Rio de Janeiro: Renovar, 2008.

——. A Doutrina do Direito na Legalidade Constitucional. Tradução de Carolina Tomasi e João Bosco Medeiros. IN: TEPEDINO, Gustavo (Org.). *Direito Civil Contemporâneo:* Novos problemas à luz da Legalidade Constitucional. São Paulo: Atlas, 2008a.

PONTES DE MIRANDA, Francisco Cavalcanti. *Tratado de Direito Privado.* Rio de Janeiro: Borsoi, 1954, Tomo I.

——. ——. Rio de Janeiro: Borsoi, 1954, Tomo II.

RIBEIRO, Joaquim de Sousa. *O Problema do Contrato:* As Cláusulas Contratuais Gerais e o Princípio da Liberdade Contratual. Coimbra: Almedina, 2003.

ROCHA, Leonel Severo e ATZ, Ana Paula. Positivismo. In: BARRETTO, Vicente de Paulo (Coord.). *Dicionário de Filosofia Política.* São Leopoldo: Unisinos, 2010.

STRECK, Lenio Luiz. *Jurisdição Constitucional e Hermenêutica:* Uma Nova Crítica do Direito. 2. ed. rev. e ampl. Rio de Janeiro: Forense, 2004.

TEPEDINO, Gustavo. O Código Civil, os chamados microssistemas e a Constituição: premissas para uma reforma legislativa. IN: TEPEDINO, Gustavo (Coord.). *Problemas de Direito Civil-Constitucional.* Rio de Janeiro: Renovar, 2000.

VINEY, Geneviève. As Tendências Atuais do Direito da Responsabilidade Civil. Tradução de Paulo Cezar de Mello. IN: TEPEDINO, Gustavo (Org.). *Direito Civil Contemporâneo:* Novos problemas à luz da Legalidade Constitucional. São Paulo: Atlas, 2008.

VIOLA, Francesco e ZACCARIA, Giuseppe. *Diritto e Interpretazione:* Lineamenti di teoria ermeneutica del diritto. Roma: Laterza, 1999.

Impressão:
Evangraf
Rua Waldomiro Schapke, 77 - POA/RS
Fone: (51) 3336.2466 - (51) 3336.0422
E-mail: evangraf.adm@terra.com.br